JN104925

コスマス年代記

プラハ教会・聖堂参事会長によるチェコ人たちの年代記

浦井康男
❖訳❖

成文社

目　次

索引

Argo gave us permission to publish this translation in Japan.
We express our deep gratitude to Argo here.

訳者まえがき

この全三部からなる「コスマス年代記——プラハ教会・聖堂参事会長によるチェコ人たちの年代記」の著者コスマス（1045 ～ 1125 年）については、この年代記の中で彼が自身について述べている以外には、ほとんど何も手掛かりはなく、彼がチェコ人でチェコ語話者であったのかも不明である。本書は、チェコの伝説時代から彼が亡くなる 1125 年までを記したチェコ最古の年代記で、チェコにおけるプシェミスル家のチェコ統一の正統性と、民族国家の形成を精神的に支えるものと考えられている。

本書の持つ意義は、「現存するチェコ中世の年代記はすべて本書を出発点にしている」[1] と言われ、チェコ最古の歴史書であると共に、「チェコの地で書かれた最も重要な中世文学作品の一つとなっている」[2] ことである。従って本書は、チェコの歴史と文学における古典中の古典と言えるが、この年代記（chronicle）という形式は、年表に近い編年史（annals）とは違い、その内容には歴史的な事件の記述だけではなく、教訓や奇跡や軍記物や歴史的逸話など、数多くの雑多なものが含まれ、単に歴史学の文献という枠を超えて、読み物としても面白く昔人（むかしびと）の知恵の結晶と言えよう。

原著はチェコ語ではなくラテン語で書かれていて、本書の翻訳は基本的にチェコ語訳（vi 頁参照）からの重訳となるが、ここで原著がラテン語で書かれていることをチェコの特殊事情と絡めて触れてみたい。チェコを含めたスラヴ世界では、コンスタンティノス（キュリロス）とメトディオスによる、スラヴ世界へのキリスト教伝道に合わせた、書き言葉（文章語）としての古代教会スラヴ語の成立があった。彼らはスラヴ文字を考案し、それを使って聖書の一部をスラヴ語に翻訳したが、この言語はその始めから、驚くほど成熟し完成されていたと言われる[3]。その後これはスラヴ世界共通の文章語としてスラヴ文化を育み、さらに後

(1) 藤井真生「中世チェコ国家の誕生——君主・貴族・共同体」、昭和堂、2014 年 p.22。

(2) Kosmova kronika（https://cz.wikipedia.org/wiki/Kosmova_kronika）

(3) 山口巌「ロシア中世文法史」、名古屋大学出版会、1991 年 p.3。

に多くのスラヴ諸国で、それぞれの文章語が成立していく際の基礎となった。チェコ人はもちろん母語としてのスラヴ語族のチェコ語を（その実体はよく分からないが）話していたと考えられ[4]、母語に近い文章語としての古代スラヴ語も知っていた。だがチェコの宗教的事情として、チェコでは東フランク王国を背景としたカトリックの勢力が強まり、その公用言語としてのラテン語が力を増していったことがある。チェコでのキリスト教普及の初期には二つの言語が競合し、古代スラヴ語で聖ルドミラ伝説や聖ヴァーツラフ伝説などの聖者伝が書かれ、またラテン語の聖ベネディクトゥス伝などが古代スラヴ語に訳された。一方ラテン語でも、聖ルドミラ伝説や「聖ヴァーツラフとその祖母ルドミラの生涯と受難」などが書かれている。

だがチェコでカトリックが広まり973年にプラハに司教区が創設される際に、ローマ教皇がチェコのボレスラフ2世に宛てたとされる親書（本書I部22章）の中で、司教の資格として、「それはブルガリアとロシアの人々の儀式や宗派によるもの（＝ギリシャ正教）でも、スラヴ語によるもの（コンスタンティノスとメトディオスのスラヴ伝道に由来するもの）でもなく・・・司教となる者はまず第一にラテン語（の教養）で教育されたものであり、彼は言葉の鋤（すき）で異教の人々の心の休耕地を耕し、・・・」と述べられ、ラテン語の優位が示されている。

さらに1097年にチェコのサーザヴァ修道院で、スラヴ式典礼を守っていたスラヴ派の修道僧たちが最終的に追放され、スラヴ語で書かれた典礼書や文書が破棄されると、チェコでは古代スラヴ語の伝統は断ち切られ、文章語はラテン語だけになり、これが宗教、文学、外交、法律の文書のすべてに使われるようになった。コスマス年代記は彼の晩年の1119年頃からその死の1125年まで書かれたと推定され、ちょうどラテン語が勝利をおさめた時期に一致し、彼は文章語にこれを使う以外は無かったと考える

ラテン語全盛の当時、チェコでも数多くのラテン語の文書が書かれたが、それらの行間や欄外に説明として書かれた語（グロサ）が、チェコ語の表記の始まりとされている。だがチェコの社会が成熟していく中で、チェコ人の母語とつながる文章語の古代チェコ語の文献が、13世紀末から14世紀初めにかけて突如しか

(4) この年代記の中でも、ザクセン（ドイツ）出身でプラハ司教になったヂェトマル、テグダクが「スラヴの言葉（lingua Sclavonica）を完璧に知っていた」という件が見受けられ（I部23章、31章997年）、チェコの地では「スラヴ語」が使われていたことが分かる。

も大量に現れた。代表的なものとしては、中世ヨーロッパで好まれ各国で翻訳されていたアレクサンドロス大王物語（Alexandreida）や、韻文で書かれたダリミル年代記（Kronika tak řečeného Dalimila）があげられるが、これらの作品は突然現れたのではなく、現在では断片しか残っていないが、これらが生まれる準備段階の作品があったと考える研究者もいる。

結局チェコでは文章語として、古代スラヴ語 → 古代スラヴ語とラテン語の競合 → ラテン語 → ラテン語と古代チェコ語の併用という流れになり、コスマスが本書を書いた1120年代は、ラテン語を使うしかなかったことになる。だが彼は聖書と共に、ギリシャ・ラテン古典文学の知識を駆使してこの年代記を書いたため、単なる歴史的資料の枠を超えて、中世ラテン文学としても秀逸で、広く中世ヨーロッパ共通の文学として迎えられ、西欧各地にその写本が残っている。またコスマスの死後、その続きをラテン語で書いたいくつかの年代記[(5)]が現れたが、そのレベルはコスマスに遠く及ばなかった。

なおチェコ語はその後ヤン・フスの正書法改革などを経て、中世チェコ語（同胞同盟とコメニウスの時代）、近代チェコ語（民族復興期から）と発展していったが、一方ラテン語も宗教・学問の世界で使われ続けた。教育学のガリレオと称されるコメニウスも、亡命してチェコの地を離れた1628年以降、その著作をラテン語で書いたため、西欧に大きな影響を与えたと言われている。

以下ではこの翻訳と注釈の作業で使った版や出典について、必要な事項を示しておく。

ラテン語テキスト：【ラ】

コスマス年代記の自筆本は現存せず、最古で12世紀末のものを含む15本の写本が知られている。この年代記は初めて1602年に刊行されたが、民族復興期のチェコでも1783年にペルツルとドブロフスキーによって刊行され、以降何回か出版されているが、これらは稀覯本でほとんど見ることは出来ない。しかし1923年にベルリンでこの年代記の諸写本を比較したテキスト校正版が、ブレトホルツ（B.Bretholz）によってMonumenta Germaniae Historicaの新シリーズの中で出版され、これが定本となっている（幸いこれはデジタルデータ化され公開されている、https:// www.dmgh.de/）。この版は写本間の系統（本書末の付録2）と

(5) これらはまとめて「続コスマス年代記（Pokračovatelé Kosmovi）」と呼ばれている。

それらの間のヴァリアントと共に、聖書や古典からの引用の出典についても詳しい注が付いている。この翻訳ではこれを【ラ】(6) と省略して示す。

翻訳

チェコ語：【チ B】、【チ M】、【チ】

上記ブレトホルツの版に基づいて、フルヂナ（K.Hrdina）は 1929 年（検閲で一部削除）、1947 年（全文）にチェコ語訳を出版した。1972 年にこの訳をブラーホヴァー（M.Bláhová）が改訂して刊行し、この版はその後何度か出版されチェコで標準的なものになっていた（【チ B】(7) と表示）。ただ残念ながら【ラ】にあった詳細な引用の出典はほとんど省略されていた。

2011 年にモラヴォヴァー（M.Moravová）は、上記訳での文法的に古い語形や、ラテン語の言い回しを写して読み難くなった部分を書き改めると共に、【チ B】で省略された詳細な引用の出典を示し、また 2010 年までのこの年代記についての新しい研究も、対応する注や文献目録で紹介している。これを【チ M】(8) と表示する。

このようにチェコ語訳には 80 年近くの長い伝統があり、何度か改訂されていて一番安定したものと考えられる。本翻訳では初め【チ B】を、後に【チ M】を翻訳の底本として利用し、注と出典については主に【チ M】を利用したが、表記の煩雑さを避けるため【チ】で示している。

英語：【英】

2009 年にウォルヴァートン（L.Wolverton）が訳出した。この訳はラテン語から直接訳しているので、チェコ語訳でチェコ語に置き換えられていたギリシャ・ローマの神々や事物の名前がオリジナルの形で示されている。いくつか誤訳も見られるが、チェコ語訳とは別の角度から文章を見ているので、文意を汲み取るのにかなり参考になった。また詳細な引用出典もある。これを【英】(9) と表示する。

---

(6) Monumenta Germaniae Historica, Nova series Tomus II, Cosmae Pragensis Chronica Boemorum, Berolini 1923.

(7) Kosmova Kronika Česká, přeložili K.Hrdina a M.Bláhová, Svoboda, Praha, 1972.

(8) Kosmas, Kronika Čechů, přeložili K.Hrdina, M.Bláhová, M.Moravová, Argo, 2011.

(9) Cosmas of Prague, The Chronicle of the Czechs, trans. L.Wolverton, the Cathoric University of America Press, 2009.

他の翻訳

以上の他に古いチェコ語訳（V.Tomek、1874）、ドイツ語訳（G.Grandaur、1941、F.Huf、1987）、ポーランド語訳（M.Wojciechowska、1968）、ロシア語訳（Г.Санчук、1962）などがある。

人名・地名表記

西欧の人名についてはチェコ語特有の読みがかなりあり、オタ（Ota）＝オットー（Otto）などは類推が効くが、例えばインドジフ（Jindřich）＝ハインリヒ（Heinrich）、イジー（Jiří）＝ゲオルギウス（Georugius）、オルドジフ（Oldřich）＝ウルリヒ（Ulrich）、ジェホシュ（Řehoř）＝グレゴリウス（Gregorius）などは推定が難しい。また地名でもジェズノ（Řezno）＝レーゲンスブルク、モフチ（Mohuč）＝マインツ、ツァーヒ（Cáchy）＝アーヘンなどがある。本書ではチェコに関係するものだけをチェコ語読みにし、西欧全般の人名と地名は通常の世界史での表記に従った。

出典

ギリシャ・ラテン古典文学

コスマスは単にラテン語で書いているだけでなく、背景にギリシャ・ラテンの古典文学の素養・教養があり、そこから含蓄に富む表現上の手法として引用を多く使っているが、その表示では注の数の削減のため、単純な出典は本文中に追い込み、表記も簡略化する形を取った。例えば：

本文	注
お前たちは世界中に四散した[3]	(3)【Vergil.】アエネーイス I,602

（本文追い込みの形）→ お前たちは世界中に四散した（Vergil.-1,I,602）

［なお作家名の後ろのハイフン付きの数字は、以下の作品名を示す。］

【Boethius】：ボエティウス、1：哲学の慰め（De consolatione philosophiae）

【Cato】：カトー（Cato）、1：対句集（Disticha）

【Curtius】：クルティウス・ルフス、1：アレクサンダー大王物語（Historiae Alexandri Magni）

【Flaccus】：フラックス、1：アルゴナウティカ（Argonautica）

【Hieron.】：ヒエロニムス、1：年代記（Chronicon sive Temporum liber）、2：モーセ 5 書の序文（Prologus in pentaleucho）、3：書簡（Epistlae）

【Homer.】：ホメロス（Homeros）、1：オデュッセイア（Odyssea）

【Horat.】：ホラチウス（Horatius）、1：詩論（Ars poetica）、2：風刺詩（Satirae）、3：歌章（Carmina）、4：書簡（Epistlae）、5：エポーディ（Epodi）

【Juven.】：ユウェナリス（Juvenalis）、1：風刺詩集（Satvrae）

【Livius】：リヴィウス（Livius）、1：ローマ史（Ab Urbe Condita）

【Lucan.】：ルカヌス（Lucanus）、1：内乱（Pharsalia）

【Ovid.】：オヴィディウス（Ovidius）、1：変身物語（Metamorphoses）、2：悲しみの歌（Tristia）

【Proper.】：プロペルティウス（Propertius）、1：エレゲイア（Elegiae）

【Sall.】：サルスティウス（Sallustius）、1：カティリナ戦記／カティリーナの陰謀（Bellum Catilinae）、2：ユグルタ戦記（Bellum Iugurthinum）

【Sedulius】：セドゥリウス、1：復活祭の歌（Carmen paschale）

【Silius】：シリウス・イタリクス（Silius Italicus）、1：プニカ（Punica）

【Statius】：スタティウス（Statius）、1：テーバイド（Thebaid）、2：アキレウス（Achilleis）

【Teren.】：テレンティウス（Terentius）、1：自虐者（Heauton Timorumenos）、2：アンドロス島の女（Andria）、3：ポルミオ（Phormio）

【Vergil.】：ウェルギリウス（Vergilius）、1：アエネーイス（Aeneis）、2：牧歌（Eclogae）

聖書

聖書の引用では直接に、（創世記）、（詩編）などと示している。聖書の各書の名称は統一されていないため、例えば「マタイによる福音書」、「マタイ福音」、「マタイ伝」などがあるものは、出典表記では誤解されない最小の形（マタイ伝）を取った。また「コリントの信徒への手紙二」は「2 コリント書」、「ペトロの手紙一」は「1 ペトロ書」などに省略し、全面的に表記が違うのは「コヘレトの言葉」→「伝道の書」だけである。

これらの確認には、日本聖書協会の「聖書本文検索」（https://bible.or.jp/read/vers_search）を利用した。

年代記

コスマス年代記の写本に加筆された記事の出典や、コスマス年代記の記事との比較で使われた幾つかの年代記がある。

【Regino】：プリュムのレギノ（Regino von Prüm、没 915 年）の年代記。

彼はベネディクト派の修道士で 892 ～ 99 年プリュムの修道院長。記述はキリストの生誕から 906 年までで、ゲルマン（カロリング朝のフランク王国）の記事が主だが、最後の方でスラヴ関係の記事（大モラヴィア国、メトディオス、ブルガリア）があり、スラヴにとっても重要な資料。

【Tiet.】：メルゼブルクのティートマル（Tietmar ／ Dietmar ／ Dithmar von Merseburg、975 ～ 1018）の年代記。

彼はザクセン伯の息子で、この書はメルゼブルクの司教であった 1012 ～ 18 年の間に書いた年代記で、908 年から 1018 年をカバーしている。ザクセン出身の神聖ローマ皇帝のハインリヒやオットーの記事と共に、当時のエルベ川東岸のスラヴやポーランド、ハンガリー、ブルガリアにも言及し、他にはない貴重な資料となっている。また彼は年代記の登場人物とも時代を共にして親しく交わっているので、研究者たちも一致して、コスマス年代記の第一部では、コスマスの記事より彼のものを信頼している。なお 2008 年にはこれのチェコ語訳も出た[(10)]。

【Hers.】ヘルスフェルト（Lambert von Hersfeld、1028? – 1082/85）の年代記。

彼の年代記（Annales）は、ハインリヒ 4 世（1050 ～ 1106）時代の神聖ローマ帝国と初期の叙任権闘争の主要な歴史資料となっている。

その他

【Bruno】：クヴェーアフルトのブルーノ（Bruno von Querfurt）による「アダルベルトの生涯（Vita Adalberti）」。

プラハ司教で後にプロシアで殉教した聖アダルベルト（ヴォイチェフ）の聖者伝で、1004 年に書かれた。著者は司教の宣教師で第二の「プロイセンの使徒」と呼ばれているが、キエフ・ルーシとリトアニアの国境近くで、宣教中斬首され殉教した。

【Canaparius】：カナパリウスによる「聖アダルベルトの生涯（Vita sancti Adalberti）」。

ヴォイチェフの死（997 年）から 2 年後に彼の殉教を記した最初の聖者伝で、作者は最近までローマのベネディクト会修道士のカナパリウスと考えられていた。

【Kristián】：クリスチアーン伝説（Vita et passio sancti Wenceslai et sancte Ludmile）。

聖ヴァーツラフと聖ルドミラの生涯と受難を描いたラテン語の作品で、初期のチェコ国家を知るうえで最も重要な資料の一つ。著者には諸説あるが、ヴォイチェフかボレスラフ残酷公の息子ストラフクヴァス（クリスチアーン）とする説が有力である。

---

(10) Dětmar z Merseburku, Kronika, překlad B. Neškudla, Praha, 2008.

日本語の研究書

【藤井】: 藤井真生「中世チェコ国家の誕生——君主・貴族・共同体」、昭和堂、2014 年。

【薩摩】: 薩摩秀登「王権と貴族——中世チェコにみる中欧の国家——」、日本エディタースクール出版部、1991 年。

訳注

年代記では重要な出来事が前後の脈絡なしに、わずか 1 行の記述で済まされることがよくあるので、出来るだけその背景も訳注で示した。例えば 963（962）年に「レーゲンスブルクの司教トゥト（Tuto）が亡くなった」の 1 行があるが、教区－司教区－大司教区の関係で見ると、当時チェコの教会（教区）はレーゲンスブルクの司教区に属し、彼はチェコのキリスト教化に大きな役割を果たしたので、この記事が書かれたと考えられる。その後 973 年にプラハに司教区が出来て、ある程度宗教的に自立するが、マインツ大司教区の下に組み込まれ、プラハの司教は選出される度にマインツ大司教によって叙任される必要があった。ちなみにポーランドやハンガリーでは 1000 年以降の早い時期に大司教区に昇格している。

なお脚注のスペースでは十分に説明できない場合には、該当する章の初めに【訳者補注】を付けて、全体的な流れを示している。また時代と共に概念が変わる語や、訳出の際に扱いが難しく年代記全体に関わる語は、それぞれの箇所で訳注は付けているが、これらをまとめて付録 1 の「翻訳に際して注意した語」で解説している。

系図

本書のキリスト教時代の第一部 14 章以下では、プシェミスル家とポーランド公（王）の系図がないと内容の理解が難しい部分が多い。そのため【チ M】にあるプシェミスル家の系図を一部拡張して系図を作成した（付録 3）。その際スラヴ圏では同名の人物が多いので、系図上の同名人を識別するための人物同定番号を付与した。この番号は、訳者が以前に古代ロシア研究会で「ロシア原初年代記」を訳す際に開発したもので、次の手順で決定される。

・プシェミスル（01）からボレスラフ1世（14）までは通し番号とする。

・ボレスラフ1世（14）からプシェミスルの家系が広がるので、彼を起点に14＝Aとする。

・その直接の子孫には1,2,3,の数を加え、系図が1段下がる毎に、数字の桁を増して1,2,3,の数を加え、以下操作を繰り返す。

・表示の桁が増えてその人物の子が多い時は、新たにアルファベットを設定する（ブジェチスラフ：A131＝B）

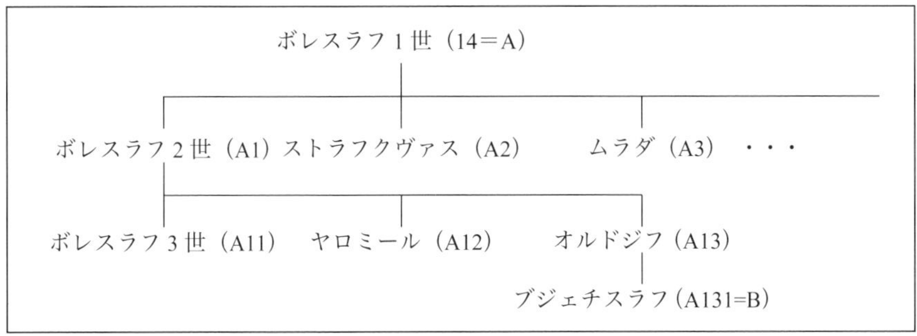

翻訳では章と年号が変わる毎に、登場する人物にこの番号を付けているが、それによって特に公座を巡る兄弟・従兄弟間の紛争などで、それらの人間関係が明確に示されている（付録3）。

東フランク王や神聖ローマ皇帝でもこのような系図が必要なので、コスマス年代記に関係する部分での簡易的な系図も作成し、系図の各人にこの人物同定番号を付けた（付録4）。

その他にチェコの地名は日本の読者には馴染みがないので、チェコ国内の歴史地図（付録5、なお細かい地名は、該当する注でプラハからの方角と距離で示す）とヨーロッパ東部の地図も作成した（付録6）。

従って本書末の付録は、

1：翻訳に際して注意した語

2：現存する諸写本の系統

3：チェコとポーランド公（王）の系図

4：東フランク国王と神聖ローマ帝国皇帝の簡易的系図

5：チェコ国内の都市と河川を示す歴史地図

6：ヨーロッパ東部の主要都市の地図

ブレトホルツのテキスト校訂版とチェコ語訳では、特定の写本で後代に加筆された文書も付帯文書として掲載されているが、これらはコスマス自身の手によるものではなく、【英】でも省略されているので本書も割愛したが、それらのタイトルを以下に示すと：

1. サーザヴァ修道院の定礎（写本 A3 群で I 部 42 章）
2. ヴィシェフラト教会の定礎（A4 と A4a で II 部 26 章）
3. サーザヴァ修道院長ヂェトハルトについて（A3 群で III 部 5 章）
4. トシェビーチ教会の定礎（A1a で III 部 41 章）

索引

巻末の人名・地名索引の項目は【チ M】のそれをほぼ踏襲して、年代記の本文に限定し訳注や訳者補注の部分を除いた。一方、事項索引では訳注や訳者補注も含めて作成している。

いささか小生の身の丈を越える、ラテン語が原文の本書の翻訳に当たっては、チェコ語とラテン語の訳出に際して貴重な助言を頂いたチェコの日本語学・日本文学研究者カレル・フィアラ氏、日本語の訳文を丁重に見ていただいたオロモウツ・パラツキー大学哲学部アジア学科の中屋祐二氏、中世チェコ国家の研究が専門の静岡大学人文社会科学部の藤井真生氏に負うところが大きい。特に歴史に素人の小生には、この分野の専門家の藤井氏のご指摘は貴重であった。

2023 年 4 月　　浦井康男

コスマス年代記

プラハ教会・聖堂参事会長によるチェコ人たちの年代記

恩師　山口巖先生に捧ぐ

第一部の序 1

首席司祭シェビーシュへの序文 (1)

プラハ教会の単に名目のみの聖堂参事会長であるコスマス (2) の願いは、学問的教養と共に精神的な力を備えたムニェルニーク教会の首席司祭シェビーシュ師が (3)、この世の生の終わりに見事報われて、天上の王国に行かれることです。自分の考えに極めて誠実でかつ愛を持って、私は教父としてのあなたに従っていますが——神はその証人です——私はそのことをうまく言葉で示すことが出来ません。しかし偉大な愛は、人間の理性が理解できるものではありません。真の愛は、何ら特別なものも何ら秘密や隠されたものを持つことはできず、心からの尊敬を持って愛している者に、それを示すこともないでしょう。

もしこのような愛が私になければ、私はかくも尊敬しているお方に、この年寄りの愚かな慰め物を献上するようなことを敢えてしなかったでしょう。私はあなたに軽やかで何か面白いものを献上しようと一生懸命に探しましたが、私はこの小品のような取るに足りないもの以外、何も見つけられませんでした。もし誰かがその足を石にぶつけて（マタイ伝 4,6）怪我をするのを見て喜んで笑い出すならば、あなたはこの作品に何と多くの私の怪我を、何と沢山の文法的な誤りを見

---

(1) 序が 2 つ続くが、最初の序はコスマスが年代記の第一部（I 部）から第三部（III 部）までをほぼ仕上げた時に、全体に対する序として加えられたものと考えられる。

(2) コスマスは自身を、Pragensis ecclesie（プラハ教会の）solo nomine（全く名前だけの）decanus（聖堂参事会長）と述べている。なお聖堂参事会とは、その聖堂（教会）に属する聖職者の集団で、聖堂を管理しその長の補佐と日々の祈禱・典礼などの聖務、世俗信者への諸任務の遂行に当たった。プラハ教会には司教座が置かれていたので、ここでの decanus は「司教座聖堂参事会長」で、司教に次ぐ地位（司教代理）と思われる。

なお「単に名目のみの」の言い方はこの時代の慎ましさの表現とも、この年代記が書かれた時には彼はすでに引退し、称号だけが残っていたと見るかの二つの可能性があろう。

(3) ムニェルニーク（Mělník）は、ラベ川とヴルタヴァ川が合流するプラハの北 30km にある町で、チェコでの葡萄酒作りの伝説的な聖地。十世紀頃に聖ルドミラとその孫の聖ヴァーツラフによって、この地に葡萄栽培と葡萄酒製造がもたらされたことで有名。シェビーシュ（Šebíř、Severus）はこの教会で最初に記録に残る首席司祭の名。

出すことでしょう。もしあなたがそれらの一つ一つに笑い出すならば、あなたはこの私の生まれついての性格をこの上なく楽しめるでしょう。どうかお健やかにお過ごしください。年寄りのこの小品が、あなた自身に気に入るか気に入らないかにかかわらず、どうか他者の眼には触れないようにお願いいたします[4]。

(4)【チ】によれば、当時の作家がよく表明していた著者の謙遜の表現。

第一部の序 2

ゲルヴァシウス師に献呈したこの著作への序文

自由学芸のすべての教養に満ち、広範な知識の聡明さを備えた首席司祭ゲルヴァシウス師[(5)]に、神と聖ヴァーツラフに仕える僕（しもべ）と呼ばれるが、それには全く相応しくないコスマスは、然るべき祈りを捧げ互いの愛を表明しよう。あなたがこの手紙を受けとる時は、私はすでにあなたにチェコ人たちの年代記[(6)]を送っていると知って欲しい。この著は何ら文芸の魅力で磨かれたものではなく、どうにかこうにか慎ましくラテン語で書かれたものであるが、私はこれをあなたの並外れた知性で検証してもらおうと決心した。あなたの聡明な判断に従って、誰もこれを読まないように投げ捨てるか、またはあなたの豊かな経験という砥石（といし）で前もって完全に磨かれ、読むに値するものと認められるか、それとも私はこれを一番お願いしたいのだが、あなたによってより上手なラテン語で再度練り上げられるかを選びたい[(7)]。というのも私はこの自分の仕事について、それはただ、神が賢明さを授けたあなたや他のより有能な者たちが、ちょうどウェルギリウスがトロイアの陥落から、スタティウスがアイアコス王の子孫の物語[(8)]から行ったよう

---

(5) 献呈の手紙の冒頭で、【ラ】はゲルヴァシウス（Gervasius）の肩書を magister archigeron とし、【チ】はこれを mistr arcikněz と訳しているので、本書も「首席司祭」とした。ただ archigeron の語はこの年代記で 2 回しか使われず、そのうちの 1 回は転義の使用である。【チ】は archigeron = děkan として、彼は聖ヴィート教会の聖堂参事会（úřad děkana）でコスマスの前任の「参事会長」であった可能性があると述べている。

(6)【チ B】ではこの年代記のタイトルを、Kosmova kronika Česká（コスマスのチェコ年代記）としているが、コスマスによる本書のラテン語表記は Chronica（年代記）Boemorum で、Boemorum は Bo(h)emus（ボヘミア人）の複数属格形である。これに従って【チ M】は Kronika Čechů（チェコ人たちの年代記）、英訳と独訳も The chronicle of the Czechs、Die Chronik Böhmens となり、チェコの国の概念を含んだ Kronika Česká（チェコ年代記）ではない。ただ本書を簡略に示すため、ここでは「コスマス年代記」の表記を取ることにした。

(7) 以下の文も謙虚さの表現。

(8) アイアコス王の子孫とはトロイア戦争の英雄アキレウス（アキレス）のこと。この部分はスタティウスの「アキレウス」【Statius-2】を念頭に置いている。

に、これを素材として使うことに価値があると知っているからである。そして彼らはこれらをもとに後代の者に己の技量を示し、己の名の記念碑が永遠に称えられることになろう。

そして私は自分の語りをチェコの地の最初の住民から始めて、老人たちの神話的な伝承から知った若干の事のみを述べるが、それは人々の称賛を得るためではなく、私が可能で知っている限りで、伝承の物語が忘却に陥らないようにするために、すべての善良な人々の愛に向かって語るのである。私はいつも、良き人々や経験豊かな人々に気に入られるのを願っているが、無知の者や気難しい者に気に入られなくても何ら恐れない。つまり、この作品の内容を知って何人かの嫉妬深い者たちが現れ、息が詰まるまであざ笑い嘲笑することを、私は知っている。このような者たちは他の者から多くの物を奪い去ることは出来ても、自身では何か良いことを付け加えることは出来ないのである。このような者たちについて、預言者は言っている、「彼らは悪を行うことには聡いが、善を行うことは出来ない（エレミア書 4,22）」。これらの者たちはただオオヤマネコの眼で眺め（Horat.-2,I,2,90）[(9)]、うっかり不適切に言ったことやちょうど私の頭が居眠りして誤った箇所を、記憶しておくためにダイヤモンドに刻むように、己の心にそれを刻み込む。だが何の不思議があろうか、

…時に卓越したホメロスでさえ居眠りする（Horat.-1,359）。

私には彼らの嫉みの中傷は少しも恐ろしくなく、彼らの皮肉のお世辞も私を何ら喜ばすことはない。読みたい人は読み、望まない人はそれを投げ捨てればよい。しかしながら親愛なる兄弟のあなたよ、もし私を自分の友として愛し、私の懇願があなたを動かすならば、腰の帯を締めるように自分の意識を集中させ、手に削ぎ取り器とチョークとペン[(10)]を取り、それらがあまりに多い場合にはそれらを削ぎ取り、足りない場合は書き加え給え。不適切に述べられた所は適切な形に変え、あなたの機転が私の拙さを和らげるようにして欲しい。私は友が私の文を正すのを少しも恥じていないし、むしろ敵であっても私の文を完成してもらうのを心より願っている。

この第一部はチェコ人の行いについて[(11)]、私がそれらについて知っている限り

---

(9) 今はほとんどの地域で絶滅したヨーロッパ・オオヤマネコのことで「鋭い眼」の象徴。

(10) 削ぎ取り器は羊皮紙の表面を薄く削るために、チョークはインキのにじみを防ぎ不透明にするために使う。またペンにはガチョウなどの羽が使われた。

(11)「チェコ人の行い」と訳したのは【ラ】の Boemorum gesta で、gesta（行為、行動）は中世の年代記でよく使われている（Gesta Regum Britanniae、歴代イングランド王の事績）。

を、時の経過に従ってオルドジフ公（A13）の息子のブジェチスラフ（A131 = B）[12]の時代まで扱っている。主の生誕からの年を、最初のキリスト教の公ボジヴォイ（10）の時代[13]から私は数え始めたが、それは本書の初めに何かを勝手に考え出すことを私は望まず、また今あなたが以下の章で読むであろうことが、何時またはどの時代に生じたかを知ることの出来る年代記を、私が見つけ出せなかったからである。ご健勝であれ、私はあなたの指示に従って、残りの部分を書く用意をするか、ここで止めて自分の馬鹿げた企てに制限を立てよう。

お健やかにお暮しあれ、我が望みを拒まず遂行されんことを。

この年代記が書かれたのは、神聖ローマ皇帝ハインリヒ4（5）世[14]の治世時で、教皇カリストゥスが神の教会を司（つかさど）り、ヴラヂスラフ（B27）がチェコの公で、プラハの司教がヘシュマンの時代であった。以下に続く記事は、何年に何が起きまたそれはどのインディクティオ[15]であったかを、知りたい者すべてに提示している。

(12) チェコの公の名前に続く括弧内のアルファベットと数字は、付録3の系図の人物同定番号に対応する。

(13) 第一部の14章以下で、それが起きた年号が示される。

(14) この年代記が書かれたのは、コスマス晩年の1119年頃から彼の死の1125年までと考えられ、その時代には神聖ローマ皇帝ハインリヒ4（5）世（在位1106〜1125年）、教皇カリストゥス2世（Callixtus、在任1119〜1124年）、チェコの公ヴラヂスラフ1世（在位1110〜1117年、1120〜1125年）、プラハ司教ヘシュマン（在任1100〜1122年）が該当する。

なお皇帝ハインリヒ4（5）世の表記は、コスマス年代記でのハインリヒ〜世の数え方が、通常の歴史書と異なっていることに由来する。今日では東フランク国王のハインリヒ捕鳥王（付録4の系図のS、在位919〜936年）を1世として、その後の神聖ローマ皇帝ハインリヒを「2〜5世」と数えるが、コスマスは捕鳥王を数えずに彼の曽孫のハインリヒ2世（S211、ドイツ王：在位1002〜1024年、帝位1014〜1024年、聖者）から1世と数え始めている。「4（5）世」の表記の内4がコスマスによる表示で（5）世が後代のものだが、この表記は煩雑なため、本書では通常の歴史書の表記（5世）で統一した。

(15) インディクティオは15年周期の年代単位だが、これが示されているのはII部27章1070年と28章1086年の二か所だけである。

第一部（伝説の時代–1034年）

I（1）

ノアの洪水の後、そして悪しき考えで（バベルの）塔を建てていた人々の言葉が乱された後、当時およそ72人[(16)]の者からなる人類は、この許されない無思慮の大胆さのため神の報復を受け、男たちの首長の数だけの異なる言葉の種族に分散された。我々が歴史の伝承から知るように、それぞれの種族は遠く広く分散しながら流浪し逃亡して、世界の様々な地をさ迷いその数を減らしていったが、その後世代から世代に渡って何倍にもその数は増えていった。全てを司る神の指示により、このように人類は地表に広まって、何百年後にはとうとうゲルマニアの地に達するまでになった。北極の下方からタナイス川[(17)]に達するまで、またその地の西方にあるそれぞれの地方は、それらの固有の名で呼ばれてはいたが、その地全体の名称はゲルマニアであった[(18)]。これについて言及したのは、我々に与えられた課題をより良く果たすためであった。しかしその歴史を語り始める前に、さしあたり我らのチェコの地の配置と、どこからその名を得たのかを手短に述べることにしよう。

II（2）

幾何学[(19)]の教えによると、大地の表面は二つの部分に分けられ、そのうちの一つはアジア（Asie）という名で呼ばれ、もう一つはヨーロッパ（Europa）とアフ

(16)【創世記】10章の、大洪水の後ノアの息子（セム、ハム、ヤペテ）から生まれた子孫たちに対応しよう。

(17) タナイス（Tanais）はドン川の古い名称。

(18)【チ】によれば、大ゲルマニア（Magna germania）はライン川東岸の地に対する古来の名でローマ人の支配は及ばなかったが、ライン川西岸の地でローマ人は低地ゲルマニア（Germania Inferior）と高地ゲルマニア（Germania Superior）を属州として治めていて、後にこれがローマ・ドイツ帝国（神聖ローマ帝国）と呼ばれるようになった。

(19) 幾何学（geometria）は本来土地の測量から生じたものであり、ここでは地理学（geographia）に近い意味で使われている。

リカ（Affrica）である[20]。ヨーロッパの地にはゲルマニアがあり、その地域の中で北方は、遠く広く周囲を山々がぐるりと囲った地が広がっている。その山々は驚くような形でその地全体の周縁に伸びていて、一見したところあたかも一つの連続した山脈が、その地全体を取り囲み守っているように見える[21]。当時この地の表面は人の住まない広い森林が占めており[22]、ミツバチの群れの羽音や様々な鳥の歌声が響いていた。獣たちは密林の中に、海の中の砂の如くまた空の星の如く無数にいて、誰に脅かされることもなく、勝手気ままにうろついていた。そして獣[23]の群れにとって、地面は辛うじて足りていた。牛や馬の群れは、夏に野原を跳びはねるイナゴの大群と比べられるほどであった。そこでは水は清らかで飲料にも適し、魚も美味しく滋養があった。それは不思議であったが、そのことからこの地がいかに高い位置にあるのかが分かるであろう。つまりそこには何ら外から流れ込む川はなく、大小の全ての川は、ラベ（エルベ）川と呼ばれるより大きな川に流れ出し、北海にまで流れて行く。この地はその時代には鋤（すき）に触れられることもなく、その時までそれをしようとする人が足を踏み入れることもなかったので、その地の肥沃さや不毛さについては、何か不確実なことを言うより、口をつむぐ方が良いと考える。

この荒野に誰か人が足を踏み入れた時――どの位の人数だったか分からないが――人間の住居に適した場所を探して、素早い視線で山や谷、平原や坂を見渡した。それは多分オフジェ川とヴルタヴァ川[24]の二つに挟まれたジープ山[25]の周囲であったであろう。人々はそこに最初の居住地を定め、最初の住居を建てる

(20)【Regino】の年代記からの引用だが、その記述も古代の地理のイメージに従っている。

(21) いわゆるボヘミア盆地の事を言っていよう。

(22)【チ】によればコスマスはこの一文によって、チェコの地が誰にも何ものにも制限されない祖国としての権利を、チェコ人が優先的に持っていることを強調している。

(23)【チ】ではこの個所の語が dobytek（家畜）となっているが、「人がいない所」での家畜はおかしいので、【ラ】の bestia（獣）に従ってこう訳した。ただ次行の soumar（役畜）は【ラ】も jumentum（役畜）となっているが、この語の前に armentum（牛馬の群れ、荷役獣）があるので、「牛・馬の群れ」とした。

(24) オフジェ（Ohře）川はドイツのバイエルン州に源を発し、チェコを東に流れてプラハの北 55km にあるリトムニェジツェ (Litoměřice) で、ラベ (Labe) 川に合流する。ヴルタヴァ (Vltava、モルダウ）川はチェコを南から北に流れてプラハを貫き、ムニェルニークでラベ川と合流し、さらにラベ川はドイツ領でエルベ（Elbe）川と名を変える。

(25) ジープ（Říp）山はプラハの北西 35km の所にある海抜 459m の山。ただし平原の真中にただ一つそびえる孤立峰で（周囲に対して 230m の高さ）、展望がすばらしい。

と、その地に自ら背負って運んで来た神々の像[26]（Vergil.-1, IV,598）を歓喜して立てた。その時一族の長老は、彼を主人と考えて同行して来た人々に、他の諸々のことも併せて、次のように言った。「友よ、あなたたちは一度ならず私と共に、通り抜けるのも困難な森を通る道中の難儀を耐えてくれた。さあここに止まり(Horat-3, I,7,31、Vergil-1, VI,465)、我らの神々にお気に入りの供物を捧げよう。彼らの奇跡を起こす力によって、かつて運命があなたたちに定めたその国に、あなたたちは最終的に到着した。これがそれであり、この地こそ――私が覚えている限り――あなた方に何度も約束したその地である。この地は誰にも属さず、獣と鳥に満ち甘い蜜と乳で濡れ、自身見て分かるように気候も住むのに適している。水も至るところで豊富で、魚も普通より多い。ここであなたたちは得ないものは何も無いだろう、誰も妨げる者はいないからだ。しかしこのように麗しくこのように偉大な地が、あなたたちの手中にある時に、この地にふさわしい名前を何にするかをよく考えてなさい」。彼らは直ぐに、神の霊感に突かれたように声を上げた。「チェフと呼ばれるあなた、父よ、この地もチェヒと呼ぶことより、より良くよりふさわしい名前を見つけることが出来るでしょうか」[27]。

その時長老は仲間たちの返答に感動して、この地が彼の名で呼ばれることになる喜びを抱いて大地に口づけした。それから立ち上がり両手を天上の星々に向かって差し上げ（Vergil.-1, V,256)、次のように言った。「私を迎え入れて下さい、我々の幾千の願望によって探されていた約束の地よ（Vergil.-1, VII,120)。かつてノアの洪水の時、人々は除かれたが、今我々を大災害なしに人々の記憶に止められんことを、そして我々の子孫を世代から世代に渡って増やし給え」。

III（3）

しかしながら当時の人々と真逆な我々の同時代人に、彼らの様子を詳しく述べようとすると、深い嫌悪感に落ちいるであろう。なぜなら当時の人々はとても誠実な慣習を持ち、彼らは素朴でしかも驚くほど気高く、お互いに忠実で慈悲深く、また穏やかで慎ましく慎重であったからである。従ってそれについては言及せず、その最初の時代がどのようなものであったかについて、確かなことをただ少しだけ述べたい。その時代はとても幸せで、僅かな持ち出しで満足し、傲慢な

(26)【ラ】は penates（家族の守護神）。

(27)【チ】のチェフ（Čech)、チェヒ（Čechy）は【ラ】では Boemus、Boemia になっている。チェコ語で地名を示す常用複数形の Čechy は、プラハを中心とした「ボヘミア地方」と共に、ボヘミアとモラヴィアを合わせた「チェコ地方」も示す。本書では両者をその都度訳し分けるのは煩雑なので、一部の場合を除き「チェコ」で統一した。

自惚れで威張ることもなかった。ケレスやバックスの贈り物[28]も知らなかった、それらは無かったからである。遅い昼飯には、樫の実や野生の獣を食べていた(Boethius-1,II,5)。濁ることのない泉は体に良い飲み物を提供した。太陽の光と水、また草原と林のように、彼らの結婚も共用のものであった。と言うのも彼らは家畜に倣って、毎夜新たな交わりを求め、明けの明星が現れると共に、カリス三女神[29]の結びつきや愛の鉄の枷（かせ）を断ち切るのであった。またどこかで誰かに夜のしじまが訪れた時は、彼はそこで草むらに入り込み、枝が広がる木の陰で甘い眠りにつくのであった。彼らは羊毛や亜麻の効用を知らず、冬には野獣や羊の毛皮を服として使っていた。また誰も「私の」という言葉を知らず修道士のように、持っているもの全てを、口でも心でも行いでも「我々の」と言明していた。家畜小屋には閂（かんぬき）はなく、貧しい通行人の前で扉を閉めることもなかった。というのも泥棒も強盗も貧者もいなかったからである。彼らは武器というものを全く知らず、多くの矢を持っていたが、それらはただ獣を射るためであった。

なぜこのようなことをもっと述べる必要があろうか。ああ残念なことだが、有益なことが逆になり、みなに共通のものが自分だけのものに変わってしまった。かつて快い清貧は泥だらけの車輪のように、人々が避けその前から逃げ出した。それはエトナ山[30]の火より激しい財産への願望が、みなの間で燃えていたからである。これらやこれに似た悪行が、日に日によりひどくはびこり、以前には誰もあえて犯すことのなかった不正を、ある人が別の者から受けてもじっとこらえるだけで、それを訴えようとする裁判官や公がいなかった。そこで人々は自分の氏族や世代の中で、その品行においてより良く、またその財産においてより尊重された者の所に集まった。それは自由な意思によるもので、監督者や印章[31]の力によるものではなく、彼らは自分たちが被った争いや不正について自由に語り合った。

彼らの間でその名をクロクと言う、一人の男が立ち上がった。彼の名による城

(28)【英】によればケレス（Ceres）は穀物の生育と収穫を司るローマ神話の女神で、バックス（Bacchus）も同じく多産と葡萄酒の神なので、この文は食物と飲み物を示し、当時の原始的な人々がパンと葡萄酒を知らなかったことを示していよう。

(29) カリス（Charis）はギリシャ神話に出て来る、美と優雅を司る女神たち。数は不定であったが、「輝き」、「喜び」、「盛り」の三女神が一般に知られている。

(30) イタリア南部のシチリア島にあり、ヨーロッパ最大の活火山。

(31) 訳しにくい所だが、【ラ】は exactor（徴税官、監督）、sigillum（小さな印章、印鑑付きの像）で「強制や権威によらずに」の意味。

が今も知られているが、それはズベチノ[32]の村の近くの森にあり、すでに木々で覆われている。その男はその時代の中で全き人であり（創世記 6,9）、豊かな領地を持ち己の見解も、分別ある聡明なものであった。ミツバチが巣に群がるように、人々は彼の一族だけでなく全土から、彼に仲裁を求めて駆け集まった。この著名な男は男系の後継者はいなかったが、三人の娘を持ち、彼女らは男たちに与えられるより大きな聡明さの宝が、自然から授けられていた。

【訳者補注 1】

この章とこれ以降の、第一部 13 章までは、イラーセク（A. Jirásek）が Staré pověsti české（拙訳、『チェコの伝説と歴史』）の第一部「古代チェコの物語」を書く際の底本になった部分であり、二つを比較すると、イラーセクがどのようにチェコ建国の伝説を膨らませたのかが分かり興味深い。特に 10 章から 13 章は、上記拙訳の「ルチャン人との戦い」と「ドゥリンクとネクラン」にほぼ対応する。なおイラーセクは、「クシェソミスルとホイミール」などの話では、ハーイェク年代記などの他の年代記からも題材を取っている。

IV（4）

彼女らの内で最年長はカジと呼ばれ、彼女は薬草と予言の知識では何らコルキスのメデイア[33]に引けを取らず、また医術においてもアスクレピオス[34]に引けを取らなかった。そのためしばしば、運命の女神たち[35]がまだ終えていなかった仕事を止めるようにさせ、そして

運命も彼女の意思に従うように、魔法で強いた。

そのためこの土地の住民たちは、何かが壊れ、再度それを手に入れる望みがない時、それについて「それはカジでも上手く直せない」という諺（ことわざ）を知っている。

(32) ズベチノ（Zbečno）はプラハの西 35km のクシヴォクラート付近にある村で、プシェミスル家のお気に入りの猟場があった。

(33)【ラ】は Medeia Cholchica、コルキス王の娘で、ギリシャ神話に出て来る魔法使いの中で最強の一人。

(34)【ラ】はこの語が Peonia で、これはマケドニアの地名だが、間接的にアスクレピオスを示す。ギリシャ神話では、彼は死者をよみがえらせた医者として知られ、医療の神となる。蛇が巻き付いた「アスクレピオスの杖」は医療･医術の象徴として広く世界で使われている。

(35)【ラ】は Parca（運命の女神）で、ギリシャ神話のモイラと同一視されている。彼女らは三人の若い娘でそれぞれ、生命の糸を「紡ぎ」、その長さを「計り」、その糸を「断ち切る」役割を担った。一方【チ】ではこれがスヂチキ（Sudičky）となっていて、これは西・南スラヴの伝承では、三人の老婆の姿で新生児の枕元で議論しながら、その子の寿命と地位と死に方を決めるとされて、両者のイメージはかなり異なる。

彼女が、ケレスから生まれた女王[36]のもとに連れ去られた時、

この地の住民は自分たちの主人を偲(しの)んで、非常に高い塚を建てた。それは、オセカと呼ばれる山を越えてベヒニェ地方の端に通じる道に接したムジェ川の岸辺にあり[37]、今日まで見ることが出来る。

年齢では二番目であったが、テトカも尊敬され、

繊細な感覚（Horat.-2, I,4,8）の[38]女性で、夫を持たずに独身で過ごした。

その者は城を建て、それを自分の名でテチーン城と呼んだ。その位置はとても堅固で、ムジェ川近くの切り立った断崖の上にあった[39]。彼女は、愚かで知性の無い人々をオレイアス、ドリュアス、ハマドリュアス[40]たちに跪(ひざまず)かせ、それらを崇拝するように導き、また同様に全く迷信的な知識を引き入れて、偶像崇拝の儀式を教えた。その結果今日まで多くの村人が異教徒のようになっている。ある者は炎や火を崇め、別の者は林や木々や岩に頭を垂れ、また別の者は丘や小山に生贄を捧げ、また自ら作った耳もなく口もきけない神々に、彼の家と彼自身を守ってほしいと祈っている。

三番目の娘は、歳において最年少だが賢さでは最年長で、リブシェ（02）という名であった。彼女も城を建てたが、それは当時最強のもので、ズベチノの村に延びる森の脇にありその名でリブシーン[41]と呼ばれた。彼女は女たちの中で次の点で唯一の女性であった。それは思慮では先見の明があり、言葉は毅然として、身は純潔で振る舞いは気高く、人々のもめ事を裁く際には誰にも引けを取らず、全ての人に親切なだけでなくむしろ愛想がよく、その華麗さと輝かしさで女性の鏡であり、男性であるかのように先を見越した命令を出すこともあった。しかし

---

(36) ゼウスとデメテル（ケレス）の娘であるペルセポネーは、冥界の王ハーデスに略奪され、冥界の女王になった。ここでは単に「カジが亡くなった」ことを意味している。

(37)【チ】によるとコスマスは、塚や古墳の位置を全体として正確に述べて、後代の読者にこの地がスラヴニーク一族（後述）に属していたことを指摘している。なおチェコ西部を流れるムジェ（Mže）川は、途中からベロウンカ（Berounka）川と名を変える。

(38)【チ】は直接「繊細な感覚の（jemného citu）」だが、【ラ】の表現は emuncte naris（鼻の清潔な）で、香りをかぎ分けられ、そこから「明敏な感覚の」になる。

(39) Tetín は女性名詞 Teta の物主形容詞で「テタ／テトカの（城）」。【チ】によればベロウンカ川沿いのこの要塞は多分、後代のスピチフニェフ（11）によって建てられたもの。

(40) これらはギリシャ神話に出て来る妖精たち：Oreias（山と岩屋の精）、Dryas（木の精）、Hamadryas（同じく木の精）。

(41) リブシェ(02)の表記で、括弧内の数字は本書付録3の系図での人物同定番号に対応する。またリブシーン（Libušín）は Libuše 物主形容詞で「リブシェの（城）」。

誰も完全には幸福になれず（Horat.-3, II, 16, 27）、このように優れた賞賛に値する女性も――ああ、人間の運命は不幸であることよ――予言者であった。彼女は人々に多くの未来の事を予言したので、彼女の父の死後その一族はみな会議に集まり、彼女を自分たちの裁き手とした。

その頃二人の住民の間で、隣り合う畑の境をめぐって大きないさかいが起きた。彼らは富と家柄において抜き出た者たちで、人々を治めることもしていた。彼らは激しい言い争いを始め、互いの豊かな髭（ひげ）の中に爪を立て、言葉を選ばない罵倒と、鼻の下で指を鳴らして示す軽蔑と共に、激しく侮辱し合ったまま騒々しく屋敷に入り、大声で女公[42]の前に立ち、彼らの争いの件を法と公正さによって裁いて欲しいと切に要求した。その時彼女は、恐れる夫がいない時の締りのない女たちが無為に過ごす時のように、厚く敷き重ねられた刺繍のあるクッションの上に横になり、出産の時のように肘で体を支えながら寛（くつろ）いでいた。その後彼女は、人物には考慮しないで公平さの細道を通り（箴言 2,20）、彼らの間で生じた紛争全体を法に従って評定した。

すると裁きで負けたその者は、この上なく怒り出し三度・四度と頭を震わし（Ovid.-1, II.49）、彼の癖であるが杖で三度地面を打ち、大口を開いてあごひげを唾で汚して叫んだ。「これは男にとって耐えがたい屈辱だ。知恵の抜け落ちた女が狡猾な考えで、男のする裁きを行っている。我々はよく知っているが、女という奴は立っていても椅子に座っていても、知恵は僅（わず）かしか持っていない。ましてや布団の上ではさらに少ない。そんな時は、戦士に法律を指示するより、男を知る方が[43]よっぽど似合っている。確かなのは、女はみな髪は長いが、知恵は短いことだ。男たちにとっては、それを我慢するより死んだ方がましだろう。自然は、我々が男の統治者も男の支配も持たず、女性の法律が我々にのしかかるようにして、我々だけを全ての人や部族たちの恥さらしにした」。

その時女公は侮辱に耐え、心の痛みを女性の羞恥心で隠して笑って言った。「あなた方の言うことは事実です。私は女で、女として生きています。しかしそれ故あなた方は、私が知恵が足りず、あなた方を鉄の鞭で（詩編 2,9）裁かないと思っているのでしょう。そしてあなた方は恐れることなく暮らしているので、私を無視するのも当然です。というのも恐れがある所は規律もあるからです。しかし今あなた方には、女よりもっと冷酷な統治者を持つことが、どうしても必要です。鳩たちはかつて王として選んだ白い鳶（とび）を、今あなた方が私にするように軽蔑して、

(42)「女公」の【ラ】の語は domna で、これは dominus（主人）の女性形 domina（女主人）の俗ラテン形。ここは新たな男性の公選びの話なので、このように訳した。

(43)【ラ】では jest mariti apta（夫に結び付く）とずいぶんはっきり言っている。

鷹を自分たちの公にしました。その鳥ははるかに獰猛で、罪をでっち上げては、罪あるものも罪なきものも殺し始め、その時から今日まで、鷹は鳩を食べ続けています。さあ家に戻りなさい、そして明日あなた方が誰かを主人として選んだら、私はその者を夫として迎えましょう」。

一方彼女は自分の姉たちを呼んだが、彼女たちもまた同様に憤慨していた。姉たちの魔法の技と同様に彼女もまた技を使って、あらゆることで人々を惑わせていた。というのもすでに言及したように、リブシェ自身クマエのシビラのような予言者であり、上の姉はコルキスのメデイアのような魔法使いであり、一番上の姉はアイアイエー島のキルケー(44)のような魔術師であったからである。その夜にあの三人のエウメニデス(45)が何について相談したのか、または何か秘密を取り決めたのかは知られていないが、朝になり妹のリブシェが、彼らの未来の公がどこに潜んでいてその名は何かを示した時、みなにはそれが太陽の光よりまばゆく思えた。というのも公を、犂を持つ者から呼ぶとは、誰が思い付いたであろう。また人々の統治者となるはずの男が、どこで畑を耕しているか誰が知っていよう。

しかし高揚した予言によって、知られずに済むことなどありえるだろうか。あるいは魔法の術によって示されないで済むことなどあるだろうか。シビラはローマの民に、この世が終わる裁きの日までの一連の運命を予言することができたが、さらに――信じられるだろうか――彼女はまたキリストについても予言した。というのも教会のある教父は自らの説教の中で、シビラの予言に従って主の到来を述べたとされる、ウェルギリウスの詩を引き合いに出しているからである(46)。メデイアは薬草と呪文によって、しばしばヒュペリオンとベレキンティア(47)を天空

---

(44) シビラ（Sibylla）は、アポロンの神託を受け取る巫女で、本来は固有名詞だったが、後に複数の存在が知られている。クマエ（ナポリ北西の植民都市）のシビラは、アポロンから予言の才能と千年の寿命を与えられたことで知られている。コルキスのメデイアについては、注 33 を参照。アイアイエー島はギリシャ神話に出て来る地名だが、その場所には諸説がある。その島に住むキルケー（Kirké）は術に長けた魔法使いで、後述のオデュッセウスの仲間を豚に変えた話が有名。

(45) エウメニデス（Eumenides）はギリシャ神話で 3 人からなる「復讐の女神たち」で、正義と秩序を守り、それを破るものを罰した。

(46)【チ】によれば、この教父は初期キリスト教の神学者アウグスチヌス（354 ～ 430）で、彼は『ローマ人への手紙の解説』の中で、Vergil.-2, IV, 4,10 の Ultima Cumei iam venit carminis actas（近年すでに、シビラの予言によって定められたものが来ている）の一句が、キリストの到来を言及しているとした。

(47) ヒュペリオンはギリシャ神話で太陽神（ヘリオス）と月神（セレネ）と曙の女神（エオス）

から引き下ろし、雨と稲光と雷鳴を雲から誘い出し、老いたアイソン王を若返らせた（Ovid.-1,VII, 162)。またキルケーの呪文によってオデュッセウスの仲間たちは様々な獣に変えられ（Homer.-1, X, 221)、ピクス王はキツツキに変えられた（Ovid.-1, XIV, 312 以下)。この鳥は今日までラテン語の彼の名前でそう呼ばれている[(48)]。何が不思議であろう、エジプトでは魔法使いたちが己の技を使って様々なことをしてきた。彼らは己の魔法で、神の召使であるモーセが神の力を使って行ったのと同じほどの奇跡を行っている。でもこれについてはもう十分だろう。

V（5）

定められていた翌日、直ちに集会が招集され人々が集まった。みなが一か所に集まると、高い椅子に座っていた女が荒々しい男たちに向かって言った。「お前たちは

この上なく気の毒だ、自由に生きることの出来ない人々よ（Sall.-1, 33,4)、

良き人なら誰も、命と共に失うことを欲しない自由をお前たちはわざと軽んじて、やったこともない隷属に自ら頭を垂れて従属している。ああ、カエルたちが水蛇を王にしたが、それが彼らを殺し始めて後悔したように[(49)]、後でそのことを悔やんでも無駄だ。もしお前たちが、公の統治がどのようなものか知らないならば、

私はそれについて少し話してみようと思う。

まず初めに言いたいことは、公を定めるのは容易だが、その者を辞めさせるのは難しい。というのは彼を公にするか、しないかを定める時は、その者はお前たちの力の下にある。しかしひとたび彼が選ばれると、お前たちとお前たちが持っている全てのものは、彼の力の中に入ってしまう。彼の面前でお前たちの膝は、寒気に襲われた時のように震え、声を失った舌は乾いた上顎に貼り付くだろう(エゼキエル書3,26)。お前たちは彼の声に大きな恐れを持って『はい、ご主人様、はい、ご主人様』と答えるだけである。さらに彼はお前たちの意見を聞くことなく、わずかの身振りである者を裁き、別の者を殺すように命じ、またある者を牢に入れ、また別の者を縛り首にすることを命じよう。お前たち自身やお前たちの中から彼

の父だが、時にヘリオスと同一視される。ベレキンティア（Berecynthie）はキュベレー（大地母神）の別名だが、ここではキンテア（アルテミス）と同一視されて月を示していよう。従ってこの文は、「太陽と月を天空から引き下ろした」の意味。

(48) ピクス王はサトゥルヌス（ローマの農耕の神）の息子で、キルケーの愛（または助言）を拒んだためキツツキ（picus）に姿を変えられた。

(49) イソップ物語を最初にラテン語に翻訳したパエドルス（Phaedrus）の Fables, I, 2。

が望む者を召使に、別の者を農民や税を払う者やそれを取り立てる者に、また処刑人や廷丁に、またある者を料理人やパン屋や粉ひき人にするだろう。彼は自分のために指揮官や百人隊長を、また農場管理人や葡萄畑や畑の栽培者を、また草刈人や武器鍛冶や毛皮職人や靴職人を定めよう。彼はお前たちの息子や娘を自分の用のために使い、お前たちの牛や牡馬（おすうま）や牝馬（めすうま）を、また家畜の中で一番良いものを、自分の楽しみのために召し上げるだろう。彼は、お前たちが村や野や畑や草原や葡萄畑で持っている最良のものすべてを奪い、それを自分の利益に使うだろう。でもなぜ私は、お前たちを長く引き留めるのだろう。なぜ私は、お前たちを怖がらせようと言っているのだろうか。もしお前たちが自分たちの決定を持ち続けていて、自分の願望を間違えていなければ、私はお前たちに公の名前と彼のいる場所を教えよう」。

この言葉に粗野な人々は（Vergil.-1, I,149）[50]、様々な叫び声を上げて歓喜し口をそろえて、彼女が彼らに公を授けることを懇願した。彼女は彼らに向かって「見よ、あの山の背後には」と言って指で山々を示し――「ビーリナの小川がある。その川の岸辺にスタヂツェと呼ばれる村が見られよう[51]。その村の周辺に長さと幅が12クロチェイ[52]の休耕地があるが、それは不思議なことに多くの畑の間にあるが、どの畑にも属していない。そこでお前たちの公は、2頭のまだら牛を使って耕している。1頭は体の前方が帯状に真っ白く、また頭も白い。もう1頭は額から背中にかけて白く、後ろ脚も白い。さあ、お前たちが望むなら、私のガウンとコートと肩掛け[53]を持って出掛けなさい。それらは公にふさわしいものです。そしてその男に、私と人々からの言伝（ことづて）を伝え、お前たちには公となり、私には夫となるその人を連れて来なさい。その男の名はプシェミスル（01）と言う。彼はお前たちの首や頭に対して、多くの法律を考え出すだろう。なぜならその名はラテン語で「前もって熟考する者」または「この上なくよく考える者」という意味だからである[54]。そして彼の子孫はこの地の全域で、代々限りなく治めるであろ

(50)【ラ】は vulgus ignobile（卑しい俗衆）。

(51) スタヂツェ（Stadice）は、プラハ北西65kmのジェフロヴィツェ（Řehlovice）村内の地名。

(52)【チ】では kročej（チェコの古い長さの単位で約59㎝）だが、【ラ】では passus で2歩幅の約150㎝。

(53)【ラ】は thalitarium, clamidem, mutatoria だが、これらに対応する【チ】の říza, plášť, přehozy に従って訳した。

(54) プシェミスル（Přemysl）の語源解説で、チェコ語では pře-（~を通って、越えて）と mýšlet（考える）から「熟考する者」となる。一方ラテン語では「前もって熟考する者」は praemeditans で、prae-（前に）＋ meditor（熟考する）、「この上なくよく考える者」は

う（出エジプト記 15,18)」。

VI (6)

一方自分たちの女公と人々の伝言を、その男に伝えるための使者が決められた。使者たちが道を知らずに躊躇しているのを見て、女公は言った。「何をためらっているのですか。心配せずに行きなさい、私の馬に従いなさい。それはお前たちを正しい道で導き、また元に戻って来るでしょう。なぜならその馬はその道を一度ならず駆けていたからです」。

根拠のない噂が広まり、同時に誤った見解も広まった、

それは彼女自身が夜の静寂の中、しばしばこの魔法の道を通ってそこに馬で行き、夜明け前に戻って来たというものであった。しかしこれは、

「ユダヤ人のアペルラをしてこれを信じさせよ（Horat.-2, I, 5, 100)」[55]。

それからどうなったのであろう。無学だが賢い使者たちは歩みを進め、意識はするが無意識な（Cato-1,IV,46）[56] 彼らは、馬の後を進んで行った。すでに彼らは山々を越えて、目的とする村にどんどん近づいて行った。その時彼らに向かって一人の子どもが駆けて来たので、彼らは次のように言ってその子に尋ねた。「いいかい、坊や、この村はスタヂツェと言う名前かな。もしそうならここにプシェミスルという名の男がいるだろう」。――「はい」彼は答えた、「これはあなた方が探している村で、ほらプシェミスルという名の人が、その仕事をすぐに終えようと、あそこの畑で牛を追い立てていますよ」。使者たちは彼の所に行って言った。

「至福な人士の公よ、あなたは神々によって我々のために生まれています」。

一度そう言っただけでは不十分なのが農夫たちの習慣なので、使者たちは大声で繰り返した。

「ごきげんよう、公よ、ごきげんよう、あなたは他の者を越えて称賛に値します。

どうか牛を犂から外し、着物を着替えて馬に乗って下さい」。

それと同時に彼らは彼に、着物とその時いなないた馬を示した。

---

superexcogitans で、super-（超えて）＋ excogito（よく考える）となる。なおラテン語語尾の -ns は現在分詞男性形を示す。

(55)【ラ】は credat judaeus Apella, non ego（ユダヤ人アペルラにこれを信じさせよ、我は信ぜず)、Apella はユダヤの迷信家として知られている。なお文末の non ego（私ではない）は省略されているが、これは「その噂を信じる者もいるが、私（コスマス）は信じない」という含意があろう。

(56)【ラ】は sapienter indocti, scienter nescii（賢くも無学で、巧みでも無知な)。

「我らの女公のリブシェと我々みなの言伝は、どうかあなたが来られて、あなたとあなたの子孫に定められた、我々の統治を引き受けて欲しいということです。我々が持っているすべてのものと我々自身は、あなたの手の内にあります。あなたは公として、裁き手として、守り手として、我々はあなたただ一人を主人として選びます」。この言葉を聞き、あたかも未来を予見するように、その賢明な男は立ち止まり、手に持っていた犂の土をかき落とす棒を地面に突き刺し、牛を犂から解いて言った。「お前たちはやって来た所へ戻れ」。すると牛たちは、彼がそれを言い終わる前に視界から消え、もはやそれ以後決して姿を見せなかった。一方地面に突き刺したハシバミの棒からは大きな 3 つの若枝が芽を出し、さらに驚くべきことには、葉と実まで付けた（創世記 40, 10）。使者たちは目の前で起きていることを見て、驚いて立ち尽した。彼は主人がするように彼らを愛想よく朝食に招き、靭皮(じんぴ)[57]で編んだ袋を振って、カビの生えたパン[58]と一片のチーズを取り出し、食卓の代わりにその袋を草の上に置き、その上に粗い布などを置いた。彼らが食事をして水差しから水を飲んでいる間に、2 つの若い分枝は枯れて落ちたが、三番目の枝は高く広く育った。このことは客たちに、さらに大きな驚きと恐れを引き起こした。そこで彼は言った「あなた方は何を驚いているのか、それはこういうことだ。我々の一族から多くの君主が生まれるが、いつも一人が統治しよう。だがもしあなた方の女公がこのことについて、さほど急がずにもう少し事態の成り行きを待ち、私にそんなに早く使者を送らなければ、自然がこの世に公の息子たちを生み出すその数だけの君主を、あなた方の地は持つはずだったのだが」。

VII（7）

畑を耕していた彼はその後公の着物に着替え、王の靴を履き[59]駿馬に乗った。しかし彼は自分の身分を忘れないように、靭皮で編んだ自分の短靴を持って行き、それを将来のために取っておくように命じた。これはヴィシェフラトの公の部屋で、今日までそして永遠に保管されている[60]。彼らは近道をゆっくり進んでいた

(57) 靭皮は、樹木の外皮の内側にある比較的柔らかな繊維質の部分。ここでは白樺の木。

(58)「カビの生えた」と訳したのは【ラ】の muscidus で、意義は「苔で覆われた、苔のような」となる。【チ】は plesnivý（カビの生えた、灰色の）、【英】は moldy（カビの生えた）と訳しているので、これに従った。

(59) 訳は【チ】に従ったが、「公」と「王」については、【ラ】は veste（着物）principali（元首の）、calciamento（靴）regali（王の）となっていて、文のリズムで使い分けたと思われる。

(60) プシェミスルの靭皮の靴は公座に就く時だけでなく、その後王の戴冠式でも人々に示

が、使者たちは新しい公と打ち解けて話すことはまだ出来なかった。しかし鳩の群れに、ある時どこか他所から鳩が飛んできた時、初めその群れは恐れるが、すぐに飛んでいるその鳥に慣れて、それを自分たちの仲間として受け入れ気に入るようになる、ちょうどそのように彼らは道中語り合い、話で時を忘れ、ふざけたり冗談を言ったりして、疲れを忘れていた。

その時特に大胆な一人の男が話の中で尋ねた。「ご主人様、教えて下さい、あなたは何の役にも立たず、投げ捨てるより他のないこの靭皮の短靴を、なぜ我々の所で保管するように命じたのですか。我々はその驚きを十分には表せません」。彼は彼らに答えて言った。「私がそれを与えていつまでも保存するように言ったのは、我々がどこから来たかを子孫たちが知るためであり、彼らはいつも不安と不確実の中で生きるように、そして神から託された人々を傲慢から不当に虐げることのないようにするためだ。なぜなら我々はみな生まれついて平等だからだ。今私もまたあなた方に尋ねてみよう、高い地位から貧困に落ちるより、貧困から高い地位に昇る方が、より称賛に値するのだろうか。もちろんあなた方は、困窮に落ちるより栄光に昇る方がより良いと答えるだろう。しかし高貴な家系の多くの人がその後不名誉な困窮や不幸に陥るが、彼らは他の人たちにこう言うであろう、彼らの先祖は栄光に満ち力も強かったと、しかし彼らはそう言うことで自分たち自身を、さらにひどく蔑（さげす）み侮辱していることを知らない。というのも彼らは、祖先たちが勤勉さによって獲得したものを、自分たちの怠惰によって失ったからである。それというのも幸運の女神はいつもサイコロで遊ぶように自分の車輪で遊んでいて、彼らを頂点に上げたかと思うとすぐに奈落に投げ落とすからである(61)。このことによって、かつて栄光に向かった世俗的な地位は、不名誉の中で失われる。しかし徳によって克服された貧困は、狼の毛皮の下に隠れることはなく、初め自身と共に引きちぎられ深淵に落ちた勝利は、再び星々まで昇るであろう」。

VIII（8）

彼らの道中も終わりもうすでに城に近付いていた時、お伴に取り巻かれた女公は彼らに向かって急いだ。みなは互いに手を差し延べて大いに喜び、住居に入っ

されていたが、ヴァーツラフⅠ世（1230～53）がこの習慣を廃止した。その後も靴は保管されていたが、フス派戦争（1420～34）の混乱の間に失われた。

(61) ローマ神話での幸運の女神（Fortuna）は運命の車輪（rota fortunae）を司り、それを回すことで人を高みに上げたと思うと底に突き落とすとされた。

て長椅子に座ると、ケレスとバックスの贈り物[62]で元気を回復し、夜の残りはウェヌスとヒミネオス[63]に捧げた。

この者は実際その男らしさで丈夫（ますらお）と呼ばれるのに相応しかった。彼はその抑制の難しい部族を法で縛り、慣らされていない人々を力で手なずけ、今日でも彼らに重くのしかかる従属に従わせた。また彼はリブシェと共に、この地を統治し管理するすべての法を発布した。

IX（9）

法が制定された初期の頃のある日、予言の霊が降りて高揚したその女公は、夫のプシェミスルの前でまた人々の長老たちが居合わせる中で、次のように予言した。

私には城が見える、その城の噂は天まで届くだろう、
森の中に場所がある——それはこの村から30ホン離れ[64]
その境をヴルタヴァ川の波が定めている。

この場所の北側は、ブルスニツェ川[65]が流れる深い渓谷によって堅固に守られ、一方南側には極めて岩だらけの広く広がる山がある。この山はその岩からペトシーンと呼ばれているが[66]、周囲からひときわそびえている。この場所で山は海豚（イルカ）のように上述の川の方向にねじれている。あなた方がそこに着くと、一人の男が森の真中で家の敷居（プラーフ）の木を切り出しているのを見出すであろう。低い鴨居（かもい）[67]の所では偉大な主人たちでさえ頭を下げるので、この出来事に因んであなた方が建てようとするその城をプラハと名付けなさい。この城では未来のある時に二つの金のオリーブ[68]が芽を出し、その樹高は7番目の天上まで達し、そ

---

(62) ここは明確に「パンと葡萄酒」のこと。

(63)【ラ】Venes et Himineos、前者は英語読みのヴィーナスが普通で、性愛と生殖の女神。後者はヒュメーンとも呼ばれ結婚儀式の男性神。

(64) ホン(hon)はチェコの昔の長さの単位で125歩で約150mだが、【ラ】はこれがstadiumで、約190m。

(65) ブルスニツェ（Brusnice）川は、プラハ西方のヴェレスラヴィーンからプラハ城の北を流れて、ヴルタヴァ川に注ぐ小川。

(66) ペトシーン（Petřín）の語源を、ラテン語の岩（petra）から解説している。

(67) プラハ（Praha）の語源とされるpráhは【ラ】ではlimenであり、この語には「戸枠の下の横木（＝敷居）」と「入口」の意義があるので、後者の「低い入り口」を「低い戸枠上部の横木（鴨居）」として訳し分けた。

(68) 二つの金のオリーブとは、後述の聖ヴァーツラフ（13）と聖ヴォイチェフのことで、

の驚異と奇跡で全世界に輝くであろう。そしてチェコの地のすべての世代と他の民族たちは、それらを捧げ物や贈り物で敬うだろう。その一つは「大いなる栄光」で、もう一つは「軍の慰め」である[69]。

もし地獄の予言の霊が、神が造られた体から逃げ出さなければ、彼女はさらに多くのことを言ったかもしれない。しかし人々は直ちに何百年も経た密林の中に駆けて行き、その印を見つけると、言われた場所にチェコ全土を治めるプラハ城を建てた。

その頃この地の娘たちは、何ら束縛なしに育っていたので、アマゾーン[70]のように戦の武器に腐心し、自分たちの間で指導者を選んだ。そして若い男たちと同じように軍務をこなし、男のように森で狩の獲物を探した。男たちは彼女らを娶(めと)ることは出来ず、逆に彼女ら自身が好きな時にどこでも男たちと交わっていた。彼女らはスキタイの遊牧民、ポロヴェツやペチェネグ[71]のように、着ている物では男と女を区別できなかった。そのことで女たちに大胆さが増し、前述の城から遠くない岩山の上に、自分たちの堅固な城を建てた。そしてその城に娘(ヂェヴァ)という語からヂェヴィーンという名を付けた。若者たちがそれを見た時、彼らはそれに激しく嫉妬して数多くの者が集まり、合図の角笛の音を聞くと直ちに、対岸の茂みの中に城を建てた。この城は今日ヴィシェフラトと呼ばれているが、当時は茂み（フラスチー）からフラステンと呼ばれた[72]。娘たちはしばしば若者を騙すのに長けていて、一方若者たちは娘たちより勇敢であったので、両者の間には戦いが続いたり、平和が続いたりしていた。そして停戦が訪れた時、両者は一

後者の母はプシェミスル家出身のストシェジスラヴァ（A5）という説もあるが、史料的には確認されない。「7 番目の天上」は、ユダヤ教、キリスト教、イスラム教で天国にあるとされる 7 つの階層の中の最上位のもの。

(69) コスマスは、Václav（Wenceslaus）を vace-sláva（より大きな栄光）の縮約形、Vojtěch を voje（「異教徒に対する」軍・兵の）＋ útěcha（慰め）と解釈している。

(70) アマゾーンはギリシャ神話の登場する女性だけの部族で、馬を飼いならし戦闘を得意とした。

(71) ポロヴェツは 11 ～ 13 世紀にウクライナからカザフスタンに広がる草原地帯にいたチュルク系遊牧民族で、ペチェネグは 8 ～ 9 世紀にかけてカスピ海から黒海の北の草原にいた遊牧民の部族同盟。

(72) ヂェヴァ（děva）は dívka（娘）の文語形で、děvín はそこから派生した物主形容詞形。なおヂェヴィーンはヴルタヴァ川の左岸にある特徴的な丘で、今日でもその名で呼ばれている。一方フラスチー（chrastí）からフラステン（Chrasten）が派生したが、この名はここにしか示されていない。。

緒に酒宴に集まって、武器を持たずに定められた場所で3日間、盛大な祝宴を行うことが取り決められた。それからどうなったのだろう。若者たちは娘たちと酒宴の準備に取り掛かかったが、それはまさに獰猛な狼が、餌を探して羊小屋に侵入しようとしているのに他ならなかった。初日彼らは宴会で大いに飲み、陽気に過ごした。

彼らは渇きを癒（いや）そうとした時、新たな渇きが生れた（Ovid.-1, III, 415）、
若者たちは己の願望を、夜の時まで何とか
抑えた。

夜になった。月が輝き、空の青さが明るく見えた（Horat.-5, 15,1）。
その時彼らの一人が角笛を吹き、彼らに合図を送り、
次のように言って、
「もうお前たちは十分遊び、十分飲み食いもした（Horat.-4, II 2,214）、
さあ立ち上がれ、黄金のウェヌスがお前たちを、音高き角笛で呼び起こす」。

すると直ちに若者は一人ずつ、一人の娘をさらって行った。朝になると平和が結ばれて、彼らは彼女らの城から食べ物と飲み物を運び去り、空っぽの城壁はリムノス島のウルカヌス[(73)]のなすがままにされた。女公リブシェの死後、この時から我々の女は男の力の下にある。

しかしすべての者は、
アンクスとヌマが赴いた所に、行くより他はない（Horat.-4, I, 6, 27）[(74)]。

プシェミスル（01）が法規と法令[(75)]を定めた時、彼の日は満ち、ケレスの娘婿（むすめむこ）[(76)]の元に連れ去られたが（Juven.-1, X, 112）、生前彼は神のように敬われていた。彼の後ネザミスル（03）が公座に就いた。死がその者を捕えた時、ムナタ（04）が公の権標[(77)]を得た。彼がこの世を去った時、ヴォイエン（05）が統治の

(73) ウルカヌス（Vulcanus）はローマ神話の火の神。リムノス島はエーゲ海北部の島で、ヘパイストス（ギ神の鍛冶の神でヴルカンに対応）に捧げられていた。この一文は娘たちの城が略奪されて、火を放たれたことを意味していよう。

(74) アンクス（Ancus）とヌマ（Numa）は共に紀元前8～7世紀頃の伝説的なローマの王でヌマは2代目、アンクスはヌマの孫で4代目に当たる。

(75)【ラ】では jus（人間のための法規）と lex（支配、統治のための法令）の2語を使い分けている。

(76) ケレスの娘婿は冥界の王ハーデス（プルート）のこと。彼はゼウスと豊穣の女神デメテル（ケレス）の間にできた娘ペルセポネーに恋し、彼女をさらって冥界の后にした。「ケレスの娘婿」で「死」を意味する表現は、以下にしばしば出て来る。

(77) 権標と訳したのは【ラ】の fascis（高官の権威を示す標章）で、【チ】はこれを odznak（バッ

舵を取った。彼の生涯が終わった時、ヴニスラフ（06）が公国を統治した。運命の女神たちによって彼の命が断ち切られた時、クシェソミスル（07）が王座の高みに置かれた。彼がこの世から引きはがされた時、ネクラン（08）が公の座を掌握した。彼から命が退いた時、ホスチヴィート（09）が王座に就いた[(78)]。これらの公の生涯と死については沈黙しておこう。というのも彼らは家畜同然で、満腹と惰眠にひたり、無教養と無学で、自然に反して彼らの肉体は快楽に向かう一方で、その魂は彼らには重荷になっていたからであり（Sall.-1, 2,8)、またその時代には彼らの行動の記憶をペンで書き残す者がいなかったからでもある。我々は語られていないことには沈黙し、少し逸脱してしまった所へ戻ろう。

X（10）

ホスチヴィート（09）はボジヴォイ（10）を生み、ボジヴォイはモラヴィアの司教メトディオス師から、チェコの公たちの内で初めて洗礼を受けた。それはローマ皇帝がアルヌルフ（E11）で、モラヴィアの王がスヴァトプルクの時であった[(79)]。

しかし我々は本書のここに、伝承から聞き知った合戦の叙述を入れるのは不要なことだとは思わない。それはずっと以前のネクラン（08）公の時代に、チェコ人とルチャン人の間でトゥルスコと呼ばれる野[(80)]で起きた戦いであった。今日我々は彼らを、その城のジャテツからジャトチャン人と言っているが、彼らがずっと昔からルチャン人と呼ばれていた理由を、語らずに済ますことは望まない。彼らのその領土は、その位置によって5つの地方に分けられる。1番目の地方はフトナーと呼ばれる小川に沿ってあり、2番目はウスカ川両岸に、3番目はブジェズニツェの急流の周辺に広がり、4番目の地方はレスニーと呼ばれムジェ川の下流にあった。5番目の地方はルーカと呼ばれこれらの地方の中央にあり、眺めも素晴らしく収穫も豊かで、播種（はしゅ）には極めて肥沃で、草原（ルカ）に満ちていて、そこからその名を得ていた。この地方はジャテツ城が置かれるより、はるか以前から人々が住んでいて、住民はその地方の名によってルチャン人と呼ばれていた。

彼らを治めていたのはヴラスチスラフであった。彼は好戦的な男で、戦いにおいては勇猛果敢で、目論見においてはこの上なく狡猾であった。そしてもし最後

ジ、記章）と訳している。ただ具体的に何を示すのかは、受け伝えられたものが無いので不明。

(78) プシェミスルからホスチヴィートまでは伝説上の公で、資料による歴史的な裏付けが出来ない。キリスト教の洗礼を受けたボジヴォイ（10）以下には歴史的資料が残っている。

(79) これについてはI部14章前の【訳者補注2】と14章以下を参照。

(80) トゥルスコ（Tursko）は、プラハの北北西18kmのクラルピ（Kralupy）近郊の村。

の運命が彼を不幸な結末で打ち負かさなかったなら、彼は戦いにおいて幸運な者として、名を馳せることが十分出来たであろう。なぜなら彼は以前何度もチェコ人に対して戦いをしかけ、その中で幸運と神の好意を得て、いつも勝利していたからである。彼はチェコ人の地に侵入し、しばしば容赦なく殺害と放火と略奪でそれを灰燼（かいじん）に帰した。彼は自分の守備隊を使ってチェコの人々の指導者を殺しその数を減らしたので、人々はレヴィー・フラデツ(81)と呼ばれる小さな城の中に閉じこもり、城への敵の侵入を恐れていた。彼は自分の名前を付けたヴラスチスラフ城を建てたが､その城はビーリナとリトムニェジツェ地方の境にある､メドヴェジとプシペクの 2 つの丘の間にあった(82)。彼はそこに悪しき者たちを置き、彼らがその 2 つの地方の人々に策略を企むようにさせた。それはこれらの地方がチェコ側に付いていたからであった。それぞれの局面で、成功は人の心を高め失敗は低めるが、彼が戦いで常に勝ち取って来た成功から公の心は高揚し、彼は傲慢な心でチェコ全土を手に入れようという願望で燃え上がった。ああ未来を知らない人の心は、しばしば己の推測で惑わされる。喜びの前に心の落ち込みがあるように、没落の前に心の高揚が生じるのはよくあることだ（箴言 16,18）。

彼の胸は思い上がった傲慢さで直ちに満ち、どの位の兵力があるか知ることを望んだ。そこで彼は自分の命令を告げるため使者に、剣を携えて領土の全地方に行くように命じた。その命令とは、背の高さがその剣の長さを超えるものは、みな戦いに行くように、もし命じられたように素早く行かなければ、容赦なくその剣で罰せられようというものであった。命じられた言葉に従って、人々が定められた場所に素早く集まったのを知って、彼は周囲を人々に囲まれて土塁の真中に立ち、盾を支えに手に持った剣を振り回して言った。「戦士よ、お前たちの手中にはもう目前の勝利がある。かつてお前たちは何度も勝利したが、今は仕上げに備えて準備せよ。それには武器は必要だろうか。武器は兵士の証（あかし）として持って行くがよい。しかしむしろタカやハイタカやフクロウ(83)などの鳥を連れて行くように。それらは娯楽や遊びにより向いているが、もし十分足りるなら、敵の肉を

(81) レヴィー･フラデツ（Levý Hradec）はプラハの北 12km にあり､プラハに移る前のプシェミスル家の本城があった。

(82) プラハの北北西 50km のリトムニェジツェ近くの、ロヴォシツェ（Lovosice）の城址。

(83) 鳥の猛禽類（もうきんるい）を指すと思われ､【ラ】の falcon（タカ）､nisus（ハイタカ）、herodius（アオサギ）を、【チ】は sokol（タカ）、krahujec（ハイタカ）、volavka（サギ）と充てている。その内で volavka は現代チェコ語では「サギ」であるが、古代ヨーロッパでは不吉を知らせる鳥で、後に「フクロウ」となった。【英】ではこれに owl（フクロウ）を当てているので、これを採用した。

腹一杯食べさせてやろう。私は証人としてマルス神と、私にあらゆる恩恵を示してくれた私の主人の女神ベローナ[84]を連れて行く。私は手に持っている剣の柄(つか)にかけて誓おう、私は（チェコ人の）母たちの胸に彼らの乳飲み子ではなく子犬をあてがわせることを。旗を掲げよ、ぐずぐずして遅れるな、

遅延は用意の出来ている者には、常に有害である（Lucan.-1, I,281）。

さあ、すみやかに行け、そして幸運の中で勝利せよ」。雄叫(おたけ)びが天まで届いた。男たちは力のある者もない者も、勇敢なものも臆病なものも、頑強な者もそうでない者も大声で言った。「武器だ、武器だ」。そして疥癬(かいせん)病みの牝馬も、荒々しい牡馬のように戦場に駆けて行った。

XI（11）

一方、数多い女占い師たち[85]の一人である女が、戦に行くはずになっていた継子(ままこ)を自分の元に呼び寄せて言った。「継母は、継子に良くしないのが慣いであるが、私はお前の父親との良い間柄も覚えている。

もし望むなら、お前に警告を与えよう、

どうすれば生きて助かることが出来るかを。

よいか、魔法使い、いやチェコ人の怪物たちは、その魔術で我々占い師たちよりずっと優位にいるので、我々は一人残らずみな死に、勝利はチェコ人の所に行き着こう。

しかしお前がその破滅から逃れることができるためには、

最初の闘いでお前が殺すであろう敵から両耳を切り取り、それを巾着(きんちゃく)にしまいなさい。それから馬の両足の間の地面に、抜き身の剣で十字の形に線を引きなさい。そうすることによって、神々の怒りがお前の馬を縛り、あたかも馬が長旅で疲れ切って弱り倒れるような、目に見えない枷を断ち切ることができる。その後お前は直ちに馬に乗り逃げ出すのだ。後ろで轟音が轟いても決して後ろを振り返らずに、さらに早く急ぐのだ。そうすればお前一人だけがかろうじて逃げ出せよう。というのもこれまでお前たちを戦いに送り出していた神々は、お前たちの敵に加勢するからだ」。

一方チェコ人たちは、敵にすでに何度も打ち負かされていたので、防衛のための兵力が十分にはなかった、そこで

打ち負かされた者の唯一の救いは、もう何の救いも期待しないことだ

(84) マルスとベローナはローマ神話で戦争、不和、無秩序、混乱の神。ベローナはマルスに伴う戦いの女神だが、彼女はマルスの妻とも娘とも姉妹ともされている。

(85)【チ】では「占い師（hadačka）」だが、【ラ】ではエウメニデスになっている。

（Vergil.-1, II, 354）。

疑り深い人々や勇気も才能も足りない人は、いつも悪く思いがちで、すぐにより悪い方や過ちに向かう。ちょうど空虚な偶像崇拝に忠実で嘘を信じる人が、自分の兵力と武器に絶望した時のように、彼らは予言をなす一人の老婆に、助言を求めて執拗に頼んだ、どうか彼らに、このような危機の時に何をしなければならないか、また来るべき戦いの結果はどうなるのか教えて欲しいと。予言の霊に満たされた彼女は、曖昧な言い草で彼らを焦らすことはなかった。「もしお前たちが勝利の栄光を得たいならば、その前に神々が命ずることをなさねばならない。それは神々の庇護がお前たちに降りるように、神々にロバを捧げることである。この生贄を行うように命じているのは、最高位の神ユピテルとマルス自身、そして彼の姉妹のベローナとケレスの娘婿である」(86)。

その間に哀れなロバが探し出されて殺され、命令通りに千回、千個の小片に(87)切り分けられ、全軍によって瞬時に食べ尽された。このように彼らはロバの肉で力を得ると――奇跡に似ているが――兵の隊列が陽気になり、兵士たちはイノシシのように死ぬ覚悟が出来ているように見えた。雨雲の後では太陽は、より明るく目により快く映るが、大きな気持ちの落ち込みの後でその軍勢は、より勢いを増し戦いに対してより勇敢になった。

XII（12）

一方チェコ人たちの公ネクラン (08) は、兎よりも臆病で逃げ出す時はパルティア人(88)より素早い男であったが、来るべき戦いを恐れ、仮病を使って前述の城（レヴィー・フラデツ）に隠れた。頭の無い手足は何が出来るだろうか、また戦の中で指揮官のいない兵士は何が出来るだろう。ちょうどその頃、名をティルという端正な体で抜きんでた一人の男がいた。彼は公に次ぐ二番目の地位で、千人もの敵が戦いで彼を追い回しても誰も恐れず、誰の前でも退くことはなかった。公は密かに彼を呼び寄せ、彼の鎧（よろい）を着るように命じ、そのことを知っている数人の廷臣と共に、公の馬に乗り彼の代わりに、戦場にいる兵士たちの前に行くように命じた。その場所は遠い所ではなく、城から 2 ホンしか離れていなかった。彼らは両軍で合意された野に到着したが、チェコ人たちは前もって野の真中にある小

(86) ユピテル（ジュピター）はローマ神話の主神。

(87)【チ】は na sto tisíc kousků（千の百倍＝ 10 万個に）だが、【ラ】は in mille millies frusta（千回、千個の小片に）なのでこちらを取った。

(88) パルティア人は紀元前後にカスピ海の東南地方に住んでいたイラン系の遊牧民。馬術に長け退却する際には、馬上で後ろ向きになって追っ手に弓を射る戦法で敵に恐れられた。

高い丘に陣取っていて、そこから彼らは敵がやって来るのを先に見ることが出来た。そして公と思われたティルは、一段高い所に立って兵士たちに呼び掛けた。「もし指揮官が言葉によって兵士たちに勇敢さを加えることが出来るなら (Sall.-1, 58,1)、私は何度も回りくどく言って、お前たちを引き留めるだろう。だが敵が眼前に立ち、お前たちを鼓舞する時間はわずかしかない、

私が簡潔な言葉でしか、お前たちを鼓舞することができないことを許せ。

戦争においては、戦いに対する決意はみな同じだが、勝利を望む意図は様々である。彼らは一部の者の勝利のために戦うが、我々は祖国と人々と自身の自由 (Sall.-1,58,11) と、最終の救済のために戦う。彼らは他人の財産を奪うために戦うが、我々は自分たちの大切な子供と愛しい妻を守るために戦う。力を奮い立たせて、雄々しくふるまえ (3 列王記 2,2[89])。これまでお前たちに怒っていた神々は、お前たちが和解を願って捧げた生贄で和らいだ。それ故彼らを何ら恐れてはいけない（1 ペトロ書 3,14)。戦いの際に恐怖によって心が損なわれた人は、最大の危険に陥るものだ。しかし勇気は堅固な城壁であり（Sall.-1,58,2 と 17)、神々もまた勇敢な者を助ける。私を信じよ、あの陣営の背後にお前たちの救済と栄光がある。しかしもしお前たちが敵に背を向けることを望むならば、死を逃れることはできない。しかもそれは死だけではない。死よりもさらにひどいことがやって来よう。彼らはお前らの目前でお前らの妻を強姦し、膝の上の赤子を剣で殺し (イザヤ書 13,16)、彼女らの胸に子犬を当てがうであろう。打ち負かされた者の唯一の美徳は、勝者に何も逆らわないことだからである」。

一方冷酷な心を持ったルチャン人の公は、この上なく傲慢な人々と共に反対側からやって来た。この者たちには今日でも悪霊が、その心に傲慢さを吹き込んでいる。公は相手がその場所から動こうとしないのを見て、相手の運命を憐れむかのように自軍にしばし立ち止まるように命じ、次の言葉で兵士たちの心を鼓舞した。「臆病者たちの哀れな心よ、兵も戦略も足りない者たちがあの丘に空しくしがみ付いている。勇気が弱々しければ丘も役に立たない。見よ、彼らはお前たちと平原で戦う勇気がない。それどころか私が誤っていなければ、彼らはもう逃げ出す準備をしている。しかしお前たちは彼らが逃げる前に、彼らを急襲し、いつものようにお前たちの足下で、惨めな藁（わら）のように踏み潰すのだ。お前たちの頑丈な槍を、臆病者の血で汚さないように使うのを惜しみ、むしろ連れて来た鳥たちを放て。それらのタカによってハトのような臆病者の隊列を怖気させるのだ」。そう言うと直ちに、様々な鳥たちによる茂みのような大集団が出現し、それらの

---

(89) 列王記第 3 部はラテン語訳聖書ウルガタ（Vulgata）にある。

翼の下では、雨雲や真っ黒な雷雨の時のように空も曇った。

恐れを知らないティルがこれを見た時、彼は言い始めた言葉を中断し自軍に言った。「もし私が戦いで死ぬことになれば、私をこの丘に葬り塚を建てて欲しい。それは数百年にも亘って私の名で呼ばれるであろう」（それはその時から今日まで、勇敢な兵士ティルの墓と呼ばれている）。そして雷によって叩き落された巨大な岩が、高い山頂からすべての障害物を弾き飛ばしながら坂を崩れ落ちるように、まさに勇敢な英雄のティルは直ちに飛び出すと、敵の最も密集した隊列の中に突進していった（Sall-1, 60,7）。庭で芥子（けし）の実の細い茎を鎌で刈り取るように（Livius-1, I,54,6）、彼は通り道にいる敵の頭を剣で刈り取って行ったが、ハリネズミのように全身に矢を射られて、激戦の中で死体の大きな山の上に倒れた。

誰が誰によってまたどのような傷で死んだかは分からないが、

我々が確実に知っているのは、チェコ人たちが勝利を得て、ルチャン人たちは一人残らず殺されたことである、戦いに行く前に継母が警告を与えたただ一人を除いて。その者は継母に言われたことを済ますと、大急ぎで逃げ出して身を守ることが出来た。そして家に到着すると、見よ、そこでは死んだ彼の妻を家人たちが嘆いていた。彼女の夫がそれを確かめようと顔の覆いを取ると——まるで作り話のようであるが——死体の胸には傷があり両耳が切り取られているのが見て取れた。そこで彼は戦いで起きたことを思い出し、巾着から血まみれの耳輪の付いた耳を取り出した。そして彼は戦場で、敵の姿をした自分の妻を殺したことを知った。

XIII（13）

その後チェコ人たちはルチャン人の地に侵攻し、何ら抵抗を受けることなくその地を荒廃させ、城を破壊し村々を焼き払い、多くの戦利品を奪った。一方彼らはある老婆の所に隠れていた、ヴラスチスラフの息子を見つけ出した。チェコの公は、異教徒ではあったが良きキリスト教徒のように、彼を見ると憐れみの心に捉えられ、彼の若さと美しさを惜しんだ。彼はオフジェ川の岸辺のポストロプルティ村付近の平原に、新しくドラフーシュ城を建てた。今日そこには聖母マリア修道院がある[(90)]。公はその城と子供を養育者に委ねた。ドゥリネクという名前のその男は、すでにその子の実父から彼を託されていた。彼はソルビアの出で[(91)]、

(90) ドラフーシュ城については、プラハの北西60kmのポストロプルティ（Postoloprty）近郊に、ナ・ドラフーシュ（Na Drahúši）の砦がある。聖母マリア修道院は、ベネディクト派の修道院で11世紀に立てられ、1420年まで続いた。

(91)【チ】はSrbsko、Srbín（~の人）となっているが、これはバルカン半島のセルビアではなく、

人間にあるまじき犯罪人で、最悪よりさらに悪くどんな猛獣よりも残虐であった。だが上記のことは、すべての部族長[92]との話し合いで決まったことであった。それはミツバチが女王バチの所に群がるように、四散した人々が自分たちの公と同様に、かつての主人の息子の元に集まるように、さらにもし何時か彼らが反乱を起こそうとした時は、城は平原にあるのでたやすく平定できるだろう、そして最後に土着の人々は、よそ者とは直ぐに陰謀を企てないだろうと考えてのことであった。そう取り計らうとチェコ人たちは大喜びで家に戻り、勝利の旗[93]を元の場所に運んだ。

一方異教徒よりも凶悪な、あの卑劣なソルビア人は残忍な犯罪を企てようとしていた。ある日漁師が、止水に張った新しい氷の下に多くの魚が留まっていると告げた。氷は透明でまだ風で乱されず、埃で汚されてもいなかった。そこでこの第二のユダのドゥリネクは、己の卑劣な行為を行うのにもってこいの時だと思った。それはずいぶん前から悪しき考えと悪しき心で、自分の主人の命を狙って考えたことであった。彼は謀殺の準備をしながら、その子に言った。「お魚を捕まえに行きましょう」。彼らがそこに到着すると彼は言った、「ほら見てごらんなさい、何千匹もの魚が氷の下で泳いでいますよ」。その子は子供がよくするように膝をついて、氷の下にいる魚を何ら心配することもなく眺めていたが、突然その華奢な首に斧の一撃を受けた――敵が惜しんだ命を、自分の養育者が奪った。

みなはその恐ろしい舞台から四散した。しかし父親殺しよりも非情なあの男は、斧の一撃では上手くいかなかったので、ナイフでとどめを刺し、子豚のように自分の幼い主人の頭を切り落とした。それを上着の下にしまい、自分の主人への敬意のようにきれいな布でそれを巻いた。彼はそれを、その子を託した公の所に運ぶことを考えていた。――自分が行った犯罪において運のない者よ、彼はこの行

ドイツ東部に住んでいたスラヴ民族のソルブ人を指す。現在はドイツ・ザクセン州のエルベ川周辺に住む少数民族で、彼らが住む地域は歴史的にラウジッツと呼ばれている。

(92)「部族長」と訳したのは【ラ】の comes で、この語は cum（共に）+eo（行く）から出来た複合語で、「同行者、お伴、仲間、随員、幕僚」などの多義的な意義を持ち、フランク王国では地方自治を委託された「都市伯」も意味した。この語を【チ】は大部分 předák（指導者 , リーダー）と訳しているが、当時のチェコではプシェミスル家の力は全土に及ばず、各地でそれぞれの部族が「地方豪族」として一定の力を持ち、彼らの意向を無視できなかったと思われる。本書ではここが初出となるが、以降プシェミスル家と対抗するスラヴニーク家が滅亡する 995 年までは、一族の長の意味で「部族長」と訳している。なお【英】では一貫してイタリック体でそのまま comes としている。

(93)【ラ】は victrix（勝利の）aquila（ワシ、鷲旗、軍団旗）。

為によって多大な報酬が得られると期待して、直ちにこのぞっとする贈り物を運んで行った。そしてプラハの屋敷で、公がすべての部族長たちとの会議に座しているのを見つけると、みなの面前で自分の行為を表明するのが一番良いと考えた。公に挨拶し挨拶を返してもらうと、さらに公の前に立ち続けて彼に発言が許されるのを待ち、直ちに言った。「さあ、私は、私はたった一人で、あなた方がみな安心して、両耳を下にして眠ることが出来ることを（Teren-1, II,3,101）、この斧を使って明らかにしました。というのも家を守る者が、不注意にわずかな灰の中に残した小さな一つの火の粉が、しばしば大火事を引き起こし、家だけでなく家の主人までも焼いてしまうことがあるからです。この小さな火の粉を私は前もって警告し、何時かあなた方を損なうかもしれないことを予見して消しました。そして神の予言によって指摘されたように、私はあなた方とあなた方の子孫を未来の破滅から守りました。この地の主人であるあなた方は、この行為に対する正しい名前を見つけるでしょう。もしそれが称賛に値する行為ならば、どんなにたくさんのものを私が得るのかを、みなに周知して下さい。しかしもしそれは犯罪だと言うならば、あなた方自身がその犯罪に手を下さなかったことで、あなた方はさらに多くの借りを私に負うでしょう。彼の父があなた方の子どもを殺し、あなた方の妻の乳で子犬を育てようと望んでいる時に、あなた方はこの子を惜しむことがあるでしょうか。確かなことは、

獰猛な狼から得た肉やソースは、ご馳走にはならないことです
（Statius-1, 10,42）。

ほら、いつの日かあなた方を損なう筈であった父の血の復讐者は、あなた方の血を流すことなく打たれて横たわっています。さあ、喜んで出発しその領地を急いで受け取って下さい、あなた方はそれを何の恐れもなく、永遠に幸せに持ち続けることでしょう」。そして彼はすぐに皿の上に置いた華奢な頭を示したが、それは喋らないこと以外、生きている人間と何ら変わる所はなかった。

公は仰天し部族長たちの心は震えだし、当惑した不満の声が上がり始めた。公はおぞましい贈り物に顔を背け、口を開いてやっと言った。

「お前の贈り物を、私の目の前から片づけよ（Lucan.-1, IX,1063）。

お前の悪行は限度と容赦を越えていて、それに相応しい報いが見つからない。この悪行に対しては、相応しい断罪も釣り合った罰も考え出すことは出来ない。お前は自分がやったことを、もし私がその気になっても出来ないとでも思っているのか。私は自分の敵を殺すことが出来たが、お前は自分の主人を殺すことは出来ないはずだ。お前が犯した罪は、罪と呼ぶことの出来る以上のものだ。誰かがお前を処刑するか、処刑の判断を下しても、その人は一つではなく二つの罪を負

うことになる。なぜならそれはお前が処刑されることを決めた罪と、お前が主人を殺した罪の二つであり、この二つの罪のためにお前を処刑する人は、さらに第三の罪を負うことになるからだ。しかしながら、もしお前が犯した残忍極まりない犯罪に対して、我々から何かの返報を期待しているならば、お前には大きな報酬が授けられよう。お前は三つの死から、望む一つを選ぶことが出来る。それは高い崖の上から頭を下に飛び降りるか、自分の手でどこかの木で首を吊るか、自分の剣で邪（よこしま）な命を終えるかである」。この言葉に彼はため息をついて答えた。「ああ、何ということだ、期待と違ったことが生じた時、何とひどいことになるのだろう」。そして彼は直ちに立ち去り、背の高いハンノキに紐をかけて首を吊った。その時からそのハンノキは切り倒されるまで――というのもその木は道沿いに生えていたので――ドゥリネクのハンノキと呼ばれていた。

以上のことは、はるか昔に生じたと言われているので、実際に起きたことなのか、あるいは作り話であるのかの判断は読者に委ねよう。今我々は、先が丸くなっているが敬虔なペンの先端を尖らせて、信頼できる伝承が保証している重要な事柄を書き記そう。

【聖ヒエロニムスの年代記と年月の割り当て。聖ヒエロニムスは自らの手で記した年代記の中で(94)、次のように言及している。アダムからノアの大洪水までは計 2242 年、大洪水からアブラハムまでは 942 年、アブラハムから主の誕生までは 2015 年。これらをまとめると、主の生誕から遡って計 5199 年になる】(95)。

【訳者補注 2】

これ以降は異教からキリスト教時代に移るが、スラヴ世界では他と異なり、コンスタンティノス（キュリロス）とメトディオスによるキリスト教伝道の出来事がある。本書はいきなり 894 年のチェコの公ボジヴォイの洗礼から始まり、この事件には何ら触れていないので、その経過を解説しておこう。

現在のチェコ共和国の部分は、かつてプラハを中心とする西北部のボヘミア地方と、東南部のモラヴィア地方に分れていた。9 世紀始めにそのモラヴィア地方に、西スラヴのモラヴァ族が部族連合の形でスラヴ人の国家「大モラヴィア国」をつくった。一方ボヘミア

---

(94) ヒエロニムスの Chronicon sive Temporum liber。この書は本来はエウセビオス（Eusebios、ギリシャ教父 263 頃～ 339 年）による年代記で、ヒエロニムスによって翻訳と補注がなされて 379 年ごろ作られた。

(95) この部分は写本 A3 に加筆されたもの。

地方はまだ各部族が独立して存在し、統一的な国家はなかった。

歴史上の大モラヴィア国の最初の統治者モイミール 1 世は、フランク王国の宗主権を認めながら、勢力の拡大をはかっていった。だがカール大帝（＝シャルルマーニュ、在位 768 ～ 814 年) の死後の内紛の後、ヴェルダン条約でフランク王国が西・中央・東に分割されると、東フランク王国のルートヴィヒ 2 世は、フランクに反抗的なモイミール 1 世を廃し、彼の甥のロスチスラフ（ラスチスラフ）を大モラヴィア国の統治者とした（846 年)。しかしロスチスラフもやがて反フランクに転じ、彼の時代にこの大モラヴィア国は版図を広げ、中部ヨーロッパの有力な勢力となった。彼はさらにフランクからの政治的独立をはかるために宗教的独立を試み、当時フランク教会の管理下にあった教会から離れようとした。

当時ヨーロッパのキリスト教は、まだ決定的な分裂はしていなかったものの、ビザンツ帝国の後楯を持つ東方正教会と、俗権の後楯を持たないローマ・カトリック教会と、さらにローマ教皇の権威は認めるが、宣教地をめぐってローマ教会と張り合うフランク王国の教会（フランク教会）の三つの勢力があったと考えられる。

ロスチスラフはそこで、ローマ教会とビザンツ帝国の双方に宣教団の派遣を要請した。ローマ教会はフランク教会との関係からそれを断ったが、ビザンツ帝国の皇帝ミカエル 3 世は 863 年にコンスタンティノスとメトディオスの兄弟を派遣した。彼らは現在のブルガリアのサロニカ（テッサロニカ）出身のギリシァ人でギリシァ語とスラヴ語の両方を理解していた。彼らは出発に先立ちギリシァ文字を参考にスラヴ文字を考案し、それを使って典礼用の福音書の抜粋を、スラヴ語に翻訳した。

これは後に古代教会スラヴ語となって、スラヴ世界の文章語（書き言葉）の基礎となり、スラヴの文化を支える重大な役割を果たすことになるが、この出来事は当時のキリスト教の状況を考えると、それの持つ文化史的な意義が、よりはっきりと理解される。当時キリスト教ではその典礼や宣教にあたって、旧約聖書の書かれたヘブライ語と、新約聖書の書かれたギリシァ語と、キリスト教の普及につとめたローマ帝国のラテン語の三つの言語しかその使用が認められておらず、ゲルマン人のフランク王国でも、一般の人には理解できないラテン語で典礼や宣教がなされていた。

これに対してコンスタンティノスとメトディオスは、日常生活での話し言葉のスラヴ語に文字体系を与え、さらに一挙にそれを高度な思想を担える文章語にした。この言語はその始めから、驚くほど成熟し完成された言語であったと言われ、スラヴ世界共通の文章語としてスラヴ文化を育み、さらに後に各スラヴ諸国で各々の文章語が成立する際の基礎となった。

彼らはモラヴィアに 40 か月滞在し、そこで翻訳のための学校を開き、多くの祈禱書を訳出し宣教活動を行った。その後彼らはローマに行ったが、それはフランク教会から異端視されている彼らの活動に対して、ローマ教皇の後楯を得るためとも言われている。

ローマ滞在中コンスタンティノスは 869 年に亡くなったが、メトディオスはパンノニアとモラヴィアを含むシルミウム大司教に叙任されて帰国した。途中フランク教会の迫害を受けて、バイエルンの修道院に三年半の間投獄され、その後解放されて最初の任地モラヴィアに帰還したが、モラヴィアでは彼らを招聘したロスチスラフは870年に廃位され、甥のスヴァトプルク1世の治世となり政治情勢が大きく変化していた。スヴァトプルク1世は東フランクとの関係を保つため、フランク教会に肩入れしてスラヴ派を弾圧し、885年に大司教のメトディオスが死去すると、彼の弟子たちをモラヴィアから追放した。

XIV（14）

主の生誕から894年[96]

ボジヴォイ（10）が洗礼を受け、聖なる信仰の最初のキリスト教の公となった[97]。この同じ年にモラヴィア国の王、スヴァトプルクは――広く語られている様に――自軍の真中で姿を消し、もはやどこにも現れなかった。しかし事実はこうである。スヴァトプルクは恩恵を受けたことを忘れて自分の主人であり、彼の息子の名付け親でもあった皇帝アルヌルフ[98]に対して武器を取り、単にチェコだけでなく、そこからオドラ川に至る他の地域も、またそこからハンガリーのフロン川までを[99]、自分に従わせていたことに初めて気が付いた（ルカ伝15,17)。後悔が彼を激しく打ち負かし（マタイ伝27,3)[100]、彼は真夜中の闇の中、誰にも気

---

(96) 14章以降には年の記載があるが、以下では「主の生誕から」の部分は省略する。

(97) ボジヴォイ（Bořivoj）は歴史的に裏付けられたチェコのプシェミスル家の最初の公（在位870?～889年）であるが、彼の洗礼については諸説があり、彼とその妻ルドミラは875年頃フランク教会によってキリスト教に改宗したと言われている。

しかし後代の伝説では彼は大モラヴィア国の首都ヴェレフラトで、10章で述べたように、メトディオス自身の手で洗礼を受けたとも、モラヴィアからチェコの地に来たメトディオスによって、洗礼を受けたともいわれている。ただコスマスが示したこの章の894年は、メトディオスが885年に亡くなっているので矛盾する。

(98) アルヌルフ（Arnulf、E11）は、東フランクを受け継いだルートヴィッヒ2世（E）の孫で、東フランク王（在位887～899、896年から皇帝)。詳しくはI部19章前の【訳者補注3】、また付録4の系図と人物番号を参照。

(99) オドラ（Odra）川はオーデル川のこと。チェコ北東部のズデーデン山脈を源流に、北西にポーランドの地を流れバルト海に注ぐ大河。フロン（Hron）川はスロヴァキアを流れドナウ川に注ぐ支流。

(100)「後悔して」は【ラ】でpenitentia ductus（悔悛の心に導かれ）となっていて、この表現はユダが銀貨30枚でイエスを売った後、後悔した際に使われた強い表現。

づかれずに馬に乗り、自分の陣営の中を通り抜け、ゾボル山[101]の山裾のある場所に隠れた。そこにはかつて彼の支援と援助で3人の隠修士[102]が、広大で近寄り難い森の中に教会を建てていた。彼はそこに達すると森の密かな場所で、馬を殺しその剣を地中に埋めた。そして夜明けに隠修士たちの元にたどり着いた。彼らはそれが誰だか気付かず、彼は修道士風に剃髪され隠修士の衣を着せられた。そして生前は誰にも気付かれずにそこに留まり、死が近いと悟った時、彼らに自分が誰であるのかを明かし直ぐに亡くなった。

王国は彼の後しばらく彼の息子たちが[103]維持していたが、上手くはいかなかった。と言うのも一方ではハンガリー人によって領土を蚕食（さんしょく）され、もう一方では東フランクのドイツ人とポーランド人によって、容赦なく土台まで荒廃されたからであった。

XV（15）

ボジヴォイ（10）は、プショフ城[104]の部族長スラヴィボルの娘で名をルドミラ[105]という妻から、二人の息子スピチフニェフ（11）とヴラチスラフ（12）を儲（もう）けた。

彼がこの世のすべての者がたどる道に従って（ヨシュア記23,14）この世を去った時、父の領地を継いだのはスピチフニェフであった。彼の死後ヴラチスラフが公国を手に入れたが[106]、彼はドラホミーラという名の妻を娶った。彼女は頑迷なルチツィ族の出身で――彼女自身もキリスト教の信仰に対して岩よりも頑（かたく）なであったが（エレミア書5,3）――ストドル地方の出身であった[107]。

(101) ゾボル（Zobor）山は、スロヴァキアのニトラの近くにある標高586mの山で、11世紀からベネディクト派の修道院があった。

(102) 隠修士（eremita）とは、神との一致と完徳を求めて、世俗を離れて孤立生活を送る修道士。

(103) スヴァトプルク1世の後継者のモイミール2世とスヴァトプルク2世のこと。907年のハンガリーの侵入後に大モラヴィア国は崩壊した。

(104) プショフ（Pšov）は、プラハの北30kmにある今日のムニェルニーク。

(105) ルドミラ（Ludmila）の出身がポラヴィアのスラヴ人（正確にはソルヴ人）とする説もある。

(106) スピチフニェフ（Spytihněv）1世は在位894～915年、ヴラチスラフ（Vratislav）1世は在位915～921年。

(107)【英】によると、メルゼブルクのティートマルの年代記（【Tiet.】172）では、ストドル（Stodor）地方とヘヴェリ（Hevelli）の地が同一視されている。後者はソルブ北部のハヴェ

彼女は2人の息子を産んだ、それは神と人々に愛されたヴァーツラフ（13）と、呪われた兄弟殺しのボレスラフ（14＝A）[108]であった。しかしながら、常に先を行き普（あまね）く続く神の慈悲によって、ボジヴォイ公が洗礼の秘跡を受けたこと、彼の後継者の影響によって、わが国で日に日にキリスト教の信仰が普及していったこと、どの公が信仰心の篤いキリスト教徒として、どの教会をまたそれらの幾つを新たに建てたのかということのすべては、我々は読者たちに反感を抱かせるよりも、むしろ沈黙する方を選んだ。なぜなら我々は他の者によって書かれたものを、すでに読んでいるからである。それらは、モラヴィア教会の特権証書やモラヴィアとチェコ（ボヘミア）のエピローグであり[109]、また至聖なる我らの守護聖人で殉教者のヴァーツラフの生涯と受難[110]である。食事でもあまりにしばしば食べていると、食べ飽きてしまう。上記で言及したものは、今我々が記しているこれらの年月の間に生じたが、それらが何年にまた何時生じたのかを知ることは出来ない。

【一方それらの時代には聖職者も世俗の誰も、後代の人々の記憶に委ねるような資料が作れず、我々にはそれが欠如しているので、再度神聖ローマ皇帝の崇高

ル（Havel）川沿いのソルビア北部とリュチツェ南部に住んでいた西スラヴ人で、エルベ川とオーデル川の間の地でスラヴ連合を作っていた。

ドラホミーラ（Drahomíra）は906年頃ヴラチスラフに嫁ぎ、ヴァーツラフとボレスラフを産んだが、夫の死後息子たちが年少だったため、摂政としてチェコを治めた。だが彼女とボジヴォイの妻で彼女の姑に当たる敬虔なルドミラとの間に、子供たちのキリスト教徒としての養育を巡って確執が起き、ドラホミーラはルドミラを殺すように命じ、ルドミラは自分のベールで絞殺された。なおこの時のベールの一片とされる布についての奇跡が、III部11章に述べられている。

(108) いわゆるボレスラフ1世、残酷公（14）だが、彼についてはI部17章を参照。プシェミスル家の系図は彼から多くの子孫が輩出するので、彼を14＝Aとして出発点とする。「残酷公」の彼は、本書を始めとして一般に評判が悪いが、チェコの歴史家は彼を精力的な支配者で、最も成功した君主の一人と見なし、しばしばチェコ国家の本当の創立者と見なしている。

(109)【ラ】は privilegium Moraviensis ecclesie（モラヴィア教会の特権証書）と epilogus eiusdem terre atque Boemie（同じ地とチェコ（ボヘミア）のエピローグ）となっているが、【ラ】、【チ】、【英】のどれにもこの二つの文書についての注はない。

(110) ヴァーツラフの生涯と受難については、コスマスの時代にすでに、いくつもの作品が古代教会スラヴ語とラテン語で書かれていた。

な行動に戻ろう】(111)。

XVI（16）

895年から

928年まで。

XVII（17）

929年

9月28日にチェコの公、聖ヴァーツラフ（13）は弟の策略でボレスラフ城で(112)殉教し、

彼は永遠の天上の宮廷に、幸せな運命によって入った(113)。

聖なる人の血を分けた弟と呼ぶには値しないボレスラフ（A）が、策略で自分の兄を祝宴に呼び、この地の支配を得るために彼を殺そうと、どのように準備したのかとか、神の前ではなく人々の眼前で、ボレスラフが兄殺しの罪をどのように隠したのかについては、聖なる人の「受難の栄光」(114)の中で、十二分に述べられていると思われる。ヴァーツラフがこのように幸福に命を終わった時、第二のカインであるボレスラフは残念だが、不当に獲得した公位を継いだ(115)。

---

(111) この部分は写本A4に加筆されたもの。

(112) プラハの北東25kmにある今日のスタラー・ボレスラフ（Stará Boleslav）で、ラベ川の右岸部分、対応する左岸はブランディース・ナド・ラベム（Brandýs nad Labem）。

(113) ドラホミーラの息子ヴァーツラフは成人して924 (5) 年、実権を掌握し母を追放し（後に許されて帰国）、東フランク王ハインリヒ1世から送られた聖ヴィートの聖遺物をもとに彼を祀る教会を建て、宣教師をドイツから招き、ミサに使う葡萄酒作りを始めるなど、キリスト教化を進める政策を採った。一方外交では東フランク王国の宗主権を認め、チェコは西ヨーロッパ世界の一員となった。

しかしこれに反対する勢力のもと、弟ボレスラフは自分の領地に兄を招いてそこで兄を殺害した。伝承によれば、ヴァーツラフ1世は礼拝のため教会に入ったところを弟に斬りかかられ、これを組み伏せたが、ボレスラフの家臣に取り囲まれ、教会の入り口で殺されたという。コスマスはヴァーツラフの殺害を929年としているが、現在では935年とする説が有力。なお彼の母ドラホミーラは自身の死を恐れてクロアチアに逃亡した。

(114) コスマスは、クリスチアーン伝説として知られているVita et passio sancti Wenceslai et sanctae Ludmilae aviae eius（聖ヴァーツラフと彼の祖母、聖ルドミラの生涯と受難）を念頭においていたと考えられる。

(115) カインは弟アベルを殺した（創世記4,6）。なおボレスラフの治世は935～972年。

兄弟殺しで呪われた上述の祝宴の時に、ボレスラフ公に優れた妻から素晴らしい子が生まれた。その子にはこの出来事に因んで、ストラフクヴァス（A2）という名が付けられたが、それは「恐ろしい宴会」を意味している[(116)]。というのも、どんな宴会でもその席で兄弟殺しが行われたものより、恐ろしいものはありえないであろうから。さてボレスラフ公は犯した罪を意識し地獄の罰を恐れ、いかに自分の罪に対する神の怒りをなだめられるか、絶えず如才ない心で思い巡らして主に約束して言った、「もし我が息子が生き続けるならば、全身全霊をもって彼を神に捧げ、彼を聖職者にして我が罪とこの地の人々のために、その生涯のすべての日々をキリストに仕えさせよう」。

XVIII（18）

その後その少年が学ぶことが出来るようになると、両親は彼から大きな喜びを得た。自身がした約束を覚えていた父は、彼が自分の目の前で学ぶのに辛抱できず、彼をレーゲンスブルク[(117)]に送り、殉教者聖イムラム[(118)]修道院長の修道会派に渡した。彼はそこで教会と修道院の戒律を学び、また修道士の衣を着て、成年に達するまで育てられた。彼の生涯の残りの部分は、以下の叙述で十分に分かるであろう[(119)]。

しかしながらボレスラフ公（A）の行為については、私があなた方に語りたい唯一つの事を除いて、記録に値するものは何も聞き知ることが出来なかった。それは神のしもべであるヴァーツラフ（13）が残した教会のことであるが、首邑プ

(116)【英】によれば、実際にはストラフクヴァス（Strachkvas）という名のボレスラフ 1 世の子で、ヴァーツラフの殉教の日に生まれ、聖職者に予定された者はいないが、【Bruno】はボレスラフ 1 世の子で修道士であった、クリスチアーンの可能性に言及している。

(117) レーゲンスブルク（Regensburg）は、プラハから南西 230km のチェコとの国境に近いドイツにあり、チェコ名はジェズノ (Řezno)。この町は東フランク帝国の中心の一つで、チェコの教会は 973 年にプラハ司教区ができるまで、この教区に組み入れられて運営されていたが、それ以降はマインツの大司教区に組み込まれた。

(118) 聖イムラムはフランクの宣教師で 652 年にバイエルンで殉教。彼の遺骸はレーゲンスブルクに運ばれ、その墓の上にこの修道院が出来た。

(119) 彼のその後については I 部 29、30 章で述べられている。

ラハ[(120)]に建てられ殉教者聖ヴィート[(121)]に捧げられたものであったが、死が彼に先んじたため、まだ聖別[(122)]されていなかった。ボレスラフ公は当時レーゲンスブルク教会の長であった司教ミハルに[(123)]、大いなる贈り物とさらに大きな約束と誓約を持たせて使者を送り出し、どうかプラハの教会を聖別して欲しいと懇願した。しかし彼の願いの実現を司教から得るのは中々難しかった。確かに司教はそれに同意はしなかったが、己の友でその時はすでに亡くなっていたヴァーツラフの魂を救済するために、それを行うことを決意した。というのは神の寵愛を受けたヴァーツラフは生前に、宗教的な父でありこの上なく優しい司教として、彼に対して特別な尊敬と愛を抱いていたからであった。司教もまた同様に、彼を最も愛しい息子として心に留めて、神への畏怖と愛を彼に教え、その当時キリストの新しい教会が一番必要としていたものを、贈り物として彼に送っていた。ボレスラフ公は自身の願いが叶うことになると直ちに、そして平民も長(おさ)も[(124)]聖職者たちも到着する司教を迎えに急ぎ、大きな尊敬と喜びをもって、首邑プラハの屋根の下で彼を歓迎した。このことについて何かこれ以上付け加えることがあるだろうか。9月22日に司教は殉教者聖ヴィートを祀(まつ)る教会を聖別すると、心から喜んで家路についた。

【訳者補注3】

第一部と第二部の前半にかけてチェコ国内の情勢が、隣接する東フランク王国、ザクセン、

(120)「首邑」は【ラ】の metropolis を訳したもの。この語は大司教座が置かれた都市を示すことが多いが、プラハはそれに該当せず、【チ】はこれを hlavní sídlo（主要居住地／都市）としている。本書では藤井の「チェコでは比較的プラハの優位が確立しているが、古い時代については『首邑』の語を使うことがある」の指摘に従って、第一部ではこの語を「首邑」とした。なお【英】ではこの語も、斜体でそのまま metropolis で示している。

(121) 聖ヴィート（Vít、Vitus）は303年頃殉教したシチリア出身の少年で、後に14救難聖人の一人となった。今日のプラハ城にそびえる聖ヴィート教会は後代の建築で、ヴァーツラフが建てたのは小規模なロトゥンダ様式のものであった。

(122) 聖別とは、人や物が日常的な使用から区別され、永久に神に仕えるために奉献されること。キリスト教では物はミサのためのパンと葡萄酒、祭壇と教会堂に対して、人には司教の叙任に対して行われる。

(123) 司教ミハル（Michal）はレーゲンスブルクの教区を942〜972年の間管理した。

(124)「長（おさ）」と訳した【ラ】の proceres は、「指導的地位にある者、首長、貴族」を示すが、【藤井】p.81以下によると、コスマスが描く12世紀前半までは、チェコでは貴族身分は成立していないとされ、チェコに関してはこの語を「高位の者」といった意義で使われていると考えている。なお東フランクや神聖ローマ帝国ではこの限りではない。

バイエルン大公領、ポーランド、ハンガリー王国などと連動して述べられていることが多いので、ここで概要を示しておこう。付録4の東フランク国王および神聖ローマ帝国皇帝の系図も参照されたい。

フランク王国を統一したカール大帝の息子ルートヴィヒ（在位、813 〜 840 年）の死後、843 年のヴェルダン条約により王国は 3 つに分割され、西フランクはカール 2 世（W）、中央フランクはロタール 1 世（M）、東フランクはルートヴィヒ 2 世（E）が受け継いだ。その内チェコと関係するのは主に東フランクで、ルートヴィヒ 2 世の孫アルヌルフ（E11）は、大モラヴィアとスヴァトプルク（14 章）に関わっている。
彼の息子ルードヴィヒ 4 世（小児王、E111）が幼くして亡くなると、王権は別の息子（E112）の子コンラート 1 世（E1121、在位 911 〜 918 年）が受け継いだが、彼は死の直前に、ザクセン公ハインリヒ 1 世（捕鳥王、S、在位 919 〜 936 年）を次の国王に指定した。彼は狩猟を好み、王に選ばれたことを告げる使者が到着した時も、野鳥を網で取っていたのでこのあだ名が付いたと伝えられている。

ハインリヒは、系図的にもカール大帝からのカロリング朝とは直接つながっていないザクセン家なので、系図でも S で始まる記号を付けた。コスマスは時に彼を皇帝と呼んでいるが、実際には戴冠を受けておらず「ドイツ王」のままであった。彼の息子が後のオットー 1 世（大帝、S1、在位 962 〜 973 年）で、彼は 962 年にローマで戴冠し神聖ローマ皇帝になった。

なおザクセンはゲルマンの一部族で、元はエルベ川下流流域からドイツ〜オランダの沿岸地帯に居住していた。9 世紀初めにカール大帝に征服されてカトリックに改宗し、9 世紀中頃に諸部族がまとまってザクセン大公領が形成され、エルベ川中流域に拡大していった。15 世紀以降にドレスデンが中心となった。

XIX（19）

930 年

皇帝ハインリヒ（S）の子オットー（S1）はイングランド王の娘エディタを妻として娶った [(125)]。

931 年

皇帝ハインリヒ（S）は、オボトリートの王とデンマークの王をキリスト教徒に改宗させた [(126)]。

(125) ハインリヒは二つのサクソン王国（ヨーロッパ本土のザクセンとブリテン島のアングロ・サクソン）の同盟を結ぶため、息子をウェセックス家のエドワルド 1 世の娘エディタ（Edith、古英語 Eadgyth、独 Edgitha）と結婚させた。「皇帝」はコスマスの誤り。

(126) オボトリート（Obotriti）は中世の西スラヴ人の連合体で、今日のメクレンブルグやホルシュタインなどの北ドイツにあった。この一文は彼がエルベ川を越えて、西スラヴ人が

932 年

3 月 4 日に殉教者聖ヴァーツラフ（13）の遺骸が、ボレスラフ城からプラハ城に運ばれたが、これは妬んだ弟の嫌悪からなされたものであった。と言うのも彼の弟ボレスラフ（A）は日に日に悪く振る舞い、自分の邪な行為に対して何ら悲しみを心に感じず、神が己の殉教者ヴァーツラフのために、彼の墓の上に数えきれない奇跡を示されたことに、彼の傲慢な心は耐えられなかった。そこで彼に忠実な召使たちに密かに命じて、ヴァーツラフの遺骸をプラハ城に運び、夜に聖ヴィート教会に葬った。その目的は、もし神が自分の聖者たちに何らかの奇跡を示されても、それが彼の兄ではなく聖ヴィートの功績に帰させるためであった[(127)]。

他の彼の悪行については、私はそれらが言及にふさわしいものとは思わないし、また明確に確認も出来ない。しかしながら彼が若かった頃のある時に行った、極めて大胆で記憶に値する行為を、我々はあなた方に語ろうと思う。このボレスラフ公は——神を信じないこの暴力的な人間を公と呼ぶことが許されるなら、彼はヘロデ大王より残酷で、ネロより無慈悲で、デキウスより非人間的な悪行で、ディオクレティアヌスより血に飢えた行為で[(128)]抜きんでており、そのために「ボレスラフ残酷公」という名を得たのであるが——彼は極めて執拗で何事においても思慮や理性に従わず、逆に己の恣意や気分によってすべての事をなしていた。

ある時彼はローマ式に[(129)]城を建てようと思い付いた。直ちに人々の中の主だった者をみな一か所に呼び集め、彼らをラベ川沿いの森に連れて行きその場所を示して、彼らに自分が密かに望んでいることを明らかにして言った。「私はここに周囲を囲むように、ローマ式の非常に高い城壁を建てることを、お前たちに望

定住する地域に国土を広げたことを意味している。なお 930、931 年の記事は【Regino】を継続して続きを書いた無名の筆者の年代記（【続 Regino】）から取られている。

(127) ヴァーツラフの遺骸の移動はボレスラフの治世に行われたが、研究者によるとプラハに司教区が出来る前夜、つまり 968 年の前の可能性もある。

(128) ヘロデ大王はユダヤの王でキリストの生誕に際して、ベツレヘムの 2 歳以下の男子を虐殺した。後者 3 人は共にローマ皇帝で、暴君ネロはローマ市大火の罪をキリスト教徒に負わせてこれを虐殺し、デキウスはローマ伝統の神々の崇拝を拒むキリスト教徒を迫害し、ディオクレティアヌスはローマで最後で最大のキリスト教徒の迫害を行った。

(129)【ラ】は Romanus opus（ローマの仕事、技術）の奪格形で「ローマ式に」。これは石作りの城壁や市壁を備えたものを指す。この頃のスラブ人の防塞集落は一般に、木造の囲壁しか備えていなかった。

みまた命令する」。これに対して彼らは答えた、「私たちは人々の口であり自身の地位を示す権標[130]を持っていますが、その私たちはあなたの言葉を拒否します。なぜならあなたが命令したことは私たちには出来ませんし、またそれをしようとも思わないからです。私たちの祖先もこれまでそのようなことはしませんでした。見て下さい、私たちはあなたの面前に立っていますが、苦役の耐えがたい軛の下に置かれるより、むしろあなたの剣の下に自分の首を差し出す方を望みます。お望みの事をして下さい。私たちはあなたの命令を聞くつもりはありません」。その時公は恐ろしい怒りで燃え上がり、ちょうど森のその場所に倒れていた朽木の幹に飛び乗ると、剣を抜いて叫んだ、「この怠け者で怠惰な祖先の息子たちよ、もしお前たちが半人前の男か、梨の汚れた皮[131]にも値しない人間ならば、自分の言葉を行為で示し、苦役の軛の下よりも剣の下に首を差し出す方が容易かどうか試してみよ」。そしてその時、記憶に値する出来事で大胆な公の傲慢さによる驚愕する事件が起きた。もし彼が一つの体に千本の手があり、その各々の手に武器を持っていたとしても、これだけ多数の人々を震え上がらせることはなかったであろう。公は人々が壁[132]のように青ざめているのを見て、長老たちの中の主だった一人の髪の房を掴むと力の限り切りつけて、彼の頭をか細い芥子坊主のように切り離した。

> 私はこのように望みこのように命令する、私の意図をもって理由に変えよ(Juven.-1, VI,223)。

残りの者たちはこれを見て後悔先に立たずだが、公の膝元にひれ伏して涙ながらに許しを乞うた。「ご主人様、どうか私たちの罪をお許しください、私たちはもうすでにすべての事で、あなたのご命令に聞き従います。あなたが望まれるすべての事を喜んで行います。ただ私たちに対してこの先は過酷にならないで下さい」。そして直ちに公の意思に従って、ローマ式に頑丈で高い城壁のある城を建てた。それは今日でも見ることが出来て、城の名はそれを建てた者の名を取ってボレスラフと呼ばれている[133]。

---

(130)「人々の口」は人々を代表して発言することを意味しているが、「自身の地位を示す権標」が具体的に何なのかは不明。

(131)【チ】の「梨の汚れた皮（špinavá slupka z hrušky）」は【ラ】では peripsima piri で、pirum は「梨」だが、peripsema は【英】によると「何かを洗い流す時に出る残滓」で、1 コリント書 4,13 にこの表現がある。

(132)「青ざめて」白くなった比喩の対象は、【チ】は壁（stěna）だが【ラ】はセイヨウツゲ（buxum）で、これはチェスの駒の材料になる白木。

(133) スタラー・ボレスラフのこと。

【この同じ年、ハインリヒ王はオボトリートを征服した】(134)。

【訳者補注 4】

ウラル語族に属し遊牧民であったハンガリー人（マジャール人）は、皇帝アルヌルフ（E11）の下で傭兵を務めていた。彼らは 9 世紀後半以降東フランク王国の南東部を襲って、902 ～ 907 年に大モラヴィア国を滅ぼし、翌年バイエルン軍も破った。その後もフランク王国や東ローマ帝国に繰り返し侵攻した。

924 年ザクセン大公領に侵入しハインリヒ（S）を破ったが、皇太子が捕虜になり、捕虜の交換とハンガリーへの貢納金の支払いを約束して 9 年間の停戦協定を結んだ。その間にハインリヒは防衛拠点の整備と兵の強化を進め、またエルベ川を越えて西スラヴに領土を広げた（本書 931 年参照）。彼は停戦協定が切れる前の 933 年に、全部族連合軍を率いてリアデでハンガリー軍と戦いこれに大勝した（934 年の記事）。ハンガリーの襲撃はその後も続くが、神聖ローマ皇帝オットー 1 世（S1）とチェコのボレスラフ 1 世（A）の同盟軍によって、955 年にアウクスブルク近くのレヒフェルト（Lechfeld）の戦いで決定的な敗北を喫し、西方への侵攻を止めてキリスト教を受容し、1000 年にハンガリー王国を建国した。

XX（20）(135)

933 年

ハンガリー人が東フランク、シュヴァーベン、ガリア (136) を略奪し、イタリアを通って戻った。

934 年

ハインリヒ王（S）はハンガリー人に対して大量殺戮を行い、非常に多くの者を捕えた (137)。

935 年

ハインリヒ王（S）が発作に襲われ倒れた (138)。

---

(134)【Hers.】から取られ、コスマスのドレスデン写本に加筆された記事。

(135) この章で 933 年から 951 年までは、1 文だけの簡略な記事が続くが、これらは【続 Regino】から取られたもの。

(136) シュヴァーベン（Schwaben）は、バイエルン、ザクセンなどと並ぶ有力な部族大公領で、現在のドイツ南部にあるバイエルン州の南西部とアルザス地方を含む地名。ガリア（Gallia）はかつてのローマ帝国の属州で、今日のフランス、ベルギーやスイスなどに渡る地域。

(137) この記事に対応するリアデ（Riade）の戦いは、933 年 3 月 15 日に行われた。

(138) ハインリヒは狩の最中に卒中で倒れた。

936 年
ハインリヒ王（S）が亡くなり、後を彼の息子のオットー皇帝（S1）が継いだ。

937 年
バイエルン大公アルヌルフが亡くなった[139]。

938 年
ハンガリー人が再度ザクセン人によって打ち負かされ、アルヌルフ大公の息子たちがオットー王（S1）に対して反乱を起こした[140]。

939 年
ルートヴィヒ王は、ギゼルベルトの未亡人ゲルピルガを妻に娶った[141]。
【この同じ年、彗星が現れた】[142]。
940 年
王の弟であるハインリヒ（S2）にロートリンゲン大公領が与えられたが、この同じ年に彼はそこから追放された[143]。

941 年
王の弟であるハインリヒ（S2）は王に対して、あるザクセン人たちと陰謀を

(139) バイエルン地方は東フランク王国に組み込まれていたが、内部でバイエルン大公領として独自の地位を持つようになった。ケルンテン辺境伯のルイトポルトが 907 年にハンガリーとの戦いで戦死すると息子のアルヌルフ（E11 とは別人）が後を継ぎ（907 ～ 937 年）、彼が拡大した大公領は彼の兄弟のベルトホルト（Berthold）が引き継いだ。
(140) オットー（S1）の東フランク王の即位に不満を持つ者たちの反乱が翌年にかけて続いた。反乱軍には弟のハインリヒ（S2）と共に、上記アルヌルフの息子エベルハルトも加わり、オットーは一時危機に陥った。
(141) ルートヴィヒ（4 世）は西フランク国の 10 代目の国王（在位 936 ～ 954 年）であったが、ゲルピルガはオットー（S1）の妹で、夫のロートリンゲン公ギゼルベルトは上記の反乱に加わり戦死していた。
(142) 写本 A3a への加筆。
(143) ハインリヒは反乱の失敗後、前記ルイ王の下に逃亡したが、その後オットー（S1）に降伏し ロートリンゲン大公位を得た。だがロートリンゲンの実質の支配は在地貴族のヴェルダン伯オットーが握っていたので、彼はザクセンに戻った。

企てたが、彼に何の損害も与えられなかった[144]。

942年

14日間、彗星に似た星が見られた。その後家畜に大きな疫病が起きた。

943年

ロートリンゲンのオットー大公が亡くなり、彼の後大公領を継いだのは、ヴェルナーの息子コンラートであった[145]。

944年

ハンガリー人はカランタニア人によって、大きな流血を伴う敗北を喫した[146]。

945年

バイエルン大公のベルトホルトが亡くなり、彼の後を王の弟のハインリヒ（S2）が継いだ[147]。

946年

ルートヴィヒ王が身内によって王国から追放された[148]。

---

(144) ハインリヒは941年の復活祭の日に、オットー1世（S1）をクヴェドリンブルクで暗殺する計画を立てたが事前に露見し、オットーは事なきを得た。ハインリヒは母マティルデのとりなしで、同年許された。

(145) このオットーは在地貴族のヴェルダン伯オットーのことで、後継者のヴェルナーの息子コンラート（赤毛公、944～953年）はオットー1世（S1）の娘ロイトガルトの婿であった。後に彼の子孫たち（ザリアー家のコンラート2世～ハインリヒ5世）が、神聖ローマ皇帝となった。

(146) カランタニア（Quarantania）は、ハンガリー人の侵攻に対してオットー1世がアドリア海とポー川の間に設けた公領。この記事はバイエルン公ベルトホルトの指揮のもと、バイエルン・カランタニア連合軍とハンガリーの間で943年に起きたウェルス（Wels）の戦いを示し、これについては当時の多くの年代記に記されている。

(147) ハインリヒはバイエルン公アルヌルフの娘ユディトと結婚していて、ベルトホルトには男子相続人がいたにもかかわらず、彼にバイエルン大公位が与えられた。

(148) この記事は前述のルートヴィヒ4世がノルマンディーに遠征したが、945年に敗北し捕虜になったことを示していよう。翌年彼は、フランス北部の都市ラン（Laon）と交換に解放を求めた。

947年
王妃エディタ（S1の妻）が亡くなった[149]。

948年
インゲルハイムで34人の司教による教会会議が開かれた[150]。

949年
王の息子リウドルフ（S12）に娘マフチルダが生まれた[151]。

950年
チェコの公ボレスラフ（A）が王に立ち向かうが、王は強力な軍を持って彼に対して遠征し、彼を完全に自分の支配下に置いた[152]。

951年
オットー王（S1）がイタリアに遠征した[153]。

952～966年

(149) エディタについては19章930年の記事とそこの注を参照。

(150) ドイツ西部の都市インゲルハイム（Ingelheim）は初期の神聖ローマ皇帝の宮殿があった古都。ここでランスの大司教座をめぐって長期に渡る教会分裂の解消を目的に、会議が開かれたが解決できなかった。

(151) オットー1世の息子リウドルフ（Liudolf、S12）はシュヴァーベン大公（949～954年）であった。

(152) 王は東フランク王オットー1世（S1）のこと。チェコのボレスラフ（A）はその治世の初めから東フランク王国に貢納することを拒否し、オットーと14年戦争（936～950年）を始めていた。950年にオットーはノヴィー・フラトを包囲し、ボレスラフは援軍を伴って進軍したが、戦わずに交渉することに決めて彼は忠誠を誓った。

(153) カール大帝は800年にローマ教皇によってローマ皇帝として即位したが、その後の混乱で帝位は一時途絶えた。だが本文で記されているように、951年にオットー1世（S1）はイタリアに侵攻し、パヴィアを獲得しイタリア王となり、さらに962年にローマで教皇によって戴冠を受けて皇帝となった。これが東フランクとイタリアに支配権を持つ神聖ローマ帝国の始まりとされる。なおローマで戴冠を受けるまで帝国君主は「ローマ（ドイツ）王」と称された。

【959（958）年[154]

人々の着物に十字架の徴（しるし）が現れた。それをあざ笑った者には死がもたらされ、敬虔に心からの尊敬を示した者には何ら悪いことは起こらなかった。

961（960）年

この年オットー王（S1）にルーシの国の使者たちが来て、彼の司教の中の誰かを遣わして、彼らに真実の道を示してくれるように求めた。彼らはまた異教の儀式を捨て、名前とキリスト教の信仰を受け入れたいと述べた。そこで彼は彼らの請願を聞き入れて、カトリック教会の司教アダルベルトを遣わした。しかしその後の成り行きが示すように、彼らはすべてにおいて嘘をついていた。というのもその司教は、彼らの陰謀による死の危険を避けることが出来なかったからである[155]。

963（962）年

レーゲンスブルクの司教トゥトが亡くなった[156]。

964（963）年

(154) 括弧で囲まれた959～964年の記事は【Hers.】から取られ、ドレスデン写本（A3a）に加筆されたもの。

(155) この司教はマクデブルクのアダルベルト（Adalbert、在任968～981年）で「スラヴ人の使徒」として知られている。彼はベネディクト派の修道僧だったが、961年にオットーの要請で宣教司教として叙任され、キエフ大公国（キエフ・ルーシ）に派遣された。これを要請したのは当時の公妃オリガであったが、アダルベルトがキエフに着いた時には、息子のスヴャトスラフがこれに反対し、彼女の玉座も奪っていた。そのためアダルベルトの随員は殺害され、彼自身もやっとの思いで逃げ出した。その後キエフ・ルーシはカトリックではなく、ギリシャ正教を受け入れた。なおこの話はコスマスだけでなく【Tiet.】などの西側の資料には記録されているが、ロシアの諸年代記には何も記されていない。

一方上記のアダルベルトはフランクに戻り、968年に最初のマクデブルク大司教になったが、ここは東ヨーロッパに住む西スラヴ民族をカトリックに改宗させる宣教師の養成を目的としていた。また彼はキエフから戻る途中チェコのリビツェに立ち寄り、そこでスラヴニーク一族の若いヴォイチェフに堅信式を施した（後の聖ヴォイチェフでI部25、26章参照）。

(156) 当時チェコの教会は遠くドイツのレーゲンスブルクの司教区に属し、トゥト（Tuto）はチェコのキリスト教の教化に大きな役割を果たした。コスマスでは963年だが、実際には彼は930年に亡くなっていて、彼の在任は893～930年であった。

ローマの聖使徒ペトロ教会で、大きな教会会議が開かれた。そこでは帝国の拡大者である皇帝オットーが(157)議長を務め、多くの司教、修道院長、修道士、司教座聖堂首席司祭、聖職者見習たちがいた。皇帝はそこで教皇ベネディクトから教皇の座を剥奪すると、彼を司教アダルダクに託しザクセンに送り、彼はそこで生涯を終えた(158)。同じ年皇帝オットーの軍は死に屈した】。

XXI（21）

967年

7月15日「残酷公」の名を持つボレスラフ公（A）は、兄弟の血によって不正に獲得した公座を自分の命と共に失った(159)。彼の後を継いだのは、その品行でも宗教的な交わりでも父には似ても似つかない、同じ名前の彼の息子(160)であった。神の慈悲は何と驚くべきことであろう。ああその裁きは何と知り尽くしがたい。見よ、黒イチゴからブドウの房が生れ、イバラからバラが、アザミから高貴なイチジクが生まれるように、兄弟を殺した者からキリストの崇拝者が、狼から子羊が(161)、乱暴者から善人が、神を知らないボレスラフから、

> ボレスラフ2世（A1）が生まれたが、彼は敬虔な性格において第一位であった。

卑劣な父と同じ名前でも彼には恥ではなかった。なぜなら彼の中には、キリストの真の愛と純粋の愛情が燃えていたからであった。多くの人々が聖者の名前を割り当てられるが、そのことだけでは彼らは神聖さに届かないのと同様に、神聖

(157) オットー1世は、962年にローマで教皇ヨハネ12世によって帝冠を受けた。これは当時形骸化して消滅していた皇帝の称号の復活を意味し、彼は神聖ローマ帝国の初代皇帝と見なされることが多い。

(158) オットーに戴冠したヨハネ12世は1年後に廃位され、その後レオ8世、ベネディクト5世と教皇の短期交替が続いた。ベネディクト5世は皇帝に対してローマの人々の自由を守ったとして、彼らに教皇として選ばれたが、皇帝はそれを認めず4週間後に強制的に辞任させ、代わりにヨハネ13世を立てた。ベネディクトはハンブルクに送られそこで亡くなった。

(159) ボレスラフ1世が亡くなったのは、実際には972年7月15日であった。

(160) ボレスラフ2世、敬虔公（Pobožný）、（A1、在位972～999年）。1世の政策を受け継ぎながら、多くの修道院や教会などを建設しプラハに司教区を設けて、名君として知られている。

(161)「ああその裁きは～」以下は聖書の引用や表現を利用している。【ローマ書】11,33、【マタイ伝】7,16、【ルカ伝】6,44と10,3。

さも虚偽性も人間には名前では決められず、二つともその貢献によって決められるからである。

XXII（22）

その後、最もキリスト教的でカトリック教会を信じるこのボレスラフ 2 世（A1）は、孤児の父で、未亡人の守り手で、悲嘆にくれる者の慰め手で、聖職者や巡礼者を慈悲深く受け入れ、神の教会の並外れた創設者であった[(162)]。と言うのも我々は聖イジー教会の特権証書[(163)]の中で読めるのであるが、彼は信仰心の篤いキリスト教徒として、キリスト教信仰のために 20 の教会を建て、その運営に必要なすべてのものを十二分に授けたのであった。

彼の肉親の姉妹ムラダ（A3）は神に身を捧げた乙女で、聖書で育てられ、キリスト教の信仰に忠実で、恭順を身に付け、会話において魅力的で、貧しい者や孤児たちを惜しみなく支援し、立ち振る舞いはあらゆる誠実さで飾られていた。彼女はローマへ巡礼の旅に出かけ、そこで教皇[(164)]から好意を持って受け入れられ、そこにしばらく滞在している間に、修道院の規則を十分に知ることが出来た。教皇は最後に枢機卿たちの助言を受けて、特に新しい教会への善意に満ちた助力を申し出て、彼女の名前をマリエに変え女子修道院の院長に叙任した。そして彼女に聖ベネディクトの戒律[(165)]と修道院長の杖を与えた。その後新しい女子修道院長は暇乞（いとまご）いと教皇の祝福を得て、チェコの地に修道士の戒律をもたらすために、大喜びで愛しい祖国に従者たちと共に出発した。彼女はプラハの公の城に着くと、ボレスラフ公は長く待ち焦がれた愛しい姉妹を丁重に迎え、手を取って公の住まいに入った。彼らはそこに長い時間座り、お互いに語り合って楽しんだ。彼女は兄に、ローマで見たり聞いたりした名所や驚異の多くについて語り、その外に教皇から彼に宛てた手紙を渡した。それには次のように書かれていた[(166)]。

---

(162)【英】によるとこの表現は、【Regino】の 874 年のルイ王の死に際しての記述に対応している。

(163) 聖イジーは、ドラゴン退治で有名な聖ゲオルギウスのことで、彼を祀る聖イジー教会はプラハ城内にある。なおこの文書は現在では失われている。

(164) 当時の教皇はヨハネ 13 世（965 ～ 972）、ムラダの旅は 965 ～ 967 年の間と思われる。

(165) 隠修士であった聖ベネディクト（480 頃～ 547）は、529 年ごろナポリ近くのモンテ・カッシーノに修道院を開き、無所有、純潔、服従を基本的な義務として「ベネディクトの戒律」を定めたが、これはその後西ヨーロッパのほとんどの修道院に採用された。

(166)【英】によれば、プラハに司教座の設定を認めるこの書簡は、コスマス自身によって捏造（ねつぞう）されたか、または教会の文書館で彼によって発見された偽造文書と考えられている。

「私ヨハネ、神の僕(しもべ)たちの僕は、カトリックの教えの崇拝者ボレスラフに、使徒としての祝福を送る。正当な請願に優しく耳を傾けるのは当然のことである。なぜなら神は公正であり、神を愛する人は誰でも正しいと認められ、神の公正さを愛する者には万事が益となっているからである（ローマ書 8,28)。

我々の娘でありあなたの親族でもある、名をムラダまたはマリエという者は、拒否できない他の請願と共に、我々の心に叶うあなたからの懇願ももたらした。それは私たちの許しによって、神の教会の尊敬と栄光のために、あなたの公領に司教区を設けて欲しいというものであった。我々は確かにそれを喜ぶ心で聞き、神に感謝をささげた。神は己の教会を何時でも至る所でも広められ、すべての民の間でそれを高めておられるからである。使徒の権威から、そして我々はそれに相応しいとは言えないが、使徒たちの公である聖ペトロ(167)の代理人として、それについて同意し承認し定めよう、聖ヴィートと殉教者聖ヴァーツラフの教会に司教座を立て、殉教者聖イジーの教会には(168)、聖ベネディクトの戒律と我々の娘である女子修道院長マリエの従順さの下に、聖なる乙女たちの修道会を設立する。しかしそれはブルガリアとロシアの人々の儀式や宗派によるものでも、スラヴ語によるものでもなく(169)、使徒による規定と指示を守り、教会全体の喜びとなる誰か聖職者をその仕事のために選びなさい。その者はまず第一にラテン語で教育されたものであり(170)、言葉の鋤で異教の人々の心の休耕地を耕し、善行の小麦を撒いて、あなた方の信仰の収穫であるその実りの束を、キリストにもたらすであろう。さらば、健やかであれ」。

このように決められると、直ちに公と女子修道院長の助言に従って、聖ヴィート教会を将来の司教のために定め、聖イジー教会はその時公の姉妹のマリエに与えられた。

【チ】もこの文書の真偽についての新しい研究を紹介している。

(167) イエスから「天国の鍵」を受け取った聖ペトロは 12 使徒の頭で、初代のローマ教皇とみなされている。

(168) 聖イジー教会はプラハ城の聖ヴィート教会の背後にある。

(169) ブルガリアとロシアはギリシャ正教によるもの、スラヴ語によるものはコンスタンティノスとメトディオスのスラヴ伝道に由来し、チェコでは 1097 年にサーザヴァの修道院からスラヴ派の聖職者が追放されるまで維持されていた。

(170)【ラ】Latinis literis eruditum（教育される)、literis は lit(t)era（文字）の複数奪格 形だが、複数には「手紙・文書など書かれたもの全て」以外に「文学活動、教育、学問、教養」などの意義もあり、ここでは「ラテン語の文化で育てられた」を意味していよう。

XXIII（23）

かつてザクセンから、雄弁さと学識で抜きん出たヂェトマルという名の男が[171]、プラハに巡礼でやって来ていた。彼は司祭に叙任され、修道士として認められていた。彼は公ボレスラフ２世（A1）と知り合った時、短時間で公の愛顧と友情を得たが、それは彼が完璧にスラヴ語を話したからであった。公は使者を送って彼を呼び、聖職者たちやチェコの地の主だった者や人々を集めて自らの要請と口添えで、すべての人が一致して彼を司教に選ぶようにした。翌日公が望んだように、彼はみなの賛同の声によって司教に選出され、公や聖職者たちや人々によって、ハインリヒ（S）の息子で最もキリスト教的な皇帝オットー（S1）の下に[172]、下記の手紙と共に送られた。

「最も栄光のある、そしてキリスト教信仰の最も偉大な崇拝者である皇帝よ。どうか我々とすべての聖職者たちや人々の請願と、またヂェトマルという名の、すべてにおいて有能で我々に司牧者として選ばれた者を、快く受け入れて下さい。そしてどうか彼が、あなた様のこの上なく聖なる承認とご指示によって、司教に叙任されますように、切にお願いいたします」[173]。

そこで皇帝は神の法則の讃美者であったので、大公や公や特に司教たちの助言に従い、新たに信仰に向かった人々の救済に配慮して、当時宮廷では最高位にあったマインツ大司教に、ヂェトマルを司教に叙任するように命じた[174]。その後新しい司教は司教冠を被り、チェコ全土を統括する新しい教区に喜び勇んで戻った。彼が首邑プラハに戻ると、彼は聖ヴィートの祭壇の前でみなによって認められた。聖職者たちはその時「テ・デウム」を歌い、一方公と主だった人々は「クリストス・ケイナド」を口ずさみ、民衆や歌を知らない人たちは「クルレシュ」と唱え

---

(171) ヂェトマル（Dětmar）は、年代記作家のメルゼブルクのティートマル（Tietmar／Dietmar）とは別人。彼は修道士であったがその後、チェコの公の館で助任司祭を務め、そこでチェコ語を習いボレスラフ２世と知り合った。973 年にプラハに司教区が出来ると、3 年後に彼は最初のプラハ司教となった。

(172) コスマスでは請願はオットー１世に出されたことになっているが、オットー１世は 973 年に亡くなっていて、ヂェトマルの地位を確認したのはオットー２世（S11）で、彼は 976 年にマインツ大司教ヴィリギスによって叙任された。

(173) この手紙は他の史料では確認されない。

(174) マインツ大司教はドイツにおける最高位の聖職者で、アルプス以北でのローマ教皇の代理人であった。以前チェコの教会はレーゲンスブルグの司教区に属していたが、そこから独立してチェコの司教区ができるとこの大司教区に組み入れられ、チェコの司教は必ずマインツ大司教によって叙任される必要があった。

た[175]。そして彼らはそれぞれの習慣に従って、その日一日を陽気に過ごした。

968 年
部族長ヴォクが亡くなった[176]。

XXIV（24）

その後司教ヂェトマルは多くの場所で、信者たちによって神の栄光のために建てられた教会を聖別し、異教の大多数の人々に洗礼を施し、彼らをキリストに忠実なものにした。それからさほど日を経ずして、つまり主の生誕から 969 年の 1 月 20 日に彼は肉体の枷を外れ、己に任せられたフジヴナを 100 倍にしてキリストに返した[177]。

XXV（25）

(175) テ・デウム（Te Deum laudamus：われら神であるあなたを讃える）は、カトリックで歌われる代表的な聖歌の冒頭の部分。クリストス・ケイナド（Kristus keinado）は、【チ】の注で Christe ginâdo となっており、ginâdo は古高ドイツ語の命令形で、現代語の gnaden（恵みをかける）に繋がり、意味は「主よ憐れみ給え」となろう。最後のクルレシュ（Krleš）は、ギリシャ語のキリエ・エレイソン（Kyrie eleison：主よ憐れみ給え）がチェコ語で短縮されたものなので、この文の意義は、聖職者はラテン語で、公と地位のある人はドイツ語で、庶民はチェコ語で「主よ憐れみ給え」と唱えたことになる。

(176) ヴォク（Vok）はコスマス年代記のこの年に、わずか 1 行触れられているだけの謎の人物だが、しばしばスラヴニーク一族の家長スラヴニークと同一視され、その領地は 981 年の記事で示されている様に広大で、プシェミスル家と肩を並べたと伝えられる。

諸説あるが、スラヴニークはボレスラフ 1 世の娘ストシェジスラヴァ（Střezislava、A5）と結婚し、息子たち（ヴォイチェフ、ソビェスラフ、スピチミール、チャースラフ、ポシェイなど）や非嫡出子のラヂムをもうけた。彼らはスラヴニーク一族と呼ばれたがヴォイチェフとラヂムを除いて、995 年の一族の虐殺（I 部 29 章参照）で歴史から消えた。

(177) コスマスの記述と異なって、ヂェトマルが大司教によって叙任されたのは 976 年、亡くなったのは 982 年とする説が今では普通。

また【チ】のフジヴナ（hřivna、スラヴの貨幣の単位）は、【ラ】の原文では creditum（貸付金、借金）なので、「己に任せられたフジヴナを 100 倍にして」は「借金の 100 倍返し」だが、さらに藤井は credium の動詞 credo に「信頼する、委ねる」の意味があることから、この文を「神から委ねられた自分の一つの肉体で 100 人（以上）の異教徒をキリスト教徒にして神に返した」と読んでいる

一方哲学の城で 10 年以上も仕えて、やっと副助祭に叙任された[178]ヴォイチェフという名の卓越した英雄が、多くの本を携えてそこから戻って来た。この者は導き手の牧人に死なれて悲しむ羊たちの中の華奢な子羊のように、昼も夜も祈りを唱えて（1 テモテ書 5,5）篤い心で葬儀を行い、それとまた惜しみない施物(せもつ)によって、みなに共通の信仰上の父の魂を神に委ねた。ボレスラフ公（A1）と彼の一番の家臣たちは、彼が善行において敬虔だが、この先さらに敬虔になるであろうと期待し、聖霊の慈悲に鼓舞されてこの若者を捉えて放さなかった。彼はそれに強く抗(あらが)ったが、彼をみなの集まりの前に連れ出して言った。「望むと望まないに拘らず、あなたは私たちの司教になるだろう、そして好まなくてもプラハの司教と呼ばれるようになろう。あなたの高貴さ、またあなたの品行と振る舞いは、この上なく司牧の品格に最も一致しているからである[179]。

私たちはあなたを頭の天辺(てっぺん)から足の先まで知っている（Horat.-4, II,2,4）。

あなたは、天上の祖国（ヘブライ書 11,16）に行く道を、私たちに示す方法をよく知っている。あなたの命令は、私たちがそれに従いまた望むために、私たちには不可欠なものだ。聖職者たちはみな、あなたを相応しいものと考え、すべての人はあなたが司教として務まると声高に言っている」。この選出はプラハ城からさほど離れていないレヴィー・フラデツの小城で、司教チェトマルが亡くなった同じ年の 2 月 19 日になされた[180]。

XXVI（26）

皇帝オットー 2 世（S11）、彼は極めて卓越し、平和を愛し、公正さを敬い、この上なく栄光に満ちた自分の父オットー 1 世（S1）よりさらに栄光に満ち、すべての戦いで最も勝利を得た勝者であるが[181]、その時彼はイスラム教徒との戦いから戻ってヴェローナ[182]に到着した。そして彼の所に、選出された司教と共にチェコからのスラヴの随行者たちが、公からの伝言とすべての聖職者と人々の懇願を持って到着した。それはみなが行った選出を、皇帝の側からも確認して欲し

(178)【ラ】は philosophie de castris、castra は「陣営、学派、活動の場」などの意義があり、ここでは「哲学の城から」と訳した。これはマクデブルクのこと。なお「副助祭」は podjáhen（subdiaconus）で、jáhen（助祭）の下の地位。

(179) 最初にヴォイチェフの殉教を記した【Canaparius】7 での表現。

(180) ヴォイチェフの選出は 982 年 2 月 19 日。

(181)【チ】によるとコスマスは明らかに、982 年 7 月 13 日に起きた南イタリアのコロンナ（Colonna）岬でのイスラム教徒との戦いにおける、皇帝軍の大敗北を当てつけている。

(182) ヴェローナ（Verona）は、ミラノとヴェネチアの中間にあるイタリア北部の都市。

いというものであった。そして極めて明晰な皇帝は彼らのもっともな懇願を認め、6月3日に司教に指輪と司牧の杖を与え、ヴォイチェフが従っていたマインツ大司教ヴィリギスがちょうどそこにいたので(183)、大司教は皇帝の命令によって彼をアダルベルトという名の司教に叙任した。というのも、かつて彼に香油で堅信式を施したマクデブルク教会の大司教アダルベルト(184)が、彼に自身の名を与えていたからであった。

彼は6月11日に叙任され、随行者たちと共に愛しい祖国に向かった。そして彼が裸足で恭順な心を持ってプラハ城に着くと、聖職者や人々の喜びの歌の中で司教座に就いた。この栄光に満ちた司牧者ヴォイチェフの助言と、自分の姉妹である女子修道院長マリエ（A3）の口添えで、ボレスラフ公（A1）は自ら進んでこの二人に、愛と教会法の聖なる力で、今日でもプラハの司教がその司教区で持ち維持しているすべてを授け、また、修道院長が賜物（たまもの）として与えて欲しいと願ったものと、彼女の修道院で必要とするものも授けた。

XXVII（27）

970、971年

972年

聖ウルリヒがこの世から去った。

【(185)アウグスブルク教会の司教、聖ウルリヒは6月4日にこの世を去った(186)。彼の遺体を葬ったのは、レーゲンスブルクの司教聖ヴォルフガング(187)であった。

---

(183) この年代記では969年の記事だが、マインツ大司教ヴィリギス（Willigis、在任975～1011年）がヴェローナに滞在したのは983年6月1~17日。

(184) マクデブルク教会の大司教アダルベルトについては、I部20章961(960)年の記事とその注155を参照。

(185) かぎ括弧内は【Hers.】の記事が、ドレスデン写本（A3a）に加筆されたもの。

(186) ウルリヒ（Ulrich、893～973）が亡くなったのは7月4日。彼はアウグスブルク教会の司教として町の城壁や教会の再建に努め、皇帝側について反乱軍に対峙し、侵攻してきたハンガリーと戦い、常に国のために働いた。死後彼は殉教にはよらずに、教皇権による聖人化の最初の事例となった。

(187) シュヴァーベンの貴族出身のヴォルフガング（Wolfgang）は、上記ウルリヒによって司祭に叙任されハンガリーで宣教活動をした後、レーゲンスブルク司教となる（在任972～994年）。晩年オーストリアで異教徒に襲われて殉教した。

973 年

敬虔なドイツ人の皇帝、オットー 1 世（S1）は、ああ何と悲しいことだが、5 月 7 日に亡くなった。彼の後を息子のオットー（S11）が継いだ。

975 年

冬が極めて厳しく例年になく長かった。そして 5 月 15 日に大雪が降り再び冬に覆われた。この同じ年に大司教ルドベルトが亡くなり、彼の後をヴィリギスが継いだ[(188)]】。

977 年

ドウブラフカ (A4)[(189)] が亡くなったが､彼女はとても貴族的とは言えなかった。それはすでにかなりの歳であったがポーランド公に嫁いだ時に、自分の頭からベールを外して乙女の花冠を被ったことだった。それはこの女性の大きな愚かさであった。

978、979、980 年

981 年

聖ヴォイチェフの父スラヴニークが亡くなった。彼の性格や生涯には、注目すべき非常に多くのことがあるけれど、我々の語りの流れを中断することになるので、せめてそれらの幾つかを述べるに止めたい。彼はすべての事に陽気で、機敏な心と判断の持ち主で、会話では愛想よく、世俗的また宗教的な財産でも豊かであった。彼の家は誠実さと率直な愛で、また裁きの公正さと多くの部族長で輝いていた。彼の振る舞いには、法の知識と貧者への支え、嘆く者への慰めと旅人の受け入れと、寡婦と孤児の保護が現れていた。

この著名な公の居城はリビツェで[(190)]､ツィドリナ川がより広いラベ川に注ぎ込み

---

(188) マインツ大司教ルドベルト（Rudbert ／ Rudbrecht、在任 970 〜 975 年）。

(189) ドウブラフカ（Doubravka、A4、940? 〜 977 年）はボレスラフ 1 世（A）の娘で、ポーランドのミェシュコ 1 世（Mieszko、チェコ語 Měšek、P、在位 963 〜 992 年）に 965 年に嫁いだ。コスマスは彼女を痛烈に皮肉っているが､彼女は夫を始めとするポーランドの人々のキリスト教化に尽くしたと伝えられ、またチェコとポーランドの友好関係を支えた。実際彼女の死後、980 年代中頃に両国関係は崩壊し何度も戦いを交えている。

(190) リビツェはプラハの東 50km のポヂェブラディの近郊にあるリビツェ・ナド・ツィドリノウ（Libice nad Cidlinou）。

その名を失う場所であった。彼の所領は次の境界を持っていた。西ではチェコ(ボヘミア)に接してスリナ川と、ムジェ川のそばのオセカと呼ばれる山の城まで、南ではドイツ人に接したヒーノフ、ドゥードレビ、ネトリツェ[(191)]の国境の城から森の真中まで、東はモラヴィアに接して国境の森の麓のリトミシュル[(192)]と呼ばれる城から、森の中を流れるスヴィタヴァ川まで、北はポーランドに接してニサ川上流にあるクウォツコ[(193)]までであった。
このスラヴニーク公は、生前幸せに暮らした。

XXVIII (28)

982、983 年

984 年

ローマで皇帝オットー2世が亡くなった[(194)]。プラハの司教ヴォイチェフはこの君主と極めて親密な関係で、職務においても彼に気に入られた。アーヘン[(195)]の宮殿で全ての司教が出席する中で開かれた復活祭では、王は彼を高貴な務めで褒めたたえた。それはヴォイチェフが王の頭上に王冠を載せ、大司教のみに許されていた栄光に満ちたミサを執り行わせたことであった。その祝日の後、皇帝は彼を私的に呼んだ。彼はすでにその前にヴォイチェフが祖国に戻る許しを与えていたが、彼はヴォイチェフに己の罪を懺悔(ざんげ)し、彼の祈りの中で自分のことを敬虔に

(191) これらはみな南ボヘミアにあり、ヒーノフ(Chýnov)はターボルの近くでプラハの南80km、ドゥードレビ(Doudleby)とネトリツェ(Netolice)はチェスケー・ブヂェヨヴィツェの近くで、プラハの南それぞれ130、115kmのところにあった。

(192) リトミシュル(Litomyšl)はプラハの東方125km。

(193) クウォツコ(Kłodzko、チェコ語 Kladsko)は、ポーランド南西部にあるポーランド最古の町の一つ。

(194) オットー2世(S11)は983年12月7日に亡くなっていて、ヴォイチェフの友人で崇拝者に当たるのはオットー3世(S111、生年980、在位996〜1002年)で、ヴォイチェフは彼の助言者であった。彼は父のオットー2世の急死によって3歳で王位を継承したが、母と祖母が摂政となって彼を支えた。996年に皇位につき古代ローマ帝国の復興を目指したが、21歳で亡くなった。彼の後をハインリヒ(S2)の孫のハインリヒ2世(S211)が継いだ。

(195) アーヘン(Aachen)はベルギーとオランダに接したドイツ国境の西端にあり、カール大帝が好んだ町として知られている。アーヘン大聖堂は元の宮廷教会が増築を重ねて出来たもので、歴代の神聖ローマ皇帝は936〜1531年の間、この大聖堂で戴冠式を挙げていた。

思い出すようにと命じた。その他に皇帝は、彼が復活祭のミサの時に着ていた祭服を、皇帝からの思い出の品として彼に与えた、それらはアルバ、ダルマティカ、カズラ、カプツァ(196)そしてタオルであった。それらは貴重な物として今日までプラハの教会に保存され、聖ヴォイチェフの祭服と呼ばれている。

985 年

【(197)ザクセン人がスラヴ人の地に侵攻し、ミェシュコ公(P)は多くの援軍を伴って彼らの所に駆け付け、彼らは全スラヴの地を放火と殺略で壊滅させた(198)。

986 年

オットー王（S111）はまだ幼児であったが、ザクセン人の大軍と共にスラヴの地に侵攻し、それを放火と殺略で滅ぼした】。

987 年

ストシェジスラヴァ(199)、聖ヴォイチェフの尊敬すべき母で、偉大で聖なる息子の母であることに相応しい、神に愛された夫人が亡くなった。

【この同じ年にザクセン人がスラヴの地に 2 度目の侵攻をした。このスラヴ人たちは最終的に王の力に屈し、再度エルベ川沿いにいくつもの城が再建された。また暴風によって多くの建物が倒壊した。

988 年

この年恐ろしい夏の暑さがほとんどすべての果実を駄目にして、その後すぐに大勢の人々の死が続いた。

989 年

この年彗星が現れ、その後人々と家畜、特に牛に大きな疫病が起きた】。

---

(196) アルバ（独語 Albe）は階位に依らずに全聖職者が着る膝までの白い下着、ダルマティカ（Dalmatika）は主に司教と助祭がアルバの上に着る着物、カズラ（Kasel）はミサ執行の司祭の上着、カプツァ（Kapuze）は着物に付いたフード形の僧帽。なおタオルと訳したのは【ラ】の faciterium で、叙任の象徴のタオルまたはハンカチーフの可能性もある。

(197) 987 年と 990 年の一部を除いて、985 年から 990 年の「10 月 21 日～」までの鉤括弧で括られた記事は、【Hers.】からコスマスのドレスデン写本（A3a）に加筆されたもの。

(198) ここでスラヴの地と言っているのはエルベ川沿いのポラビアの地のこと。

(199) ストシェジスラヴァ（A5）については、I 部注 176 を参照。

990年

聖ヴォイチェフがローマの聖アレクシウス修道院で修道士になったが、修道院長は彼が誰なのか知らなかった[200]。

【10月21日、日中の第5時に太陽の蝕があった】。

【この同じ年プラハ教会の司教聖ヴォイチェフは、聖なるローマの聖アレクシウス修道院で懺悔聴聞司祭となり[201]、聖ボニファティウス修道院で修道士となったが、修道院長は彼が誰なのか知らなかった。この同じ年ニェムツァが失われた】[202]。

991、992、993、994年

XXIX（29）

他の人が言及しないで済ますのを私は見ているが、やはり私にはそのことを言わずに過ごすべきではないと思う[203]。それは司教ヴォイチェフが、彼に託された人々の群れが絶えず堕落に向かい、彼らを正しい道に戻すことが出来ないことを知って、自分自身が滅びゆく人々と共に、滅びるのではないかと恐れたことである（創世記19,15)。そして彼らの所にこれ以上留まる勇気がなく、彼の伝道活動がこの先無駄になるのではないかと思うと耐えられなかった。しかし彼がローマへの旅に出ようとした時に[204]、幸運な偶然であるがちょうどストラフクヴァス

(200) ローマの聖アレクシウス（4～5世紀）は上流階層のキリスト教徒の出身であったが、定められた結婚を信仰のため逃れて、乞食に変装してシリアに住んでいた。家の奴隷が彼を探しに来たが、彼が誰だか分からず彼に施しをしたと伝えられている。この記事もこのエピソードを下敷きにしていよう。

(201) 懺悔聴聞司祭と訳した【ラ】はconfessorで、この語は「告白する人、告白を聞いてくれる人、証聖者」などの意義があるが、ここでは2番目の意義によった。なおこの文は話が前後するが、次の29章で述べるヴォイチェフがチェコ人に失望して、プラハの司教区を捨ててローマに旅立った後の出来事になる。

(202) この部分は写本群A3に加筆されたもの。ニェムツァ（Niemcza）は現在はポーランド南西部にある町で、シレジア地方の最重要拠点の一つ。この地の帰属を巡ってチェコ、ポーランド、ドイツの間で長い紛争が続いた。この年はポーランドのミェシュコ1世（P）が占拠した。

(203) 以下29章の話はヴォイチェフに関するいかなる聖者伝にも歴史文書にも見られない。

(204) ヴォイチェフの決断は通常、988年前と考えられている。

（A2）がやって来た。彼についてはすでに前述しているが[205]、長い年月の後レーゲンスブルクの修道院長の許しを得て、愛しい祖国と親戚たち、そして自分の兄であるチェコの公（A1）を訪れるためであった。

神の人士である司教ヴォイチェフは彼を脇に呼び彼と話をしたが、ヴォイチェフは人々の不信心と卑劣さを大いに嘆き、また罪深い結婚や定まらない結婚の許されない離婚、聖職者に対する不服従と無頓着さ、部族長たちの傲慢さと耐え難い力についても大いに嘆いた。最後にヴォイチェフは彼に、自分が心で考えていることをすっかり打ち明けて、自分はローマにいる教皇に助言を求めに行くが、盾突く人々の所にはもはや戻らないと言った。さらに彼は付け加えて次のように言った。「あなたは公の兄弟として知られ、この地の君主に繋がっている。ここの人々は私よりむしろあなたを主人と思って聞き従うであろう。あなたは自分の兄の助言と力で彼らを強引に押さえつけ、非難を気にせずに従わないものを罰し、不信心の者を説得することが出来るだろう。あなたの威厳と学識は、またあなたの言動の神聖さは司教の位に相応しい。そうなるために私は神の意思と己の力であなたに同意し、また私が生きている間はあなたがここで司教でありえるように、ありとあらゆる懇願をして教皇に取り計ろう」。そしてヴォイチェフは、ちょうど手に持っていた司教の杖を彼の膝に置いた。しかし彼はあたかも狂ったように、それを地面に放り出してそっけなく言った。「私はこの世でいかなる地位も欲しません、私は威厳さを避け世の贅沢を拒絶しています。私には司教の高位は相応しくなく、司牧の重荷に耐えることは出来ません。私は修道士で、私は死んでいます。その私が死者を葬ることなど出来ません（マタイ伝8,22）」。司教はそれに答えて言った。「知りなさい、兄弟、今あなたは自分の善行を行うことを望んでいないが、後にそれを行おうとしても、それは極めて大きな痛手になるであろうことを」[206]。

その後司教は、心に決めていた通りにローマへの旅に出て、彼の指示に従おうとしなかった人々を見捨てた。と言うのもその頃は、公は自分一人で治めることは出来ず、部族長たちが治めていたからであった[207]。この者たちは神を嫌悪する者に変わり、卑劣な親の最悪の息子たちであったが、彼らは邪で下劣な行為を行った。ある祝日に彼らは密かにリビツェ城に入り込んだが、そこでは聖ヴォイチェ

---

(205) I部17章929年と18章を参照。

(206) ヴォイチェフの言葉の示す意味については、I部30章の最後の部分にある。

(207)【チ】の注では「部族長たちが公の代わりに治めていた」ことについて、メルゼブルクのティートマルは、この時期にボレスラフ2世は卒中で倒れ、クロアチアからベネディクト派の経験を積んだ治療師を呼んだことに関連していると見ている（【Tiet.】VII, 56）。

フの兄弟たちや城の兵士らみなが無垢の子羊のように、祝日を祝って聖なる華やかなミサに参列していた。彼らは獰猛な狼のように城壁を登ると、まさに祭壇の前ですべての子孫と共に、聖ヴォイチェフの4人の兄弟の首を切り落とし、男も女も一人残らず殺戮（さつりく）して城に火をかけ､通りを血で染めた[(208)]。そして彼らは血まみれの略奪品と無慈悲な獲物を積み込んで、意気揚々と帰路に付いた。995年にリビツェ城で殺されたのは聖ヴォイチェフの5人の兄弟で、彼らの名はソビェボル、スピチミール、ポブラスラフ、ポシェイそしてチャースラフであった[(209)]。【…そして彼らは10月10日に殉教者聖ボニファティウス教会に葬られた】[(210)]。【ポシェイは逃げたと伝えられている】[(211)]。

XXX（30）

この事件の後ボレスラフ公（A1）は聖職者たちと相談し、マインツ大司教に次の言葉を持って使者を送ることを決めた。それは「私たちの司牧者であるヴォイチェフを私たちに再度お認め下さい、私たちはそれを一番望みますが、もし駄目でしたらあまり望むことではありませんが、別の者を彼の地位に叙任して下さい。私たちの民の中にあるキリストの羊小屋は今のところ信仰において新しく、もしそこに注意深い羊の番人がいなければ、それらは実際に血に飢えた狼の餌に

(208) これが995年に起きたスラヴニーク一族の虐殺であるが、この事件はチェコ史の中でも謎が多く様々な見解がある。プシェミスル家が対抗するスラヴニーク一族を滅ぼしたとする説と共に、キリスト教化したスラヴニーク一族に反発する部族長たちの暴走という説もあり、コスマスはこれに近い。

藤井によるとスラヴニーク一族は、史料上dux（指導者、君主）としても表現され、貨幣も鋳造し、ポーランドのピァスト朝及びドイツのザクセン朝と結び、プシェミスル家及びバイエルン大公家にも対抗する強力な部族であった。この事件はプシェミスル家に従属し、その下で力を発揮するようになった元部族長たちと、今だ半独立的な勢力であったスラヴニーク一族による最後の抗争と見ることもできて、これ以降「部族」と呼べるような集団は姿を消し（ヴルショフ家については後述)、プシェミスル家のチェコの統治は確実なものとなった。本書もこれ以降comes（předák）を「部族長」ではなく「有力者」と､「一族」を「～家」と訳すことにする。

(209) 兄弟の数についての部分は記述が乱れているが､【英】の注によると写本の作成者たちもこの矛盾に気付き、前記の4人を修正･削除している場合もあり、また【Bruno】のヴォイチェフの伝記では、兄弟たちの名前のリストは見当たらない。

(210) 写本A3によって補足された部分。

(211) プラハ司教座聖堂参事会写本（C1a）に加筆された部分。

なるでしょう」。その時マインツ大司教は、最近キリストのもとに導いた人々が、神の無い以前の世界に落ちて滅びることを恐れて教皇に使者を送り、寡婦になったプラハの教会に夫を戻すか、別の者を彼の地位に叙任するかを強く懇願した。神の僕ヴォイチェフは教皇の命令で、主の羊の群れの見張りを免除されていたので、彼はこの世の楽園の素晴らしい宮殿である聖アレクシウス修道院に住み、年長の兄弟との天上の話し合いに加わっていた(212)。

威厳に満ちた教皇自身と彼の敬虔な修道院長は
次の好意的な言葉で説得し、悲嘆にくれた男を慰めようとした
（Vergil.-1, V,770）。

「この上なく大切な息子にしてこの上なく愛しい兄弟よ、私たちは神への敬意のために君に切に願い、隣人への愛のために君に誓って言おう、どうか君が自分の教区に戻ることを、そして自分の子羊の管理を再び喜んで担うことを。彼らが聞き従うならば神のおかげであり、もしそうでなければ君から逃げる者たちから君は逃げなさい、滅びゆく者たちと共に君が滅びないように。そして別の人々の所で教えを説く許しを得なさい」。司教は、異教徒に教えを説く許しが与えられたこの言葉にとても喜び、兄弟たちの大いなる悲しみもあったが、彼らとの快い交わりから離れた(213)。そして彼は極めて思慮深い司教ノタリウス(214)と共に、マインツの宮殿にいる大司教の下に行くと、彼の会衆が彼をまた受け入れるかどうか、使者を通じて知ることが出来るか大司教に願った。

聖ヴォイチェフの生涯または受難についての書を読めば、彼の会衆がその後何と答えたのか、なぜ彼を再び受け入れることを拒んだのか、彼がどこの国に向かったのか、また彼は司教であった日々をいかに慎ましく過ごし、その振る舞いの誠実さでどのように輝いていたかを知ることが出来るであろう(215)。

---

(212) I 部 990 年の記事参照。なお【チ】で「楽園 (ráj)」と訳された語は【ラ】では Elysium（エリジウム）で、「神々に愛された人が死後に暮らす至福の野」が原義。

(213)【チ】によるとヴォイチェフは、990 年にアヴェンティン修道院に受け入れられたが、2 年後にローマにストラフクヴァスが引き連れたチェコの使節が現れ、彼の呼びかけと保証によってヴォイチェフは（多分 992 年の終わり前に）プラハに戻っている。

(214) これはベルギーのリエージュの司教ノトケル（Notker ／ Notger、972 ～ 1008）と考えられている。

(215)【英】によると聖アダルベルト（ヴォイチェフ）の生涯については、彼の殉教から間もない 1000 年ごろにすでに 2 つの著作があった。それらはローマのアレクシウス修道院のカナパリウス (Canaparius) と、メルゼブルクを居としたクヴェーアフルトのブルーノ (Bruno of Querfurt) のもので、コスマスは両者を知っていたが、前者を好み彼の著作を各所で引用

でも私にはすでに言われていることを、再度繰り返すのは相応しいとは思わない。

その時、前述した公の兄弟のストラフクヴァス（A2）は、司教が何やら正当な段取りで人々から遠ざけられたのを見て、うぬぼれた傲慢さの中で司教職を熱望し始めた。欲求する者を駆り立てるのは容易なことで、直ちに邪な人々はこの無知で、司教の座を狙う策謀家を持ち上げた。神はしばしばその摂理で悪しき者たちの力を強め、あたかもこの誤った選出でケレスの娘婿の玩具が勝るようにした[216]。と言うのもこの司教ストラフクヴァスは、服は派手に着飾り、考えは高慢で、行動は散漫で、眼は定まらず、言葉は空ろで、振る舞いでは偽善者で、あらゆる迷いの中にいる司牧者で、すべての悪行において卑劣な者たちの頭[217]であった。

私にはこれ以上、空虚な司教のストラフクヴァスについて書くことは憚られる。

多くの事は、わずかの言葉で足りる。彼らはマインツにある大司教の居館に到着した。そしてそこで、行われるべきすべての事を然るべく終えると、聖歌隊は司教試問の後に歌われる恒例の連禱を唱え、司教冠を被った大司教とその後ろで二人の司教に挟まれて、叙任を受けるストラフクヴァスが立っていた。大司教が祭壇の前の絨毯の上でひれ伏し、ストラフクヴァスが彼に続こうとしたその瞬間——何という恐ろしい運命だろう——残酷な悪魔が彼を捉えたのであった[218]。そしてかつて神のしもべのヴォイチェフが内々に予言したことが、公然と聖職者と全ての人の前で起きてしまった。

この挿入文で十分としよう。

している。

(216) 摂理とはこの世のすべてを導き治める、神の永遠に渡る予見と配慮で、人知では計り知れないものとされる。ケレスの娘婿は冥界の王ハーデスのことで、ストラフクヴァスは彼に弄ばれる玩具で、司教になる寸前に見捨てられる。

(217)「頭」と訳した【チ】arcikněz は【ラ】では archigeron で、本来は「首席司祭」を示すがここでは転義で使われている。ギリシャ語の geron は「年長者､長老」を archi- は「第一の、主要な」を示すので、「大長老」となろうが、ここでは簡単に「指導者、頭」と訳した。

(218) コスマスは事件の詳細を記していないが、ストラフクヴァスは叙任の際に発作に襲われて死んだとも、またてんかんの発作で倒れたが死なず、だが司教には欠格として叙任の機会を最終的に失ったとも言われている。

XXXI（31）

996 年

キリストの栄光ある旗手、司教ヴォイチェフが信仰の網でパンノニアを[219]、それと共にポーランドを漁(すな)どった後、プロシアで神の言葉の種をまいている時に、彼はキリストのためのこの世の命を、幸せにも殉教者の死と代えた[220]。それが起きたのは 4 月 23 日の金曜日であった。この年復活祭は 4 月 25 日であった[221]。

997 年

しばしば言及されているボレスラフ公（A1）は、プラハの教会が自分の司牧者を失くして寡婦になったことを見て、使者を皇帝オットー 3 世（S111）に送り懇願して言った。どうかチェコの教会にその功績で相応しい婿をお世話下さい。最近キリストに導かれた会衆が、かつての誤った儀式や過ちに戻らないようにお願いしますと。彼はその時期チェコ全土を見渡しても、司教に相応しい聖職者がいないことを認めた。

皇帝オットー、帝国の拡大者は宗教的また世俗的な諸々の事に非常に長けていたので、彼らの要求にすぐに応じて自分の聖職者の中で誰を、このような厄介な任務に送り出したらよいか慎重に考え始めた。ちょうどその時王の宮廷に助任司祭のテグダク[222]という者がいた。彼は高潔な振る舞いと品行で飾られ、特に自

(219) パンノニアは東ヨーロッパ中部で現在のハンガリー盆地一帯の古称で、900 年からハンガリー人が占拠した。ヴォイチェフはここで部族長ゲーザとその息子イシュトヴァーン（後の 1 世）に洗礼を施している。なお以下では「ハンガリー」で訳語を統一する。

(220) ヴォイチェフはすでにキリスト教化が進んだポーランドで、ミェシュコ（P）の息子ボレスワフ（1 世、P1）に歓待された。彼はさらに弟のラヂムと共にバルト海沿岸のプロシアに宣教に行き、そこで現地の異教徒が神木と崇める樹を切り倒そうとして、彼は襲われ殺害された。ボレスワフはヴォイチェフの遺骸を異教徒から（同じ重さの金で）買い取り、グニェズノに安置した。その後彼は殉教の聖人として列聖されて、グニェズノに大司教区が置かれることになり、ポーランドは宗教的な独立を得た。

神聖ローマ皇帝のオットー 3 世（S111）も 1000 年にグニェズノの彼の墓に参拝している（1000 年の記事参照）。チェコのブジェチスラフ 1 世（A131）は 1039 年にポーランドに侵攻した際に、彼の遺骸をプラハに持ち去ったが、それによってはプラハ司教区の大司教区への昇格は認められず、それが実現したのは、約 300 年後の 1344 年であった。

(221) ヴォイチェフが亡くなったのは、実際には 997 年 4 月 23 日だった。

(222) テグダク（Thegdag）の表記には他に、Thiadag、Deodatus、Bohdal などがある。なお「助任司祭（kaplan）」と訳した【ラ】の caperanus は、宮廷の礼拝堂付きの司祭を示す。

由学芸に優れていて、ザクセンの出身であったが、スラヴの言葉を完璧に知っていた。運命によって彼が見いだされた時､王宮の全高官も皇帝自身も大いに喜び、彼を選んでプラハ教会の高位僧[223]に昇格させ、彼をマインツ大司教の下に送って彼を速やかに司教に叙任するように命じた。

998年

7月7日テグダクは叙任され、プラハ教会の聖職者と人々によって恭(うやうや)しく受け入れられ、大いなる喜びの中で聖ヴィートの祭壇の脇にある司教座に据えられた。公は良き司牧者が己の会衆に微笑んでいるのを、また会衆が新しい司牧者を喜んで歓迎するのを見てとても喜んだ[224]。

【この同じ年の7月にザクセン全土に大きな地震が起き、2つの火の岩が雷から落ちて来て、一つはマクデブルク城そのものに、もう一つはエルベ川の彼方に落ちた】[225]。

XXXII（32）

このボレスラフ（2世、A1）は父の死後、最も優れた公としてチェコの地を32年間治めた[226]。彼は物事において公正さを保ち､カトリックの信仰とキリスト教の教義の最も熱心な遂行者であり、彼の周りでは誰も教会や世俗での地位を金で買うことは出来なかった。彼はまたその行為が示すように、戦いにおいて最も勝利を上げた勝者であったが、敗者にも最も慈悲深い同情者であり、特に平和の賛美者であった。彼にとって最も大きな宝は、戦いの装備であり武器の中に甘美な喜びがあった。と言うのも彼は黄金の輝きよりも鉄の硬さを愛し、彼の眼には能力のある男は決して嫌われることはなく、無能な者は決して気に入られることはなかった。彼は自分の民には温和で、敵には恐ろしかった。

この栄光に満ちた公はヘマと結婚していた。彼女は抜きん出て高貴な家柄の出で、より大きな称賛に値し、振る舞いの高貴さで何倍も優れていた[227]。彼女から

(223) 彼はまだ司教に叙任されていないので【チ】は veleknĕz（高位僧）としているが､【ラ】は pontifex（高位神官、祭司長)。

(224) テグダクがプラハ教区を管理したのは998～1017年。

(225)【Hers.】から取られ、写本A3群に加筆された部分。

(226) 彼は初期プシェミスル朝の全盛期を築いた名君として評価されている。

(227) ヘマ（Hemma､Emma）についても諸説あるが､【チ】によれば彼女はイタリア王ロタール2世の娘で、最初西フランク王のロタール1世に嫁いだが寡婦になり、次にチェコのボレスラフ2世（A1）に嫁いだが（988又は989年)、ボレスラフの結婚については不明な点

2人の優れた才能の子、ヴァーツラフとボレスラフ（3世、A11）を儲けた。しかしヴァーツラフは幼少の頃に、この世のもろい命を永遠のものと代えた[(228)]。一方ボレスラフは父の亡き後、この先の語りで示すように、公の力を受け継いだ。

XXXIII（33）

上記のボレスラフ公（A1）が、死を永遠の命と取り換えねばならなかった日が近づいた時、彼は同じ名前のそこに居合わせた息子を呼んだ。そして妻のヘマと多くの有力者が集まっている前で、苦しい息の下で次のように愛する息子に諭した――と言うのも彼の言葉は、すでにため息で途切れがちだったからである[(229)]。

「もしちょうど乳を乳房から与えるように、母が己の胎内の子に知恵の贈り物を与えることが出来たなら、自然ではなく創造された人間が、神が造られたすべてのものを支配したであろう（知恵の書9,2）。しかし神は、いくつかの自分の恵みをノア、イサク、トビアス、マタティア[(230)]といった人々に授けられた。そして彼らが祝福する者たちに神は祝福を与え、彼らが善行の生活を築くと、神もそれらに永続性を願った。そのように今日でも、愛しい息子よ、もしここに聖霊の慈悲がなければ、私の言葉の自慢もほとんど役に立つまい。公として――神が言われるように――私はお前を指名したが、お前は偉ぶってはならず、むしろ彼らの中の一人としてあれ（シラ書32,1）。つまりお前は他の者よりも高い地位にいると感じるかもしれないが、お前もまた死すべきものであることを意識せよ。お前はこの世で高い威厳の栄光を探し求めるのではなく、お前が墓まで持って行くであろう仕事に心を向けよ。神のこの命令を自分の心に刻み（箴言7,3）、お前の父のこの諭（さとし）を軽視してはならない。教会へは足繁く通い、神に跪き（黙示録22,9）、神に仕える聖職者を敬え。自分自身が賢明だとは考えず（箴言3,7）、同じ考えで物事を見ているかどうか、より多くの人々と話し合え。また多くの人々

が多く、彼女は2～3番目の妻であった。またボレスラフには3人の息子、ボレスラフ3世（A11）、ヤロミール（A12）、オルドジフ（A13）がいたが、後者二人は別の妻から生まれたと推定される。なお彼らの間では34章以下で示される、公座を巡る紛争が起きた。

(228) このヴァーツラフについては、他の史料では確認できない。

(229) 以下のボレスラフ2世（A1）の遺訓は、聖書の引用で満ちている。

(230) みな旧約聖書に出て来る人物。ノアは箱舟で自身と地上の生物を救い、イサクはアブラハムの息子でイスラエル人の二番目の太祖、トビアスは敬虔なイスラエル人でナフタリ族の出身（聖書外典トビト記）、マタティアはマカバイ戦争でユダヤ人を指導した祭司（外典マカバイ記）。

に気に入られるように、しかしそれがどのような人々であるかに注意を向けよ。すべてを友人たちと共に考えるように、だがその前にその者たちについて考えよ。公正に裁くように（エレミヤ書 11,20）、しかし慈悲の心を失くしてはいけない。寡婦と放浪者がお前の住居の戸口に立ったならば、彼らを見下してはならない。

貨幣について配慮せよ、ただし慎ましくまたその姿を尊重するように(231)。

なぜなら国は(232)、貨幣の空虚な姿によって強力に拡大しても、まもなく無に帰するからである。我が息子よ、次の話には重要な何かが含まれている。我々のような身分の低い者とはとても比べることは出来ない、この上なく賢明で強大な力を持った王のカールは自分の死後、息子のピピンを王座に就けることを決めた時(233)、彼の王国では秤（はかり）や貨幣の価値を欺瞞的に卑劣に変えてはならないという、畏（おそ）れを抱かせる誓いで彼を縛った。いかなる大災害も、疫病と大量死も、敵が略奪と放火で全土を荒廃させた時でも、貨幣の頻繁な改鋳と詐欺的な質の低下ほど、神の民を損なうものはないのは確かなことである。どのような破滅やどのような地獄の復讐の女神が、キリストの崇拝者を情け容赦なく略奪し滅ぼし貧困に陥れようとも、君主の貨幣の欺瞞より酷いものはない。また正義が古びて不正が力を得る時に立ち現れるのは、公ではなくて泥棒であり、その者は神の民の管理人ではなく、慈悲の心を失くした卑劣な恐喝者で貪欲な守銭奴であり、すべてを見通す神を恐れずに 1 年に 3 度 4 度と貨幣を変え、神の民の破滅を招く悪魔の罠に落ちて行こう（1 テモテ書 6,9）。またこのような卑劣な企みや法の捏造（ねつぞう）は、私がクラクフの彼方の山々まで広げ、神の慈悲と人々の豊かさによってトリトリ（タトリ）と名付けられた、この国の国境を狭めることになろう(234)。なぜなら、

王の栄光と名誉となるのは彼の民の豊かさであり、

---

(231)「貨幣」と訳した【チ】の mince は【ラ】では denarius（II 部 4 章前の【訳者補注 2】を参照）となっているが、以下の内容から貨幣一般を示すとした。【英】によるとこの一文は、中世に誤ってカトーのものとされた警句の一部。

(232)【ラ】は res publica（公的なもの、共同体、国）で、【チ】は obec と訳している。

(233) フランク王で西欧を統一したカール大帝のこと。彼の後継者は息子のルートヴィヒ 1 世（在位 814 ～ 841 年）であったが、同じく息子のピピンはイタリア王（在位 781 ～ 810 年）で、当時彼は銀貨を発行していた。

(234) クラクフ（Krakôw）は、チェコとの国境に近いポーランド南部の都市で、1038 年からはポーランド領になった。トリトリ（タトリ、Tatry）はポーランド南部からスロヴァキア北部に広がるタトラ山脈のこと。チェコの領土はボレスラフ 1 世の時代にクラクフまで、ボレスラフ 2 世の時代には東進して、現在のウクライナのリヴィウ（Львів）まで広がったとされる。

奴隷の貧困が重くのしかかるのは王であり、彼に仕える奴隷ではない（Lucan. -2, III,152）」。

公はさらに話を続けようと望んだが最後に公の口はこわばり、言葉を発するより前に主のもとで眠りに就き、彼を悼む大きな嘆きが起った。彼の死は 999 年 2 月 7 日であった。

【訳者補注 5】

【英】によると、メルゼブルクのティートマルの年代記（【Tiet.】）と比較して、コスマスが大きく誤っていると考えられる部分がここから始まっている。ティートマル（975 ～ 1018 年）はこの時期の同時代人で、この話に出て来る諸人物とも親しく、研究者たちも一致してコスマスより、彼の記事を優先している。

またボレスラフ 2 世（Boleslav II、A1）の死後、公位をめぐるプシェミスル家の 3 人の息子、ボレスラフ 3 世（Boleslav III、A11)、ヤロミール（Jaromír、A12)、オルドジフ（Oldřich、A13）の争いは、ポーランドのボレスワフ 1 世（Boresław I、P1、在位 992 ～ 1025 年、なおポーランドの公はポーランド語の読みで表記する）と、神聖ローマ皇帝のハインリヒ 2 世（Heinrich II、S211、在位 1002 ～ 1024 年）を巻き込んだ非常に複雑なものだが、コスマスではかなり省略され、しかも時系列の混乱も見られるので、この訳者補注 5 でこれらを整理しまとめておこう。【英】ではこの後継者争いについては、「これらの政治的陰謀は、脚注で要約するにはあまりに複雑である（p.88)」として解説を避けている。

コスマスの記述で大きく誤っているのは、ヤロミールとオルドジフはボレスラフ 3 世の息子ではなく、3 人は先代のボレスラフ 2 世（A1）の息子で兄弟であることと、35 章以下に出て来るポーランド公のミェシュコ（Mieszko、P、在位 950? ～ 992 年）は、実際には彼の息子のボレスワフ 1 世（P1、992 ～ 1025 年）となる。34 章以下の訳はコスマスの原文に従うが、ミェシュコに（→P1）を付けて実際にはボレスワフ 1 世であることを示す。

チェコのボレスラフ 2 世（A1）の後を継いだボレスラフ 3 世（A11）は、異母の弟たちに公位を奪われるのを恐れ、二人を捕えて去勢しようとした。だが二人は母と共にバイエルン地方に逃亡した（ヤロミールは去勢されたという説もある)。この暴挙に対してチェコの有力者たち（特にヴルショフ家[235]）が反乱を起こすと、ボレスラフ 3 世はポーランドのボレスワフ 1 世（P1）の下に逃走する（1002 年)。

---

(235) 藤井によるとヴルショフ家（Vršovci）は、反抗的ではあったが、プシェミスル家に対抗したスラヴニーク一族とは違い、プシェミスル家に臣従して城代などの要職も務め、従士的な立場に再編されて、独立した「部族」ではなかった。この家の者たちはその後度々迫害されたが存続し続けた。

空位となったチェコの公位を得たのは、プシェミスル家の母方（ドゥブラフカ、A4）の血を引くボレスワフ1世（P1）の弟のヴラディヴォイ（Vladivoj、P2、在位1002～1003年）であったが、彼は1年後に亡くなった。彼の死後チェコの公位を占めたのは、バイエルン大公から神聖ローマ皇帝になったハインリヒ2世（S211）の力で、チェコに戻ったヤロミール（A12）であったが、彼はすぐにボレスワフ1世の助力を得てチェコに戻ったボレスラフ3世に追放されてしまう。

再びチェコの公位を得たボレスラフ3世は、かつて反乱を起こしたヴルショフ家を弾圧したが、これが原因で国内に混乱を引き起こしたため、後ろ盾のボレスワフ1世は彼をポーランドに呼び寄せて、眼を潰して幽閉した。ボレスラフ3世の在位は999～1003年であるが、彼の死は1037年なので、彼は失明してから30年以上生きていたことになる。

ヴラディヴォイと同じくプシェミスル家の母方の血を引くボレスワフ1世は、それまでにモラヴィアやシレジアをチェコから奪っていたが、チェコに軍を進め直接支配することになった（在位1003～1004年）。しかしボレスワフ1世はチェコが神聖ローマ帝国の領邦であることを認めず、皇帝ハインリヒ2世と対立したため、皇帝は自ら軍を率いてチェコに侵攻し、1004年にポーランド軍をチェコから追放し、チェコの公位を再びヤロミールに与え（在位1004～1012年）、一方ヤロミールはチェコが神聖ローマ帝国の領邦であることを認めた。

1012年に弟のオルドジフ（A13）はヤロミールに反旗を翻し、彼を追放し公座を奪った（在位1012～1033年）。ヤロミールはハインリヒ2世の下に逃げるが、彼はそこで捕えられウトレヒトで21年間幽閉された。チェコの公座に付いたオルドジフは軍事的にも有能で、ヤロミールの支持者であったヴルショフ家を弾圧すると、ボレスワフ1世が率いるポーランド軍のチェコ侵攻を止め、モラヴィアをポーランドから取り戻して、息子のブジェチスラフ（Břetislav、A131＝B）に統治させた。また彼は1032年にサーザヴァに修道院を建て、ここでスラヴ式の典礼が行われた。

だが1030年代の初めから帝国との関係が悪化し、オルドジフはハインリヒ2世の後を継いだコンラート2世（S13111＝T、在位1024～1039年）の、ポーランド遠征の際の助力を拒んだため、1033年に退位させられバイエルンに追放された。彼の代わりに公位についたのは、3度目となるヤロミールであった。しかし1034年にオルドジフは皇帝に許されて復帰し、ヤロミールは捕まり眼を潰された（I部42章参照）。その年の秋にオルドジフは宴会の最中に突然死したが、ヤロミールは公位の権利を放棄し、オルドジフの息子のブジェチスラフ（B）が後を継ぐ。

XXXIV（34）

この同じ年ラヂムとも呼ばれるガウデンティウス、聖ヴォイチェフの兄弟が、グニェズノ教会の司教に叙任された[236]。

この上なく栄光に満ちたボレスラフ2世（A1）については、今日でもどれだけ嘆き悲しんでも足りず、彼の思い出は祝福されたものだが（シラ書45,1）、彼は己の剣で国境を遠く広く拡大し、このことについてはプラハ司教区の特権証書の中で教皇の言明が証明している[237]。

彼の死後、上に述べた息子のボレスラフ3世（A11）が公座に就いた。しかし彼は父のようには成功も幸せも得られず、獲得した国境も守れなかった。と言うのもポーランド公のミェシュコ（→P）は、彼よりも狡猾な人間はいなかったが、直ちに策略によって クラクフ城を占拠し[238]、そこで捕えたチェコ人たちを剣で殺すように命じたからである。

ボレスラフ公（A11 → 実際はA1）は高貴な妻から2人の息子を儲け、それが子沢山の母の誇りであったが、彼らはオルドジフ（A13）とヤロミール（A12）の兄弟であった。

ヤロミールは青年期まで、父の宮廷で育てられたが、

一方オルドジフは少年期に直ちに皇帝ハインリヒ（2世、S211）の宮廷に[239]、その地の慣習と狡猾さと、ドイツ語を習うために送られた。その後間もなく、すでに言及された二人の公ミェシュコ（→P1）とボレスラフ（A11）は取り決めた場所で話し合い、互いに約束の言葉を交わして、誓いを立てて平和を確認した時、ミェシュコはボレスラフを彼の宴会に招待した。彼は胆のうを持たない鳩[240]の

(236) ラヂム（Radim ／ Gaudentius）は、兄の聖ヴォイチェフと同じくスラヴニークの息子で、兄と共に宣教に努めたが兄の影に隠れて詳細は不明（970前～1006年?）。995年のスラヴニーク一族虐殺の難を逃れ、兄と共にプロシアで宣教中に兄は殉教し（I部注220）、彼も捕えられたがその後解放され、ポーランドのボレスワフ1世(P1)の下に行った。999年にローマで司教に叙任され、1000年にグニェズノに大司教座ができると大司教になったが、そこでの彼の活動もよく分かっていない。なお1039年のチェコ軍がポーランドに侵攻した際に、ヴォイチェフと共に彼の遺骸もチェコに持ち去られている。

(237) 1086年にカノッサの屈辱で有名な皇帝ハインリヒ4世（T11）が確認した、聖ヴォイチェフの特権証書と考えられる。

(238) クラクフ（Kraków）の占拠は、今日では988～989年以前と考えられている。

(239) より正確には、当時ハインリヒ2世はまだバイエルン公で、彼が東フランク王国の王位を得たのはオットー3世（S111）の死後の1002～1024年、神聖ローマ皇帝としての在位は1014～1024年であった。

(240) 古来、胆汁質は激情的で怒りっぽく攻撃的と言われているが、ハトには胆のうがなく、そのためハトはおとなしく平和的であるとするイメージが、キリスト教文学で定着してい

ようにおとなしい男で、すべてのことを自分の友人の助言に従って行っていると語っていた。しかし一体どんな疫病が、国内の敵よりひどい害をなすであろう。彼は彼らの欺瞞的な意図に、いやむしろ自分の運命に逆らえず――ああ、公の頭の中のあの予感よ――彼は彼らの主だった者たちと、彼には特に忠実と思われてこの地に残すつもりであった者たちを呼んで言った。「もし私に、私が信じ期待することとは別の何かが――神よ、そうならないことを――ポーランドで起きたならば、私はここで私の息子ヤロミールを守ることをあなたがたに託し、彼をこの場所で公としてとどめておきたい」。このように国内の事を決めると彼は眼を失うために出かけ、背信的な公の所での宴会に不吉な兆しを感じながらクラクフ城に入った[(241)]。彼が宴会の席に着くと直ちに、和と約束と歓待の習慣は破られ、ボレスラフ公は捕えられ眼を潰された。そして彼のお付きの者たちもみな、ある者は殺され別の者は片端(かたわ)にされ、また投獄された。

一方ボレスラフ公にとって、国内とプシェミスル家の敵であるヴルショフ一族、悪意ある家系で悪しき人種は、これまで聞いたことも無いおぞましい悪行をなした。彼らの指導者であらゆる卑劣さの頭領であったのはコハンで、悪漢で悪者たちの内でも最悪の者であった。彼と卑劣な者たちのその親類が、公の息子ヤロミールと共にヴェリースと呼ばれる狩場[(242)]にやって来た時、ポーランドで公に何が起きたのかを噂で聞き知り、彼らは言った。「海藻(かいそう)よりもみすぼらしい(Horat.-2, II,5,8、Vergil-2, VII,42)[(243)]あのちっぽけな人間は誰だ、あいつは我々より勝っているとされ、公と呼ばなければならないのだが。一体我々の間には我々を治めるに値する、より良い者がいないとでも思うのか」。ああ、悪しき考えの悪しき心よ。彼らは素面(しらふ)で考えたことを、酔って公然と行うのだ。彼らの卑劣さが燃え上がり酒のおかげで勢い付くと(Ovid.-2, IV,9,27)、彼らは自分の主人を捕えると容赦なく縛り上げ、裸の彼を仰向けに寝かせると、地面に杭を打って手足をそれに縛りつけた。そしてあたかも軍事訓練のように、馬に乗って彼の体の上を飛び越えた。

公の召使の一人でホヴォラという名の者が[(244)]、これを見て急ぎプラハに駆けて

る。

(241) ボレスワフ1世の住居はクラクフではなく、グニェズノであった。ここでもコスマスは取り違えている可能性がある。

(242) ヴェリース(Velíz)は、プラハの南西40kmにあるクブロフ(Kublov)近くの丘。

(243) 海藻(řasa)を価値のない物の代名詞とする表現は、ホラチウスとヴェルギリウスを引用して、この年代記で何度も使われている。これは、ヨーロッパ人は海藻を消化する酵素を持たず食用としないためで、彼らには海藻は海に浮かんでいるゴミに等しい。

(244) ホヴォラ(Hovora)の名は他の史料には無い。

行き、

　　　まさに起きたことについて、公の友人たちに知らせ、

直ちに彼らを忌まわしい勝利の場所に導いた。不正をなしていた者たちは、彼らが武器を持って突き進んでくるのを見ると、コウモリのように森の隠れ場所に四散した。それから彼らは、公がひどくハエに刺され[245]半死になっているのを見つけて――というのも蜜蜂の群れのようにハエの大群が裸の体の上にいたからで――公の縄を解くと彼を荷車に乗せてヴィシェフラト城まで運んだ。召使のホヴォラはすべての称賛に値する公の友人として、その貢献に対して次のような恩恵を得て、それを役人が声高にすべての市場で唱えた。その恩恵とはホヴォラ自身と彼の未来の子孫は永久に、高貴で自由な者として列せられ、それ以外にもズベチノの宮廷に属する森番（森林官）の地位も与えられたことで、彼の子孫はその時から今日までそれを維持している。

XXXV（35）

これらの事がチェコで起きていた間に、公ミェシュコ（→P1）は強力なポーランド軍と共に遠征して、プラハ城を攻撃し丸 2 年の間、

【[246]この同じ年､教皇ブルーノが亡くなった[247]。彼はローマ式にグレゴリウスと呼ばれた。

1000 年

皇帝オットー（3 世、S111）[248]は祖国を訪れるより前にポーランドへ、今はキリストによって冠を戴いた聖なる司教で殉教者のヴォイチェフの所に、身を卑しめ敬虔な態度で行った。皇帝は彼に神へのとりなしを心から願い、そこでスラヴの公ボレスワフ（P1）からこの上ない支援と共に歓待され、あらゆる種類の豊かな贈り物で然るべく敬われた。そこから皇帝オットーは祖国に戻り、クヴェドリンブルク[249]で相応しい敬虔さの中で主の復活の日を過ごした。

---

(245) 家畜や人間の血を吸うサシバエと思われる。

(246) 以下は【Hers.】から取られ、写本 A3 に加筆されたもの。なお括弧前の文が不完全に中断されているが、その残りは 1001 年の初めに続く。

(247) ローマ教皇グレゴリウス 5 世、本名はブルーノ 1 世（972 頃〜 999）。オットー 1 世の孫でオットー 3 世のいとこに当たり、最初のドイツ人教皇。一貫して神聖ローマ皇帝の代理人として行動し、帝国の力を拡大した。彼はオットー 3 世に戴冠もしている。

(248) オットー 3 世に関しては、I 部注 194 を参照。

(249) クヴェドリンブルク（Quedlinburg）はドイツのザクセン＝アンハルト州の古都で、オットー 1 世はそれまでの城を拡充し、神聖ローマ帝国の宮殿にした。

1001年

ポーランドの公ミェシュコ（→P1）はプラハ城を占拠した】。

つまり1000年から1001年の間それを保持した[250]。しかし自分の公に忠誠なヴィシェフラト城は、脅（おびや）かされることなく陥落しないで残った[251]。

しかし同じころ公ミェシュコは使者を皇帝に送り、彼に仕えていたオルドジフ（A13）という名のボレスラフ公（A1）の息子を、拘束し牢に入れてもらえるなら、莫大な金を払うと申し出て約束した。金に対する渇望は打ち負かせないものである（Vergil.-1, 3,57）。神聖ローマ帝国のこの上なく強大な法は何処に行ったのだろう。見よ、金の保有者が巨大な金の塊に押し潰されて公の命令に聞き従い、金で買われた皇帝が刑吏や看守に成り下がってしまう。

彼が公の言うことを聞いたのは何ら不思議ではない。我々の時代でも[252]村の水車小屋の下で生まれたヴァツェクが、最も強大な王のハインリヒ4世（T11）をチェコに連れて来ているのだ——何と威厳の無い眺めであろう——金の鎖で繋がれたグレーハウンド犬[253]の様であった。召使の中の召使が命じた事を、君主中の君主（黙示録17,14）が聞き従い、王はボジヴォイ（2世、B26）を牢に投げ込んだ。ボジヴォイは正義にかなった公で、真実を愛する人士であったが、あたかも何処かの卑劣な者で嘘つきであるかのように膝まで縛られた。しかしこれについては然るべき所でより詳しく述べるであろう[254]。

XXXVI（36）

1002年

次のことが起きた。キリストがチェコの民を上から見守り、聖ヴァーツラフが自分の民に助けの力を差し出した時、オルドジフ公（A13）は——彼が密かに逃亡したのか、それとも皇帝の命令によって放免されたのか、我々には定かでない

---

(250) ポーランドによる占拠は1003年の4月から1004年の夏まで。

(251)【Tiet.】VI,12と一致する。

(252) ヴァツェク（Vacek）はIII部でしばしば言及される有力者であるが、「我々の時代でも〜」の文から、本書I部の成立は12世紀の20年代と推定される。

(253)【チ】の「グレーハウンド犬（chrt）」は【ラ】ではmolossusで、古代ローマ帝国で使われた軍用のモロシア犬を示す。【ラ】ではここに水車小屋の（石うす）molaとmolossusを掛けた言葉遊びがあろう。

(254) これについては、III部32章を参照。そこでは公ボジヴォイの罷免に関してハインリヒ4世の役割が述べられ、ヴァツェクではないが彼をチェコに連れて来た別の有力者の名前が示されている。

が——祖国に戻った。そしてドジェヴィーチ(255)という名の非常に堅固な城に入り、そこから一人の忠実な兵士に指示を与えて遣わした。それはプラハ城に入り込み夜にラッパの音で、安心しきった敵を驚かせよというものであった。忠実な召使は直ちに命令を実行し、夜に城の真中のジジ(256)と呼ばれる小高い場所に登ると、ラッパを吹き大声で何度も叫んだ。「逃げて行く、ポーランド人が恥ずべき大混乱の中逃げて行く、奴らを襲え、チェコ人よ、武器を持って急襲せよ」。その声はポーランド人に恐怖と驚愕を与えたが、それは神による大混乱と聖ヴァーツラフの助けによるものであった。彼らは四散しある者は我を忘れ、武器を持つことも忘れて裸馬に飛び乗ると裸で逃走し、ちょうど寝付いたばかりの者は、ズボンもはかずに慌てて逃げ出そうとした。そしてある者は敵への策略で断ち切られていた橋から落下し、また別の大多数の者は城の尻尾と言われる(257)険しい道を通って、先にある狭い小門の所で出口の狭さから押し合って圧死し、ミェシュコ公（→P1）自身もやっとの思いで、わずかの者たちと共に逃れた。これはよく言われるように、人々が恐怖から逃げ出す時はそよ風の触れる音にも驚き（Vergil.-1, II,728）、その驚きは恐怖よりもはるかに大きく彼らを駆り立てるからである。誰も追いかける者はいなくても、その者たちには岩や壁が彼らを追って叫び（ハバクリ書2,11）、彼らの逃走を追いかけている様に思える。

その後朝にオルドジフ公はプラハ城に入ったが、すでに述べたあの国内の敵(258)による偽りの唆(そそのか)しにより、3日目に自分の兄弟のヤロミール（A12）の眼を潰すように命じた(259)。

オルドジフ公は妻が不妊のため、正式の婚姻関係からは子孫が生まれなかった。しかしクシェシナ家の者で、名をボジェナという女性から、並外れて美しい息子が生れ、彼にブジェチスラフ（A131=B）という名を与えた。ある日オルドジフ公が猟を終えて村を通って帰る途中に、泉で晴れ着を洗っているこの女性を見つけた。彼は彼女を頭の先から踵(かかと)まで眺め、胸にとてつもない愛の熱を吸い

(255) ドジェヴィーチ（Dřevíč）はプラハの西50kmのラコヴニーク近郊にある砦。

(256) ジジ（Žiži）は後のプラハ城の場所にあった神聖な丘。

(257)【ラ】はper（通って）caudam（尻尾を）urbis（城の）:「城の尻尾を通って」。【チ】のopyšは「狭い尾根」でプラハ城が建っている丘のこと。

(258) ヴルショフ家のこと。

(259) コスマスの記述の時間的混乱はここでも見られ、ヤロミールは1004年末にプラハに戻り、その後1012年まで公としてチェコを治めた。この年彼はオルドジフによって追放され、彼の目が潰されたのは、彼が3度目に返り咲いた後の1034年であった（I部34章前の【訳者補注5】を参照）。

込んだ（Ovid.-1, X,253）[260]。というのも彼女の外見は抜きん出て、肌は雪より白く白鳥より繊細で、古い象牙よりも輝きサファイアよりも美しかったからである（Ovid.-1, XIII,796）。公は直ちに彼女に使いを送り彼女と結婚した。しかし以前の結婚も解消しなかった。というのも当時男はそれぞれ、気に入れば2人や3人の妻を持ってもよく、隣人の妻をさらっても、妻が妻帯の男に嫁いでも罪にはならなかった。今日では倫理にかなうとされる、一人の夫が一人の妻と、一人の妻が一人の夫と結ばれることは、当時は大きな恥であった。つまり彼らは愚かな家畜のように結婚を共有していたのである。

XXXVII（37）

この同じ年に皇帝

　　オットー3世（S111）がこの世を去った、

　　それは天上で生きるためであり、そこではキリストを信ずるすべての者が生きている。

彼の後を継いだのは息子の皇帝ハインリヒ（S211）で[261]、彼は生前にキリストの名のために多くの偉大なことを行ったがその内でも、かなり多額の費用でその土地の所有者パパから、以前買い取っていたある山に城を建てた。それはそこからバーベンベルク、すなわちパパの山という名を得た[262]。そしてそこに司教区を設け[263]、それを所領と地位で大いに称賛したので、その司教区は東フランク王国全体の中で最後のものではなく、1番目に次ぐ2番目のものと見なされた。彼はそこに聖母マリアとキリストの殉教者聖ゲオルギウスに捧げられた、驚くべき大きさの大聖堂も建て、同時にそれに多くの教会財産や金銀の財宝や王国の他の華麗な物を贈与したが、実際に与えられたものをより少なく言う位なら、それらについては沈黙する方が私にはより良いと思われる。

　　しかしながら彼の多くの行いの中から

　　有益な一つのことに言及しよう。

---

(260) この場面は歴史絵画のテーマとして、多くのチェコの画家に描かれていて有名。

(261) ハインリヒ2世（S211）はI部34章前の【訳者補注5】にあるように、ボレスラフ2世の息子たちの公座を巡る争いに大きく関わった。なお彼はオットー3世（S111）の息子ではなく、遠い従兄弟にあたる。

(262) ドイツ中南部バイエルン州の都市バンベルクのこと、コスマスの記述は概ね正しいがハインリヒが購入したのではなく、この地は彼の父がオットー2世から贈与されたもの。

(263) バンベルクの司教区が出来たのは1007年。

上述の城の近くに、聖なる徳の中で生きる高位聖職者[264]の、一人の隠修士が住んでいた。皇帝はしばしば狩に行くように装っては、また何かの口実を作って、密かに一人の召使を伴って彼の所に出かけ、彼の祈りに身を委ねていた[265]。隠修士がイェルサレムの巡礼に行きたいことを知って、彼は主の体と血を受ける金製の聖杯[266]を隠修士に託した。それは大きな聖杯で両側に 2 つの持ち手、いわゆる「耳」が付き、掲げるのが容易になっていた。皇帝は隠修士を呼び、ヨハネがキリストに洗礼を施したヨルダン川のその場所で（マルコ伝 1,9)、彼がその聖杯を三度(みたび)川に浸すことを望み、彼に十二分の旅費を与えた。そしてそれからどうなったであろう。神の人士はイェルサレムに旅立ち、命令を遂行し聖杯を三度ヨルダン川の水に浸した。

その後彼はコンスタンチノープルを通ってブルガリアに旅をした。そこには聖なる生活を送る一人の隠修士がいた。あのイェルサレムを訪れた隠修士は彼の下にやって来て、多くの親密で聖なる会話の後に、どうか皇帝ハインリヒの健康を神に祈ってほしいと彼に切望した時、彼は言った。「彼の健康について祈ることは不要だ。なぜなら彼はすでに嘆きの谷から（詩編 84,7)、祝福された者たちの平穏な世界に移されているからである」。しかし彼は、どこからそれを知ったのか話して欲しいと強く願った。そこでその隠修士は言った。「昨晩私が眠るでもなく目覚めているでもない時に、見渡す限りとても広大で美しい平原の荘厳な幻が私に見えた。そこには恐ろしく醜い悪霊たちが、口と鼻から硫黄の炎をめらめらと吐いていた。彼らは皇帝ハインリヒが抵抗するにも拘らず、彼の髭を掴んで裁きの場に引き出すように引っ張り、別の者たちは彼の背中を鉄の熊手で突き刺しながら大喜びで叫んでいた、「こいつは俺たちのものだ、俺たちのものだ」と。そして彼らから少し離れた後ろを聖母マリアと聖ゲオルギウスが歩んでいた。彼らはすこし悲しげな様子で、皇帝を悪霊たちから奪おうと彼らと口論していた。そしてこの野原の真中に、長さが 2 マイルを超える秤が吊るされていた。左は悪霊たちの側にあり、とてつもなく大きくまた数知れない錘(おもり)が置かれていたが、それは彼の悪行を示していた。一方反対側では聖ゲオルギウスが、大きな教会とすべての修道院を秤に載せているのが見えた。また私は宝石で飾られた金の重い十字架や、また多くの真珠と金で飾られた大きなミサ典礼書や、金の燭台や吊り

(264) 高位聖職者と訳した語は【ラ】では archimandrita で、本来ギリシャ正教で「大修道院の院長」を示したが、10 世紀からは「高位聖職者」も示すようになった。

(265)「祈りに身を委ねる」とは、自分が「罪人」であると考えている者が、聖人や司祭たちを信頼し、彼らの祈りに自分の魂を預けて、主なる神への働きかけを願うこと。

(266) ミサの際に使われる聖体と葡萄酒のこと。

香炉や無数の外套[267]や、この王が生前になした善行のすべてを見た。しかしそれでも悪霊たちの側が優勢で、彼らは「こいつは俺たちのものだ、俺たちのだ」と叫んでいた。その時聖母マリアは聖ゲオルギウスの手から大きな金の聖杯を取り、頭を3度振ると言った、「断じてお前たちのものではありません、これは私たちのものです」と言って、大きな怒りと共に聖杯を教会の壁に投げつけると、聖杯の一つの耳が折れた。その音と共に、あっという間に地獄の群れは姿を消し、聖母マリアは皇帝の右手を、聖ゲオルギウスは彼の左手を持って、彼を天上の住処(すみか)に連れて行ったと私には思えた」[268]。

そのイェルサレムの隠修士は語られたことを心に留めながら、背嚢(はいのう)を取りに行ったが、そこで予言されたように聖杯の片耳が折れているのに気づいた。この聖杯は今日までバンベルクの聖ゲオルギウス教会に、あの偉大な奇跡の記憶として保存されている。

1003年

わが国でヴルショフ家の者たちが殺された[269]。

XXXVIII（38）

ベネディクトは自分の仲間と共に殉教した。オットー3世（S111）の後に皇帝ハインリヒ（S211）が神聖ローマ帝国を治めていた時に、ポーランドに5人の修道士で隠修士の「まことのイスラエル人（ヨハネ伝1,47）」が住んでいた。彼らはベネディクト、マタイ、ヨハネ、イサク、クリスティン、そして6番目のバルナバであった。彼らの口には欺瞞は入り込まず（1ペトロ書2,22）、彼らの手は悪しき業(わざ)をなさなかった。これら聖職者たちの生涯については大いに書きたいのだが、むしろ少なく書く方を私は望む。なぜなら食べ物は慎ましく提供された方が、より美味しく食べられるのが常だからだ。

---

(267) 外套と訳したplášť（コート、マント）は【ラ】ではpallium（パリウム）で、これは白い羊毛で編んだ帯状の肩覆いで、カトリック教会で教皇自身が身に付け、また教皇から大司教に親授される祭服の一種。司牧の権威と使命の象徴とされる。

(268) この幻の話はモンテ・カッシーノ修道院の年代記にも記載されている。ただハインリヒの魂が、善行と悪行と聖杯によって計られるのは彼の死の床であり、コスマスでの隠修士は登場しない。

(269)【Tiet.】V,29にも同様の記事があるが、これはI部34章前の【訳者補注5】で述べたように、ヴラディヴォイの死後1003年にチェコに戻ったボレスラフ3世による、ヴルショフ家の弾圧ではないかと思われるが疑問も多い。

彼らの生き方は見上げたものであった。神には愛しく、人々にとっては称賛に値し、神に従おうとする者には手本となった。と言うのも我々は聖人に従い、自身が称賛に値する者になるために、彼らの為した功績に驚嘆するからである。これら 5 人の人士を、ベトザタの池の 5 つの住居（ヨハネ伝 5,2）や、慈悲の十分な油を持った 5 人の賢明な乙女（マタイ伝 25,2-4）に例えても、あながち不適当とは言えないだろう。彼ら自身貧しかったが、自分たちの住まいで保護しているキリストの貧者に対して、慈悲の食物を与え出来る限りの世話をしていた。また彼らは 1 週間の間に、その内の一人が 2 回、別の者が 1 回精進することで、毎日続けて食事を取るものが出ないようにする思慮深さの徳も持っていた。

彼らの食べ物は自身の手で育てた野菜で、パンは稀で魚は食べず、豆類やキビは復活祭の時だけに食べた。彼らは清らかな水をよく飲んだが、それも節度を保っていた。肉食は彼らには醜悪なもので、女性を眺めるのは呪いであった。彼らの衣服はごわついた粗い生地で、馬の剛毛で織られていた。寝床には枕代わりの石と、それぞれに一枚ずつ掛け布代わりにとても古いむしろがあった。

彼らは平穏は望まず、しばしば夜通し目を覚まして、
人々や自分たちの悪行や罪を嘆いていた。

彼らはしばしば胸を叩く[(270)]ので青ざめた胸が鳴り、また絶え間なく跪くことで衰弱した体から汗が流れ、ため息をつきながら両手を広げ、目を上に向けてどうか天上に行けますようにと、彼らは篤く祈るのであった。彼らはまた互いには決して話さず、客がやって来た時だけ話すが、それもわずかの言葉であった。彼らは真の神の法の実行者であって（ローマ書 2,13）、単にそれを聞くだけの者ではなかった。情と欲と共に自分の体を十字架に掛け（ガラテヤ書 5,24）、キリストの十字架を頭と体で担う時、彼らは神に好まれる供物を捧げていた。それは他人の財からのものではなく、毎日互いに打ち合った自らの体によるものであった。それはこのようであった。

彼らの所では習慣があった、毎朝 1 回
朝の祈りの後、彼らは背中を下まで苛（さいな）ませていた。
彼らはひれ伏すと、一人の兄弟が他の兄弟に言った、
「もし私に手加減するならば、君は罪を犯すことになる、
もし打つならば、決して私に容赦してはならない」。
すると鞭を手にした者は答えて言った。

(270) 中世のキリスト教徒は常に、自分の弱さによって「考え、言葉、行為、怠惰によってたびたび罪を犯した」と意識し、罪の重みを恐れて告白と悔悛を重ねていた。そして自分の「胸を叩く」ことで、悪いのは自分だということを示した。

「心得た」。そして彼は兄弟を鞭打ちながら、キリストに
次のように祈っていた。

「ああこの行いのために、この上なく良きキリストが君を許して下さるように」。

その後、自身も地面に横たわると、自らの背中を彼に差し出した。

代わって鞭打たれている間、彼も「痛い、兄弟」とは言わず、

「祝福されよ」とか「神よ、私を憐れみ給え」と歌っていた。

誰でも喜んでそれを我慢する時は、それに耐えるのは容易なことである。

神は天上の高みから彼らの忍耐と生活の潔白さ、そして信仰と行いの持続性をご覧になって、ご自身の聖人たちの苦しみに報いようと、公ミェシュコ（→P1）が彼らの所にやって来た時に、神は驚くべき道によって彼らを至福の祖国へ導こうと望まれた。ミェシュコは彼らについての良い噂と聖なる交わりを聞いて、何人かのお供を連れて、自身をその聖人たちの祈りに委ねるために来た。そして彼らの窮乏を知って大金を、それは100フジヴナで一杯の財布[(271)]であったが、それを彼らに授けた。彼らから親交と祈りでの結び付きを得ると、彼は彼らに身を委ね、どうか彼のため祈るように彼らに懇願して喜んで館に戻った。しかし彼らはその金をどうすればよいか分からなかった、そのような物を持ったことがなかったので。彼らは茫然としていたが、その内の一人が――彼らはもう半年もの間互いに話したことがなかった――口を開いて言った――

「金や銀の財宝は、確かに死への罠であり（詩編18,6、箴言21,6）、

悪意ある財布の中に余るほどのものを持っている者には、楽園の魅力あふれる土地が開かれるのは難しく、逆に恐怖に満ちた地獄の苦痛が彼らをエトナ山で苦しめるであろう[(272)]。人間の敵が、我々がキリストの敵になるように試しているのは間違えない。と言うのも世の友である者は、神の敵になるからだ（ヤコブの手紙4,4）。つまり神に抗う者は彼の戒律を守らない。神も言っておられる、『誰も二人の君主に従うこと能わず』と。そしてさらに言い添えて、『汝は神と富とに兼ね仕えることは出来ない（ルカ伝16,13）』と。もう我々は富に隷属する奴隷になるだろう、我々はこれまで慎み深い自由な子供であったのに。黄金を持っている者は、風のそよぎさえ怖がるであろう。それともこんなことはないだろうか、

ポケットが空の旅人は、強盗の面前で鼻歌を歌わん（Juven.-1, X,22）。

---

(271) このフジヴナは【ラ】ではmarca（マルカ）になっている。貨幣価値としてはフジヴナ＝マルカであるが、詳細はII部4章前の【訳者補注2】を参照。

(272)「楽園」と訳した語は【ラ】のエリジウムで、一方エトナ山bbはイタリアの活火山だが、ここでは両者で天国と地獄を示す。

一体なぜ我々の所に強盗が度々は来ないのだろうか。彼らは何も見つけられないので、我々を殺す必要はなく立ち去ったが、その際に我々を傷つけた時もあるが、別の時には我々から祝福も受けていた。すでに世の中に、我々が世俗と世俗のものを愛している (1 ヨハネ書 2,15)。と言う噂が飛んでいるのは確かだ。我々の意思に反して、このお金自体も大声で叫び、黙ることが出来ない。そしてもうすでにここの戸口に、卑劣な強盗の一団が現れるだろう。君主がすることは、極めて多くの人々が知るからである。それだから出来るだけ早くこの死の餌、悪人の食べ物、魂の害を投げ捨てよう、この銀はそれを持っていた人に返すべきだ」。

そして彼らは兄弟たちの一人で、バルナバという名の者を遣わした。彼はいつも外部と接する事をしていて、彼らの名前で公に次の言付けを伝えた、「私たちは罪人で価値のない者ですが、それでも私たちの祈りの中ではあなた様のことをいつも思っています。私たちは銀を一度も持ったことはありませんし、持とうとも思いません。私たちの主人イエス・キリストは私たちに銀を要求しません、そうではなくてその 2 倍の重さの善行を求めております。もし修道士が 1 グロシュ [273] でも持っていれば、その者は 1 グロシュにも値しません。さあどうか、ご自分の銀をお取りください、許されないものを持つことは、私たちに許されていません」。

彼が公の館に出発するとすぐ、夜の 4 分の第 1 時に [274] 悪党の一団がやって来て、素早く戸口から中に押し入った。彼らは主に聖歌を歌っている修道士たちを見つけ、修道士たちの喉元に剣を突き立てると言った、

聖なる平穏で暮らすことを望むなら、お前たちが持っている銀を、
すぐにすべて我々に差し出せ、そして自分の命を惜しめ。
俺たちは、お前たちが王からもらった財宝を持っていることを知っている。

しかし修道士たちは神を証人として呼び、財宝については頑なに否定して言った、「お前たちが探している金は、もう公の金庫の中にある。私たちにはそれが必要ないからだ。もし信じないのなら、ここの私たちの家を気に入るだけ探しなさい、ただ私たちを傷つけないように」。しかし岩よりも固い彼らは言った、「その言葉は残念だ、俺たちに公からもらった金を渡せ、さもないと殺すぞ」。彼らは直ちに修道士たちを無慈悲に縛り上げ、一晩中様々な拷問で苦しめたあげく、最後に全員を剣で殺した。このようにして神を知らない者たちの怒りが、彼らを天上の王国に運んだのである。これらベネディクト、マタイ、イサク、クリスティ

(273)【チ】のグロシュ (groš) は【ラ】の obulum。ここでは両者とも「小銭、はした金」の意義。
(274) 最初の夜の祈り（徹夜課）の時刻。

ン、ヨハネの5人の兄弟は殉教した。時は1004年11月11日であった[(275)]。

XXXIX（39）

1005年

1006年

女性の珠宝である公妃ヘマが悪寒に襲われ、肉体の軛から解放された[(276)]。私は以下の詩を刻んだ彼女の墓石を見たか、またはそれがどこかに書かれていたことを覚えている。

ヘマはここに眠る、見よ、単なる灰になって。彼女は宝石（ゲマ）のようであったのに[(277)]。

どうかこう言って欲しい、「主よ、この魂に慈悲深くあれ」と。

1007年

1008年

【ハンガリー王イシュトヴァーン（1世）の名声が高まった】[(278)]。

---

(275) これは実際にあった事件だが、背景はコスマスの記事とはかなり異なっている。ベネディクトとヨハネはイタリア出身の修道士だが、ポーランドのボレスワフ1世（P1）と皇帝オットー3世（S111）の要請で、聖ヴォイチェフの異教徒に対する宣教の仕事を継続するために、1001年にポーランドに来た。彼らはポズナニの西に小さな修道院を建て、間もなくポーランド人の弟子、マタイとイサクも加わり、宣教活動の準備とローマからの信任状を待っていたが、その間に強盗に襲われ、料理人のクリスチアーンを含めて全員が殺された（1003年11月11日）。その後「聖アダルベルトの生涯」を書いた彼らの友人クェルフルトのブルーノによって、1008年に「5人の隠修士の兄弟の生涯（Vita quinque fratrum eremitarum）」も書かれた。

コスマスの記事はこれとはかなり異なるので、彼は今日では失われたこの伝説の別の形から引用したのではないかと推察される。なおコスマスの記事のミェシュコは、実際にはボレスワフ（→P1）で、彼は1009年に彼らの遺骸をグニェズノに移した。だが1039年にチェコのブジェチスラフ（A131）がポーランドに侵攻した時、聖ヴォイチェフとラヂム（ガウデンティウス）の遺骸と共に、彼らの遺骸もまたプラハに運ばれた。II部4章末を参照。

(276) ヘマが亡くなったのは1006年11月1または2日。

(277)【ラ】Hemma（人名）とgemma（宝石）の言葉遊び。

(278) C1とC2の写本に加筆された文。I部20章前の【訳者補注4】で述べたように、ヨーロッパに侵略を繰り返していた騎馬民族のハンガリー（マジャール）人は、955年にレヒフェルトで敗北した後、現在のハンガリーの地に定着した。

イシュトヴァーン1世（István、在位997～1038年）は洗礼を受けてキリスト教化を進

1009 年
【聖プロコプの修道院が定礎された】[(279)]。

1011 年
【バンベルクの教会が聖別された [(280)]。

1014 年
ハインリヒ王（S211）が香油を塗られて皇帝になった】[(281)]。

1015 年
【皇帝ハインリヒ（S211）はポーランドのボレスワフ公（P1）を従わせた】[(282)]。

め、ハンガリー国の基礎を作り 1000 年に初代国王になった。彼はまたハンガリーの教会組織を作り､9 の司教区とブタペストから 40km 北西にあるエステルゴムに大司教区を設けた。1083 年に聖人に列聖され、イシュトヴァーン聖王として知られる。

(279) C3 の写本に加筆された文。プロコプ（Prokop、10 世紀末〜 1053 年）は初め世俗の僧であったがその後隠修士となり、チェコのオルドジフ公（A13）の援助で、プラハから東南 40km にあるサーザヴァの彼の庵の周囲に、修道士の集落が形成された。本書では 1009 年となっているが、実際にはこれがベネディクト派修道院となったのは 1032 年で、彼はその初代修道院長となった。

11 世紀の間この修道院はキリルとメトディオスの伝統を保ち、ローマ教皇の許可も得て、古代スラヴ語による典礼が行われ、古代スラヴの文化が育まれたが、2 度の迫害の末 1097 年にスラヴ派の僧たちが最終的に追放され、また書物や文書が破棄されて、チェコにおける古代スラヴの伝統は途絶えた。また彼の列聖には紆余曲折があり、彼が聖人になったのは 1204 年であった。

(280) 1011 と 1014 年の記事は C1 と C2 の写本に加筆された文。バンベルクの大聖堂は 1002 年に定礎され 1012 年に聖別されたが、これについては I 部 37 章参照。

(281) 神聖ローマ皇帝オットー 3 世（S111）は 1002 年に 21 歳で亡くなり､後継者がいなかったため、ハインリヒ 2 世（S211）が皇位を継ぎ、1014 年ローマで教皇ベネディクト 8 世の手で戴冠された。この記事はこれに対応している。

(282) A2b と C1 と C2 の写本に加筆された文。ポーランドのボレスワフ 1 世は皇帝オットー 3 世とは友好な関係だったが、オットーの後を継いだハインリヒ 2 世とは、1003 年から 15 年間抗争を続けた。1015 年の記事が何を指すのかは不明だが、1018 年にバウツェンで両者の間に和平が結ばれた。

1017年

6月11日プラハ教会の第3代司教のテグダク[283]が亡くなった。彼は司教聖ヴォイチェフの後継者に相応しく、身体は童貞で品行は金に勝り振る舞いは輝き、先達たちの跡を歩み、自分に託された人々の卑劣な行いを責め立てて、体ではないが魂で彼は受難を味わった。彼は人々の習いのようには亡くならず、眠り休息するように平穏の内に（詩編4,9)、主の後を追った。彼の後を1018年にエッケハルトが継いだ[284]。

1019年

1020年

XL（40)

一方公の息子ブジェチスラフ（B）は少年期から青年期になり、美徳から美徳へ歩んでいた。彼は己の振る舞いで他の者に抜き出ており、体格も良く美しい姿で、力強さと賢さを持ち、不幸の中では勇気を、幸せの中では賢明な節度を保っていた。

その頃ドイツに強大な力を持つオットーという名の伯がいて、父方の血筋では王に繋がっていた[285]。彼にはイトカという名の一人娘がいて[286]、彼女は

> 太陽の下では、その美貌ですべての娘に勝っていた
> (Ovid.-1, I,338 と IV,55)。

良き父とこの上なく善良な母は、彼女に聖なる詩編を学ばせるために、その地勢でも城壁でも極めて堅牢な、スヴィニブロトと呼ばれる修道院に[287]彼女を預けた。しかしどれほど高くてもどんな塔が、またどれほど堅牢でもどんな城壁が、恋に抗い恋人たちを引き離すことなど出来ようか。

---

(283) テグダクについてはI部31章997～8年の記事参照。

(284)【Tiet.】VII,65も同様。エッケハルト（Ekkehard、Ekkard、Ekhard）はハインリヒ2世の親戚とも言われ、ベネディクト派修道院に入り修道院長も務めた後、高齢になってプラハの司教座聖堂参事会の首席司祭として呼ばれた。テグダクの死後司教に選ばれ（在任1017～1023年)、教区の改革を進め、チェコ語を習得し優れた説教者であった。

(285) ノルドガウ(Nordgau、北部バイエルン)辺境伯で、後に皇帝ハインリヒ3世によってシュヴァーベン大公になったオットー（白公）のこと。

(286) イトカ（Jitka）はチェコ語読みで、通常はユディト（Judith)。なお実際にはオットーはイトカの父ではなく兄弟であった。

(287) 今日のシュヴァインフルト（Schweinfurt）でバイエルン州にある。

恋は一切を征服し、公も王もそれに従う（Vergil.-2, X,69）。

さて若者たちの中で最も美しく、最も勇敢な人士であるブジェチスラフは、その娘の並外れた美しさや高貴な出自の気高さについての多くの話を聞いて、自分の気持ちを抑えることが出来ず、彼女を力尽くで奪うことを試みるべきか、彼女に正式に求婚を申し込むのがよいか、心の中で様々に考え始めた。しかし彼は謙虚な要請で頭を下げるより、男らしく振る舞うことに決めた[(288)]。というのも彼はドイツ人に備わった傲慢さと、彼らがいつも高慢な思い上がりでスラヴ人とその言葉を見下しているのを、知っていたからである。そして恋への到達が難しければ難しいほど、ウェヌスの息子[(289)]はより激しい炎を恋人に吹き込むのが常である。その火で焚きつけられた若者の思いは、エトナ山が火を放つ時のように燃え上がった。そして彼はきっぱりした声で自分に向かって言った。「私には素晴らしい結婚が運命づけられているか、永遠の笑い者になるかのどちらかだ。高貴な生れの娘で、端麗かつ魅力的で、太陽の輝く世の中でより明るく、私には命よりも大切なイトカが、私のものでないということはあり得ない。どうか彼女が長く生きられるように、また神は永遠にほめ称えられよう」。そして彼はただちに、自分の従僕の中で特に機敏で彼に忠実な者たちに、頼もしく十分鍛えられた馬を用意するように命令した。そして彼は速やかに皇帝の下に出立し、帰路はさらに早く戻って来たいというふりをした。彼らは命令を実行したが、主人が何を考えているか知らなかった。彼らは、なぜそんなに急いでいるのか不思議がったが7日の騎行の後、件（くだん）の修道院の玄関に客として入った。公の息子は前もって彼らに、彼が誰でどこから来たかを誰にも知られないように、また彼が彼らの一員であるかのように振る舞うことを命じていた。

賢明な機転でテティスの息子を見つけ出したイターキ島の英雄[(290)]も彼には一歩を譲り、テュンダレオスの娘をアミクリの町からさらって行ったイーリオスの羊飼い[(291)]も自慢するのは憚られよう。なぜならこの若者のブジェチスラフはこれら2人に大胆さと並外れた勇敢さで勝っているからである。狼が純白の子羊を

(288) 騎士道では愛する女性をさらうことはむしろ評価された。

(289) ウェヌスの息子はキューピッドのことで、彼の矢が当たると恋心を起こすとされる。

(290) テティスの息子はアキレウス、イターキ島の英雄はオデュッセウスのこと。海の女神テティスは息子のアキレウスがトロイア戦争に参加して死なないように、女装させて娘たちの中に入れておいたが、商人に扮したオデュッセウスが彼女らの前に女性向けの品の中に武器を混ぜて置いたところ、彼だけが武器を手に取って見破られた故事を示す。

(291) テュンダレオスの娘はヘレネー、イーリオスの羊飼いはパリスを示す。パリスがスパルタ王メネラーオスの妻ヘレネーを誘拐したことで、トロイア戦争が起きた。

奪うために、どこから中に入ろうかと羊小屋の周りを徘徊するように、ブジェチスラフも修道院で一夜を過ごす許しを得た時、鋭い視線と素早い心であたりを見まわした。彼は修道院の禁制区域に力尽くで押し入りたかったが、伴の兵士の数が少なかったので敢えてしなかった。しかし幸運にもその日は祝日で、ほらイトカが、千回も待ち焦がれていた乙女が、友と共に修道院から出て来た。それは祝日に、しとやかな乙女たちが夕べの祈りのために、教会の鐘を鳴らすのが習慣であったからである。大胆な人さらいは彼女を見るなり喜びで我を忘れ、あたかも狼が隠れ場所から襲いかかり、子羊を捕えると自分のしたことに気が付いて、尻尾を垂らして遠くの隠れ場所に逃げ出すように（Vergil.-1, XI,810)、彼もまた乙女を捕えると逃走して門の所に駆けこんだ。彼は水車小屋のロープよりも太い鎖が門を横切って渡してあり、外への道が塞がれているのを見た。彼は直ちに鋭い剣を抜き、草の茎でも切るようにその鎖を断ち切った。今日でもその激しい一撃の証として、断ち切られた鎖の輪を見ることが出来る。一方何も知らなかった伴の者たちはまだ天幕に残っていたが、敵は彼らを襲って捕え、ある者は眼をくり抜かれて鼻を削ぎ落とされ、別の者は手足を切り落とされた。ただ公とわずかの伴の者だけが、奪った乙女と共に夜陰に紛れて辛うじて逃げ出すことが出来た。乙女イトカの略奪は1021年であった[292]。

このような不法行為でチェコ人を非難する、もっともな口実をドイツ人に与えないために、ブジェチスラフは父のオルドジフ公（A13）に挨拶すると直ちに花嫁と共にまっすぐモラヴィアに行った。なぜなら父は以前にこの地すべてを彼に託していたからであるが、彼の父はすでにすべての城からポーランド人を追い出し、彼らの多くの捕虜を100人ずつ並べて縛り、ハンガリーに売るなどしていた。ボレスラフ2世（A1）の死後ポーランドは、プラハ城もモラヴィア全土も支配していたからである。

【訳者補注6】

キリスト教時代の始まりでのI部14章前の【訳者補注2】で示した大モラヴィア国は、創始者のモイミール1世（～846）の後、コンスタンティノスとメトディオスを招聘したロスチスラフ（846～870)、スヴァトプルク1世（871～894）と続き、モイミール2世(894～907)の時ハンガリー（マジャール）人の侵入で907年に大モラヴィア国は消滅した。10世紀前半のモラヴィアはチェコとハンガリー勢力の緩衝地帯となっていたが、神聖ローマ皇帝のオットー1世（S1）はチェコのボレスラフ1世（A）と同盟して､955年にレヒフェ

(292) この事件はチェコで､1870年にベンドル（K.Bendl）によってオペラ化され、また1974年にもTVドラマ化されている。

ルトの戦いでハンガリーを決定的に撃破し、その功績としてボレスラフ 1 世はオットーからモラヴィアを貰い受けた。

彼の息子ボレスラフ 2 世（A1、932? ～ 999）はその治世の間にも、すでに父の広げた領土を失っていったが、彼の死後ポーランドのボレスワフ 1 世（P1）は 999 年にモラヴィアを征服し、1019 年まで自分の領地に組み込んでいた。ボレスワフ 1 世はまたプシェミスル家の 3 兄弟の内紛（I 部 34 章前の【訳者補注 5】参照）に乗じて、1003 ～ 1004 年の間チェコを支配しプラハも占領している。モラヴィアは 1019（又は 1029）年にチェコのオルドジフ（A13）によって奪い返され、息子ブジェチスラフ（A131）に託された。その後モラヴィアはプシェミスル家の領地となったが、ブジェチスラフの死後、彼の息子たちによる分割統治となり複雑な様相を呈している。

1022 年

ポーランドでキリスト教徒の迫害が起きた[293]。

1023 年

8 月 8 日にプラハの第 4 代司教のエッケハルトは、永遠の命を生きるために この世を去った。この司教は力ある者には屈せず、身分の低い者や寡黙な者には優しく謙虚であり、とても雄弁な説教者で、神に仕える者たちへの施（ほどこ）しを惜しみなく与え、小麦の計量では信頼できる管理人であった。彼は、権力を持つ者も豊かな者も貧しい者もすべての人が、もし封土や自由財産や少なくとも耕作地を持っていれば、司教に十分の一税として、手のひら 5 個分と指 2 本分の高さの桶（おけ）[294]で 2 桶を、1 桶は小麦、もう 1 桶は燕麦（えんばく）で支払うように定めた。というのも以前初代の司教チェトマルが定めたのだが、人々は十分の一税として穀物 2 コパを収めていたからである。なお 1 コパは 50 束（スノペク）と数えている[295]。

彼の死後ヒザが司教職を得た[296]。彼は同じ年の 12 月 29 日にマインツ大司教に

(293) ヒルデスハイム（Hildesheim）の年代記によるとこれが起きたのは 1034 年となっているが、詳細は不明。

(294)【チ】は pět dlaní a dva prsty で、ドラニ（dlaň）は約 20cm。詳細は不明だが、桶と訳した【チ】měřice は穀物の古い計量単位で 61.5 リットル、一方【ラ】は modius で 8.75 リットル。

(295) コパ（kopa）は通常 60 個をまとめて示す単位だが、コスマスはここで、当初は 50 個であったことを示している。スノペク (snopek) は、茎の付いた穀物の穂の束で、殻竿（からざお）で打って脱穀する。

(296) ヒザ（Hyza, Hyzo, Hizzo, Izzo）はドイツのベネディクト派の修道士であったが、プラハの司教座聖堂参事会に呼ばれてまもなく首席司祭になり、エカルトの死後司教になった。彼の在任は 1023 ～ 1030 年。

よって叙任された。

XLI（41）

1024年
7月12日にハインリヒ王（2世、S211）が亡くなった[(297)]。

1025年
6月17日にボレスワフ王（1世、P1）が亡くなった。

1026年
【ローマでコンラート王（2世、S13111 = T）が香油を塗られた】[(298)]。

・・・
1030年
この年ブジェチスラフ公（B）はハンガリー人に大きな敗北を与え、彼らの地をエステルゴムに至るまで荒廃させた[(299)]。

この同じ年の1月30日にプラハ教会の第5代司教ヒザは、
この世から去り、幸せな果報を享受している。

彼は高貴な家柄の出身であったが、己の行為でさらに高貴になり、他の者に命じる前に自身でそれをなしていた。また誰もが自分の住居を知っている以上に、彼は牢獄や病人の住まいのことをよく知っていた。そして彼には次のことは何ら秘密ではなかった、どれだけの数の人がこの世にやって来て、
どれだけの数の魂が死によって、再び暗黒の闇に送られるのか。

それ以外に彼は、毎日40人に食事を与える習慣があった。彼自身が彼らの食べ物と飲み物を祝福し、たっぷりと与えて愛想よく自身の手で給仕した。彼はとても美しい立ち姿で、その白髪は白鳥よりも白かった。そのため彼は「白く慈悲

---

(297) 皇帝ハインリヒ（S211）と次行のポーランド王のボレスワフ（P1）は、I部34章前の【訳者補注5】で述べたように、チェコのボレスラフ2世（A1）の息子たちの内紛に際して、夫々の後ろ盾になって画策したが、ハインリヒは1024年7月13日に、ボレスワフは1025年6月17日に1年を明けずに亡くなった。

(298) 写本C群に加筆された記事。実際にはコンラートがローマ王に選ばれたのは1024年9月8日、神聖ローマ皇帝として戴冠したのは、1027年の復活祭（3月26日）の時であった。

(299) ブジェチスラフは1031年頃に、イシュトヴァーン王の拡張政策を防ぐためハンガリーに侵攻した。

深い司教ヒザ」という名を得た。

彼の後をシェビーシュ(300)が継いだ——彼は第6代司教であった。

この者は若い時、並外れた機敏さで称賛されよく知られていた。彼は公の館にいたすべての者よりもその配慮で抜きん出て、自分の主人に熱心かつ忠実に、それ故さらに快い務めで仕えていた。と言うのも、彼は聖職の責務で先頭に立っていたが、それに劣らず世俗的な仕事でも熱心で、狩の際には常に公の分かちがたい友であった。彼はイノシシの解体の時も一番身近にいて、尾を切り取って汚れを取り、公が好むように調理することが出来た。そして公が食卓に着くと、すぐに彼にそれを差し出した。そのためオルドジフ公（A13）はよく彼に言っていた、「シェビーシュよ、お前に正直に言うが、この旨い前菜のおかげで、お前は司教職を得るだろう」。このことやこれと同様な熱心さで、彼は公の好意を得て人々にも好かれていた。

1031年

聖使徒のペトロとパウロの祝日に、シェビーシュはマインツ大司教によって司教に叙任された(301)。この同じ年ブジェチスラフ(B)に息子のスピチフニェフ(B1)が生まれた(302)。

1032年

【サーザヴァ教会の始まり】(303)。

・・・

1037年

---

(300) シェビーシュ（Šebíř、Severus）はチェコの高位の家系の出身と考えられ、若い頃から助任司祭としてチェコの君主の館で過ごし、オルドジフ公（A13）のお気に入りの一人であった。後にベネディクト派に入り、プラハの西部にあるブジェヴノフ修道院に入った。ヒザの死後、彼の後継者として司教に選ばれ、プラハの教区を1030～1067年治めた。

【チ】によると、コスマスは彼の意義を過小評価しようとしているが、彼が司教として活動していた期間、彼は国内の出来事に対して大きな影響力のある人物で、オルドジフ（A13）、ブジェチスラフ（A131=B）、ヴラチスラフ（B2）の3代の公の助言者であり、また彼らの代理人として、神聖ローマ皇帝や教皇と数々の難しい交渉を行っている。

(301) 6月29日、またその時の大主教はバルド（Bardo、在任1031～1051年）。

(302) スピチフニェフについては、II部14章以下に記述がある。

(303) 写本C群に加筆されたもの。

ミェシュコ（→P1）によって眼を潰されたボレスラフ公（A11）が亡くなった[304]。

XLII（42）

この同じ年の11月9日にオルドジフ公（A13）は、

地上の王国を離れ、天上の王国を得た[305]。

眼を潰された前述のヤロミール（A12）[306]はオルドジフ公（A13）の指示によりリサーの小村[307]に住んでいた。彼は弟がこの世を去ったことを聞き、夜明けに起きて自分をプラハ城に連れて行くように言った。彼がそこに着いた時、弟はすでに聖イジー教会に運ばれていた。葬儀の際、棺の横に立ったヤロミールは、その嘆きで周囲の人々の心を捉え震わせた。彼は嘆いて言った、

「ああ、なんと悲しいことだ、私にはそのように絶えず言う以外は何も言葉がない、

弟よ、私は悲しい、この過酷な死の恐ろしい運命が辛い。

ほら、お前はここに死んで横たわっていて、この地上の権勢の不確かな頂きから

私もお前も、もう何ら喜びを得ることはない。

一昨日は威厳に満ちた公も、今日は動かない肉体で明日は虫の餌になり、その後風に舞う塵（ちり）となって単なる昔話になってしまう。お前は私の眼を奪い、弟が兄を愛するようには愛さなかった。

お前が私になした事をこれ以上しないように、お前が願うようになって欲しい。

今私は知っている、もし出来ることであれば、お前は私の眼を戻したいのを、

良きも悪きもお前の行いが、包み隠さず明るみに出る時に。

しかし私は今、心の底からお前を許すであろう、兄弟よ、

全能の神がご自身の慈悲で、お前をお許しになるように、

またお前の魂がその後、平穏の中で安らぐことが出来るために。

葬儀が然るべく行われた後、ヤロミールは甥のブジェチスラフ（B）の手を取って、彼を公座に導いた。そして公の選出の際に恒例になっているように、上階の

---

(304) ボレスラフの眼を潰したのは、ミェシュコではなくボレスワフ1世（P1）。眼を潰されたボレスラフについては、I部34章前の【訳者補注5】を参照。

(305) 実際にオルドジフ公が亡くなったのは1034年。

(306) ヤロミールについても、同じくI部34章前の【訳者補注5】を参照。

(307) リサーはプラハ東北30kmの、今日のリサー・ナド・ラベム（Lysá nad Labem）。

広間の格子越しに1万以上の銭貨が[308]人々に撒（ま）かれた。公座にいる公の所に人々が押し寄せずに、投げられたお金を喜んで拾うようにするためであった。公が座につき静寂が訪れると、ヤロミールは甥の右手を握り人々に言った、「見よ、お前たちの公だ」。そこで人々は3度「クルレシュ」と叫んだが、これはキリエ・エレイソンと言う意味である。そして再びヤロミールは人々に言った、「ムニツィ家の者はここに、チェプチツィ家の者はここに来たれ」[309]。彼は彼らを名指しで呼んだが、それは彼らが特に武器を持って強く、忠誠において不動で、戦いでは勇敢で、富においても抜きん出ているのを知っていたからであった。彼は自分の横に彼らが立っているのを知って言った、「私の運命は、私がお前たちの公になることを許さなかったので、私たちはこの者を公として定め任命しよう。お前たちは、彼が公に相応しい者として彼に従い、統治者に相応しく彼に対して忠義を保つようにせよ。そして君、息子よ、私は諭（さと）し、何度も何度も君の頭に刻み付けよう（Vergil.-1,III,436）、ここにいる彼らを父のように敬い、兄弟のように愛し、必要な時はいつも彼らを自分の助言者とすることを。この者たちに城と人々の管理をまかせよ、なぜなら彼らによってチェコの地は成り立っていて、過去でもそうであったし、これからも永遠にそうであるからだ（ダニエル書2,44）。

しかしあすこにいるヴルショフ家の者たち、卑しい祖先の卑劣な息子たちは、我がプシェミスル家の国内の敵であり、家族関係の破壊者である。泥だらけの車輪を避けるように彼らを避け、我々には一度も誠実でなかった、あの者たちとの関わりを避けねばならない。見よ、彼らは罪のない私を、自分の公をまず縛り、私を様々に弄（もてあそ）んだ[310]。その後も生まれついての狡猾さと偽りの助言で、弟が兄である私の眼を潰すように仕向けたのである。我が息子よ、常に聖ヴォイチェフの予言を心に留めなさい。彼はその聖なる口で、彼らの残酷な振る舞いのため、彼らに3度惨禍が落ちるであろうと宣言し、彼らを教会から破門した。惨禍は神の意思によりすでに2度起きたが、3度目が起きるように運命はそれを準備している」[311]。

---

(308)【チ】の peníze deset tisíc nebo ještě více（1万以上の銭貨）は【ラ】では decem（十）milia（千）nummorum で、nummus については II 部4章前の【訳者補注2】の「貨幣とその単位」を参照。ここでは「銭貨」と訳した。

(309) ムニツィ（Munici）、チェプチツィ（Těptici）は、スラヴニーク一族やヴルショフ家と同様に、チェコの元部族名と考えられるが、詳細は不明。

(310) I 部34章参照。

(311) ヴルショフ家は何度か弾圧されているが、1108年に（III 部23章以下）最終的にスヴァトプルク公（B51）によって粛清された。

しかし彼らはこれを聞いて心を深くえぐられ、ライオンのように彼に向かって歯を軋ませた（使徒行伝 7,54)。そして数日後、すでに前述したコハン[(312)]は刺客を送り、その盲人が夜間に便所に座り腹の中を空にしていた時に、背後から腹に内臓まで達する鋭い槍を突き刺した。このようにして正義の人士、ヤロミール公は神の殉教者のように死んだ、1038 年 11 月 4 日であった[(313)]。

サーザヴァ修道院が定礎された[(314)]。

第一部に収められているのは、太古からこれまでに起きたことであるが、そこでは人々が見たり聞いたりしたことや、勝手に考え出されたことが語られている。しかし聖ヒエロニムスが言うように、我々がよりよく知っていることは、より良く述べることが出来よう（Hieron.-2、38 ～ 39）[(315)]。そこで神と聖ヴォイチェフの助けを借りて、我々自身が見たことと、目撃した人の語りから確かに聞いたことを伝えたいと、我々の心は切望している。

第一部の終り

(312) I 部 34 章で、ヴルショフ家の家長コハンは、「あらゆる卑劣さの頭領で、悪者たちの内でも最悪の者であった」と述べられている。

(313) 実際にはヤロミールが殺されたのは 1035 年 11 月 4 日。

(314) 写本 A3 群に加筆されたもので、付帯文書 1 に続いている。

(315) ヒエロニムス（Hieronimus、347? ～ 420 年）は、カトリック教会の標準ラテン語訳聖書ウルガタの訳者として知られ、4 大ラテン教父の一人。

第二部の序

ブジェヴノフ修道院の院長クリメント[(1)]への献辞

魂の父であるブジェヴノフ修道院のクリメント師は、御自身の行いによって正にその名に相応しく、学識も常に深められている方でありますが、聖堂参事会長と呼ばれるには値しないこの私コスマスは、彼との天上的な結びつきを願っています。

私が熟慮の末に決断すべきと考えたのは、このような聖なる生活を送る愛すべき方に、最も相応しいものを送りたいと思ったことです。彼には金塊や銀塊は何も価値がなく、彼が気に入るのはただ精神的なものだけなので、私はあなたの願いに従うのが最善と考えました。と言うのも私は、あなたの僧見習でボフミル[(2)]という名の者から、かつて私がゲルヴァシウス師[(3)]に書いた戯れの書を、あなたが見たがっていることを、ごく私的に告げられたからです。これによって鼓舞され、いやむしろ親愛なる友に説得されて、私はあなたが望んだものだけでなく、もしそう言えるなら同様な語りによる別の本を、あなたに献上しようと決めました。私は同じくその本で、それらを探り当てることが出来た限りで、公オルドジフの息子のブジェチスラフ(B)の時代から、ヴラチスラフ王の息子の同名の者（ブジェチスラフ 2 世、B21）までの時代の出来事について書きました[(4)]。と言うのも、尊父よ、あなたは貴い聖書を貪るように読むことを止めずに、哲学の深い泉を常に汲み尽そうとしておいでですが、どうかその聖なる口でこの貧しい飲み物にも、口を付けて頂きたいと思います。

なぜなら強い酒や眠気を誘う杯の後では、しばしば人にとって自然な渇きが起きて、清らかな水の一口が、時に甘い杯より愛しいことがよくあるからです。

---

(1) クリメント（Kliment, 在任 1110 ～ 1127 年）は、プラハの西にあるチェコで最古のベネディクト派男子修道院であるブジェヴノフ修道院の、確実に確認できる初代院長。

(2)【ラ】は Deocarus で「神にとって愛しい」の意義、【チ】のボフミル（Bohumil）はこれをチェコ語に訳したものと考えられる。彼はブジェヴノフ修道院の図書館の司書であった可能性が高い。

(3) ゲルヴァシウスの名はこの年代記の I 部の献辞にあり、彼については I 部注 5 を参照。

(4) II 部の記述の範囲は 1035 ～ 1092 年になる。

戦場では鎧に身を包むことに努める軍神マルスの兵士もしばしば、
娘たちの一団が楽しんでいる踊りに喜んで加わり、
また若者たちの一団の中で、円を描いて楽しく踊り始めよう
(Horat.-3, III, 24、55)。

そしてこの上なく聖なる尊父のあなたもまた、三段論法の分厚い本は脇に置き、考えは子供じみて、文体は田舎臭いものですが、私のこのささやかな本を読んでいただければ幸いです。あなたはそこに侮辱や嘲笑に値する、あれこれの事を見出すでしょう。それらを記憶にとどめて、いつか神があなたに付与する知恵によって、正しく訂正して下さい。またいくつかの所では何か韻を踏んだ詩のような部分も見出すでしょう(5)。でもそれは私が作詩したことで、私が意識的に私の無学を許したと言うことを知って下さい。ご健勝であれ。

(5)【ラ】と【チ】で文字を下げて始める部分がこれに該当するが、【英】ではこれを無視して文を繋げている。本翻訳では韻は写せないが、その箇所を示すため 3 文字下げている。

第二部（1034–1092 年）

I（1）

ブジェチスラフ公（B）が父から受け継いだ公座で、自身の力を確かなものにした時[(6)]、彼は神と人々に愛される振る舞いで祖先たちの習いに従い、さらに関連するより高い徳で彼らに勝った。あたかも力に満ちた太陽がその眩しい輝きで、星や月の明かりを陰らせ弱めるように、この新しいアキレウス、新しいテューデウス[(7)]であるブジェチスラフは新しい勝利で、自分の祖先たちの英雄的行為と最も輝かしい勝利を小さいものに見せて陰らせた。神もまた、他の者たちには一部しか認めなかった卓越さを、彼には慈悲深く十二分に与えた。つまり彼にはすべての卓越さが頂点に達していて、例えば戦では彼の勇敢さはギデオンを越え、肉体の力はサムソンを凌ぎ、知恵でも何か特別な点でソロモンに勝っていた。そのため、すべての戦いで彼はヨシュアのように[(8)]勝利者であり、金や銀ではアラブの王たちより富んでいた(詩編 72,15)。彼にはどこも汲めど尽きない富で満ちて、贈り物の配分を止めることはなく、

彼は、決してその水が涸れることのない川に例えることが出来た。

この上なく高貴な家柄の彼の妻イトカは子孫に恵まれ、彼のために 5 人の若者を産んだ。彼らは魅力的な体つきで、他の者に対してテッサリア[(9)]を囲む四方の山のように抜きん出ていた。彼らは特別の知恵を授かり、誠実さで彼らに並ぶものはなく、立ち振る舞いは快く、誤りを犯している者たちにも寛大で、しかるべ

(6) 彼の在位は 1035 ～ 1055 年。

(7) テューデウス（Tydeus）はギリシャ神話に登場し、テーバイ攻めの 7 将軍の一人。

(8) これらは旧約聖書に登場するユダヤ人の英雄の名で、ギデオンはミデアン人との戦いで勝利した軍事的・政治的指導者（士師記 6 ～ 8 章）、サムソンは怪力の持ち主で（士師記 13 ～ 16 章）デリアにその秘密を漏らして捕らわれたことで知られている。ソロモンはイスラエル王国 3 代目の王で神に智慧を授かり知恵者として知られ（列王記 1 ～ 11 章）、旧約聖書の「箴言、詩編、伝道の書」の作者とされている。ヨシュアはモーセの後継者で（民数記、ヨシュア記等）イスラエルの民を約束の地カナンに導いた。

(9)「テッサリア」は【ラ】では Hematie montes。(H)emathia はバルカン半島中部にあったマケドニア王国の平野で、周囲を高山で囲まれている。

きすべての卓越さで称賛に値していた。

長子はスピチフニェフ（2世、B1)、二男はヴラチスラフ（2世、B2)、三男はコンラート（B3)、四男はヤロミール（B4）で、彼らの最年少はオタ（B5）で一番美しかった。彼らの生涯と栄光については言葉が十分に足りる範囲で、該当する場所で十分な話がなされよう。しかし彼らはまだ子供の頃から、男子としてあるべき勤勉さを見せていた。彼らの父はひどく驚いたが、それは

卓越した飾りの、兄弟たちの高貴な絆（Horat.-2, II,3,243）を見たからであった。

しかし母は喜びと共に、少なからず不安も感じた

このような息子たちの優秀さと輝かしい栄光から。

【訳者補注1】

コスマス年代記の前半でポーランドの公（王）に対する記述に、しばしば混乱が見られるので、付録3で示した系図の該当する部分を示して整理しておく。

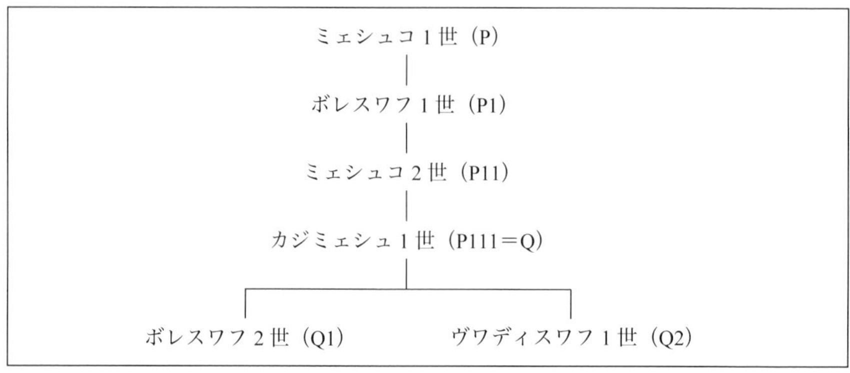

	コスマスの誤った記述		実際には	表記
I部34～36章、38章、41章で				
	ミェシュコ1世（P)	→	ボレスワフ1世（P1)	(→P1)
II部2章				
	カジミェシュ1世（P111＝Q)	→	ミェシュコ2世（P11)	(→P11)
2章、5章				
	ミェシュコ1世（P)	→	ボレスワフ1世（P1)	(→P1)

以下のII部2章で実際に亡くなったのは、ミェシュコ2世(P11、在位1025～1034年)で、息子のカジミェシュ1世（P111＝Q、在位1040～1058年）は、母と共にハンガリーに逃亡した。この混乱に乗じてチェコのブジェチスラフ（B）は1038(9)年にポーランドに侵

攻したが、1040 年にカジミュシュ 1 世はポーランドに戻り国を再興している。

またカジミェシュ 1 世の息子のボレスワフ 2 世（Q1、生年 1043 年）とヴワディスワフ 1 世（Q2、生年 1044 年）についても、生年を見ると彼が亡命から帰国した 1040 年以降に生れているので、「亡命時には乳飲み子であった」というコスマスの記事と矛盾している。

II（2）

その頃栄光あるポーランドの君主カジミェシュ（P111 ＝ Q、→P11）がこの世から去り、彼の息子たちのボレスワフ（Q1）とヴワディスワフ（Q2）は、まだ母の乳で育てられている乳飲み子であった。当時ポーランド人にとってこの状況の中で見いだせる唯一の救いは、異なる国々への哀れな逃亡だけであった(10)。ブジェチスラフ公（B）がその治世の 4 年目にこのことに気付くと、己の敵を痛めつけ、かつてミェシュコ公（→P1）がチェコで行った不正に(11)報復するこの好機を逃さず、出来るだけ早く行うのが最良と考えた。

彼は自分の配下の有力者たちと相談し、彼らを攻撃することに決めた。彼は直ちに厳しい命令を発しその証として、チェコ全土に靭皮で編んだ紐を、警告のために持たせるように命じた。それは定められた呼び出しの後、遅れて陣営に来た者はすべて、絞首台でこの紐で吊るされることをはっきり分からせるためであった。人々は突如一瞬の内に一か所に一人残らず集まると、彼は公のいないポーランドの地へ進軍し、容赦なく彼らを打ち負かした。突然の嵐が荒れ狂い暴れ、すべてを打ち負かすように、彼は村々を殺人、略奪、放火で滅ぼし、堅固な場所を確保した。彼らの主要な居住地クラクフに侵攻し(12)、それを土台から覆（くつがえ）し、そこにある戦利品を我が物とした。それ以外にも金銀の莫大な量と、昔の公たちが集めた古い秘宝を奪い取った。同時に他のいくつかの城も焼き払い、それらの地を平坦にならしてしまった。

---

(10) II 部【訳者補注 1】で述べたように、父のミェシュコ 2 世（P11）が急死した（暗殺？）後、王位継承の混乱や異教信仰を保持する農民の反乱のため、カジミェシュは母と共にハンガリーに逃亡した。するとこの混乱に乗じてチェコのブジェチスラフは、1038 (9) 年にポーランドに侵攻し、聖ヴォイチェフを始めとするいくつかの遺体をチェコへ運び去った（II 部 3 ～ 5 章）。

(11) ミェシュコ (P) ではなくボレスワフ 1 世 (P1)。彼は 1003 ～ 1004 年にプラハを占領した。I 部 34 章前の【訳者補注 5】を参照。

(12)【チ】によると、チェコの遠征は初めからグニェズノを目指していたが、コスマスの時代には クラクフはポーランドの主要都市であったので、クラクフを含めることで読者にブジェチスラフの勝利の範囲を強調していると思われる。

チェコ軍がギェチの城市に[13]達した時､城の者たちやそこに逃げ込んだ村人たちは、公の攻撃に耐えることは出来なかった。彼らは公の慈悲にすがって降伏する証に、金の棒を持って公に向かって出て行った。彼らは公が平和的に、彼らとその家畜やそのほかの財産をチェコに運ぶように、慎ましく彼に懇願した。公は彼らの願いを聞き入れて、彼らをチェコに連れて行き、彼らにチルニーンの森[14]のかなりの部分を与えた。公はまた彼らの一人を管理人かつ裁判官[15]として定め、彼らと彼らの子孫が代々に渡り、彼らがポーランドで持っていた法で治められるように定めた。彼らはこの城の名前から、今日でもヘチャネーと呼ばれている[16]。

III（3）

上述の城（ギェチ）から遠くない所に、地勢においても城壁でも非常に堅固な主要都市グニェズノがあった。しかし住民が少なかったので、容易にそれを攻め取ることが出来た。当時そこには永遠の乙女である聖母マリアのバジリカに[17]、この上なく貴い秘宝である殉教者聖ヴォイチェフの遺骸が眠っていた。チェコ軍はそこに向かうと戦わずして城を獲得し、大いなる喜びと共に教会の聖所に入った。彼らは他のいかなる獲物にも目をくれず、かつてキリストのために受難した聖なる体の貴重な遺骸を引き渡すことだけを求めた。

司教シェビーシュは、善行も悪行もやりかねない彼らの思慮の欠けた大胆さを見た時、次のように言って彼らを許されない厚かましさから逸らそうと試みた。「我が兄弟と神の教会の息子たちよ、お前たちは神の徳で満ちた聖なる体に、敢

---

(13) ギェチ（Giecz）はポズナニの東南東30kmにある村だが、中世の初期の頃はこの地域にあるポズナニやグニェズノと並んで、ここもポーランドの政治的中心の一つであった。

(14) チルニーン（Črnín）は【ラ】でもCrininで､【チ】によれば多分Černý les（黒い森）と思われ、ラコヴニーク（プラハの西50km）からベロウン（西南30km）に広がる森の多い地域と推定される。この文はポーランド人によるチェコでの植民を示していよう。

(15) 管理人は【ラ】ではpr(a)efectusで「管理を任された人、長」を意味する。

(16)【チ】のヘチャネー（Hedčané）は【ラ】ではGedcaneで、上記ギェチがラテン語でGdecと綴られるので、ヘチャネーはこの語からの派生（Gdec→Gedec→Gedcane）と考えられる。なお彼らの一部はプラハの東110kmにあるHolice付近に定住し、残りはラコヴニーク地方のベロウンカ川の左岸に植民した。

(17) バジリカ／バシリカ（basilica）は、中世の教会堂形式で、長方形の堂内が2列の列柱で3つに分けられ（2つの側廊と中央の身廊）、短辺の一方は出入り口で反対側に祭壇が置かれていた。

えて好奇心で触れようと考えているが、それは人間にはたやすいことではない。と言うのも、もし我々が好奇心からそれを敢えてするなら、意識の錯乱や視力の喪失や体の萎えが、我々を襲うのではないかと、私はとても懸念しているからだ。従ってその前に 3 日間精進し、己の罪を告白し、聖なるものが嫌う我々の醜悪さのすべてを放棄せよ、そして心の底からこの先そのようなことは決してしないと約束せよ（マルコ伝 12,30）。そうすれば神と我らの守護聖人ヴォイチェフの慈悲の中で、我々は敬虔な信仰と途切れることのない祈りの中に留まり、我々の望みを実現する希望を奪われることはないと期待する」。

しかし彼らは司教の言葉を戯言とみなし（ルカ伝 24,11）、それに耳を塞いで直ちに聖なる体を奪おうとし始めた。しかしそれは祭壇の後の壁際に安置されていたので、祭壇を壊さない限り取り出すことは出来なかった。そこで卑しい手と粗野な考えが罪深い行動を始めたが、それは神の報復を避けることは出来なかった。無作法な行為を始めた途端、彼らは意識が麻痺して立ち尽くし、神の慈悲によって彼らの意識が再び戻るまでのほぼ 3 時間、声も感覚も視覚も失っていた。そこで彼らは後悔して直ちにそれを悔やみ（マタイ伝 27,3）[18]、速やかに司教の指示に従った。そして彼らが神の意思により叱責されていることが明らかになればなるほど、彼らは祈りの間に疲れるを知ることもなく、より敬虔に祈り続け 3 日の間精進し許しを乞うた。

【訳者補注 2】 貨幣とその単位：

コスマス年代記の第二部ではラテン語の原文で、nummus、marca、denarius, argenteus などの語が、対応するチェコ語の翻訳ではスラヴ語の hřivna（гривна）, peníz や借用語の denár などが使われていて非常に複雑である。もっともコスマスの時代のチェコは、貨幣はスラヴの単位ではなく、銀本位制の西欧の貨幣システムに組み込まれていたと考えられるが、ここでこれらの語の関係や貨幣価値を示そう。

まずマルカ（marca）については、チェコのウィキペディア（cz.wikipedia）で 1 marca（253g、およそ 1/4Kg）＝ 1 pražská hřivna ＝ 240 denarius の対応が示されている。
マルカは初め金・銀の重さの単位（約 1/4Kg）であったが、後に貨幣単位にもなった。時代や地域によって多少の変動があるが、1 マルカはおよそ 220 ～ 260 グラムとされ、ブジェチスラフ 1 世（在位 1035 ～ 1055 年）の時代は 210 グラムであった。そしてこの重さの銀から 200 個のデナリウス（denarius）銀貨が鋳造されたので、1 デナリウスはおよそ銀 1 グ

(18)【チ】は toho želeli（これを悔やむ）と簡単に訳しているが、【ラ】は I 部注 100 と同じく、ユダがイエスを売った後で後悔した際の表現を使っている。

ラムで、その銀の価値を持つ貨幣になる。また上記ウィキペディアでの対応でも1マルカ(253g) から240デナリウスになるので、やはり1デナリウスは銀約1グラムとなる。
チェコ語訳ではラテン語のマルカは、すべてフジヴナに書き換えられているが、上記の対応から1マルカ＝1フジヴナなので、この翻訳はチェコ語訳に従ってフジヴナで表記する。

次にII部8章で示された貨幣についてのコスマス年代記の原文とチェコ語訳を対比すると、【ラ】marcam nostre monete CC nummos dicimus（我々の貨幣の1マルカを我々は200 nummusと言う）:【チ】hřivnu naší mince počítáno po dvou stech penězích（我々の貨幣の1フジヴナは200 peníz で数えられる）の文があり、ここから1マルカ＝200 nummus＝200 peníz の対応が得られ、ヌンムス（nummus）＝ペニース（peníz）が導かれ、さらに前述の1マルカ（フジヴナ）＝200デナリウスを考えると、1マルカ（フジヴナ）＝200デナリウス＝200ヌンムス＝200ペニースとなる。

ラテン語のヌンムスは辞書では「金銭、銀貨、セステルティウス」などの多義語だが、ここではデナリウスの銀貨と等価と考えられる。対応するチェコ語のペニース（peníz）も多義的で、「金銭」などの一般的な意義でも使われているので、この訳では貨幣単位として使われた「ペニース」に、暫定的に少額貨幣を示す「銭貨」を当てる。
argenteusは「銀貨」の意義で、辞書によるとnummusと同義のようだが、この翻訳ではそのまま「銀貨」と訳した。従ってこれらを以下のように訳す。

【ラ】marca、	denarius	＝	nummus、	argenteus
↓	↓		↓	↓
【チ】hřivna（フジヴナ）	denár（デナリウス）		peníz（銭貨）	銀貨

IV（4）

三日目の夜、司教シェビーシュが朝の祈り[19]の後休息している時に、彼に聖ヴォイチェフが幻となって現れて言った。「公と有力者たちに伝えよ、水による洗礼で罪から離れたお前たちは、罪に耽（ふけ）っていない限り、天上の父はお前たちが望んでいることをお前たちに与えよう（マタイ伝7,11)」。夜が明けて彼がそのことを公と有力者たちに告げると、彼らは直ちに喜びに満ちて聖母マリア教会に入り、聖ヴォイチェフの墓の前で地面に伏し長い間共に祈った。その後公は立ち上がり説教台に登ると、次の言葉で静けさを破った（Ovid.-1, I,384)、「お前たちは己の過ちを正し、悪しき行いの後で賢くなることを望んでいるか」。そこで彼らは目に涙を浮かべ叫んだ、「私たちは、神の聖者に対して私たちの祖先や私たち自身

(19) 朝の祈り（朝課）は夜半の午前2時ごろ行われた。

が犯した罪のすべてを正し、卑劣さを完全に断ち切ります」と。

そこで公は聖なる墓に向かって手を掲げ、集まった人々に言い始めた。「兄弟たちよ、主に向かって共に自分の右手を上げて、私の言葉を注意深く聞きなさい。私はお前たちが誓いで、聖なる信仰を確かなものにすることを望む。さて私の主要な第一の戒律は[(20)]お前たちの結婚生活であるが、これまでお前たちは、愚かな家畜同然でだらしなく、淫らな女と接するようにして来たが、教会の定めにより今からそれは合法的で個人的で別れがたいものとなろう。つまり男は一人の女と結び付き、女は一人の男と結び付くべきである。もし妻が夫をまたは夫が妻を拒絶し、彼らの間を引き剥がすような不和が生じたら、法によって結ばれた以前の絆に戻ることを欲しないその撹乱者は、我が国の慣習に従えば奴隷の身分に落とされることになるが、私はそうは望まない。むしろそれが誰であろうとも、断固とした我々の不変の決定が命ずるように、その者はハンガリーに追放されるべきである。いかなる金銭でも贖（あがな）うことはできず、また我らの国に戻ることもできない。一匹の子羊の腺ペストで、キリストの羊小屋全体が感染しないためである(Vergil.-2, III,469)」。その時司教シェビーシュが言った、「これに反することをしたものは、破門されよう。乙女も寡婦も不倫女も同様な罰で処せられるべきであり、彼女らは名誉が失われ、羞恥心が失われ姦通の重荷がのしかかろう。と言うのも自分の意思で嫁ぐことが出来たならば、なぜ不倫を犯し自分の子を追い出すであろう。これは罪の中で最悪の罪ではないであろうか」。

それから公は付け加えて言った、「しかしながらもし妻が、夫が同等の愛で報いず、彼女を無慈悲に打ったり痛み付けたりしていると言明した場合は、彼らの間は神の裁きで決められよう。そして罪ありと認められた者は罪人として罰せられるであろう。同様に人殺しとして告発された者に関しては、首席司祭[(21)]が彼らの名前をその城の管理人（城代）[(22)]に知らせ、城代は彼らを裁判に召喚せよ。もし彼らが反抗するならば、然るべき懺悔をするまで牢獄に入れ、また彼らが否認するならば、彼らに罪があるかどうかを、赤熱した鉄や聖水で試す[(23)]ようにせよ。しかし兄弟、父または聖職者に対する殺人者や、命に関する同様の犯罪で告発さ

(20) 以下は「ブジェチスラフの法典（Břetislavova dekreta）」として知られ、チェコで最古の法典と考えられている（【藤井】p.39)。

(21)「首席司祭」と訳した arcikněz は【ラ】の archipresbiter で、城にある教会の管理人を示す。

(22)【ラ】は comes で、【チ】ではこれまでこの語を一貫して předák と訳していたが、この個所では správce hradu（城の管理人、城代）と訳している。これについては【藤井】p.40～41参照。

(23) いわゆる神判のこと。

れた者たちについては、首席司祭が城代または公に知らせる。そしてその者は手と腰に縄を打たれて国から追放され、放浪者または逃亡者のように広い世界を、カインの如く放浪するであろう（創世記 4,12)」。シェビーシュは言った、「この公の定めは正当なものとして、破門の威嚇によって確認されよう。なぜならこれに対しては、お前たちがしばしば自分の手を罪人の血で洗うために、お前たちの公の脇に剣が吊るされているからである」。

再び公が、「酒場は窃盗や殺人や姦通やその他の不正が生まれる諸悪の根源であるが、その酒場を開いたものやその店を買った者は」と言うと、シェビーシュは「破門されよう」と付け加えた。そして公は言った、「酒場の主人は誰であっても、この定めを乱すものとして捕えられ、市場の真中で柱に縛りつけられ、刑吏が疲れ果てるまで鞭打たれ続け、頭を剃られよう。しかし彼の財産は没収されないが、誰も呪われた飲み物で汚されないように、酒はすべて地面にこぼされる。一方もし酔っぱらいが捕えられたら、公の金庫に銭貨 300 枚[(24)]を納めない間は牢獄から出られない」。司教シェビーシュは言った「公が決めたことを我々の力が確証する」。

公はそれに付け加えた、「我々は日曜日に市場を開くのを禁じる、別の日はいつでも自分の仕事に専念しているため、その日(日曜日)に我らの国では人々が(教会に) 訪れているからである[(25)]。もし日曜日か教会で祝うことが広く定められている日に、何らかの賦役労働に従事している者を見つけたら、首席司祭はその男から仕事そのものと、その際見出した役畜を取り上げ、彼に公の金庫に銭貨 300 枚を納めさせよ。

同様に身内の死者を大胆にも野や森へ埋葬する者は、助祭長[(26)]に雄牛を、公の金庫に銭貨 300 枚を納めさせ、死者は再度信者の墓場に埋葬させる。これは神に逆らうことであり、聖ヴォイチェフが怒り、自分の羊である我々を見捨て、むしろ他の民を教えるために去った原因でもある。我々はすでにこれ以上これらのことはなさないであろう、我々は我らとお前たちの信仰に誓って確認しよう」。

このように公は言った。それから司教は聖三位一体の名を唱え、槌（つち）を握った。その間、他の僧たちは 7 つの詩編とこの聖なる作業に相応しい祈りを歌った。彼はゆっくり墓の上部を壊し始めると、聖なる秘宝に向かって下方に墓石を取り除

(24)「公」は kníže で「おおやけ」ではない。また「銭貨 300 枚」と訳したのは、【チ】の tři sta peněz、【ラ】の CCC nummos であるが、C はローマ数字で 100 を示すので CCC ＝ 300 となり、II 部 4 章前の【訳者補注 2】の nummus ＝ peníz（銭貨）に依っている。

(25) カール大帝の 809 年のアーヘンでの命令でも、同様なことが書かれている。

(26)「助祭長」と訳した arcijáhen は、【ラ】の archidiakonus（【藤井】p.40)。

いて行った。そして棺を開けると教会にいた者はすべて、鮮烈でこの上なく快い香りに包まれたので、彼らは 3 日の間あたかも、とても食べごたえのある食物を腹一杯食べたかのように、食事を取って元気になろうという気は起らなかった。さらに極めて多くの病人がその日に元気を回復した。その時公も司教も何人かの有力者も、神の聖者の姿を見て彼と認めたが、彼の顔と姿は輝き彼の体は完全に整って[(27)]、その日華々しい聖なるミサを執り行っているかのようであった。そして聖職者たちは「テ・デウム」と、世俗の者たちは「キリエ・エレイソン」と歌い[(28)]、彼らの歌声は天上まで広がった。その後涙を流し喜びで溢れた顔の公は祈って言った、「キリストの受難者で、我々といつもどこでも共におられる聖ヴォイチェフ様、今や我らをいつもの優しさで見守り給え、我ら罪人に慈悲を垂れて、とても相応しくない我々が、あなたの住まいであるプラハの教会に、敢えてあなたを移すことを慈悲深く認め給え」。すると何と不思議で驚くべきことであろう、3 日前には墓石に触れることさえ出来なかったのが、今は公と司教は何ら妨げられることなく、聖人の体を墓から取り出し掲げた。そしてそれを絹で包むと祭壇の上に置き、人々が神とその聖人に捧げる供え物を置けるようにした。その日祭壇の上には 200 フジヴナが納められた。

おお全能の神よ、あなたは永遠に宇宙を運行し続け、
永遠にすべてを支配し、唯一人すべてのものを司（つかさど）っておられる、
私のキリストよ、この世にはあなたの意思なくして、存在したものは何もなく、
また存在するものも、これから生まれるものもない。

死すべき人間の誰もが何時でも、次のようなことを信じられるであろうか、それは、今は天の王国で戴冠しているが、かつて生きていた時、彼らの邪悪さを拒絶してその社会から逃れた者が、その反抗的な民の所に自分の体を戻すことを認めたことである。しかし神のさらに偉大なそして遠い昔の奇跡である、イスラエルの民が足を濡らさずに海を越え、乾いた岩から水が流れだし（出エジプト記 15,19、詩編 78,20）、世界の創造者が処女マリアから生まれてこの世に出現したことを我々が考慮すれば、なんら驚くことはない。むしろ望むことを為して、また為すことが出来る神に従い、すべてのことを彼の慈悲に帰するのが望ましい。神の慈悲と霊感によって公の心に湧いたのは、同じ教会に安置されているこの座

(27) 彼はプロシアで異教徒に襲われて殉教したが（I 部注 220）、伝承では切り落とされた彼の首が聖歌を歌ったとされる。

(28)【チ】でもここは原語で Te Deum laudamus（われら神であるあなたを讃える）と、Kyrie eleison（主よ憐れみ給え）となっている。

の大司教ガウデンティウスの体も、一緒に運び移すことであった。

すでに述べたようにガウデンティウスは、肉体的なだけでなく精神的な結びつきに関しても、聖ヴォイチェフの兄弟であり、すべての仕事と辛苦においても彼の分かちがたい同伴者であった。そして肉体的ではないが、少なくとも心と彼に対する同情で、彼も受難を味わった。なぜなら異教徒の剣が彼の兄を切り刻み、自分自身も同じ方法で殺されることを願望した時、剣が彼の心を貫いたに違いないからであった。また公と司教はこの聖なる体に、5人の兄弟の遺骸[29]を添えるのは、かなっていると思った。彼らの生涯とその受難については、すでに十分詳しく述べていて、教会は異なるが同じ城内に彼らは安置されていた。公はこの上ない配慮を持ってそれらを移すように命じた。そしてその後どうなったであろうか。

V（5）

彼らはすべての聖なる荷と共に首尾よく陽気にチェコに到着し、聖使徒バルトロマイ[30]の祝日の前夜に、主要都市プラハの近郊のロキトカ川[31]に接して野営を張った。夜が明けると彼らに向かって、聖職者たちと人々が行列を組んでやって来た。その長い列はこの広い平原のほとんど端から端まで達していた。そしてこの行列は次のように整列した。まず公自身と司教が、殉教者であるキリストのヴォイチェフの甘美な重荷を肩に担いだ。彼らの後ろを修道院長たちが5人の兄弟の遺骸を運び、その後ろを首席司祭たちが大司教ガウデンティウスの重荷を享受していた。その後ろを選ばれた12人の僧が歩んだが、彼らは黄金の磔（はりつけ）像をやっとの思いで運んでいた。と言うのもミェシュコ公（→P1）[32]は自分の体重の3倍の黄金をそれにあてがっていたからであった。5番目には3つの重たい黄金の板が運ばれていたが、それらは聖なる体が安置されていた祭壇の周りに置かれていたものであった。一番重い板は長さ5ロケト、幅10ドラニ[33]あり、宝石や水晶や琥珀（こはく）[34]で豊かに飾られていた。

---

(29) 5人の兄弟については、I部38章を参照。

(30) バルトロマイはイエスの12人の弟子の一人で皮剥ぎの刑で殉教。祝日は8月24日。

(31) ロキトカ（Rokytka）川はプラハの東を流れ、プラハの北の郊外でヴルタヴァ川に注ぐ支流。

(32) 実際にはミェシュコ（P）ではなく、ボレスワフ1世（P1）。

(33) ロケト（loket）は肘の長さから来た単位で約60～80㎝、ドラニ（dlaň）は親指と小指を延ばした掌の幅から来た単位で約20cm。【ラ】は前者がulna（前腕の長さ）、後者がpalma（掌の長さ）になっている。

(34) 樹脂の化石である琥珀は、バルト海沿岸で多く採掘され、古代には北海からポーランド、

その縁には次のような詩が書かれていた、

「黄金 300 リブラ[35] は、ここにあるこの板の重さである」。

100 台の荷車の最後には、巨大な鐘とポーランドのすべての財宝が続き、その後に手に鉄の枷をはめられ、首を鎖で繋がれた貴族たちの数えきれない列がゆっくり歩んで行った。それらの中には、ああ不幸にも捕えられた私の、

聖務所での友であり、その職務では僧であった者が連行されていた[36]。

おお、かの日を何と言ってよいのであろうか、チェコ人にとって栄光に満ち、そして世々に渡って記憶されるべきその日を。輝かしい儀式で祝われ、荘重な祝典で崇められ、敬虔な讃歌が歌われ、富む者には喜びで、力の萎えたものは鼓舞され、貧しい者には快く喜捨が盛大に行われ、あらゆる善行で飾られ、祝典の上に祝典が重なって輝いたその日よ。またこの上なく幸いな主要都市プラハよ、かつては聖なる公によって高められ、今は祝福された司教によって飾られたプラハよ[37]、お前は主から授かった二倍の喜びを享受し、その二つの慈悲のオリーブ[38]のために、

お前の栄光はサルマタイとサリガス人[39] の地の彼方まで飛んで行く。

キリストの最も称賛される殉教者ヴォイチェフの移送があったのは、1039 年 9 月 1 日であった[40]。

VI（6）

しかしながら神から与えられたこの成功に際して、卑しい告発者が現れない訳

チェコ、オーストリアを通って地中海に抜ける交易路「琥珀の道」があった。

(35)【ラ】も libra で、重量単位のリブラ（ローマ・ポンド）は 326g なので、300 リブラは約 100kg。

(36) この個所は写本 A3 群に加えられたもの。【チ】によると、これまで原文の無理解や誤読で、しばしば様々な解釈がなされた。

(37) 聖なる公は聖ヴァーツラフ、祝福された司教は聖ヴォイチェフのこと。

(38)「二つの慈悲のオリーブ」は、I 部 9 章のリブシェの予言にある「二つの金のオリーブ」に対応する。

(39) サルマタイ（Sarmatai）は、紀元前 4 世紀から紀元後 4 世紀にかけてウラル南部から黒海北岸にかけて活動したイラン系遊牧民集団で、紀元前 3 世紀には同じイラン系遊牧民族のスキタイを征服した。サリガス（Sarigas）について不明だが、【チ】の注ではスキタイと同一視され、コスマスの時代にはこれらの国は東方の彼方の地を意味していた。

(40) ただし伝承によれば聖ヴォイチェフの遺骸の安置は 8 月 24 日であった。

がなかった[41]。彼は直ちに教皇に[42]、これらのことがどのように関連しているのかを知らせ、チェコの公と司教は神の法と教皇たちの伝承を破っていて、もし教皇がこれを放置すれば、それによって全世界で保たれるべき教皇の権利が弱まると述べた。直ちに聖なる会議が開かれ、教会法が読まれ、聖書について調べられた（ヨハネ伝 5,39）。公と司教はその場にいなかったが、彼らは不敬の罪で断罪された。ある者は、公はすべての地位を剥奪され 3 年間追放されるべきだと提言し、別の者はこの司教はすべての司教職務から解任され、一生の間修道院で暮らすべきだと論じ、また別の者はこの二人に破門の刃が下されるように求めた。

VII（7）

一方その間に公とチェコの司教の使者たちが、彼らとチェコの民の名のもとにローマに到着した。彼らは雄弁な言葉の弁舌よりも、贈り物で買収するようにとの指示を携えていた。彼らが発言を許された時、集まった教皇と聖職者たちの前で、この問題について次のように述べた。「キリスト教信仰の至上の管理人である教皇様と、命の書（黙示録 20,15）[43]にその名が記載されたあなた方御尊父様、あなた方には人を裁きまた憐れみをかける力が神から授かっています。どうか罪を告白している者を憐れんで下さい。どうか懺悔し同時に許しを乞うている者をご容赦下さい。私たちは、許されずまた教会法の定めに反することをしたことを認めています。はるか遠い地にいる私たちは、ごく短い時間にあなた方の聖なる会議に使者を送ることは出来ませんでした。しかし私たちはすでに何とかそれを果たしました、御尊父様、お集りの皆様、どうか是非分かって下さい、私たちがそのようなことをしたのは厚かましさからではなく、キリスト教信仰の大きな利益のためと善意の考えからでした。しかしもし善意が時に罪に転じるならば、聖なる尊父様、私たちはあなた方の裁きに従って自分の過ちを正す用意が出来ています」。

これに対して教皇は短く答えた、「もし過ちを犯してもそれを悔やむ時には、それは害をなさない」。その後使者たちは、次の日に事の決着をつける裁きがなされることで、会議から退席して自分の宿舎に向かった。

しかしその晩、公と司教の使者たちは枢機卿たちの所を回り、彼らの狡猾さを

---

(41)【チ】によれば、コスマスは明らかにマインツの大司教バルト（Bard, 在任 1031 ～ 51 年）を念頭に置いている。

(42) その時の教皇はベネディクト 9 世（在任 1033 ～ 42 年）。

(43) 命の書とはこの地上に誕生したすべての人の名が記されたもので、罪人のまま死んだ者はその書から消し去られて地獄に落とされるとされた。

金銭で買い、黄金で正義を覆し、その支払いで慈悲を手に入れ、贈り物で裁判の判決を弱めた。翌日使者たちが再び聖なる会議の司教座聖堂参事会の前に立った時、教皇は重々しい言葉と威厳に満ちた聖なる口を開いて言った、「神を蔑（ないがし）ろにする罪の内にいる頑なな者に対しては、より厳しい罰を与えるべきであるが、一方己の罪を認め懺悔を願う者に対しては、我々は喜んで賛同し、敵から受けた傷に対して慈悲の薬を使うものである。他人の財産を奪うのは大きな罪であるが、キリスト教徒から略奪し、さらに彼らを捕え家畜のように売り渡すのは、より大きな罪である。お前たちがポーランドで犯した罪は——我々には十分信頼できる知らせが届いているが——とりわけ醜悪である。誰も我々の許し無くして聖人の遺骸を、ある場所から別の場所に移すことは許されていない。このことは教会法で明記され、聖なる教父たちの伝承で禁止され、神の言葉はこのようなことを敢えてする者には、破門の刃が落ちるべきであると命じている。しかしお前たちはこれを無知のため（使徒行伝 3,17）、または善行と思って行ったので、我々はこの極めて思慮の欠けた無謀さに対して、お前たちの公と司教が然るべき場所に、教会に必要な物をすべて備え、特権が十分に付与された教会 (44) を建てるように定めよう。さらにそこに確かな人物を置き、生きている信者や亡くなった信者に代わって永遠に、神に対して宗教的かつ恒常的な務めを行う通常の部署を作るように我々は命令する。それによって少なくとも神の眼前で、お前たちの罪は洗い流されよう」。

使者たちはそれを聞いてとても喜び、直ちに出立して公に教皇の命令を伝えた。公はそれを神の命令のように聞き従い、殉教者聖ヴァーツラフに捧げる非常に素晴らしい教会を、ラベ川に面したボレスラフ城に (45) 建てるように命じた。この聖人はかつてそこで幸せに殉教の死を受け入れていた。その教会では今日でも多くの兄弟たちが神に仕え、首席司教の座が置かれ見事なバジリカがある。

VIII（8）

1040 年

噂はこの世の中で、それ以上はびこるものが無い最悪の怪物であるが（Vergil.-1,

(44)【チ】は chrám（比較的大きな教会、大聖堂）となっているが、【ラ】は cenobium で共同生活の修道院を示す。

(45) I 部 17 章 929 年の記事とそこの注 112 を参照。ボレスラフ城はスタラー・ボレスラフのこと。I 部 19 章 932 年の記事で分かるように、聖ヴァーツラフの遺骸はプラハに移されていたので、彼が殉教した聖コスマスと聖ダミアヌスの教会の場所に、彼を祀る教会を建てることにした。

IV,174)、嘘で強められ、真実に欺瞞を少なからず混ぜ、飛翔で育っていく。そしてそれは皇帝ハインリヒ3世（T1）[46]の耳に、事実より百倍も大きくなって届いたが、チェコ人たちはポーランドから莫大な金と銀を運び出したと言うものであった。そこで皇帝は、話で聞いた黄金を彼らからどのように奪うか口実を探し始めた。彼は聴取官を通じて命令を送ったがその中で、もし定められた期限までにポーランドで強奪した金銭を、最後の一銭まで彼に送らなければ戦いを仕掛けるとチェコ人を脅した。

これに対してスラヴ人は言った、「我々はいつも我々の権利が損なわれることはなく、今日でもカール王[47]やその後継者の統治のもとにある。我らの民は決して反乱を起こさず、すべての戦いであなたの側に立ち、あなたが我々に公平に振る舞うならば、常に忠実でいるであろう。と言うのもカール大帝の息子であるピピン[48]は我々に次のような義務を負わせた。それは皇帝の座にある彼の後継者に対して、我々が年に120頭の選ばれた雄牛と500フジヴナを支払うことである。なお我々の1フジヴナは銭貨200枚で数えられる[49]。このことは我が国の人々が世代から世代に渡って認めている。そして毎年これをあなたに滞りなく我々は払っていて、あなたの子孫たちにも払おうと思っている。もしあなたが法のしきたりを越えて何らかの軛で我々を苦しめるならば、我々はこれまでにない重荷を耐えるより、死ぬ方を選ぶだろう」。

これに対して皇帝は答えた、「王たちはいつも以前の法に、何か新しいものを付け加える習いがある。つまりすべての法は一時（いちどき）に定まるものではなく、王の後継者たちを通じて一連の法が増えて行く。つまり法を管理する者たちは、法によって管理されることはない。よく言われるように、法は蠟（ろう）で出来た鼻のように柔らかく、王は長い鉄の腕を持っていて、好きな所にどこでもその腕を伸ばすこ

(46) コスマスはハインリヒ2世と記しているが、ここはI部34章前の【訳者補注5】で述べた、公座をめぐるボレスラフ2世（A1）の息子たちの争いに関与した神聖ローマ皇帝ハインリヒ2世（S211、在位1002～1024年）ではなく、ハインリヒ3世（T1、在位1039～1056年）になる。

(47) カール大帝（フランク王：在位768～814年、神聖ローマ皇帝：800～814年）。

(48) コスマスはここでも混乱している。カール大帝の息子たちの中には、ピピン（～810年没）とカール（～811年没）がいたが、805～806年に父を助けてチェコに遠征したのは次男のインゲルハイムのカール（小カール）であった。またプシェミスル家の公が神聖ローマ皇帝の封臣となり、チェコが帝国の一部と見なされたのは、11世紀前半と考えられている（【藤井】p.32）。

(49) II部4章前の【訳者補注2】を参照。通貨の補注はこの文を基に計算した。

とが出来るであろう。王ピピンは彼が望むことを為したが、もしお前たちが、私が望むことを行わないならば、私が彩られた盾をどれほど持っているか（Sall.-2, 102,11）[50]、または戦いで何が出来るかお前たちに示そう」。

IX（9）

彼は直ちに帝国中に文書を送り、非常に強力な軍を集めた。そしてザクセン人たちには、ソルビアを横切る道を通ってチェコに侵入するように命じた。そこには国境の森の出口があり、そこからフルメッ[51]城を通って我らの地に入ることが出来た。当時ザクセンの大公はエッケハルト[52]であったが、ザクセン全体が王に対するように、すべてのことで彼に聞き従っていた。彼はとても聡明な人物で、その地方の運営に極めて長けていて、若い頃から戦術にも強い関心を持っていたが、戦いにおいては幸運な成功を得てはいなかった。皇帝自身はレーゲン川[53]の両岸に陣営を張った。次の日コウバ[54]城を過ぎ、軍旗と共にチェコをバイエルンから区切る密林に近付いた時、彼はチェコ人たちが森の中で道を塞いでいるのを知った。それを聞いて彼は苛立ち、ほとんど黙ることが出来ず三度頭を震わせ、また彼の心を皇帝に相応しい怒りが捉えた（Ovid.-1, I,166）。彼は口を開くと次のように言った、「彼らが森よりも高い城壁を建てても、雲まで届く塔をそびえさせても、ドイツ人に対するチェコ人の逆茂木[55]は、鳥の眼前で空しく網を広げるように（箴言 1,17）何の役にも立たない。黒雲の上に昇っても（イザヤ書 14,14）、密林の中に隠れても、

哀れな見捨てられた民は、そこにいかなる隠れ家も見出せない」。

彼はこのように言って、全軍が森の中を突き進むように命じた。

そして自身は、彼らの正面にある森の中の小高い山に登り、三脚椅子に座って

---

(50) 彩られた盾（pictus clipeus）とは、紋章などが描かれた盾と思われる。

(51) フルメツ（Chlumec）はプラハの北北西 80km にあり、ドレスデンに通じる街道の国境近くの峠の城市。なおここでは 1126 年にチェコ軍と神聖ローマ皇帝ロタール 3 世との戦いがありチェコ軍が勝利している（続コスマス年代記、1126 年の記事）。

(52) エッケハルト 2 世（Ekkehard、在位 1038 ～ 1046 年）はマイセン辺境伯として、神聖ローマ帝国の東の防衛を担い、皇帝の最も忠実で最も信頼できる部下であった。

(53) レーゲン（Regen）川はプラハの南西 160km の国境近くのドイツ領を流れる川で、近くにレーゲンスブルクがある。

(54) コウバ（Kouba、Cham）はレーゲンスブルクの北東 45km にある城。

(55) 逆茂木（zásek）とは敵の侵入を防ぐため、先端を尖らせた木の枝を外に向けて並べ、結び合わせた柵のこと。

周囲にいる帝国中の公に向かって言った。

「チェコ人の臆病な群れはあの谷間に隠れている、
自分の穴に隠れている野ネズミのように」。

しかし皇帝のその推察は間違っていた。と言うのも彼らの砦は2番目の山の背後にあったからである。皇帝はそれぞれの名を呼んで、まず初めに辺境伯をその後すべての高貴な戦士たちを送り出して、彼らに徒歩で戦いに向かうように命じた。彼は彼らに次の言葉で勝利を約束した。「お前たちは困難な闘いに向かうのではない、ただ坂を駆け下るだけで、きっと彼らは恐怖から逃げ出すだろう、彼らはお前たちの攻撃を耐えることが出来ないから。飛べ、飛べ、我が鷹たちよ、臆病な鳩を捕えよ、荒々しい獅子のように振る舞え、また羊小屋に侵入した狼が、群れ全部を殺すまでその殺した数を気にかけず、また捕えた餌を手放さないようにせよ」。

X（10）

直ちに王の命令に従って武装した部隊が突進し、貴族たちは(56)一番乗りを争った。遠く広く隊列が透き通った氷のように輝き始め、太陽が彼らの衣服を照らすと、その光で森の木々の葉や周りの丘の頂上がきらめいた。

彼らは谷間に下って行ったがそこでは誰も見出せず、両側は木の生い茂った森で通り抜けられない場所であった。そして戦いでよくあることだが、後続の部隊が前の部隊を彼らの意図に反して戦場に押し出すので、すでに疲れていた先行の兵たちは後続の兵に押されて、次の山を越えようと進んで行った。しかし彼らはすでに熱と渇きで、舌が乾いた歯茎（はぐき）に貼り付き、力が弱まり右手が萎えてきていた。胸で息をするのも難しかったが、立ち止まることも出来なかった。ある者は盾越しに自分の鎧を脱ぎ、別の者は立ちすくし木にもたれて空を掴んでもがいていた。また別の者は切り株のように横たわっていたが、それらの兵は太っていて、歩兵の行軍に慣れていない者たちであった。そして彼らが要塞に行き当たった時、至る所で叫び声が上がり、疲れ切った体から上がる湯気が雲のように森の上に立ち上った。チェコ人たちがそれを見て一寸躊躇したが、彼らの力が弱まっているのに気付いて、敢えて要塞から打って出た。彼らの勇気を強めたのは、幸運の女神の無敵の姉妹、ベローナであった。偶然を司る幸運の女神よ、汝はいつも善良

(56) これまで【ラ】の comes は、【チ】では předák（部族長／有力者）や správce hradu（城代）と訳されて来たが、この章では【ラ】の proceres（貴族）や precedentes（勝れる者）の語にも、【チ】は předák を当てている。この記事はドイツ軍についてのものなので、【ラ】の原文に従い「貴族」と訳した。

という訳ではなく、

己の定まらぬ輪によって、花の大貴族をどん底まで落として溺れさせる（Boethius-1, II,2）。

ああ、高貴な人士の品位ある顔が歪んでしまう、

周囲を荒々しく駆け回る馬の鍛えられた蹄鉄によって、

ご馳走を一杯詰め込んだ腹や、緋色の帯で二重に巻かれた腰が、牝馬の蹄（ひづめ）で切り裂かれ、内臓や腸が紐や革帯のように引きずられて伸びていく。

恥ずかしくて私はこれ以上書かない、突然の破滅の槌がどのように

これら貴族たちを襲ったのか——文字で述べるのは相応しくない

（Cato-1, IV,46）。

と言うのもそこで打ち倒された高貴な人々の数は、テッサロニケの平原でまたスッラの時代[(57)]や疫病の時の死者よりも多かったからである。これほど多くのドイツの貴族が、敵の剣で一度に滅びたことはこれまでなかった。一方山の頂上に座っていた皇帝は、自分の予感が裏切られて落胆した。敵が彼の軍勢に勝利することなど、少しも考えていなかった。彼は血でまみれた勝者が近付いて来るのを見て馬に飛び乗り、そのたてがみにしがみついて馬の横腹を突いた。もしその馬が手元にいなかったなら、彼はその時に直ちにあの世に行っていたであろう。

XI（11）

そこでこれらのことが生じていた頃、ザクセン人はすでに我々が言及した大公エッケハルト（2 世）と共に、チェコに侵入しビーリナ川の周囲の小さな地方を容赦なく荒廃させていた。しかしスラヴ人が皇帝に対して勝利したという知らせを聞いて、彼らの大公はビーリナ川にかかるフニェヴィン橋[(58)]の所で留まった。大きな狼狽が彼を捉え、彼は戦いで勝利の幸福を得るべきか、大きな恥と共に祖国に戻るか迷った。しかし彼はその前にチェコの公の考えを確かめようと、使者を通じて彼に友好的に助言した。「今君は戦いの勝利で喜んでいるが、もし心からの懇願によって勝とうとすれば、はるかに確かな勝利者になるだろう。懇願そ

(57)「テッサロニケの平原（での死者）」は 390 年に、ローマ皇帝テオドシウス 1 世の命令で、ローマ軍がテッサロニケで行った数千人の住民の大量虐殺を示す。またローマの独裁官スッラ（Sulla、BC. 138 ～ 78 年）は、民衆派のマリウスと激しい抗争を繰り返し、両派に多数の死者が出た。

(58) ビーリナ（Bílina）川はドイツとの国境に沿ってチェコ領を西から東に流れ、プラハの北 70km にあるウースチー・ナド・ラベムで、ラベ川に注ぐ川。フニェヴィンはプラハの北西 85km にある今日のモスト近郊のフニェヴィーン（Hněvín）と思われる。

のものを見下してはいけない、運命に抗うのは難しいからだ。なぜなら君を惜しみ同情するかのように、少数の兵士と共に君の地に入ろうとした者は、その間に君がその者に慈悲を求めなければ、間もなく君に向かって大軍の兵と共にやって来るだろう。それらの兵には君の井戸は足りず、君の地も彼らを受けきれなくなろう。そして最後は、最初よりずっと悪くなろう(ルカ伝11,26)。そこで私は君に、今持ち合わせているものをすべて失わないように、注意を促し助言しよう。自分の信頼できる仲間を介して、皇帝に物惜しみせずに金銭を送りなさい、この金銭という女王は (Horat.-4, I,6,37) (59) 全てに打ち勝ち、激怒している者たちをなだめ、敵を和解させるだろう。またそれは君の代わりに皇帝に口添えし、君のために皇帝の慈悲を求めるだろう」。

この伝言はブジェチスラフ公（B）を怒らせ、彼はこのもっともで有益な警告をはねつけ、刀の柄に手をかけて答えた。「お前のエッケハルトに伝えよ、私には助言など不要で、警告で何かうまくできると勝手に思い込まないようにせよ。それより岩より硬いザクセン人と、自分は当惑しているがお前は物事が分かっていると思っている人々が、お前に聞き従うようにせよ。一方私は、もしお前が3日以内にこの地から出て行かなければ、お前がこの地を荒らさなくても、この剣でお前の頭を切り落とし、顔を尻に向けて置くだろう。

皇帝の宮殿で生じていることは、私には何ら関係ない。

ブジェチスラフの腰に剣がさしてある限り、皇帝の体から流れるのは、乳ではなくて血である」。この言葉が大公エッケハルトに伝えられると、彼はそれに耐えるのは難しかったが、――ちょうど狼が獲物を見失い、犬に追いかけられて尾を垂らして森に逃げ帰るように――嫌々大きな屈辱と共にザクセンに戻った。

またブジェチスラフ公に密告があったが、それはビーリナ城の城代プルコシュ (60) がザクセンの金で買収され、要塞の前に警備の兵を置かず、むしろ敵が通り抜けられる林の前に見張りを立てたというものであった。公はこの者を信頼し、モラヴィアのすべての金銭の扱いとハンガリーから援軍として (61) 送られた3部隊

---

(59)「この金銭という女王」の文は、【チ】では mamon král（金銭、王）となっているが、【ラ】は pecunia regina（金銭、女王）となっている。これは「金銭」を示す語が【チ】では男性名詞、【ラ】では女性名詞なので、これに対応して「王」と「女王」を使い分けていると思われる。ここでは【ラ】の形で訳した。

(60) プルコシュ（Prkoš）については、【ラ】の comes に対して【チ】は hradský správce（城代）を当てている。【チ】によれば彼の家系は不明だが、明らかにチェコの有力者のグループに属するとしている。

(61) 当時ハンガリー王のペトロ・オルセオロ（Petr Orseolo、在位 1038 ～ 1041 年）はハイ

の指揮を託していた。公はこれに激怒して、彼の眼をくり抜き手足を切り落として、川の淵に投げ入れるように命じた。これが起きたのは 1041 年のことであった。

【皇帝ハインリヒ（T1）はブジェチスラフ公と戦い、屈辱的に追い払われた】(62)。

XII（12）

1042 年 (63)

常に輝かしい勝者である皇帝ハインリヒ（T1）は、自分の高名な勇士たちの死に報復することを望んだ。

そこで彼は三つの道からチェコの地に侵入し、ほとんどすべての地を無慈悲に略奪し、守備隊が防衛出来ずに見捨てた多くの城を焼いた。彼はプラハまで軍を進めると、その正面のシベニツェの丘 (64) で兵を止め軍旗を掲げた。そこで起こったことで書き留めるべきものは、私は何も知らない。知っているのはただ、司教シェビーシュが、

夜密かに城から皇帝の野営地に向かったことである。

彼が恐れたのは、自分の君主に背いたために、彼が司教座の地位を解かれることではなかったかと私は思う。

ブジェチスラフ公（B）がこのことを知った時、

彼は何をすべきか分からず、心はありとあらゆる悲しみでかき乱された（Vergil.-1, XI,599）。

彼は皇帝と戦ったことを後悔し、大公エッケハルトの警告を蔑ろにしたことを悔やんだ。彼はすでに懇願によって戦うことを、以前戦いで打ち負かした者を懇願によって打ち負かすことのほうを選んだ。彼は今、

恐ろしい皇帝の怒りを、次の言葉でなだめようと試みた。

「皇帝閣下、あなたは今、勝利のない戦いを行っています（Lucan.-1, I,12)。

私たちの地はあなたの小部屋のようなもので、私たちはあなたのものであり、また私たちはそうであることを願っています。そして自分の従属民に逆上する者は、残酷な敵よりもっと残酷になることを私たちは知っています。もしあなたが自分の軍勢の力を考えるなら、私たちはあなたにとって言葉に値するものではありません。なぜあなたは自分の力を、風に揺さぶられる葉に対するように（ヨブ

ンリヒ 3 世と対立していて、チェコに援軍を送った。

(62) 写本 C 群に加筆されたもの。

(63) 実際には 1041 年。

(64) シベニツェの丘は多分、ヴルタヴァ川の右岸でジシュコフの丘のふもとにあった絞首台の丘（Šibeniční vrch）と思われる。

記 13,25）、見せつけるのですか。でも何もそれを乱さなければ、風は収まります。あなたはお望みのように、すでに勝者です。そして、

さあ桂冠でお飾り下さい、己の勝利の額を栄冠で（Vergil.-1, V,539）」。

その上に公は皇帝に、1500 フジヴナのデナリウス[(65)]を約束したが、これは前の 3 年間に支払われた貢納に相当する額であった。すると直ちに、

激しい炎で燃えている輝く火に、

誰かが上から大量の水を注ぐと、少しずつその激しさが弱まり、やがて水の力で火が消えるように、

同じく皇帝の怒りを金銭という女王は、易々（やすやす）と鎮めた（箴言 21,14）。

彼は初めこの地に無慈悲に足を踏み入れたが、金銭を受け取ると和を結び[(66)]、慈悲深く帰って行った。

XIII（13）

1043 年

チェコで大きな飢えが起こり、それによって人々の三分の一が死んだ[(67)]。

1044 年

1045 年

修道士ギュンテル[(68)]が 10 月 9 日に死んだ。

【彼は聖ヴォイチェフとベネディクトの修道院の、最初の殉教者である聖ステ

---

(65)【ラ】の原文は、mille et quingentas（1500）marcas denariorum（デナリウスのマルカ）:「デナリウスの 1500 マルカを」。ここではマルカ（＝フジヴナ）は、金と銀の重さの単位（約 1/4Kg）として使われている。

(66) 和平は 1041 年の秋に、レーゲンスブルクでの宮廷会議で結ばれた。

(67) 実際には 1042 年のことで、飢餓は皇帝軍の部隊による略奪の後に起きた。

(68) 聖ギュンテル（Günther、チェコ名 Vintíř）はドイツのベネディクト派の修道士で、皇帝ハインリヒ 2 世の従兄弟であった。彼は I 部 34 章前の【訳者補注 5】で示したプシェミスル家の家督騒動の際、チェコから逃亡したオルドジフ（A13）たちと親しくなり、後にオルドジフの息子ブジェチスラフ（A131=B）の名付け親となったと言われている。彼はまた 1041 年の皇帝との和平に際して、ブジェチスラフの交渉人となったので、ここに記述されたと思われる。

ファノの祭壇の前に葬られた[69]】[70]。

1046 年

プラハ教会の第 6 代司教シェビーシュは 5 月 19 日に、ボレスラフ城の教会を聖別した[71]。

1050 年、1051 年

1052 年

オルドジフ公 (A13) の妻、ブジェチスラフ (B) の母、ボジェナ[72]が亡くなった。

1053 年

【修道院長、聖プロコプが亡くなった[73]。

サーザヴァ修道院の初代院長プロコプは、己の命の運行を幸せな終りで迎え、3 月 25 日に永遠の至福の報酬を得るために、この世の道から外に出た】[74]。

【1053 年 3 月 25 日、聖母マリアの受胎告知の日に修道院長の聖プロコプが亡くなった。彼は愛の熱に溢れ、道義的に純粋で謙虚さで名高かった。彼の葬儀と葬送にはプラハ教会の第 6 代司教シェビーシュも加わり、恭しく彼の体を、彼自身が建てた聖家族教会に葬った。この聖人は、この世の生を生きていた時でもすでに天の王国で花冠を被った時でも、振る舞いの威厳さと諸奇跡の支えによって何と抜きん出ていたことであろう。彼の生涯の行動を記した本は、すでにそのことを読者に示しているので[75]、ここでは繰り返さない】[76]。

1054 年

---

(69) この修道院はプラハの西部にあるブジェヴノフ修道院で、聖ステファノはユダヤ教の冒瀆者として 36 年頃石打の刑で殉教し、キリスト教における最初の殉教者となった。

(70) 写本 A3 群に加筆された部分。

(71) 聖別されたのは、バジリカ様式の聖ヴァーツラフ教会とされる。

(72) ボジェナについては、I 部 36 章 1002 年の記事の後半を参照。

(73) 写本 C 群に加筆された部分。

(74) 写本 A3 群に加筆された部分。

(75) 例えば 12 世紀中頃の Vita minor や、付帯文書 1「サーザヴァ修道院の定礎」にその記述がある。

(76) 写本 A2b に加筆された部分。

ブジェチスラフ公（B）はポーランド人に、ヴロツワフ[77]城とその他の城を次の条件で返した。それは彼らが毎年、銀500フジヴナと金30フジヴナを、彼と彼の後継者たちに支払うと言うものだった[78]。

1055年

栄光あるブジェチスラフ公（B)、彼は美徳の頂きで輝き、

　　チェコの民の真珠であり、その祖先たちの輝ける星であるが、

神の助けによりポーランド全土を制圧した時、彼は二度輝かしく勝利した後であったが、三度目にハンガリーに攻め入ることを決めた。彼は前もって出発し自軍を待っていたが､その時フルヂム[79]の城で重い病に襲われた。彼は病がどんどん悪化し、体から力が失せていくのを認めた時、そこに折よく居合わせたチェコの主だった者たちを直ちに呼び集めた。彼らが集まった時、彼は彼らに次のように言った。

「私の運命が私を呼び、黒い死がすでにわたしの目の前で舞い上がっている（Vergil.-1, VI,147、866)。私はあなた方に、私の後にこの地を治めるであろう者をあなた方の忠誠さに委ね、定めたいと思う。知っての通り我らの公の家系は不妊や夭折(ようせつ)で先細り（Regino,116 〜 117)、その結果ただ一人私だけしか残らなかった。しかし今は見ての通り、神は私に5人の息子を与えてくれた。しかし彼らの間でチェコの地を分割することは、私には有益だとは思わない。なぜなら互いに分割されたそれぞれの国は、荒れ果てて行くからである（マタイ伝12,25)。しかし世界の創生やローマの覇権から今日にいたるまで、兄弟愛というものは稀である（Ovid.-1, I.145)。カインとアベル、ロムルスとレムス、私の祖先のボレスラフと聖ヴァーツラフ[80]などの、覆されない証拠がそのことを示している。2人の兄弟が常に何をしたかを考えるならは、5人の兄弟が何をするかは容易に推測できよう。私は彼らがますます才能を高め力を付けていくのを見ると、私の先見の明は私により悪いことを示していく。ああ、両親の思いは何時も、息子たちの定

(77) ヴロツワフ（Wrocław）はプラハの北東220kmのポーランド領にある都市。

(78)【チ】によると毎年の貢納は､皇帝ハインリヒ3世の下でブジェチスラフ1世(B)とポーランドのカジミュシュ1世（P111）の間で取り決められ、クヴェドリンブルクの会議で合意された。

(79) フルヂム（Chrudim）はプラハの東75km。

(80) アダムとイヴの長子カインは神への燔祭をめぐって弟アベルを殺し（創世記。4章)、狼に育てられた兄弟のロムルスとレムスは、ローマの城壁の線引きが原因で兄が弟を殺し、ボレスラフと聖ヴァーツラフは弟のボレスラフが兄を殺した（I部17章929年を参照)。

まらぬ運命をどれほど恐れていることであろうか。

そこで私の死後、誰がこの地の支配権を得るべきかを巡って、彼らの間で何らかの不和が起きないように、私は前もって努めねばならない。そこで私はあなた方に神かけて願い、あなた方に自らの忠誠心で宣誓してもらおう。それは私の息子たちまたは孫たちの間で、常に年長の者が最高の力と公座を得て、彼の兄弟または公の家系に由来する者はみな、彼の支配のもとに置かれるというものである。もし唯一の支配者がこの国を統治しなければ、予想される脅威となるのは、首の喪失[(81)]と民への大きな痛手である。

彼がこれを言い終えると、周囲に立っていた者たちの真中から

その魂は天上に飛び立って行った、彼は身体の四肢を見捨てて、
1 月 10 日に[(82)]、そして
その後直ちに、この死を悼んで大きな嘆きの声が響き始めた。

ブジェチスラフ公のすべての貢献を一つずつ述べるなら、それらを語り終える前に、雄弁なキケロでもその弁舌は終わってしまうだろう。このブジェチスラフ公は極めて明晰で、神の法でも世俗的な裁きでもこの上なく素早い判断力を持ち、まったく惜しみなく喜捨を分配し、教会や寡婦たちを自身の好意で慈悲深く支えたのであった。

XIV（14）

ブジェチスラフ（B）の死後、高貴な者も卑しい者もチェコのすべての民は、全体の決議と一致した意向に基づいて、快い歌キリエ・エレイソン[(83)]が歌われる中、彼の長子のスピチフニェフ（2 世、B1）を公として選んだ。彼はとても美しい人士で、髪は漆黒のタールよりより黒く、髭はより長く垂れ、陽気な顔で頬は雪より白く、その真ん中はほんのり赤らんでいた。こう言えば十分であろう、

彼は卓越した人士で、頭からかかとまで美しかった（Horat.-4, II,2,4）。

この者は公座に着いた初めの日に、重大で驚くべきまた全世代に渡って記憶されるべきことをなした。彼は突然、ドイツの血を引くと見いだされた者を、金持ちも貧者でも巡礼者であってもすべての者を、チェコの地から 3 日以内に追放するように命じた[(84)]。それはすでに言及した自分の母であるオットーの娘のイトカ

(81)【ラ】は ad iuglum で juglum は「のど、のどを切っての殺害」の意義がある。

(82) ブジェチスラフの死は 1055 年 1 月 10 日。

(83) キリエ・エレイソン（主よ憐れみ給え）の歌は、公や司教の選出に際して歌われた。

(84) 現存する資料はこれに矛盾する。追放されたドイツ人は、彼の年下の兄弟を守ろうとした彼の母と、下記の女子修道院長と思われる。事実彼はドイツ人の妻をめとり、またサー

にも[85]、ここに留まることを許さなかった。

同時に彼はブルーノの娘で、聖イジー教会の女子修道院長[86]も追放した。なぜならずっと昔のことだが彼女は彼を、辛らつな言葉で傷つけていたからであった。当時スピチフニェフはジャテツ地方を[87]領地として託されていたが、彼の父ブジェチスラフがプラハ城を取り囲む城壁を改築した際に、部下の者たちと共に聖イジー教会の修道院の脇に壁を建てることになった。しかしその時、ちょうどそこにあった女子修道院長のかまどを壊さなければ、どうしてもそれを建てることが出来なかった。人々は真中にあるかまどの周りに紐をかけたが、他の者がためらっていた時、公の息子は大笑いしながら近づくとあざ笑うかのように、かまどを直ちにブルスニツェの小川に放り込むように命じて「院長様は今日は焼き立てのケーキは召し上がれない」と言った。このことを女子修道院長が知った時、彼女は彼の言葉に耐えられず憤慨して修道院から飛び出すと、次のような侮辱的な言葉で彼に声をかけた。

「栄光ある高貴な人士の、武器の扱いで名高いこの英雄は、
多くの堅牢な要塞と城を征服したのだが、
今度はまた何という輝かしい勝利を、かまどから得たのだろう。
さあ勝利の額を月桂樹と黄金で飾り給え、
豊かな旋律の聖歌を響かせよ、教会の鐘を鳴らせ、
なぜなら公殿はかまどを放り出すように命じ、奇跡を起こしたからだ。
ああ語るのも恥ずかしい、彼が何ら恥じずに行った行為は」。
彼の体はこわばり、また言葉は彼の喉に貼り付いた（Vergil.-1, II,774）。
彼は怒ったが、ただため息を付き、その怒りは心の中で押さえつけられた（Lucan.-1, IX,166）。

しかしながらその言葉は公の心に深く突き刺さり（Vergil.-1, I,26）、彼が公座に付いた直後でまだ聖イジー教会に立ち入る前に、彼は女子修道院長に次のように伝えることを命じた。「僧たちが歌を歌い、教会の鐘が鳴るのが聞こえるだろ

ザヴァ修道院からスラヴ派の修道僧たちを追放して、ドイツ人の修道士を補充した。

(85) イトカについては、I 部 40 章を参照。

(86) 多分ザクセン・アンハルト州南部のクヴェーアフルト（Querfurt）伯家のアルジュビェタ（Alžběta、Elisabeth）と思われる。聖イジー教会の女子修道院長については、資料が不十分なため詳細の多くは不明だが、初代はボレスラフ 1 世の娘ムラダ（A3、970 頃 ～ 983 年）で、I 部 22 章に記事がある。なおアルジュビェタ（～ 1055 年没）が何代目に当たるのかも不明。

(87) ジャテツ（Žatec）はプラハの北西 70km にあるオフジェ川沿いの町。

うが、それは修道院長のかまどが投げ捨てられたあの時ではなく、修道院長が我らの国から追放されるこの時である。見よ、あの武器の扱いで名高い堂々たる英雄は、今日輝かしい勝利を得て、その額を月桂樹で飾っている。それは要塞や城を征服したためではなく、修道院長よ、お前のあのかまどを投げ捨てたためである」。そして命令通りに彼らは女子修道院長を荷車に(88)座らせ、彼が言い終わる前に彼女を乗せて疾走し、彼女をこの地の国境の外に運び出した。

XV（15）

このように事が運んだ時、新しい公（スピチフニェフ、B1）は少し前に彼の父（ブジェチスラフ、B）が息子たちの間で分割していたモラヴィアの領地を(89)、新たに正すために出立した。その地は半分がヴラチスラフ（B2）に、もう半分がコンラート（B3）とオタ（B5）に与えられ、ヤロミール（B4）はその時にはまだ勉学で学校に留まっていた。スピチフニェフ公（B1）は前もってそれらの地の主だった者たち(90)に手紙を送り、その中ですべての所在地から 300 人の男たちを名指しで呼び出した。彼は彼らを最上のまた最も高貴なものと知っていて、彼を迎えにフルヂムの城まで来るように、もし来なければ首が飛ぶとの脅しの下で命令した。男たちは命令を遂行し、すでにフルトフ(91)の野にある見張りの門まで来ていた。しかし公は彼らが定められた場所に来なかったと言って激怒した。彼は直ちに彼らを捕え、枷をかけてチェコ各地の牢獄に入れるように命じ、馬と彼らの鎧を自分たちの間で分配しさらにモラヴィアに遠征した。

彼の弟のヴラチスラフはそのことを聞いた時、大きな恐怖を感じハンガリーに逃亡した。その際自分の妻はオロモウツ(92)に残した。アンドラーシュ王(93)は彼を

(88)【チ】は vůz（車、荷車）だが【ラ】はこれが biga で、この語はローマなどで「2 頭立ての馬で曳く 2 輪戦車」で戦闘、競技、凱旋の儀式などに使われたもの（chariot）を示すので、こちらをイメージした方が面白い。

(89) ブジェチスラフは死の直前にモラヴィアの地を息子たちの間で分割していた。これはモラヴィアの分国侯領の始まりで、13 世紀初頭まで続く（【藤井】p.34）。

(90)【チ】はここも předák だが【ラ】は primates なので「主だった者たち」と訳した。

(91) フルトフ（Hrutov）は、プラハの東方 125km にあるリトミシュル近くのベナートキ（Benátky）と思われる。

(92) オロモウツ（Olomouc）はプラハの東南東 210km の北部モラヴィアにあり、17 世紀前半にその機能がブルノに移るまで、ここがモラヴィアの中心都市であった。

(93) アンドラーシュ 1 世（András、在位 1046 ～ 1061 年）はハンガリーのアールパード家の出で、キリスト教化を強力に進め、神聖ローマ帝国に対するハンガリー王国の独立性を

友好的に迎え、彼がそこに滞在していた間ずっと彼を厚遇した。スピチフニェフ公はモラヴィアで、すべてのことを自分の意に沿って定めるとすぐに、兄弟たちを自分の宮廷に受け入れた。コンラートを狩人の頭に、一方オタをパン焼き職人と料理番の頭に据えた(94)。上記のヴラチスラフの妻は捕えられ、非常に堅固なルシュチェニー(95)の城に送るように命じ、城代のムスチシュ(96)に彼女を見張るように指示した。しかし彼はこのような婦人に相応しい形では彼女を見張らずに、毎晩彼は彼女の足を己の足と枷で結び付けていた。彼女の夫がこのことを知った時、それに耐えるのは辛かった。彼が後に城代に、この無分別な行為をどのように償わせたかは、この先の章で明らかになろう(97)。

XVI（16）

1月が過ぎた時、公は司教シェビーシュと城代たちの口添えで兄弟の嫁を許し、夫の元に戻れるように隊列を遣わした。彼女はすでに出産が近く、また道中を急いだため子宮を損ねた。女性たちの間で最も美しかった彼女は3日目に、まだ熟していない果実を腹から出すことが出来なかったため、その魂を肉体から解き放った(98)。アンドラーシュ王は、彼の客が彼女の死のために心の中で悲嘆にくれているのを見て、

悲しみの中の若者を慰めてこのように
優しく言った（Vergil.-1, V,770）。

「私の大切な客人よ、どうか神が君を幸せになさいますように。己の悲しみを主に委ね、主を信頼しなさい、神は君の悲しみがすぐに喜びに替わるように(99)なさってくれましょう。というのも人にはとても益にならないと思われる所から、大きな益が得られることがしばしば起こるからです。自分の妻の死に関しては

保つのに務めた。

(94) スピチフニェフは即位直後に兄弟と争ったが、和解した兄弟をそれぞれ宮廷官職の狩猟官、厨房官に任命した（【藤井】p.65）。

(95) ルシュチェニー（Lštění）は、サーザヴァ川左岸でプラハの南東40kmにあるベネショフの近くの要塞。

(96) ムスチシュ（Mstiš）についても、【ラ】のcomesに対して【チ】はhradský správce（城代）を当てている。彼については生没年などの詳細は不明。

(97) 以下の19章を参照。

(98) 最初の妻の名前は不明。

(99) この文は【詩編】54,23「主にゆだね」、【シラ書】2,6「主を信頼せよ」、【ヤコブ書】4,9「喜びを憂いに変えよ」を一部変えて合わせたもの。

歴史・芸術

チェコ・ゴシックの輝き
ペストの闇から生まれた中世の光
石川達夫著

A5判上製
196頁
3000円
978-4-86520-056-0

不条理な受難をいかに受け止め、理不尽な不幸といかに折り合いをつけるか――チェコがヨーロッパのゴシック文化の中心地のひとつとなった時代はペストが猛威を振るった時代でもあった。建築・美術のみならず文学・音楽も含めたチェコ・ゴシックの全体像を探る。　2021

歴史・文学

暗黒　上巻
18世紀、イエズス会とチェコ・バロックの世界
アロイス・イラーセク著　浦井康男訳

A5判上製
408頁
5400円
978-4-86520-019-5

フスによる宗教改革の後いったんは民族文化の大輪の花を咲かせたものの独立を失い、ハプスブルク家の専制とイエズス会による再カトリック化の中で言語と民族文化が衰退していったチェコ史の暗黒時代。史実を基に周到に創作された、本格的な長編歴史小説。　2016

歴史・文学

暗黒　下巻
18世紀、イエズス会とチェコ・バロックの世界
アロイス・イラーセク著　浦井康男訳

A5判上製
368頁
4600円
978-4-86520-020-1

物語は推理小説並みの面白さや恋愛小説の要素も盛り込みつつ、いよいよ佳境を迎える。隠れフス派への弾圧が最高潮に達した18世紀前半の宗教・文化・社会の渾然一体となった状況が、立場を描き分けられた登場人物たちの交錯により、詳細に描写されていく。　2016

文学

プラハ
ペトル・クラール著　阿部賢一訳

四六判上製
208頁
2000円
978-4-915730-55-9

パリへ亡命した詩人が、故郷プラハを追憶するとき、かつてない都市の姿が浮かび上がってくる。さりげない街の光景に、詩人は、いにしえの都市が発するメッセージを読み取っていく。夢想と現実を行き来しながら、百塔の都プラハの魅力を伝えてくれる珠玉のエッセイ。　2006

歴史・文学

プラハ　カフカの街
エマヌエル・フリンタ著　ヤン・ルカス写真　阿部賢一訳

菊判上製
192頁
2400円
978-4-915730-64-1

プラハ生まれのドイツ語作家フランツ・カフカ。彼のテクストに刻印された都市を、世紀末プラハを知悉する批評家エマヌエル・フリンタが解読していく。世紀転換期における都市の社会・文化的位相の解読を試みる画期的論考。写真家ヤン・ルカスによる写真を多数収録。　2008

芸術・文学

イジー・コラーシュの詩学
阿部賢一著

A5判上製
452頁
8400円
978-4-915730-51-1

チェコに生まれたイジー・コラーシュは「コラージュ」の詩人である。かれはコラージュという芸術手法を造形芸術のみならず、言語芸術においても考察し、体系的に検討した。ファシズムとスターリニズムの時代を生きねばならなかった芸術家の詩学の全貌。　2006

文学

古いシルクハットから出た話

アヴィグドル・ダガン著　阿部賢一他訳

四六判上製
176頁
1600円
978-4-915730-63-4

世界各地を転々とした外交官が〈古いシルクハット〉を回すとき、都市の記憶が数々の逸話とともに想い起こされる。様々な都市と様々な人間模様——。プラハに育ち、イスラエルの外交官として活躍したチェコ語作家アヴィグドル・ダガンが綴る晩年の代表的な短編集。　2008

歴史・建築

ベドジフ・フォイエルシュタインと日本

ヘレナ・チャプコヴァー著　阿部賢一訳

A5判上製
296頁
4000円
978-4-86520-053-9

プラハで『ロボット』の舞台美術を手がけ、東京で聖路加国際病院の設計にも加わった、チェコの建築家・美術家フォイエルシュタインの作品と生涯を辿る。日本のモダニズム建築への貢献、チェコでのジャポニスムの実践と流布など、知られざる芸術交流をも明らかにする。　2021

文学

ミラン・クンデラにおけるナルシスの悲喜劇

ローベル柊子著

四六判上製
264頁
2600円
978-4-86520-027-0

クンデラは、自らのどの小説においてもナルシス的な登場人物の物語を描き、人間全般にかかわる根幹的な事柄として、現代のメディア社会が抱える問題の特殊性にも着目しつつ、考察している。本書はクンデラの小説をこのナルシシズムのテーマに沿って読み解いていく。　2018

文学

アレクサンドレ・カズベギ作品選

三輪智惠子訳　ダヴィド・ゴギナシュヴィリ解説

四六判上製
288頁
3000円
978-4-86520-023-2

ジョージア（旧グルジア）の古典的著名作家の本邦初訳作品選。グルジア出身のスターリンもよく読んでいたことが知られている。ジョージア人の慣習や気質に触れつつ、ロシアに併合された時代の民衆の苦しい生活を描いた作品が多い。四つの代表的短編を訳出。
2017

文学

ジョージア近代文学のポストコロニアル・環境批評

五月女颯著

A5判上製
336頁
5000円
978-4-86520-062-1

ロシアの植民地として過酷な変容を迫られた十九世紀ジョージア。この地の若き知識人たちは、カフカース山脈を越えて、宗主国ロシアに新たな知見を求めねばならなかった。ジョージア近代文学を環境・動物批評など新しい文学理論を駆使して解読、新機軸を打ち出す。
2022

文学

イヴァン・ツァンカル作品選

イヴァン・ゴドレール、佐々木とも子訳　鈴木啓世画

四六判上製
176頁
1600円
978-4-915730-65-8

四十年間働き続けたあなたの物語――労働と刻苦の末、いまや安らかな老後を迎えるばかりのひとりの農夫。しかし彼の目の前に突き出されたのはあまりにも意外な報酬だった。スロヴェニア文学の巨匠が描く豊かな抒情性と鋭い批判精神に満ちた代表作他一編。
2008

文学

慈悲の聖母病棟

イヴァン・ツァンカル著　佐々木とも子、イヴァン・ゴドレール訳　鈴木啓世画

四六判上製
208頁
2000円
978-4-915730-89-4

町を見下ろす丘の上に佇む慈悲の聖母会修道院――その附属病棟の一室に十四人の少女たちがベッドを並べている。丘の下の俗世を逃れたアルカディアのような世界で四季は夢見るように移り変わり、少女たちの静謐な日々が流れていくが……。
2011

文学

工藤左千夫著

新版 ファンタジー文学の世界へ

主観の哲学のために

四六判上製
160頁
1600円
978-4-915730-42-9

ファンタジーは現代への警鐘の文学であるとする著者が、J・R・R・トールキン、C・S・ルイス、フィリパ・ピアス、神沢利子、M・エンデ、プロイスラー、宮沢賢治、ル・グウィンなどの東西の著名な作品を読み解き、そのなかで、主観の哲学獲得のための糸口を探る。
2003

文学

工藤左千夫著

すてきな絵本にであえたら

絵本児童文学基礎講座I

四六判並製
192頁
1600円
978-4-915730-46-7

小樽の絵本・児童文学研究センターで長年にわたって開講され、好評を得ている基礎講座の待望の活字化。第一巻の本巻は、就学前の児童にどのような絵本を、どのように読み聞かせたらよいのかを解説する。母親が子どもと一緒に学んでいくための必携、必読の書。
2004

文学

工藤左千夫著

本とすてきにであえたら

絵本児童文学基礎講座II

四六判並製
200頁
1600円
978-4-915730-66-5

絵本・児童文学研究センター基礎講座の第二弾。本巻は、就学後の児童にどのような本を与えたらよいのかを解説する。情操の必要性、第二次反抗期と秘密、社会性の意味、自尊の必要性など、子どもの成長に合わせ、そして自己実現へ向けた本との出会いを考えていく。
2008

文学

工藤直子、斎藤惇夫、藤田のぼる、工藤左千夫、中澤千磨夫著

だから子どもの本が好き

四六判上製
176頁
1600円
978-4-915730-61-0

私は何故子どもの本が好きか、何故子どもと子どもの本にかかわるのか、子どもの本とは何か——。五人の著者たちが、多くの聴衆を前に、この難問に悪戦苦闘し、それぞれの立場、それぞれの方法で、だから子どもの本が好き!、と答えようとした記録。
2007

文学

南裕介著

シベリアから還ってきたスパイ

四六判上製
340頁
1600円
978-4-915730-50-4

敗戦後シベリアに抑留され、ソ連によってスパイに仕立てられた日本人。帰国したかれらを追う米進駐軍の諜報機関、その諜報機関の爆破を企む反米過激派組織。戦後まもなく日本で起きたスパイ事件をもとに、敗戦後の日本の挫折と復活というテーマを独自のタッチで描く。　2005

国際理解

横浜国立大学留学生センター編

国際日本学入門

トランスナショナルへの12章

四六判上製
232頁
2200円
978-4-915730-72-6

横浜国立大学で六十数カ国の留学生と日本人学生がともに受講することのできる「国際理解」科目の人気講義をもとに執筆された論文集。対峙する複数の目＝「鏡」に映り、照らし合う認識。それが相互に作用し合う形で、「日本」を考える。　2009

哲学

佐藤正衞著

素朴に生きる

大森荘蔵の哲学と人類の道

四六判上製
256頁
2400円
978-4-915730-74-0

大森哲学の地平から生を問う！　戦後わが国の最高の知性の一人である大森荘蔵と正面からとり組んだ初めての書。大森が哲学的に明らかにした人間経験の根本的事実を、人類の発生とともに古い歴史をもつ狩猟採集文化の時代にまでさかのぼって検証する。　2009

芸術

マイヤ・コバヒゼ著　鍋谷真理子訳

ロシアの演劇教育

A5判上製
228頁
2000円
978-4-86520-021-8

ロシアの演劇、演劇教育は、ロシア文化と切っても切り離せない重要な要素であり、独自の貢献をしている。ロシアの舞台芸術に長く関わってきた著者が、劇場、演劇教育機関、その俳優教育メソッドを紹介し、ロシアの演劇教育の真髄に迫る。　2016

語学

宮崎千穂、エルムロドフ・エルドルジョン著

調査・実務・旅行のためのウズベク語会話

ロシア語付き

A5判並製
196頁
2000円
978-4-86520-029-4

勤務先の大学で学外活動をウズベキスタンにおいて実施する科目を担当する著者が、現地での調査や講義、学生交流、ホームステイ時に学生たちの意思疎通の助けとなるよう、本書を企画。初学者から上級者まで、実際の会話の中で使えるウズベク語会話集。　2018　◎

歴史・思想

石川達夫著

マサリクとチェコの精神

アイデンティティと自律性を求めて

A5判上製
310頁
3800円
978-4-915730-10-8

マサリクの思想が養分を吸い取り、根を下ろす土壌となったチェコの精神史とはいかなるものであり、彼はそれをいかに見て何を汲み取ったのか？　宗教改革から現代までのチェコ精神史をマサリクの思想を織糸として読み解く。サントリー学芸賞・木村彰一賞同時受賞。　1995

歴史・文学

カレル・チャペック著　石川達夫訳

マサリクとの対話

哲人大統領の生涯と思想

A5判上製
344頁
3800円
978-4-915730-03-0

チェコスロヴァキアを建国させ、両大戦間の時代に奇跡的な繁栄と民主主義を現出させた哲人大統領の生涯と思想を、「ロボット」の造語で知られるチャペックが描いた大ベストセラー。伝記文学の傑作として名高い原著に、詳細な訳注をつけ初訳。各紙誌絶賛。　1993

チャペック小説選集

珠玉の作品を選んで編んだ本邦初の小説集

【全6巻】

子どもの頃に出会って、生涯忘れることのない作家。今なお世界中で読み継がれている、チェコが生んだ最高の才人。そして「ロボット」の造語で知られるカレル・チャペック。文学史上名高い哲学三部作を含む珠玉の作品を選んで、作家の本領を伝える。

文学

①受難像

K・チャペック著　石川達夫訳

四六判上製
200頁
1942円
978-4-915730-13-9

人間が出会う、謎めいた現実。その前に立たされた人間の当惑、真実を探りつつもつかめない人間の苦悩を描いた13編の哲学的・幻想的短編集。真実とは何か、人間はいかにして真実に至りうるかというテーマを追求した、実験的な傑作。
1995

文学

②苦悩に満ちた物語

K・チャペック著　石川達夫訳

四六判上製
184頁
1942円
978-4-915730-17-7

妻の不貞の結果生まれた娘を心底愛していた父は笑われるべきか？　外的な状況からはつかめない人間の内的な真実や、ジレンマに立たされ、相対的な真実の中で決定的な決断を下せない人間の苦悩などを描いた9編の中短編集。
1996

文学

③ホルドゥバル

K・チャペック著　飯島周訳

四六判上製
216頁
2136円
978-4-915730-11-5

アメリカでの出稼ぎから帰ってくると、家には若い男が住み込んでいて、妻も娘もよそよそしい……。献身的な愛に生きて悲劇的な最期を遂げた男の運命を描きながら、真実の測り難さと認識の多様性というテーマを展開した3部作の第1作。
1995

文学

④流れ星

K・チャペック著　飯島周訳

四六判上製
228頁
2233円
978-4-915730-15-3

飛行機事故のために瀕死の状態で病院に運び込まれた身元不明の患者X。看護婦、超能力者、詩人それぞれがこの男の人生を推理し、様々な展開をもつ物語とする。一人の人間の運命を多角的に捉えようとした作品であり、3部作の第2作。
1996

文学

⑤平凡な人生

K・チャペック著　飯島周訳

四六判上製
224頁
2300円
978-4-915730-21-4

「平凡な人間の一生も記録されるべきだ」と考えた一人の男の自伝。その記録をもとに試みられる人生の様々な岐路での選択の可能性の検証。3部作の最後の作品であり、哲学的な相対性と、それに基づく人間理解の可能性の認知に至る。
1997

文学

⑥外典

K・チャペック著　石川達夫訳

四六判上製
240頁
2400円
978-4-915730-22-1

聖書、神話、古典文学、史実などに題材をとり、見逃されていた現実を明るみに出そうとするアイロニーとウィットに満ちた29編の短編集。絶対的な真実の強制と現実の一面的な理解に対して、各人の真実の相対性と現実の多面性を示す。
1997

書名索引

＊は現在品切れです。

雄々しく向き合い、あたかも君一人だけに何かあり得ないことが起きたとは考えず、自分の悲嘆を過度に悲しまないようになさい。すべての人は、よく知っています、

人の体というものはその起源に戻ることを」。

そう言い終わると彼は、悲しむ客をもてなしの食卓に連れて行った。そこで二人は豊かな食事で元気になり、快いワインで気分を晴らした。偶然であるが、この王にはアドレータという名の一人娘がいた。この娘は婚期に達していて(Horat.-3, I,23,12)、とても美しく、

多くの求婚者に嫉みを惹き起こす希望であった。

客が彼女を見たとたん、彼は運命的に彼女に惚れてしまった。善良な王はそれを妨げずに、少し後に彼女を彼に娶らせた(100)。スピチフニェフ公（B1）がそれを聞いた時、彼の弟がハンガリー人と共に、モラヴィア全土を襲撃するのを避けようと賢く考えた。公は弟に使いを送って彼をハンガリーから呼び戻し、以前彼の父が彼に与えたモラヴィアのいくつもの城を彼に返した(101)。

スピチフニェフ公は重要な局面で洞察力のある人物で、己の弓を正しい時に張ったり緩めたりすることが出来た。その他の彼の美徳として私は、記憶に値する彼の特別な努力をここに述べよう。それは子孫にとって真似るべき手本となるであろう。つまり彼は次のような習慣を持っていた。彼は四旬節(102)をいつも修道僧や司教座聖堂参事会員たちの家で過ごし、喜捨を配分し熱心に勤行に加わった。倦むことなく覚醒と祈りに没頭し、朝の歌唱の前に全詩編を読み上げ終え、その際手を広げまた跪いた。また晩堂課の後(103)修道士に倣って、最初のミサの時まで沈黙を守った。食事を取る前に教会に関わる案件を処理し、食事をした後に世俗的な裁きを行った。彼は四旬節の初めに、上着として着る司祭の毛皮のコートと僧見習の胴着(104)を、40 日間身に付けていた。緑の木曜日には自分の納戸役(105)の助任司祭に贈り物を与えた、なぜなら懺悔の時間に仕事に付いていた

(100) アドレータ（Adléta、Adelaide、1040 頃～ 1062 年）、1056 年頃の彼女との結婚はヴラチスラフ（B2）とハンガリーの同盟に貢献し、彼との間に 4 人の子が出来た。

(101) オロモウツを中心とする地方。

(102) 四旬節とは、復活祭の 46 日前（日曜日を除いて 40 日）から始まり、最後の週の「灰の水曜日」、「緑（洗足）の木曜日」、「聖金曜日」から復活祭の前日の「聖土曜日」までの期間。

(103) 晩堂課は日没後行われる勤行。

(104)【チ】は sukně（スカート）だが【ラ】は tunica（貫頭衣、胴着）で、これは頭を通して着て丈は腰から膝位の長さの着物。

(105)【ラ】の camerarius（納戸役）は君主の家産の管理を委ねられている役職で、【チ】は

その者は、盛大な祝日に手ぶらで帰らせるべきでないと、しかるべくまた敬虔に思っていたからである。

XVII（17）

1056、1057年

1058年

8月2日ブジェチスラフ（B）の妻でチェコの公妃イトカが亡くなった。彼女は息子のスピチフニェフ(B1)によって国から追放されていた(106)。彼女は息子から受けた仕打ちに報復することが出来なかったため、彼とすべてのチェコ人を侮辱しようとハンガリー王のペーテルに嫁いでいた(107)。後に彼女の息子のヴラチスラフ公（B2）は彼女の遺体をそこからプラハに移し、聖なる殉教者ヴィート、ヴァーツラフ、ヴォイチェフの教会(108)にある、彼女の夫のブジェチスラフ（B）の脇に葬るように命じた。

1059年

1060年

スピチフニェフ公(B1)が聖ヴァーツラフの祝日(9月28日)にプラハに来た時、聖ヴィート教会があまり大きくなくて、聖なる祝祭に集まって来る人々を受け入れるには足りないことを見た。この教会はかつて聖ヴァーツラフ自身が建て、円いローマ式の教会の形(109)をしていたが、後にその中に聖ヴァーツラフの遺骸も納められた。彼はまた隣り合う別の小さな教会も建てるように命じたが、それは聖ヴィート教会のポーチ(110)のように置かれ、その真ん中の非常に狭い場所に聖ヴォイチェフの墓もあった。スピチフニェフは、二つの教会を壊して二人の守護聖人のために、一つの大きな教会を建てるのが最良だろうと考えた。そこで彼はただちに教会の場所を測り、基礎を置いた。仕事が進み壁がそびえたが、その幸

この語をkomorník（近侍）と訳しているが、ここでは【ラ】に従った。

(106) イトカについてはI部40章を、また彼女の追放についてはII部14章を参照。

(107)【英】によればハンガリー王のペーテル（Péter）は1046年頃に亡くなっているので、この結婚は事実ではない。だが1058年にハンガリーのアンドラーシュ王の息子シャラモンは王の後継者として戴冠し、ローマ王のハインリヒ3世の娘のユディト（イトカ）と婚約したので、コスマスは彼女とブジェチスラフの妻イトカを混同したと考えられる。

(108) プラハ城にある今日の聖ヴィート教会が建つ前の事。この教会は2度建て替えられている。

(109) ロトゥンダ（Rotunda）と呼ばれる、壁が円筒形で屋根がドームの小規模な教会。

(110) ポーチ（ポルチコ）は建物の入り口を飾り、柱に支えられた屋根のある突出部。

せな開始は翌年の公の突然の死によって中断された[111]。

その同じ年、軍団が次々と戦いに出立して行き、すでに軍旗も掲げられ公も一日分の行程を進んだ時、どこかの寡婦が彼に向かって来た。彼女は泣き嘆きながら彼の後ろを駆けて来て、彼の足に口付けして言った「ご主人様、敵対する者が私に行った不正に報いて下さい」。そこで彼は「私が遠征から戻った時にそうしよう」と言った。すると彼女は「もしあなたが戻られなかったなら、私のための仕返しをあなたは誰に託すのですか。なぜあなたは報復する力を神から受け継いでいるのに、それをしないで済まそうとしているのでしょうか」。そこで彼は直ちにその一人の寡婦の要求に答えて遠征を中止し、公平な裁きによって彼女の敵を懲らしめた。だが今日の公たちよ、あなた方はこんなにも多い寡婦や孤児たちの嘆きを顧みず、高慢な自惚れの中で彼らを尊大に見下しているが、彼はこのことに何と言うだろうか。真の憐れみを示すこれら上記の証によってスピチフニェフ公はその名を得たが、それは彼が聖職者の父で寡婦の守り手と、みなに呼ばれていたからであった。我々はよく見ることであるが、計り知れない摂理によってこの世に悪者が留まり、善人が我々から奪われる。このようにしてこの極めて敬虔な人士はこの世から奪い去られた、それは 1061 年 1 月 28 日で[112]、公座に付いて 6 年目の事であった。

【チェコの公、スピチフニェフが亡くなった】[113]。

XVIII（18）

彼の死後、彼の弟のヴラチスラフ（2 世、B2）がすべてのチェコ人の合意の下、公座に付いた。彼は直ちにモラヴィアの地を兄弟たちの間で半分に分割した。オタ（B5）には東の部分を与えたが、それは以前彼自身が持っていた所で、狩猟に適していて魚に富んでいた[114]。ドイツ人と接する西の部分はコンラート（B3）に与えたが、彼自身ドイツ語も出来た。この地はより平らで畑や草原があり、穀物はより実り豊かであった[115]。

---

(111) スピチフニェフが建て始めた教会はバジリカ形式で、完成させたのは弟のヴラチスラフ（B2）。彼はここで 1085 年に最初のチェコ国王として戴冠している。

(112) 多くの年代記作家は、スピチフニェフは有能な公で、もし長生きしていれば 11 世紀後半は彼の時代になっていただろうと予想した。

(113) 写本 C1 と C2 に加筆された記事。

(114) 藤井によるとオタが継承した東の部分は、北東部のオロモウツ分国侯領（ヴラチスラフ〜オロモウツ）とズノイモであった。

(115) コンラートが得たブルノ分国侯領はブルノを中心とした南西部で、彼は 1061 〜 1092

一方太陽が魚座の最初の部分に立った時（2月16日）、才能ある若者のヤロミール（B4）は、畏怖と愛を持って父のように敬っていた自分の兄のスピチフニェフ（B1）の死を聞き知った。彼はその時子供の畏怖を脱ぎ捨て、父の領地で何らかの遺産の分け前を得られるのではないかと期待して、勉学から戻って来た。

彼の兄のヴラチスラフは、ヤロミールが聖なる信仰の使命より世俗的な目的により強く執着しているのを知って、彼の執拗さを咎めて言った、「気を付けよ兄弟、背教によってお前がその手足であるところの頭から引き離され、地獄に放り込まれることのないようにせよ[116]。かつて神の慈悲はその未来を見通す力で、お前を聖職者の身分に選び、我らの父もお前が司教シェビーシュの最適な後継者となるように勉学に向かわせた、もちろんお前が神の慈悲により彼よりも長生きする限りで」。そして3月が来て聖職者の叙任が祝われる最初の土曜日（3月3日）に直ちに、ヤロミールは強く抵抗したけれど、彼の意思をまったく無視して彼を剃髪した。そして彼は公自身の臨席する前で、助祭[117]の地位に叙任された。それは習わしとして、みなの前で福音書を読み、ミサの際に司教を補助することであった。その後新しい助祭は、いやむしろ古い背教者ユリアヌス[118]と呼んで然るべき助任司祭は、聖なる信仰の盾を恥ずかしくも投げ捨て、按手（あんしゅ）で得られた恩顧（2テモテ書1,6）[119]を顧みなかった。彼は戦（いくさ）の腰帯を身に付け、自分の仲間と共にポーランドの統治者[120]の下に逃げ、司教シェビーシュの死までそこに留まった。

XIX（19）

その時、ボルの息子でビーリナ城の城代ムスチシュ、非常に大胆な人士で極めて雄弁で少なからず先見の明がある者が、堂々と公（ヴラチスラフ、B2）の館

年の間ここを治めていたが、ヴラチスラフ（B2）の死後の1092年に短期間チェコの公になった（II部50章参照）。

(116) 直訳すると上記のようだが敷衍して述べると、「お前は教会の一員で、つまりその四肢の一つであるが、もし信仰を捨てるならば結果として、その一員（四肢）でなくなるだけでなく、さらには教会（頭）までも失い、地獄に落ちるだろう」。

(117) 助祭（diaconus、jáhen）は司祭の下の位。

(118) ユリアヌス（Julianus、在位361～363年）はギリシャ・ローマ文化に心酔し、古代ローマ皇帝に就任後、キリスト教を捨ててギリシャ・ローマ神への信仰を告白し、キリスト教徒を迫害した。

(119) 按手とはキリスト教で、手を人の頭において聖霊の力が与えられるように祈ること。

(120) ボレスワフ2世（Q1、ポーランド公:1058～1079年、ポーランド王:1076～1079年）のこと。

に入って来た。彼はかつて自分の主人のスピチフニェフ（B1）の命令に従って、公の妻を見張り牢に閉じ込めたために、公が彼を信頼していないのを知っていたにも拘らず、そのように振る舞い、彼に次のように懇願した。「あなたの兄弟のお許しを得て、私は聖使徒ペトロを祀る教会を建てました。どうか私の願いをお聞き捨てすることなく、その華やかな聖別に喜んでおいで下さり、そのお出ましで城の者たちを喜ばせて下さい」。公はムスチシュが彼の妻に行った不当な行為を忘れていなかったが、公になったのが最近であったことを考慮して、その怒りを心に隠して言った。「私は出かけて行って城のみなを喜ばせよう、そして事柄と正義が命じることを私はしよう」。城代にはこの言葉の意味がよく分からなかったが、彼は公に大いに感謝し陽気な気持ちで帰って、盛大な祝宴のために必要な準備をした。

公と司教が到着した。直ちに城下にある教会が聖別されると、公は正餐のために城に登って行った。同じく城代も司教と共に、教会の前の屋敷で祝宴の卓に付いた。食事中に使者が来て彼にささやいた、「あなたから城代の職が取り上げられ、フシェボルの息子コヤタにそれが与えられました」。コヤタはその時公の宮廷で主席の地位にあった[(121)]。城代はこれに答えて言った、「彼は公であり君主であるので、自分の城は彼の気に入るようにすればよい。しかし私の教会に関しては、公は私から取り上げることは出来ない」[(122)]。だがもしその夜に、司教の忠告と助けによって彼がそこから逃げ出していなかったなら、彼は以前公の妻の足と結び付けていた彼の足と眼を失っていたであろう。

XX（20）

1062 年

1 月 27 日に公妃アドレータが亡くなった。彼女はユディタ（B23）、ルドミラ（B24）、またブジェチスラフ（2 世、B21）、ヴラチスラフ（B22）の母であった。なおヴラチスラフは最初の若い盛りの 11 月 19 日に亡くなっている。そして公妃アドレータの死からほぼ 1 年が過ぎた時ヴラチスラフ公（B2）は、ポーランド公カジミェシュ（1 世、P111=Q）の娘スヴァタヴァ（Q3）を妻に娶った。彼女はボレスワフ（Q1）とヴワディスワフ（Q2）の妹であった。彼は彼女から卓越した男子の 4 人の子を得た、それらはボレスラフ（B25）、ボジヴォイ（B26）、

(121) コヤタ（Kojata）はヴルショフ家の出身で宮廷の管理人であったが、フラビシュ家の祖と考えられる。彼については II 部 23 ～ 24 章も参照。

(122) このエピソードについて藤井は、「この時代の有力者が一定の自由財産を獲得していた可能性を示している」と述べている（【藤井】p.46 ～ 47）。

ヴラヂスラフ（B27）そしてソビェスラフ（B29）であった。彼らについては、もし神が許せば、然るべき場所で十分詳しく論じられよう[(123)]。

XXI（21）

1063年 …

1067年

12月9日に、プラハ教会の第6代司教シェビーシュが、

この世から去り、甘美な応報を享受している。

彼は幸運と不運の二つの運命を十分に味わった。つまりブジェチスラフ公（B）はある時、彼を捕えて枷にはめ牢獄に入れておくように命じ、密かでも公然でも彼は同時に二重の受難を被った。己の司牧の地位の全期間を通じて、彼はほぼすべての対立も反対もなく、ボヘミアとモラヴィアを唯一不可分の司教区として管理して来た。そしてもしスピチフニェフ（B1）の死後、ヴラチスラフ（B2）の執拗な要請に彼が屈せず、モラヴィアでヤンが司教になること[(124)]を認めなかったなら、その先もずっとそれを管理していたであろう。しかしそのようにはならず、多くの人の証言によると、彼はつまり交換条件として領地と品物を取り決めた。それによるとプラハの司教はモラヴィアの司教区を失う代わりに、チェコの地の最良の12村を選ぶことが出来て、また1年に銀100フジヴナを公の金庫から得て、さらに将来に渡ってモラヴィアのセキシュコステルの館[(125)]とその付属物を維持するであろう。また市場を伴うスリヴニツェ村と、そこを流れるスヴラトカ川[(126)]の真中にあり、ポヂヴィーンと呼ばれる城もプラハの司教に属するであろう。この城はそれを建てたユダヤ人で、後にキリスト教徒になったポヂヴァの名前に由来する。シェビーシュの時代以前にモラヴィアでは、確かヴラツェン

(123) 彼らの間で複雑な家督騒動が起きるが、これはIII部の主要なテーマとなる。その全体像はIII部9章前の【訳者補注1】を参照。

(124)【チ】の注によると、オロモウツ地方の伝承では、ブジェヴノフ修道院のベネディクト派修道士ヤンが三代目のモラヴィアの司教になり、彼は1063～1085年の間その任に付いたとされる。なおモラヴィア司教区とオロモウツ司教区の関係は明らかではないが、一般的にはオロモウツ司教区の設立は1063年とされている（【藤井】p.70）。

(125) セキシュコステル（Sekyřkostel）は、プラハの南東220kmのモラヴィアのポヂヴィーン（Podivín）付近にあった司教の館と村のこと。また下記のスリヴニツェ（Slivnice）村もその近くにある。

(126) スヴラトカ（Svratka）川は南モラヴィア地方にあり、ブルノを南北に流れる川。

という名の司教か何人かがいたと言われている[127]。シェビーシュの後を継いだヤロミール（B4）が、この教区を巡って前述の司教ヤンと、どのような争いを起こしたのかは然るべき場所で述べられよう[128]。

XXII（22）

その頃コンラート（B3）とオタ（B5）はプラハの司教がキリストのもとに去ったのを聞いて、兄弟のヤロミール（B4）に使者を送り彼をポーランドから呼び戻して、彼に戦の腰帯を解かせた。彼は再び聖職者の衣をまとい剃髪を受け入れた。一方ヴラチスラフ公（B2）は将来をより確かなものにしようとした。なぜなら彼は弟が司教になった場合、弟は前述の兄弟たちと図って彼に対して陰謀を企まないかと恐れたからで、心の中でいかにすれば彼から司教の地位を奪えるか思案し始めた。その時公の屋敷にランツという一人の助任司祭が住んでいた。彼はザクセンの身分の高い氏族の出身で、とても威厳があり極めて学のある人物だった。彼はリトムニェジツェ教会の首席司祭になったが[129]、振る舞いや暮し方は司教と何ら変わらなかった。また彼は公に常に忠実であったため、公は彼がプラハの司教になることをこの上なく望んでいた。

一方モラヴィアからコンラートとオタが到着した。彼らは兄弟のヤロミールを連れて来て、彼のために公に執拗に懇願して言った、どうか公が兄弟愛を思い出すように、父の定めたことを思い出すように、そして司教シェビーシュの死後ヤロミールを司教にするために、彼らの父が有力者の忠誠心を繋ぎ止めようとした誓いを思い出すようにと。しかし彼は巧妙に振る舞い、狡猾に真意を隠すことが出来た。ちょうど狐が尾を振る方向には逃げないように、公は望む事を心に隠しながら、別の事を兄弟たちに口で伝えた。「みなが一緒に考える必要のあることを、ただ一人の人間に伝えるのは適切でない。現在のところ、人々や軍の長たちの大部分が戦いに遠征しているので、この件については我らの国境の門の所で諮

(127) ヴラツェン（Vracen）の名は他の史料には無い。大モラヴィア国の時代にはメトディオスがモラヴィアとパンノニア（ハンガリー）の司教に任命されたが、その国が滅びた後モラヴィアの司教区がどうなったのかは不明である。ただ【チ】によれば 976 年の 4 月に、モラヴィアの司教がマインツで開かれた地方教区会議に参加した記録があり、コスマスはこのことを考えているかもしれない。

(128) II 部 27 章 1073 年以下。

(129) ランツ（Lanc、Lanczo）は、スピチフニェフ公（B1）が 1057 年頃に設置した、リトムニェジツェの聖堂参事会の初代の首席司祭。なおリトムニェジツェには司教座はないが、何故かここで kapitula（司教座聖堂参事会）と probošt（司教座聖堂首席司祭）の語が使われている。

るのが最適と考える。そこには司教の選出の決定に相応しい者であるみなが、この民の長老や有力者や城代[(130)]や聖職者の上位の者たちがいるであろう」。公がこのようにしたのは、その場所では彼は自分の兵たちの武器に囲まれ警備の兵に守られるので、自分の兄弟たちの意向に反して、自分の希望のランツを司教に昇格させることが出来ると考えたためであった。しかし公のこの真逆の意図は成功しなかった、なぜならすべての力は神に由来し（ローマ書 13,1)、以前に神から定められまた許された者以外は、司教になることは出来ないからである。

XXIII（23)

それについては多くの言葉は必要でないであろう。彼らはポーランドに通じる国境の警備の門に到着し、公(ヴラチスラフ、B2)はドベニナ[(131)]と呼ばれる場所で、人々と主な者たちを集会に呼び集めた。彼の兄弟たちは彼の右左に立ち、聖職者と城代は離れた所で車座になり、彼らの後ろには兵士たちが立っていた。公はランツを真中に立つように呼び、彼を称賛して次のような言葉で声高に人々に推挙した。「お前が毎日私に示している素晴らしい忠誠心は、私が今日これからしたいと思っていることを行うように、私に促し強いている。そしてそのことから、どのように自分の主人に忠誠を尽くすべきかを、これから先の人々は学んでほしい。ほら、指輪と杖を受けよ、お前はプラハ教会の花婿になり、聖なる子羊たちの司牧者になるだろう」。

人々の間で不満の声が上がり、これまでの司教の選出の際に上がった祝福の歌声も響かなかった。その時公の兄弟のオタ（B5）の右手に立っていた、フシェボルの息子で公の宮廷の管理人であるコヤタは、もはや我慢できなかった。強く彼の脇腹を突くと、実直な人間がするように口を開き大声で言った、「なぜあなたはそこに立っているのでしょうか。ロバがバイオリンを弾く(Boethius-1, I,4)[(132)]とでも思っておられるのでしょうか。なぜあなたは自分の兄弟を受け入れないのでしょうか。あなたの兄弟で公の息子が遠ざけられ、我が国にズボンも履かずに

---

(130)「長老や有力者や城代」の内「有力者」は【ラ】の proceres（貴族）だが､こ時代のチェコでは貴族身分は成立していないとされる。ただここに列挙されている地位の並びから藤井は、この語に続く「城代」が有力者の家長レベルが就く地位なので、この語はそれと同格かそれ以上の地位を示していると推定している。

(131) 今日のドベニーン（Dobenín u Náchoda）で、プラハの東北東 130km のポーランドとの国境近くの森と牧草地の名。

(132)【ラ】の原文で唯一使われたギリシャ文字表記で όνος λύρας（ロバが竪琴を）と示され、【チ】では竪琴が「バイオリン」に替えられている。

やって来た移民のよそ者が、司教の座に上げられるのが、あなたには分からないのですか。もし公が自分の父の誓約を破り、神の下にある我々の父たちの魂が、この誓いを理由に神から罰を受けることになるなら、我々は許すわけにはいきません。あなたの父ブジェチスラフ（B）は、司教シェビーシュの死後あなたの兄弟ヤロミール（B4）が司教になることに信仰をかけて誓い、我々と我々の父たちを結び付けたことを、我々は知っています。そして我々はそのために全力を尽くします」。

「もしあなたが自分の兄弟を気に入らないとしても、数も決して少なくなく、あのドイツ人と同じくらいの学がある我が国の聖職者を、なぜあなたは劣った者と見なすのですか。ああ、司教の地位に相応しい同胞の助任司祭と同じくらいの数の、多くの司教座をあなたが持っておられたらよかったのですが。それともあなたは、よそ者の方が我々をより深く愛し、この国生まれの者よりこの国をより良く願うことが出来るとお考えですか。そうではなく人の常として、この世界のどこであっても、誰もが他の民より自分の民を愛するだけでなく、出来ることなら他の川をその元の地に戻したいものです。実際もし聖なる座にランツが置かれるくらいなら、そこに犬の尻尾やロバの糞があるほうが我々は喜ぶでしょう。あなたの兄で至福の思い出の故スピチフニェフ（B1）は素晴らしい知性を持ち、たった一日ですべてのドイツ人をこの国から追い出しました。神聖ローマ皇帝ハインリヒ[(133)]はまだご健勝ですが、その間にあなた自身が彼の権力を自分のものとして、そのようなことを行うのは、飢えた犬に司牧の杖と司教の指輪を与えることになります。フシェボルの息子コヤタが生きている限り、必ずやあなたとあの司教は罰なしでは済まされないでしょう」。

XXIV（24）

その時ジャテツの城代でボジェンの息子のスミルは[(134)]コヤタと共に、コンラート（B3）、オタ（B5）そしてヤロミール（B4）の右手を取り言った。「さあ行って見てみましょう、ある男の狡猾さと偽りの実直さがさらに勝つか、それとも正義と 3 人の兄弟の稀な誠実さが頂点を極めるかを。彼らを結び付けているのは、近い年齢と一つの意思と等しい力で、兵士の大部分が彼らを支持しています」。その時陣営の中の人々に、少なからぬ騒ぎが起きた。「武器を取れ、武器を取れ」とある者たちは叫び、その思慮の欠けた司教の選出は、みなの考えに反するもの

(133) ハインリヒ 4 世（T11、ローマ王：1050 ～、神聖ローマ皇帝：1084 ～ 1106 年）。

(134)【チ】によるとスミル（Smil）はヴルショフ家の可能性も否定できない。

であった。そして軍勢の大部分はその3人の主人を支持して、オポチノの城[135]の脇とその麓(ふもと)に陣営を張った。一方兵士たちの別の部隊は、その前にすでに森の中へ進軍していたので、ヴラチスラフ公（B2）は自分が兄弟たちの攻撃を前にして孤立し、少なからず危険であることを感じた。彼は彼らがプラハ城かヴィシェフラト城を先に攻め取るのを恐れて、出来る限り早く退却することを命じた。

退却の途中公は兄弟たちに使者を送って伝えた。「フシェボルの息子コヤタの多弁な言葉によるものでも、その口に蜜をその心に毒を持っている（Bruno,21、黙示録10,9）ボジェンの息子スミルによるものでもなく、彼らの邪でずる賢い助言に従って、あのようなことを私はしたのだ。私は彼らを（懲らしめてやる）、もし私が生き延びていたら[136]…しかし今は抑えよう、私は父の遺訓と彼にした誓いをよりはっきり覚えているので、正義と兄弟愛が要求することをしよう。私の後についてプラハに来なさい」。彼らがそこに到着すると、ホスチヴァシュ村[137]近くの草原に野営を張り、使者を送って公が自分の言葉を行動で証明するように求めた。彼は彼らを平和的に受け入れ、彼の兄弟のヤロミールを司教に選出した。その後彼はコンラートとオタと互いに誓いを交わして、彼らを無事モラヴィアへ返した。一方スミルとコヤタについては公たちの間で、正しく公正な取り決めがなされたにもかかわらず、もし彼らが夜密かに逃亡して姿を消さなかったならば、公は何ら聴取もせずにきっとこの地の敵として罰したであろう。この選出は1068年の、太陽が双子座の25番目の部分に入った時（6月15日）に行われた。

XXV（25）

その後ヴラチスラフ公（B2）は直ちに、有力者シェビーシュ、アレシュ、ド

(135) オポチノ（Opočno）の城は、プラハの東北東130kmにあるナーホト（Náchod）の国境の門の近くの要塞。

(136)【チ】はty já, budu-li živでtyを2人称代名詞とすると意味が取れないが、【ラ】はquos ego, si vixeroなので、tyは指示代名詞tenの複数4格形となり、「この者たちを私は」となる。この文の前半のquos egoは、Vergil.-1, I,135からのよく知られた引用で、ユピテルの后ユノーが嵐を起こし、船に乗ったアエネーイスたちを困らせた際に、海神ネプチューンが不従順で反抗的な嵐と波に対して発した威嚇の言葉である。動詞が省略された頓絶法（aposiopesis）のため適当な動詞を補うことになるが、ここでは「懲らしめてやる、ただではおかない」となろう。

後半はこの句にコスマスが付けたもので、si（もし）vixero（vivo「生きる」の未来完了1人称単数形）で、「もし私が生き残るならば」。

(137) ホスチヴァシュ（Hostivař）は、現在のプラハ市の南東部15区にあった村。

イツ人のマルクヴァルトをすでに選出された自分の兄弟ヤロミール（B4）と共に、皇帝ハインリヒ2世[138]のもとに送った。彼らは洗礼者聖ヨハネの祭日（6月23日）の1日前に到着した。そして彼らは、皇帝が司教や公たちと神聖ローマ帝国の諸事案を審理していたマインツで、皇帝の前に進み出た。彼らは皇帝の前に司教に選出された者を立て、どうか彼の権威によって彼らの選択を好意的に確認していただきたいと、公とすべての民の名によって皇帝に求めた。皇帝は彼らの要求を認め、3日目つまり6月26日の月曜日に、指輪と司牧の杖を彼に与えた。その後最初の日曜日となる7月2日に[139]、ゲブハルトと改名したヤロミールは、マインツ大司教によって司教に叙任された[140]。

この同じ日に彼らはライン川を泳ぎ渡っていた。昼食後ヤロミールの兵士の一人のヴィレームが、岸に座って足を川に浸していると、彼の後ろから新しい司教が近づいた。彼はその場所が深いことに気付かずに、「ヴィレーム、お前に2回目の洗礼を施そう」と言って彼をライン川の波の中に突き落とした。その男は長い間水の中に沈んでいたが、やっと浮かび上がると頭を回して水を飲んで言った。「こんな風な洗礼をするなんて、司教、あなたは気が狂っている」。もしこの男が上手に泳げなかったなら、司教ゲブハルトは一日の内に司教職を得て失っていただろう。

XXVI（26）

彼（ゲブハルト、B4）はプラハに到着すると、慣習に従って司教座に就いたその日に、同じ教会の首席司祭の座を自身の助任司祭のマレクに与えた。彼はその生れからすると、昔から続く高貴な家柄の出であった。彼はドイツ人の出で、当時チェコの地に住んでいた誰よりもその最高の知恵で抜きん出ていた。

つまり彼はすべての自由学芸に[141]非常に深い造詣を持っていたので、教師たちの先生とも呼ぶことが出来た。彼は聖書を驚くほど明晰に読み解くことが出来、キリスト教信仰と教会法の高名な学者であった。

---

(138) 実際にはハインリヒ4世（T11）。

(139) コスマスが言及した日付は矛盾する。1068年6月23日は月曜日でなく木曜日で、7月2日は日曜日でなく水曜日になる。何人かの編者は6月30日または7月6日と考えたが、そうなると「3日目」と一致しない。二つの日付と曜日が一致するのは1066年だが、その時ハインリヒ4世はヴュルツブルクにいて、マインツにはいなかった。

(140) ゲブハルト（Gebhart）はプラハ司教区を1068～1090年の間管理した。

(141)【ラ】は in omnibus liberalibus artibus で liberae artes は「自由学芸」で、文法・修辞・論理（三学）と、算術・幾何・天文・音楽（四科）のこと。

この教会が礼拝や修道会の制度や品位において持っていたすべてのものを、彼は発展させ自身の慧眼によって定めた。以前の司教座聖堂参事会員たちは単に名目だけであった。彼らは修道士には属さず、無教養で学もなく、聖歌隊席で世俗的な衣服を着て歌を捧げ、頭の無い怪物か野生のケンタウロス[(142)]のように暮らしていた。

洞察力のあるマレクは、自身の言葉と手本で彼らを教え、草原から花を摘むように多くの者たちから、より優秀な者を選び、神のお力によって25人の兄弟たちの集団を作り、彼らに聖職者の衣服を与え、戒律に従って食物と飲み物を均等に割り当てた。しかし召使たちの無頓着や役人たちの何らかの言い訳から、しばしば食事がうまく取れなかった時、兄弟たちは彼にそのことを訴えて苦しめた。そこで彼は彼らを十分に満足させようと、彼らの10分の1税から4分の1を自分にあてがい、残り4分の3を兄弟たちの間で分け、それぞれの兄弟が常に1年に30ミーラ[(143)]の小麦と同じ量の燕麦(えんばく)を、それに加えて肉のために毎週4デナリウスを得るようにした。彼の神意にかなった行為については、語るに値するさらに多くのことが挙げられる。しかしそれら多くの内からわずかを述べるより、むしろ沈黙した方が良いであろう。至福なる思い出のこの司教座聖堂首席司祭は、その教会の職務を30年務めその後、

永遠の光の喜びの中、この世の闇から旅立った（1ペトロ書2,9）、

それは委ねられたフジヴナから、天上の王国で利子を得るためであり、11月14日のことであった[(144)]。

【ヴィシェフラト教会が定礎された】[(145)]。

しかしながら、我々の聖職者の収入を話している間に、当初の目的から何と遠くに外れたことだろう。さあここで我々は約束のことに立ち返り、天使のような二人の人士の間で沸き立った敵意の原因が、何であったのかを見てみよう。強欲と世俗の野心よ、呪われたお前たちは人類にとって敵意ある厄病であり、神の聖職者にも己の陰謀で襲いかかるのである。

---

(142) ケンタウロスはギリシャ神話で上半身は人間、下半身は馬の胴体と四肢を持つ怪物。

(143)【ラ】のmodius（枡、8.75リットル）に対して【チ】はミーラ（míra、62リットル）を当てている。

(144) 神から委ねられた教区（資金＝フジヴナ）で活動し、その結果多くの宗教的成果（利子）をあげたことの表現。聖ヴィート教会のマレク（Marek、在任1068～1098年）は816年のアーヘン宗教会議の指示に従って司教座聖堂参事会を改革した。

(145) 写本A4とA4aへの加筆、付帯文書2に続く。

1069 年 [146]

XXVII（27）

1070 年

【インディクティオ 4、エパクタ 6、コンクレンティ 2 の [147] 6 月 29 日に司教ゲブハルト（B4）は、聖十字架を祀ったサーザヴァの教会を聖別した。その祭壇の中には聖なる十字架の一部と聖母マリアの衣類の断片、また聖使徒ペトロ、最初の殉教者聖ステファノ、聖なる殉教者イジーの聖遺物が納められていた】[148]。

6 月 8 日に司教ゲブハルトはジェルチニェヴェス [149] にある新しい館の自分の教会を聖別した。

1071、1072 年

1073 年

司教ゲブハルト（B4）は彼の努力が無駄になったのを知った。なぜなら懇願や贈り物によっても友人たちを通しても、司教職についてヴラチスラフ（B2）が行った交換を元に戻して、モラヴィア司教のヤンを廃し二つの司教区を再び一つに統合するように、兄のヴラチスラフを動かすことが出来なかったからであった。彼は次のように言った時、プロメテウス [150] のように奸智な別の姿に変貌した。「4 年間かそれ以上長く私は自分の希望を請願し続けることは出来ない、だから私は今できることをしよう。私が二つの司教区を一つにするか、両方とも失うか、どうか神が私の証人になりますように」。

そして彼は直ちにモラヴィアのセキシュコステルの自分の館に出立した。しかし自分の兄弟 [151] を訪れる振りをして道を逸れ、はっきりと破壊的な意図をもってオロモウツ城の司教ヤンの所に到着した。ヤンは愛想のよい主人として彼を迎え、詫びて言った、「もしあなたがお越しになるのを前もって知っていたならば、

---

(146) これまでと異なる年号の表示形だが、【ラ】の原文も同じ。

(147) インディクティオは 15 年周期の年代単位、エパクタは太陽暦と太陰暦のずれを表したもの、コンクレンティは I ～ VII の数字で、春一番の満月の日が何曜日に当たるかを決めることが出来て、復活祭の日も定められる。

(148) 写本 A3 群に加筆されたもの。

(149) ジェルチニェヴェス（Žerčiněves）は、プラハの北東 50km にあるムラダー・ボレスラフ（Mladá Boleslav）近郊のジェルチツェにある。

(150) コスマスは、人類に火を与えたプロメテウス（Prometheus）と、ギリシャ神話の海神で他の物に変身できるプロテウス（Proteus）を取り違えている。

(151) オロモウツの公オタ（B5）のこと。

私は司教に相応しい食事を用意していたのですが」。しかし彼は飢えで苛立った雌ライオンのように、雷光を発する視線（Ovid.-1, XIII,542）をヤンに投げかけて答えた。「他の時なら食事の時間があるが、今は別の事をしなければならない。さあ行って、内々に話そう」。何が起こるか察知できなかった司教は、彼を自分の寝室に案内した。それはちょうど大人しい子羊が獰猛な狼を家畜小屋に導き入れ、自分自身が進んで犠牲になって殺されるように見えた。ヤロミール（B4）がそこで寝台の横に、ちょうど昨日の司教の朝食の残りの、半分褐色になったチーズと皿の上の少量のクミンと玉ねぎや焼いたパンの一片を見つけた時、彼は罰すべき何かとんでもないものを見つけたかのように激しく怒り出した。「なぜこんなにけち臭く暮らしているのだ。それとも誰かのために、けちっているのか、哀れな乞食よ。司教がこのようにけちって暮らすのは、まったく[152]そぐわない」。それからどうなったのだろう。彼は聖なる祝福も友愛も忘れ人間性も顧みず、この怒り狂った客は豹（ひょう）が兎を、また獅子が子羊を襲うかの如く、両手で自分と同職の兄弟の司教の髪を掴むと高く持ち上げて、わら束のように床に投げ捨てた。するとちょうどこの悪行に居合わせた者たちの内の一人が司教の首に跨（またが）り、別の者が足に座り、三番目の者が司教を鞭打ちながら嘲笑して言った、「耐えるのを学べ、100歳の子供[153]よ、他人の子羊の強奪者よ」。彼を鞭打つ一方で、敬虔な修道士は修道院の習慣のように、「神よ、我を憐れみ給え」とラテン語で歌っていた[154]。

悪行を犯す者を見て、その者にのみ微笑みかける悪霊は、これを見てそこから大きな楽しみと喜びを得た。そして時として勇敢な兵士が、夜に敵陣を襲って寝ている者を殺した後、捕まらないように急いで逃げるように、司教ヤロミールも同職の者を侮辱して自分の卑劣な苦い胆汁を甘くした後、その場所を去って以前に到着を伝えておいた館に向かった。

XXVIII（28）

これが教会の2本の柱の間でこの屈辱から生じた紛争の、最初の原因であり火種であり始まりであった。司教ヤンはこのような不法行為を味わった後、彼は直ちに使者をヴラチスラフ公（B2）に送り、次のように訴えて強く求めた、「あな

(152)「まったく」と訳した語句は、【チ】の Na mou věru（我が信仰にかけて、本当に）だが、【ラ】は me hercle（我がヘラクレスに誓って）。

(153)「百歳で死ぬ人は若者とされ、百歳にならないで死ぬ者は呪われた者とされる（イザヤ書65,20）」を踏まえての表現。

(154) 修道院で自分自身を罰する時のスタイル、I部38章を参照。

たの兄弟が非人間的に私に行ったこの辱めを、もしあなたが公平な考えで見たならば、この不法は私ではなくあなたに為されたものであると、すべての人に言って下さい。なぜなら私はどんな罪を犯したのでしょうか、あなたが好むことだけをして来た私が、そのことによってこんな目に合うのでしょうか。私は相応しくないかもしれませんが、あなたによって司教と呼ばれるようになったこの私を、刑吏は疲れ果てるまで鞭打ったということをお考え下さい。もし私が司教の地位に決して到達出来ないならば、それもいいでしょう。どうかお決め下さい、遅れてしまっても私をかつての私の修道院長の所に戻すか、あの辱めを私と共有し、思いを同じにして私か私の使いを教皇庁に遣わすかを」。

それをヴラチスラフ公が聞くとすぐに彼はとても興奮し、涙を抑えることが出来なかった。彼は直ちに司教ヤンが命の危険なく公との話し合いに来ることが出来るように、兵士の一隊を派遣するように命じた。公は彼の兄弟の司教ヤロミール（B4）が罠をかけて、ヤンをこの世から抹殺するかもしれないと恐れたからであった。また司教ヤンの助任司祭の中に、ドイツ人で哲学をよく知り、キケロの雄弁術を学ぶハーゲンという僧[155]がいたので、公は彼を呼び寄せ多くの約束で彼を味方につけた。そして自分の兄弟のゲプハルトについて、司教ヤンが被った不正について、また教会の状態についての多くの事柄を教皇に報告するために、文書と口頭で彼に委ねた。

そこでハーゲンは出立した。しかし彼は不幸な偶然で、レーゲンスブルクの町でコンボルトという名のある町人の所に宿泊したが、この男は司教ゲプハルトの使用人であって、司教から年俸に銀 30 フジヴナ[156]をもらっていた。この男は夕食を済ますと、主人と客の間でよくあるように杯を酌み交わす中で（Vergil.-2, 383）、彼が何者でどこに行くのか、旅の目的は何かを巧妙に聞き出した。そして彼が司教ゲプハルトに不利な伝言を持って行くことを知ると、自分の主人に敵対する告発がなされるのを許さなかった。そして次の日、何か厄介事を起こして彼の旅の目的を損なおうと、彼の後からならず者たちを送った。この者たちは道中彼を捕まえると、金を奪い鼻を削ぎ落とし彼の喉に剣を当てて、もし戻らなければ死ぬぞと彼を脅した。そこで彼は

命を失うことを恐れて、不名誉ではあったが、
モラヴィアの自分の司教の所に戻って行った[157]。

(155) ハーゲン（Hagen）の名は他の史料にはない。

(156)【ラ】は XXX（30）marcas（マルカ）argenti（銀の）。この章と次章の「フジヴナ」は原文ではすべてマルカ。

(157) 司教ヤンへの襲撃とハーゲンの派遣は、概ね 1072 年までに起きたと考えられている。

XXIX（29）

その時すでに大きかった公の怒りはさらに増大し、再度ローマへ使者を送ることを決めたが、それをより注意深く用意し、道中をより安全に守るようにした。公の助任司祭の中にその父がポヂヴァである僧ペトロがいた。彼は聖イジー教会で首席司祭の地位を授けられていた[158]。彼は学識で他の者より秀で、ラテン語もドイツ語も知っていた。公は彼を、ビシュの息子でプシェダという名の有力者と共に、かなりの金銭を持たせてローマに遣わした。公はまた彼らに、彼自身と司教ヤンが自分の兄弟から被った、一から十までの不法についての報告を記した文書を託し、それが教皇の耳に届くように彼らに念を押した。そして彼らが安全に旅することが出来るように、神聖ローマ皇帝の宮中伯ラポト[159]に彼らを紹介し、彼の使者たちのローマへの旅とその帰途が無事に終わるように、彼に強く懇願した。なぜならその伯は非常に強大な力を持ち、ローマまでの全行程に途切れることのない自分の村や屋敷を持ち、また要塞には忠実な兵士がいたからである。彼はまた公から年貢として銀 150 フジヴナを得ていた。

使者は彼の先導者たちと共にローマに到着し、教皇に 200 フジヴナの賄賂（わいろ）を盛った文書を渡した。書記が真っ先にそれを読み上げると、教皇は文書の文言を言葉でも保証するか彼らに尋ねた。使者たちは文字で伝えたことと、口頭で伝えることが別々であったら、極めて無作法に当たりますと答えた。そこで教皇代理を務めていた次席の者が、その会議に居合わせた全員に尋ねた。その後このような不祥事は教会から、教皇の命令によって根絶されねばならないと決定された。そして直ちにチェコに特使として、教皇グレゴリウス[160]の顧問ルドルフ[161]が送られたが、それは教皇の名において誤りを正し、従わないものを罰し、不信心の者を咎め、無頓着な者を破門で告訴するためであった。また彼は教皇にもたらされる報告通りに、それが行われているかを確認する必要があった。またもし何らかの件が改善の余地を越えるものであればそれを延期して、教皇のより広い聴取にそれを差し向けねばならなかった。

(158) ペトロ（Petr）の名も他の史料にはない。

(159) バイエルン宮中伯（Pfalzgraf）のラポト 5 世（Rapoto、Ratbod ～ 1099 年没）、彼はこれ以降もチェコとの調停役になる。II 部 37、49 章、III 部 2 章参照。

(160) 教皇グレゴリウス 7 世（Gregorius、在任 1073 ～ 1085 年）。

(161) 教皇の文書にはルドルフの名はなく、特別全権大使のベルナルトと教皇グレゴリウスの名しか出てこない。

XXX（30）

特使がチェコに到着した時、彼はヴラチスラフ公（B2）がプラハにいるのを見て、公に教皇の祝福とすべての者の父は彼を息子として受け入れている、という伝言を言った。そして彼は自身の内に、教皇そのものが臨席しているかのような威厳と権勢を持って話し始め、最後に公がこの地のすべての主要な者たちを、また修道院長と教会の長も、同様にモラヴィアの司教ヤンも、聖なる教区会議に招集するように公に命じた。しかし司教ゲブハルト（B4）は、一度ならず二度までも教区会議に名指しで招集されたが、出席を拒み最後に次のように答えたと言われている、「教会法の定めにより、教皇の威厳と権限を損なうことなく、私はあなたの会議には出ない、もし私の師であるマインツ大司教(162)や他の仲間の司教たちの全員がそこに出席していないのならば」。彼はそこで復讐と屈辱の罠に落ちるであろうことを知っていた。

ローマの特使は自分が軽く見られ恥をかかされたのを知ると、怒りの中で彼をすべての聖職から外し司教の地位を剥奪した。このことを司教座聖堂参事会員たちだけでなく、礼拝堂の聖職者たちも知ると、彼らは自分のストールを(163)引き裂き、祭壇を聖金曜日の時のように露（あら）わにした(164)。母なる教会の額は深い皺（しわ）で刻まれたが（Ovid.-1, III,276）、それは聖職者の神への奉仕が止んだからである。すべての聖職者は、もし彼らの司牧者が以前の名誉と地位を取り上げられる位なら、むしろ永久に自分の地位を捨てる方を望んだ。枢機卿は人々の間の不穏がさらに増大しているのを見て、やむを得ず司教に僧の地位だけは返した。しかし彼は二人の司教に彼らの双方がその同じ年の内に、ローマ教皇に対してこの件の始末を付けなければ、彼らを破門すると脅した。これら司教たちは直ちにローマに向かい、教皇に文書を提出した。それらが読まれた時、彼らの争いは認められることも拒まれることも議論されることもなく、定められた日に教会会議へ召喚されるまで、今はそれぞれの居住地に戻るように命じられた。

【訳者補注 3】

本書の以下の章では、1075 年から始まる聖職叙任権闘争を反映した記述が各所に見られるが、断片的なものが多く全体の流れをつかみ難い。そこで西欧史ではよく知られた事件

(162) その時の大司教はジークフリート（Siegfried）1 世（在任 1060 ～ 1084 年）で、後に彼は教皇派に転じた。

(163) ストール（štóla）は教会での儀式の際、聖職者が首に掛けて垂らす長い布。

(164) 聖金曜日は復活祭の直前の金曜日で、キリストの受難と死が記念され、祭壇の飾りはすべて取り除かれミサは行われない。

だが、ここで本書の記述を関連させながらまとめて述べておこう。

西欧では古代末期から中世にかけてキリスト教が拡大し、多くの教会や修道院が建設されていったが、それらは私有地に建てられ、その聖職者や修道院長の任命と教会財産の管理の権限は、その土地の領主のものであった（私有教会制、本書 19 章でもビーリナ城の城代ムスチシュの罷免に際して言及されている)。特にドイツでは神聖ローマ帝国皇帝が帝国の司教や修道院長の任命権を行使し、ローマ教皇の選出にもしばしば干渉した。このような世俗権力（俗権）による教会支配は、聖職売買や聖職者の堕落を招いた。

これに対して 10 世紀に、フランスのクリュニー修道院を中心とした教会改革運動が起き、当初は神聖ローマ皇帝ハインリヒ 3 世もこれを支持し、改革派の教皇レオ 9 世を立てたが、やがて教皇は俗権による聖職者叙任を拒否するに至った。さらに 1075 年に教皇グレゴリウス 7 世は皇帝権に対する教皇権（教権）の優位を主張し、教権と俗権の闘争が開始され、特に神聖ローマ帝国（ドイツ）内では、皇帝に対してその権力拡大を危惧する貴族たちが教皇側に付くことで、闘争が複雑化し激化して約半世紀にわたって続いた。

1075 年に教皇グレゴリウス 7 世は皇帝の顧問を務める 5 人の司教を、聖職売買の罪状によって破門し、翌 1076 年ハインリヒ 4 世に今後は教皇に従うよう書簡を送った。一方ハインリヒ 4 世はヴォルムスで宗教会議を開き、以下の 31 ～ 32 章で言及されているトスカーナ女伯マティルダとの不倫の醜聞を元に、グレゴリウス 7 世の廃位を決議させた。それに対して教皇は 2 月 22 日に彼を破門にした。

ハインリヒ 4 世の権力拡大を危惧するドイツ諸侯は、1 年以内に破門が解除されなければ、国王を廃止し空位もやむなしと決議したため、彼の王権はドイツで求心力を失った。そこで彼はこの危機を克服するために、アルプスを越えて当時教皇が滞在していたマティルダの居城カノッサの城門の前で、1077 年 1 月 25 日修道衣をまとい 3 日間裸足で雪中に立って、教皇に許しを求め破門を解かれた（カノッサの屈辱)。

その後ハインリヒ 4 世に対して、反対勢力は彼に対立する王としてシュヴァーベン大公ルドルフを立てたが、彼は数年かけて力を蓄えルドルフを倒し、また教皇の再度の破門宣告は効なく、彼はイタリアに侵攻しローマを包囲した（35 章末の異写本の書き込み)。教皇グレゴリウス 7 世はローマを追われてサレルノで客死し、1084 年にハインリヒ 4 世は対立教皇クレメンス 3 世を擁立して帝冠を受けた。ただこの争いは彼の代では終わらず、父である彼に反旗を翻して（III 部 18 章 1106 年)、皇位についたハインリヒ 5 世の時代の 1122 年に、教皇カリクストゥス 2 世との間でヴォルムス協約が締結されるまで続いた。この協定は妥協の産物で、皇帝は聖職者叙任権のかなりの部分を失ったとされる。

なおチェコのヴラチスラフ公（B2）は一貫して皇帝ハインリヒ 4 世側に立ち、教皇側に移ったオーストリア辺境伯と戦うなどして（35 章）皇帝を支えたため、一代限りであったが王位も授かった（37 ～ 38 章参照)。

XXXI（31）

これらの日々にマティルダ[(165)]がローマにやって来た。彼女は非常に有力な貴婦人で、父ボニファキウスの死後全ロンバルディアとブルグント[(166)]の支配権を得て、120 以上の司教の選出と任命と降任に対する権限を持っていた。すべての元老院議員[(167)]たちも、彼女が自分たちの主人であるかのようにその言葉に従った。そして教皇グレゴリウス自身も彼女の助けによって、宗教的また世俗的な問題を処理していた。なぜなら彼女は彼にとってとても賢明な助言者であり、すべての反抗や要求に対してローマ教会に最高の好意を示していたからであった。

司教ゲブハルト（B4）は彼女の家系の母方の出身で、二人が親戚であることを彼は証明した[(168)]。マティルダが彼の口から、彼が血のつながった彼女の親戚であることを知った時、彼に大きな敬意を示して彼を教皇に推奨し、出来る限りの大きな敬意を、自身の兄弟に対するように捧げた。

彼女がその時ローマに滞在していなかったならば、司教ゲブハルトは名声と名誉と地位を失っていたに違いない。彼女の関与と教皇の多くの強い口添えによって、これらの司教の間で和が結ばれ、それによると二人は平和に穏やかに暮らし、それぞれが自分の司教区で満足すべきであるとされ、もしそのようにしなければ、その争いに決着を付けるため、10 年後に再び教皇の下に立つことになる

---

(165) マティルダ（Matilde di Canossa、1046? ～ 1115 年）、彼女の父はトスカーナ辺境伯で大貴族であったが 1052 年に暗殺され、母と共に身を寄せたロートリンゲン公の息子ゴドフロワ 4 世（せむし公）と婚約し後に結婚したが、生まれた子供も死に、夫も 1076 年に暗殺されて、彼女は一人でこの所領を治めることになった。

ローマ教皇グレゴリウス 7 世と神聖ローマ皇帝ハインリヒ 4 世の、聖職叙任権を巡る争いでは、彼女は一貫して教皇側に付き、破門されたハインリヒ 4 世が 1077 年に、教皇に許しを求めたカノッサの屈辱は、彼女の居城のカノッサの前で起きている。彼女には後継者がいなかったため、死後その所領と財産は教皇庁に遺贈された。次の 32 章では、彼女の女傑ぶりのエピソードが語られている。

(166) ロンバルディアはスイスと国境を接する、イタリア北部の州で中心はミラノ。ブルグント（ブルゴーニュ）は、フランス北部とイタリアを結ぶ中継地になるフランス中東部の歴史的名称。

(167)【チ】､【ラ】共に senator で､【英】も senatorial order となっている。senator は（古代ローマの）元老院議員であるが、この文脈でこの語が何を示しているかは不明。

(168) 司教ゲブハルト（＝ヤロミール、B4）の母イトカ（ユディト）は、彼の父ブジェチスラフ (B) によって修道院から拉致された､ドイツのノルドガウ辺境伯の娘だが (I 部 40 章)、ゲブハルトとマティルダの間に特に親戚関係は見いだせない。

であろう。そして司教ゲブハルトはマティルダの働きかけで、教皇グレゴリウスから己の以前の役職と地位に戻された。時は1074年で太陽が乙女座の15番目の部分に登った時（9月1日）であった。それ以外にも教皇は、マティルダの勧めでチェコの使節に書簡を渡し[(169)]その中で、公が自分の兄弟を敬意を持って受け入れ、一方彼らはすべてにおいて彼の言葉を自分の教父で（コロサイ書3,20）司牧者のように聞き従い、神の祝福と共に平穏に暮らすように指示し命じた。

XXXII（32）

マティルダについて語る機会が出来たので、私は読者を退屈させないように、この女性が男勝りに行ったある事を手短に語ろう。この乙女は多くの戦いで勝利を収めたが、父の死後独身を続け、非常に広大なロンバルディアの領地を一人で治めていた。各地の公や伯や司教たちは、王国の威厳は継承者や子孫なしでは衰退するから、彼女が夫を迎えるのが良いという結論に達した。彼女は彼らの助言に同意して、シュヴァーベン大公ヴェルフ[(170)]に手短だが内容の充実した手紙を送った。「この手紙をあなたに送りますが、どうか女の軽率さとも好奇心からともお考えにならないで下さい。これは自分の全領地の繁栄のために為したことです。もしあなたがこれを受け入れるなら、どうか私と全ロンバルディアの領地をお取りください。私はあなたにこれほど多くの町と城と輝かしい宮殿と、計り知れない金銀を差し上げます。そしてそれに加えて、

あなたはこの上なく輝かしい名誉を得るでしょう、私があなたを気に入る時は。

でも私を咎めないで下さい、

私自身が乞われるより前に、それを申し出たその大胆さを。

なぜなら然るべき結婚は、女でも男でも望むことが出来るからです。そして愛の最初の一歩を踏み出すのが男か女かということは、もし分かつことのできない結婚に至るならば、何ら関係しないのです。そしてそれは双方の合意なしには生じないものです。ご健勝であれ」。

大公ヴェルフが何と答えたのか、彼が彼女にどう同意したのか、マティルダがロンバルディアの国境に何千人もの兵を送り、どのように彼を迎えたのか、彼女自身がどんな敬意を払って彼を受け入れたのか、どんなに豪華な祝宴を彼女が用意したのかのすべてを、知りたがり屋が読んで知ろうとしても、太陽はそれより

(169) 他の史料では確認されない。

(170) マティルダはヴェルフ2(5)世（Welf、肥満公、1072～1120年）と1089年に再婚するが、彼は当時17才で彼女は20歳以上年上だった。

前に沈んでしまうであろう。自分の兵士たちに 120 日に渡って大宴会を催したアハシェエロス王でも、その豪華さで一歩退くであろう。またシバの女王がソロモン王の食卓と王の食物に驚くのを止めさせよう[(171)]。というのもここでの百分の一が、あちらの全部よりもずっと多いからである。

これ以上言う必要はないだろう。さて夜が来て二人は寝室に入ったが、大公ヴェルフは乙女マティルダとは恋愛の渇望無くして[(172)]、二人は高い寝台に横になった。そこでそれらの事の間で、またこのような者たちの間で生じた事の後で[(173)]、ヴェルフは言った、「奥様、なぜあなたは私を指名することを思いついたのですか。私を物笑いの種にして大衆の醜聞に突き落とすためですか、大衆が私を嘲笑し、私に対して頭を振らせるためですか。

> このように私を侮辱しようとなさるなら、むしろあなた様自身が侮辱されましょう。

あなた自身かあなたの侍女が何らかの魔法を、あなたの昼間のまたは寝床での衣に忍ばせているのは確かです。信じて下さい、もし私の一物が冷たければ、私はあなたの願いに沿ってここに来ることはなかったのです」。大公は初夜と次の夜に彼女を咎めると、3 日目の夜は彼女自身が彼を寝室に導き、部屋の真ん中に台を置きその上に食卓の板を乗せた。その上で彼女は、母の胎内から出たままのような全裸の姿を彼に示した。「見なさい」彼女は言った、「何か隠し物があってもすべてはあなたに明らかで、魔法などが隠されている所などありません」。しかし彼は、

> だらんと耳の垂れ下がった、どこかの不愛想なロバのように立っていた(Horat.-2, I,9,20)、

または店の中で皮を剥いだ肥えた雌牛を前に、それから内臓を取り出そうとして、長いナイフを研いでいる肉屋のように彼は突っ立っていた。女は、鵞鳥（がちょう）が巣を作って尻を空しくあちこちに振るように、長い間板の上に座っていたが、裸の彼女は最後に怒り出して立ち上がり、左手でこの半人前の男の頭を掴むと、右の手のひらに唾を吐いて彼に盛大なビンタを食らわし、扉の外に突き出して言った、

---

(171) アハシェエロス（Ahasuerus）は古代ペルシャの王で、彼の治世にユダヤ人絶滅の陰謀が起きたが、彼の后のエステルが防いだこと（エステル記 1,3）で有名。またシバの女王とソロモン王については、列王記上 10,5 にある。

(172)【チ】の「恋愛の渇望無くして」は【ラ】では sine Venere（ヴィーナスなしに）、sine は前置詞で「～なしに」。

(173) この婉曲的表現の文は【ラ】では Ubi inter alia et post talia, inter tales qualia fiunt となり、語彙的・文法的説明は省略するが –lia の言葉遊びが見られる。

「ここから出ていけ、怪物、我が王国を侮辱するな。

お前は蛾(が)にも、岸に打ち上げられた海藻にも値しない[174]。

もし明日お前をもう一度見たら、お前は哀れな死を遂げるだろう」。

侮辱された大公ヴェルフは逃げ出し、永遠の恥を自分の民に持って行った。私は手短に語ったがそれで十分であろう、むしろ私は語らない方が良かったかもしれない[175]。

XXXIII（33）

その後司教ゲブハルト（B4）がローマから戻った時､次のようなことが起きた。彼に従うすべての高位者が彼の帰還をとても喜び、森の出口の所まで彼を迎えに行った｡彼がローマで起きたことや､彼がどのようにマティルダ女伯の援助を頼ったのかを楽しげに話した時､一番お気に入りの従者ビェレツ[176]に冗談で言った。「見てごらん、どんな髭を家に持って帰って来たのかを」。彼は髭を撫でて付け加えた。「どうだ､皇帝に相応しいものだろう」。するとその者は言った､「ご主人様、私はあなたが褒めるすべての物が好きですが、もしあなたが髭と共に、改めた考えを持って来たのなら、私はもっと褒めるのですが、

あなたが考えを変えれば、平穏に暮らすことが出来ましょうに」。

XXXIV（34）

私がまだ学校に在学していたこの年に見聞きしたことを[177]､私は黙っている訳にはいかない。ある日私は聖歌を繰り返し歌い、聖なる殉教者コスマスとダミアヌスの地下聖堂に[178]立っていた。その時そこに知らない男がやって来た。彼は

---

(174)【チ】は mol（蛾）だが【ラ】は galba（青虫、幼虫）で、galba と alga（海藻）の言葉遊びがある。

(175) 史実としては、この結婚はバイエルン公の家系と教皇の関係を強化するためであったが、その後彼の父が教皇と対立する皇帝側に付き、また二人の間に後継者が生まれず、彼女がその所領を教皇に寄進することになったため、彼女とは 1095 年頃別れた。しかし婚姻関係は彼女が亡くなる 1115 年まで続いた。

(176) ビェレツ（Bělec）の名は他の史料には出てこない。

(177)【英】によれば研究者は、この出来事は年代記で示された時点（1073 ～ 83 年）では、起きえなかったという点で一致している。1046 年頃に生まれたコスマスは、もしこれが起きたのが 1073 年であっても当時 27 歳頃で、詩編を勉強している「少年」ではなかった。

(178) 聖コスマスとダミアヌス（Cosmas et Damianus）はシリアの双子の兄弟で、無償で人や家畜の病気を治したが、ローマ皇帝ディオクレアヌスがキリスト教徒に行った大迫害で

ろうそくと銀線を持ち、幻が彼に命じるかのように、それを使って自分の身長を測ると私に近付き言った。「少年よ、聖ヴォイチェフの兄弟の聖ラヂムは、どこに納められているのか教えて欲しい」。私は彼に言った、「あなたが聖人と呼ぶその人は、まだ教皇が聖人として宣言していないために、私たちはミサでは彼を死者として祭っています」。彼は言う、「そのことは知らないが、私は一つの事を知っている。私は 3 年間 クラクフ城の地下牢に入れられていたが、そこには頭上にただ一つの小窓があり、そこからたまにパンと水が差し入れられていた。そして私はそのような苦しみの中で生きていたが、ある日私の横に一人の男が立ち現われた。彼の着物は雪のように白く、彼の顔は太陽のように輝いていた（マタイ伝 17,2)、そのように私は覚えている。その時私は恍惚の状態になり、私が深い眠りから覚めたように意識を取り戻すと、私は自分が城の前に立っているのに気が付いた。そして牢獄の中で私の前に現れた男が私の脇で言った。『プラハに行きなさい、誰も恐れることはない。そして聖ヴィート教会に入り、聖なる殉教者コスマスとダミアヌスの地下聖堂の私の墓に自分の贈り物を捧げなさい。私はラヂム、聖ヴォイチェフの兄弟である』と。彼はそう言うと私の目の前から消えた。見なさい、この髪と私のやつれた顔が、私がお前に語った事が正しいことを証明していよう」。

これ以外にも、夜間にこの地下聖堂で点灯されたろうそくを見回りに行った教会の番人もしばしばそこで幻を見ている(179)。

XXXV（35）

私は、公ヴラチスラフ（B2）と彼の兄弟コンラート（B3）とオタ（B5）が、ルツの息子でオーストリア辺境伯のレオポルト(180)に対して行った戦争に触れずにおくべきでないと思う。しかしその前に、レオポルトとモラヴィアの半分を

---

303 年に殉教し、後に医者の守護聖人として世界の各地で祭られている。この地下聖堂は後述の文から聖ヴィート教会の地下にあったと思われる。

(179) 上記の聖ラヂムの奇跡、ヤロミールの髭やマティルダのエピソードから、コスマスが外国で暮らした（多分ベルギーのリエージュでの勉学）年月が、1072/74 ～ 1082/90 と推定される。

(180) オーストリアのバーベンベルク（Babenberg）家のレオポルト 2 世（Leopold、1050 ～ 1095 年）は、叙任権闘争の初期には皇帝ハインリヒ 4 世の側に付いていたが、1081 年に教皇側に移ったため、一貫して皇帝派であったチェコのヴラチスラフと 1082 年に衝突した。なおルツ（Luts）は誤りで、正確にはエルネスト（Ernest、Arnošt）である。

治めていたコンラート[181]の間で、このような敵意がどこから生じたのかを知らなければならない。というのも以前彼らはいつも互いに友人であったからである。二つの土地を分ける境界には、密林も山も他の障害物もなく、ただディイェの小川が[182]平野を流れ、辛うじてその地を二分していた。そのため両岸にいる無頼の輩（やから）が、絶え間なく夜に襲いかかり互いに略奪し合って、家畜を盗み村々を滅ぼした。小さな火の粉はしばしば大きな火となって燃え上がるが（Hieron.-3, 127,10）、害をなす火口（ほくち）を消そうとしなかったため、このような些細なことから、上述の二人の領主の人々には大きな災いが起きてしまった[183]。

コンラートはしばしば辺境伯に、どうかこのような襲撃を抑圧するようにと請願したが、彼は傲慢にもコンラートの言葉を軽んじた。そこでコンラートはチェコの公で自分の兄弟のヴラチスラフに懇願して、ドイツ人の傲慢さに対して助力を求めた。彼は自分の兵力を使うことも出来たが、援軍としてレーゲンスブルクの司教[184]が持つ選り抜きの兵士の中の一部隊を傭兵として借りた。チェコの公は辺境伯に自分の到着を隠さないばかりか、彼に廷臣の一人を送り次の比喩的な伝言をした。それは、公は大きな宴会を用意する必要があり、間もなく公自身が彼とマルスのサイコロ遊び[185]をするために、やって来るだろうというものであった。これを聞いて辺境伯は喜び、豚飼いから牛飼いまでのすべての者は、ナイフから突き棒までの何らかの寸鉄を身に着け、戦いに備えよと命令した。ヴラチスラフ公はチェコ軍とレーゲンスブルクの司教のドイツ兵たちを引き連れ、他方オタとコンラートはモラヴィア全土からの自身の兵士たちと共に合流した。彼らが平原を遠方から近付きつつあるのを見て、辺境伯は自分の兵を楔（くさび）形の隊形に整列させ、彼らの気持ちを高めようと、次のように言った。

「兵士たちよ、私は多くの勝利した戦いで彼らの力を十二分に知っている。あれらの陽炎（かげろう）のような影に怯えるな、彼らには——私はそれを憐れむが——逃げ出すための野原が広がっている。つまり彼らは、お前たちと敢えて戦おうとはして

(181) オタはモラヴィアの東側を、コンラートはドイツと接する西側を治めていた。II 部 18 章参照。

(182) ディイェ川（Dyje、独 Thaya）はモラヴァ川の最長の支流で、チェコ南部とオーストリアの国境を西から東に流れる川。その後この川と合流したモラヴァ川は、オーストリアとスロヴァキアの国境に沿って北から南に流れ、ドナウ川に注ぐ。

(183) 実際の理由は上記 II 部注 180。

(184) レーゲンスブルクの当時の司教はオットー（在任 1061 ～ 1089 年）。

(185)【ラ】は alea（サイコロ遊び、ばくち）Martis（軍神マルスの）で、「戦争」を比喩的に言っている。

いない。彼らが恐怖に追われて一塊になっていることで、自分の弱みを示しているのが見えないのか。あすこにはいかなる形の武器も見ることは出来ない。私が思うに、彼らは羊で狼の餌だ。なぜお前たちはそこに立っている、お前たちは飢えた狼で荒々しい子ライオンではないか。羊の群れに吠えろ、血の気を失って突っ立っているその体を引き裂け。彼らは戦いを目にするより前に倒れ、直ちに我々のトビやハゲワシの餌になることが定められている。おお地獄よ、お前に今日生贄を捧げよう。チェコ人たちの魂を受け入れるため、その広間を開け。なぜなら神とその聖人たちは、彼らを嫌悪し慈悲の心無く扱うのを知っているからだ。彼らは我々の領地だけでなく、妻も子供も奪うためにこの地にやって来たが、どうか神よ、それを我々から遠く退け給え。もしお前たちの誰かが死ぬ運命にあっても、それはかけがいのない祖国のための死であり、他のどんな死よりも幸せであろう」。

彼はさらに言ったかもしれないが、チェコ人の突撃が彼の言葉を遮った。ヴラチスラフ公は、敵がその場所から動かないのを見て取ると、

まず初めにドイツ人に右翼に突進するように命じ、

兄弟のコンラートとオタは左翼で戦うように配置した。そして彼自身は敵の隊列が一番密である戦いの正面に立ち、自分の兵士に馬から降りて、敵と歩兵戦で戦うように命じた。彼がそう言い終わらないうちに、彼らは馬から降りて叫び声を上げて奮起した。乾いた刈り株の畑が燃え上がると、瞬時にすべてを焼き尽くすが（Vergil.-2, III,99）、その荒れ狂う火のように彼らは剣で敵軍を打ち倒し、抵抗するものを大地に打ち倒した。この多数の軍の中で辛うじて生き残ったのは、辺境伯と共に逃げた者だけだった。このように羊の群れがライオンの子に乳を与えたが、チェコ人は自軍のわずかの兵を失っただけで、東の地方から[186]栄光ある勝利を運び去った。1082 年に行われたこの戦いで亡くなったのは、スタンと兄弟のラヂム、ザネク[187]の息子フルドニ、ヒネシュの息子ドブロホストと若干の他の者たちであった。

【ハインリヒ王（T11）は 2 年間ローマを包囲した】[188]。

(186)【チ】の z východní krajiny（東の地方から）は、【ラ】の de plaga orientali（太陽が昇る地域から）で、これはオーストリアのこと。

(187) 写本 A1 はザネク（Zanek）だが、他の写本では Zanec, Sanek, Janek で一定していない。

(188) 写本群 C に加筆。叙任権闘争の中でハインリヒ 4 世は、イタリアに侵攻しローマを包囲した。

XXXVI（36）

1083 年

1084 年

【ハインリヒ王（T11）は皇帝となった】[189]。

1085 年

12 月 25 日にポーランド公ヴワディスワフ（Q2）の妻であるユディタ（B23）が亡くなった。彼女はチェコの公ヴラチスラフ（B2）の娘であった。

彼女は石女（うまずめ）で子どもが出来なかったので、常に自身の気持ちや行動を抑え、涙を流しながら神に身を捧げ、喜捨を分け与えることに腐心した。寡婦や孤児たちを助け、修道院には惜しみなく金銀を配分して僧たちに、聖人への請願を通して神の慈悲から、自然が彼女には拒んでいる子をどうか得られるようにと祈ることを命じた。それ以外にも彼女は自分の助任司祭ペトロを遣わして、聖イルイー[190]の墓への誓約と共に贈り物を修道院長とその兄弟僧に届け、彼らの口添えで神が彼女の祈りを聞き届けて下さるように願った。助任司祭が公妃の命じた事を済まして帰路につく時、修道院長は予言するような口調で次のように言ったといわれている。「神の祝福と共に行きなさい、そして主人に言いなさい、『神を信じ信仰を疑うなかれ、汝は子を宿し産むであろうから[191]』。何故なら聖イルイーに信頼を寄せて求めたことを、手にすることの出来なかった者は誰一人としていないからである。しかし私は、我々が神を侮辱しているのではないかと恐れている。我々が運命に抗って神への祈りでせき立てる時は、我々の守護聖人の力もあって、自然がそれに反対することを、時に請願者に許すことになろう」。

そして彼はこのことを主人に言い、彼女は時が来て妊娠した。しかし彼女は息子を産んだ 3 日後の、上述の日の一番鶏が鳴く時に亡くなった。彼女の息子は洗

---

(189) 写本群 C に加筆。ハインリヒ 4 世は自身が立てたローマ教皇クレメンス 3 世から、1084 年 4 月 1 日に帝冠を受けた。

(190) 聖イルイー（Jiljí、ラテン Aegidius、仏 Gilles、独 Gilgen, Ilgen、650 頃～ 710 年頃）はギリシャ人だがフランスに渡って、主にフランスの各地で奇跡によって病人を治したが、現世の名声から逃れるため荒野の奥に移り、雌鹿と共に暮らした。ある時鹿を狙った狩の矢が、彼に当たり深手を負った。後に彼はフランス南部に聖ジル修道院を立て、そこにあった彼の墓は中世の一大巡礼地になった。

彼は危急の際にその名を呼ぶことで、難を救ってくれる 14 救難聖人の一人（主に身体障がい者や乞食の守護聖人）となり、彼の姿は雌鹿と共に描かれることが多い。

(191) この一文は聖書のいくつかの引用からなる。シラ書 2,6（主を信頼せよ）、マタイ伝 21,21（信仰を持ち疑わないならば）、ルカ伝 1,31（身ごもって男の子を産む）。

礼を受け、自分の伯父のボレスワフ（Q1）の名を得た[(192)]。

XXXVII（37）

1086 年

帝国の拡大者である神聖ローマ皇帝ハインリヒ 4 世(T11)の命令と尽力によって、マインツの町で大きな教会会議が開かれ[(193)]、そこに 4 人の大司教と 12 人の司教が一堂に会した。彼らの名前は後述するが、そこにはさらに修道院長やその他の信者たちもいて、聖なる教会の地位についての極めて多くの規定を文書で確認した。この会議で皇帝は、帝国のすべての最良の人士である、大公、辺境伯、廷臣、司教たちの同意と承認と共に、チェコのヴラチスラフ公（B2）をチェコとポーランドの統治者と定めた[(194)]。皇帝は彼の頭に自らの手で王の髪飾り[(195)]を被せて、トリーア大司教エギルベルト[(196)]に彼の主要都市プラハで王として香油を注ぎ、彼の頭に王冠を載せるように命じた。

この同じ会議でプラハ司教ゲブハルト（B4）は、前述のモラヴィア司教ヤンに関係する自分の以前の請願を文書で提出した。そのヤンは同年にすでにこの

(192) ボレスワフ 3 世（Q21、在位 1102 ～ 1138 年）、叔父はボレスワフ 2 世（Q1、在位 1058 ～ 1079 年）、付録 3 の系図を参照。

(193) 実際にマインツで 1085 年 4 月に教会会議が開かれ、翌年にレーゲンスブルクでコスマスが引用している特権証書が調印された。

(194)【英】によると、この 2 文は【Regino】（143）からの借用。チェコのヴラチスラフ 2 世は常にハインリヒ 4 世の側にいて、度々援軍を出兵して緊密な関係を保っていた。その貢献に対して一代限りではあったが、チェコの公位から王位のタイトルを獲得した。一方のポーランドについては、ポーランド全土の統治権を得たわけではないが、両国の国境地帯にあるシレジア地方がチェコ領に組み込まれたので、その意義は大きい。

なおチェコでの世襲の王位は、約 100 年後のプシェミスル・オタカル 1 世（チェコ公：1192 年～、チェコ王：1198 ～ 1230 年）が得た王位を、1212 年にフリードリヒ 2 世が金印勅書によって正式に認めてからであった。

(195)「髪飾り」と「王冠」について、【ラ】では前者を circulus（輪、環）、後者を diadema（王冠）と使い分けている。藤井によると中世の王冠には、1. ヘアバンドのように帯状に頭を覆う環形冠、2. 頭頂部が開いた開頂冠、3. 頭をすっぽり覆う半球状の冠があった。ここでの circulus は 1 と思われるが、diadema についてはチェコの王冠が伝来していないので不明としている。

(196) トリーア大司教エギルベルト（Egilbert、在任 1079 ～ 1101 年）は、反皇帝派に寝返ったマインツ大司教ジークフリート（II 部注 162）の代理をした。なおトリーア大司教は後に神聖ローマ帝国の選帝侯の一員になっている。

世を去っていたが、ゲブハルトは将来を大いに危惧して友人を通じ、その地位に新しい司教を置かないように皇帝に強く求めていた。そして彼はみなの前で、ずっと以前の前任者である聖ヴォイチェフから伝わり、教皇ベネディクトから皇帝オットー１世[(197)]によって確認された特権証書を開いた。正当な請願に基づき、またこの司教ゲブハルトの兄弟であるヴラチスラフ公の要請に動かされた皇帝は、マインツ大司教ヴェジロ[(198)]と公正さの良き友人である他の者たちの助言によって、新しいがほとんど同様の文言をこの昔の特権証書に加え、以下で示される皇帝の印章によって確認した。この特権証書の写しを本書に入れるのは余分なことではないと考える。その文面は次のようである。

「不可分である聖三位一体[(199)]の名の下に。神の慈悲による神聖ローマ皇帝で、帝国の拡大者ハインリヒ４世。我々は至る所で神の教会のために助力し、必要な場所ではそれらから害や不正を退けることが、王の名誉と皇帝の位に相応しいことを知っている。それ故に神を信じるすべての者と、未来と現在の我々の帝国に次のことを知らしめたいと望む。それは我らの忠実なるプラハ司教ゲブハルトが、己の兄弟たちや同僚の司教たちや他の我らの公たちや、最後に我々に対して何度も懇願したことであるが、プラハ司教区はそれの制定の初めからボヘミアとモラヴィアの地全体に渡って、唯一不可分のものであった。このことは教皇ベネディクトから皇帝オットー１世の時まで確認されてきたが、後に彼の先任者たちの合意によって分割された。さらに君主たちの力だけで新しい司教が任命されたが、それによってその本来の領土も変更された。司教ゲブハルトがマインツで、我々のまた我が帝国の多数の最良の人士が出席している中、教皇の特使の面前でこの請願を上奏した時、マインツ大司教のヴェジロ、ケルンのジゲヴィン、トリーアのエギルベルトそしてブレーメンのリーマル[(200)]と、司教のヴェルダンのティーデリク、ウトレヒトのコンラート、アイヒシュテットのウルリヒ、レーゲンスブルクのオットーは、世俗の者即ちチェコの公ヴラチスラフ（B2）と彼の兄弟コ

(197) 聖ヴォイチェフの意図を実際に承認したのは皇帝オットー２世。

(198) ヴェジロ（Wezilo）は初めハルベシュタットの司祭であったが、ハインリヒ４世を支持してマインツ大司教になり、教区を 1084 ～ 1088 年の間管理した。

(199) 三位一体説では、神は父と子と聖霊の３つのペルソナ（位格）で現れるが、神の本質は一つの実体として存在すると考えている。

(200) 大司教の内ヴェジロ、エギルベルトは前の注を参照、他はジゲヴィン（Sigewin、在任 1078 ～ 1089)、リーマル（Liemar、在任 1072 ～ 1101）で、彼らはみな皇帝派の大司教であった。司教以下については不明な点も多いので割愛するが、それらの原綴りは人名・地名索引で示す。

ンラート（B3）と大公フリードリヒ、大公リトルト、ライン宮中伯ラポトそしてそこに集まったすべての者たちの同意と共に、かの当初の村落はすべての領地と共にプラハの司教座に帰属することを認めた。

西の国境をなしているのは、コウバ川の境界に達する地域を含むトゥホシュチ、セドレツ、ルチャネー、ヂェチャネー、ルトムニェジツィ、レムジ、そしてチェコの国境が定められている森の中央までである(201)。次に北方には以下の境界が広がっている。プショヴァネー、ホルヴァチ、別のホルヴァチ、スレザネー、トシェボヴァネー、ボブジャネー、ヂェドシャネー、そしてミルチャネーの国境に至る森の真中まで。そこから東方はブク川とスティル川が国境をなし、クラクフ城とヴァーフという名の地方と、前述の クラクフ城に所属するすべての地方である。そこから国境はハンガリーの領土と結び付いて広がり、トリトリと呼ばれる山脈に連なっている。そこから国境は南に向かって、モラヴィアの地と結びついたあの司教の集落に、ヴァーフと呼ばれる川の方に向かい、さらにモレと呼ばれる森の真中へ、バイエルンとの国境をなす山に向かっている。

我々の仲介と得られた公たちの共通の合意のおかげで、…を通して(202)、チェコの公ヴラチスラフと彼の兄弟のコンラートは再度確認し、自分たちの兄弟であるプラハ司教に、然るべき裁判の手続きで請求された、不可分のその集落を返すことになった。この司教の根拠のある要請に関して、我が皇帝権力による判決によって、彼と彼の継承者にプラハ司教区の統一を再度確認しよう。同時に我々は撤回することなく指示しよう、将来においてどんな身分のいかなる者も、また人々のいかなる集団も、プラハ教会から上記の範囲内でその権利のどれほど僅かなものでも盗むことは出来ないことを。そしてこの合意と確認の力が、永遠に続き覆されることがないように、我々はこの文書を認(したた)めることを命じ、以下に見るように自らの手でそれを確認し、我が印章を押すことによってそれを証するように命じた。1086 年 4 月 29 日、インディクティオ 9 の時で、ハインリヒの王としての治世 32 年目で、皇帝としては 3 年目であった」。

皇帝がその印を(203)自らの手でプラハ司教区の特権証書に添えるのを、私自身

(201) 以下に列挙される名は、地名と共に、チェコの旧部族名（例えばルチャネー、ヂェチャネー、ルトムニェジツィ、レムジ）も挙げられている。ルチャネー（ルチャン人）については I 部 10 章を、ルトムニェジツィはリトムニェジツェ付近に住んでいた部族名。

(202) いくつかの写本では、「…」はなく、テキストが直接繋がっている。

(203) ハインリヒ 4 世は文書に自身の手でサインするのに慣れていた。また彼は上記のような、自分の名前の頭文字と称号などを組み合わせて図案化したモノグラム（monogram、組み字）も作って使っていた。この印は現存するコスマス年代記の大部分の写本にある。

見た[204]。

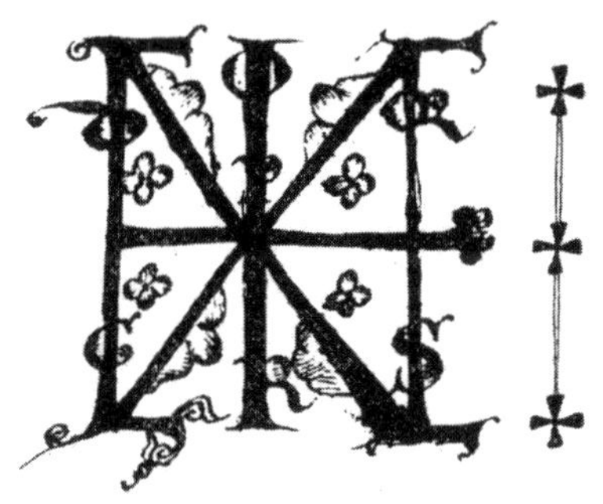

XXXVIII（38）

同様にこの同じ年に教皇クレメンスは[205]、皇帝ハインリヒ（T11）の要請とマインツ大司教ヴェジロの口添えで、また教会会議に出席していた教皇特使の仲介で、自身の特権証書によって[206]、プラハ司教区を上記のその境界内で確認した。彼がそのようにしたのは、司教ゲブハルト（B4）の要請と尽力と彼の助任司祭アルビンを介してであったが、ゲブハルトはこのアルビンを同じ理由により教皇の特使と共にマインツからローマに送った。

この同じ年の6月9日、チェコの公ヴラチスラフ（B2）の兄弟であるモラヴィアの公オタ（B5）が亡くなった。

一方トリーアの大司教エギルベルトは主要都市プラハに到着し、皇帝の命令に基づいて6月15日に壮麗な聖なるミサの際に、王の権標を付け[207]王座に座ったヴラチスラフに、香油を施した。そして国王の衣装に身を包んだ、彼と彼の妻スヴァタヴァ[208]の頭上に王冠を被せた。その時聖職者とすべての廷臣は三度叫ん

(204) 実際にはコスマスは見ていない。

(205) クレメンス3世（在任1080, 1084～1100年）は、本来のローマ教皇に対してハインリヒ4世が立てた教皇（対立教皇）で、彼はグレゴリウス7世、ヴィクトル3世、ウルバヌス2世、パスカリス2世の4代のローマ教皇に対立し、ハインリヒ4世に神聖ローマ皇帝として戴冠も行い、ローマで強大な影響力を保持した。

(206) この勅書は他の史料では確認できない。

(207)【チ】は královský odznak（王の記章）だが、【ラ】は fascis で、これは斧の柄を囲むように木の棒を革ひもで束ねたもので、公的権威・統治力・統一を示すシンボル。

(208) ヴラチスラフ（B2）はハンガリー王アンドラーシュの娘アドレータと結婚していたが(II部16章)、彼女の死後ポーランド公カジミェシュ（Q）の娘スヴァタヴァと再婚し（II部20章)、計10人近くの子供が生まれた。その内4人の息子が成人して、彼らは彼の死後、後継者争いを始めた。

だ、「ヴラチスラフ、高貴で平和を愛するチェコとポーランドの王、神から王冠を戴いた者に、命と健康と勝利を給え」。その後 3 日目に大司教は、王の尊厳さに相応しい下賜の金と銀を車に積み、また他の進物や贈り物を貰って、喜びと大きな尊敬と共に帰路についた。

XXXIX（39）

1087 年

ヴラチスラフ王（B2）は軍勢を集めてソルビアに遠征したが、この地はかつて皇帝ハインリヒ（T11）が彼の所領として永久に授けていたものであった[(209)]。グヴォズデツと呼ばれるマイセン城の近くにある城[(210)]を修理していた時であったが、他の者たちが仕事で忙しかったので、彼は自分の息子のブジェチスラフ（B21）を、昔彼に対して生じた不当行為に復讐するため、選りすぐった兵士たちの 2 部隊と共に送った。以前彼は皇帝の宮廷から戻る途中、たまたまキレプと呼ばれる大きな村に泊まったが、夜そこで彼の従者と村の住人の間でいざこざが起き、その結果村人たちは 2 人の兄弟を殺していた。殺されたのは主要な者たちの中で第一位の者で[(211)]、我が国を支える強大な柱で有力者タスの息子の、徳の光で輝くナチェラトとヴズナタであった。王が送った者たちは昼も夜も急ぎ、三日目の明け方に命令通りにその村を急襲した。彼らは村人のすべての財産を奪い、村人と彼らの妻から靴の紐まで（ルカ伝 3,16、イザヤ書 5,27）強奪し、建物に火を放って土台から破壊し、馬と家畜を引き連れて無傷で帰路についた。

しかし正午に彼らがある川を渡っていた時に、主人の息子ブジェチスラフは川岸に良い場所を見つけた。彼は従騎士たちに[(212)]戦利品を持って先に行くように命じたが、最も勇敢な兵士たちを呼び、そこで彼と昼食を取るように言った。というのもその日は非常に暑く、君主の息子は厳しい暑さに苦しんでいたからであった。彼は食事を取ると川で泳いで、少し元気付こうと決めた（Regino,92）。

(209) コスマス年代記では「ソルビア」はソルブ人が住んでいたラウジッツ地域だが、ここではより正確にはマイセン辺境伯領で、ヴラチスラフはハインリヒ 4 世から 1076 年にこれを得ていた。

(210) 今日ではその位置を特定できない。またキレブ（Kyleb）村の位置も不明。

(211)【ラ】は primi（第一番の）inter（〜の中で）primates（首位の者）。

(212)「従騎士」と訳した【チ】の štítonoš（盾持ち）は、【ラ】の scutarius（盾を持てる人）で、scutum（革で覆われた木製の大盾）から派生した語。この身分の者は主人の騎士の身の回りの世話や戦場への甲冑の運搬や修理を行う若者で、何年かの修行の後騎士に取り立てられた。

その時有力者アレシュが彼に伝言して言った。「ここはあなたが泳いでいるヴルタヴァ川でもオフジェ川でもありません。遅滞せずに勇士たちの財宝を運びなさい」。これに対して若者は答えた、「風がちょっと吹き始めるといつも震えだし、さらに命の終わりはすでに彼らの上にあるのに、それを若者より恐れるのは老人の習いだろう」。ブジェチスラフがアレシュにこう告げた時、アレシュは言った。「どうか神よ、今このような避けがたい偶然が起きても、幸いな結果で終わりますように、また老人と若者のどちらが、命の終わりを本当に恐れているのか、若者たちに分からせて下さい」。彼がそのように言った途端に、ザクセンから送られた 20 人以上の騎兵が突然現れた。彼らは、イタチが天敵の蛇を噛み殺そうとして、自分の尻尾の影で蛇を穴からおびき出すように、彼らを戦いに誘い出した (Lucan.-1, IV,724)。わが軍の者たちは、思慮が浅く注意深いというよりむしろ大胆であったので、敵を見付けるとアレシュが思い止まらせ引き留め戻るように大声で叫んでも、敵の後を追い駆けて自分たちの運命に向かって突進した（Ovid.-1, VI,51)。突然待ち伏せ場所からザクセンの重装備兵の一隊が飛び出し、敵を追って行った我が軍は一人としてそれから逃れることは出来なかった。

陣営に残っていた者たちが荒々しく空に立ち上る土ぼこりの渦を見た時、突然の思いがけない出来事はしばしば最も勇敢な戦士たちをも混乱に導くが、ともかく彼らはこの上ない素早さで武器を掴むと、雄々しく敵に向かった。激しい戦場に達すると、武器のぶつかる音と戦士たちの叫び声が雲まで届き、槍は戦いの初めで折れ、彼らは剣で切り合った（Sall.-1, 60,2)。最後には神のご加護によってザクセン人たちは逃げ出し、我が軍は勝利を得たが、血の代償は大きかった。主力ではない兵士たちはすでに戦利品と共に先に行っていて、この戦場では高貴な身分の者だけが亡くなっていた。それはアレシュ、彼の娘婿のラチボル、ブラニシュと彼の兄弟のスラーヴァおよび他の極めて多くの者たちであった。有力者プシェダは片足を失ったが何とか生き延びた。公の息子は右の親指を怪我しただけだったが、もし握っていた剣の柄が敵の剣の一撃を受け止めなければ、片手を失うところだった。この流血は 7 月 2 日に起きた [213]。

XL（40）

1088 年

我々が正にここで描いているそれらの事が起きた時期に、
名をベネダという一人の戦士がいた。

(213) チェコの軍勢は、国境の門のマイセン（ラウジッツ）側で打ち負かされた。

強健な心を持った若者で、その輝かしい体つきは、
鎧を身にまとった、かつてのヘクトルかトゥルヌス[(214)]のようであった。
彼はユラタの息子で、一族の祖先はタス[(215)]であった。
如何なる理由でその時、ヴラチスラフ王（B2）を怒らせたのか私は知らないが、

彼はポーランドに逃げて、公ヴワディスワフ（Q2）の妻ユディタに兵として仕えた。すでに2年が過ぎた時、彼はポーランドから戻ると王の娘婿のヴィプレヒト[(216)]の所に行き、彼の口添えでかつての主人の下で再び慈悲を得ることが出来ないだろうかと懇願した。しかしこのヴィプレヒトは自分の行動に非常に慎重で、このような件で自分の義父の気分を害したくなかったので彼を説得し、差し当たりはより安全なマイセンの司教ベンノ[(217)]の所に留まり、同時に彼を仲介者として立てるよう助言した。

その間に、ヴラチスラフ王は再び軍勢と共にソルビアに進軍することになったが、それは前に述べたグヴォズデツ城を、より堅固な別の場所に移すためであった。そして王はベネダがマイセン城にいることを知ると、身の安全を保証するので彼の所に来るように使者を送った。王は彼がやって来るのを見ると、彼をどのような策略で捕えようかあれこれ考え始めた。二人は多くの事を話したが、その場に合わせて様々な話題を考え出し、その後王は巧妙に彼の右手を取ると、あたかも二人だけで話したい様子で、彼を陣営の外に連れ出した。その時王は、その戦士が腰に付けていた剣の柄と金色の握りを見て、話のついでにその剣で何が出来るかを尋ねた。彼は答えて言った、「もしあなたが兜の上に石臼を載せても、私は両方一緒につまり頭と体を脇腹まで、この剣の一撃で断ち切るでしょう」。王は驚いた様子をしてその剣を褒め、彼にそれを見せてくれるように頼んだ。彼は何ら悪意を察知せず、剣を鞘から抜いてそれを王の手に渡した。王はそれを握ると振り回して言った、「お前は今何をしたいのか、売春婦の息子よ」。そして王と共に唯一人そこにいた、最悪のろくでなしの納戸役ジェリボルの息子ヴィー

---

(214)ヘクトル(Hektor)はギリシャ神話のトロイア戦争でトロイアを守った最強の武将。トゥルヌス（Turnus）はローマ神話でトロイアの英雄アイネイアースと戦い倒された武将で、「新たなアキレウス」と見なされた。

(215)【チ】によるとベネダ(Beneda)は明らかに、チェコの有力者の階層に属すると思われる。

(216) グロイチュ伯ヴィプレヒト2世（Wiprecht）は神聖ローマ帝国の領邦君主の一人で、1085年頃にヴラチスラフ（B2）の娘ユディタ（B28）と結婚した。

(217) 司教ベンノ（Benno）はマイセンの教区を1066～1106年の間管理し、後に列聖された。

ト[218]に命じた、「こいつを捕まえろ、捕まえて両手両足を縛り上げろ」。しかし、

無鉄砲な勇気は、勇敢な人士に対しては常に危険であるので、

勇敢な戦士は直ちに、納戸役が脇に差していた剣の柄を掴むとそれを抜き取り、彼の腰を真ん中で断ち切ったので、その者はよろめき倒れ半死の状態で横たわった。この勇敢な戦士は逃げることも出来たがそうはせずに、レルネの竜に立ち向かい、それから身を守ったヘラクレスのように[219]、

三度王を傷つけたが、その鈍(なまく)らな剣では大した傷は負わせられず、
一方彼自身は王の手からは傷一つ負わなかった（Ovid.-1, XII,374)、
叫び声を聞いて陣営から人々が駆けつけた。
その中でクカタ[220]は、誰よりも早く真っ先に駆け付けて、

彼に向かって突進してくるイノシシに対するように、戦士に幅広の狩猟ナイフを打ち込んだ。すると王はさらに死者に復讐するかのように、戦士の足を馬の尾に縛りつけて、茨の茂みの中を曳き回すように彼に命じた。

【このようにして正義の人士、戦士ベネダは神の殉教者のように6月11日に亡くなり、マイセン城の聖使徒・福音史家ヨハネの修道院の門の前に葬られた】[221]。

XLI（41）

1089年

【ブジェヴノフの聖ヴォイチェフ修道院の院長メギンハルト[222]が亡くなったが、彼はこの修道院の建立者であった。彼の後をヴォイチェフが継いだ】[223]。

---

(218) ヴィート（Vít）は他の史料では確認できない。

(219) ギリシャ神話でヘラクレスは、レルネの沼に住み、九つの（百とも言われる）頭を持った水蛇ヒュドラと戦った。ヒュドラは触れただけで、生き物を絶命させる世界最強の猛毒を有していたので、彼はヒュドラの吐く毒気にやられないように口と鼻を布で覆いながら戦った。

(220) クカタ（Kukata）は、プラハの西35kmにあるズベチノの公の狩の館の森番で、III部13章でも言及されている。

(221) 写本群A3に加筆されたもの。

(222) メギンハルト(Meginhardus, Meinhard)は、ブジェヴノフ修道院の5(6)代目の修道院長。この修道院は993年にボレスラフ2世と聖ヴォイチェフによって定礎されたが、11世紀中ごろ彼によって聖ベネディクトとヴォイチェフのロマネスク様式のバジリカが建てられている。

(223) 写本群A3に加筆されたもの。

【ヴィシェフラトの教会が創設された】[224]。
【司教と王の間で争いが生じた】[225]。

1090 年

あの太古からの蛇（黙示録 20,1）人類の敵対者は [226] 決して眠らず、絶えず平穏な者の心をかき乱すが、

彼は兄弟たちが和の中で暮らしていることに、もはや耐えられなかった、

つまりヴラチスラフ (B2) 王と司教ゲブハルト (B4) の間柄の事であった。彼（悪魔）はこの者（ヴラチスラフ）を栄光と名誉の空しい願望で誘惑し、一方かの者（ゲブハルト）を自惚れと傲慢な思い上がりで駆り立てた。しかしながら、かの者はこの者をまったく信じておらず、またこの者はかの者を超えることが出来なかった。この者は弟を自身と並ぶものと思いたくなく、かの者は兄より劣っていると思いたくなかった。この者はより上位であることを望み、かの者は従属的であることを望まなかった。この者は王として統治し勝ることを望んだが、かの者は彼の命令に従うことを望まず、司教職を授けた皇帝への従属のみを認めた。彼らは時折互いに非常に激しく嫌悪したので、王は祝日に彼の頭上に王冠を被せる司教がいないことがしばしばあった。

王はその必要と野心に迫られて再びモラヴィアの地に司教を置き、それに自分の助任司祭のヴェツル [227] を充てたが、それをしたのは理性からではなく単なる尊大さからであった。この行為によって明確になったのは、彼自身が皇帝と皇帝の司教たちの前で、二つの司教区を統合するとした同意を否認しただけでなく、彼はこの司教区の範囲を確認した教皇クレメンスの特権証書にも違反した事であった [228]。司教ゲブハルトは教会に対して行われたこの不正を教皇に訴えるために、ローマに行こうとした。しかし信頼できる者たちの助言に従い、その前に自

(224) 写本 C2a と C3 に加筆されたもの。ヴィシェフラトにある聖ペトロとパヴェルの教会は、ヴラチスラフ 2 世によって 1070 ～ 1080 年に建てられた、ロマネスク様式のバジリカが元になり、その後何度も改築されている。

(225) 写本 C2b の欄外に記された注。ヴラチスラフ王のオロモウツ司教区の再建をめぐる彼と司教ゲブハルトとの争いのことであるが、これは次の 1090 年の記事に詳しい。

(226) 堕天使としての悪魔のこと。

(227)【チ】によればヴェツル（Vecl）は、オロモウツの伝承では不明の司教だが、彼が叙任後にオンドジェイ（Ondřej）の名を受けた可能性も否定できない。オンドジェイはモラヴィア教区を 1092 ～ 1096 年の間管理した。

(228) この特権証書に関しては、II 部 37 章参照。

分の昔の友人であるハンガリー王ラースロー[229]を訪れた。彼は王に彼の教会に対する不法行為を告げ、ローマへの道中の助けを求めた。

しかし残念ながら、彼は死が彼のすぐ近くにいることを予感していなかった。

というのも彼は王を訪ねたその日に重い病を発したからで、また彼はエステルゴム城[230]の近くにいたので、王は彼を船に乗せてそこに運び、当地の司教に彼の世話を任せた。

その6日の間、彼がどんなに恐ろしい痛みに耐えていたのかを、
私は言葉で言い表すことが出来ない、涙が私に書くことを許さないから。
7日目の夕方に、
6月の太陽の運行が終わる前の5日目に[231]、
輝かしい信仰の真珠で、すべてのチェコ人の輝く星であり、
己の学識で特に秀でた、敬虔な司教ゲプハルトは、
この世を去った、この先もキリストの中で生きるために。
私は彼の品行や暮しについて、多くの事を伝えたいと思い、
私の心はそれを切望しているが、胸の中の能力は欠けている
(Vergil.-1, XII,914)。
しかしともかく私自身が見たことを、少しでも述べたいと思う[232]。

XLII（42）

彼は四旬節の時には次のような習慣を守っていた。いつもフェルトのシャツを下に着て、上には司教の礼服をまとい、日中は人々の目を楽しませていたが、夜になると粗末な下着を着て秘かに教会に入り、そこで石畳の床に身を投げて長い時間祈り続けた。そのため彼が横たわっていた地面は、あふれる涙で濡れるのであった。その後彼は善行を行うために立ち上がり、詩編を心で復唱する前に、教

---

(229) ハンガリー王ラースロー（László、在位1077～1095年）は神聖ローマ帝国の圧力を軽減させるため、教皇グレゴリウスを支持しハインリヒ4世に対抗した。ゲプハルトは彼を通じて教皇への接触を試みたと思われる。王はハンガリーの領土をバルカン半島まで広げ、後に列聖された。

(230) エステルゴム城はハンガリー大司教の居住地、I部注278参照。

(231) 6月30日の月末から遡って5日目で6月26日になる。ゲプハルトは1090年6月26日に亡くなり、彼の遺骸はプラハに運ばれ、聖ヴィートのバジリカの塔の下にある礼拝堂に葬られた。

(232)【チ】によると実際にはコスマスは何も見ることはできなかった。

会の前で見出した哀れな者たち全員に、豊かな善行で彼らの貧困を助けていた。同様なことを詩編の詠唱を終えた後にも行った。その後朝の祈りの後に大型パンを4等分したものを40個[(233)]と同じ量の塩漬けニシンまたは別の食物を割り振り、それを貧者に分配した。4番目の善行は夜明けの内に、聖使徒たちの数にならって12人の巡礼の足を洗い（ヨハネ伝13,5)、その後

毎日12デナリウス[(234)]を彼らに分け与えていた。

食事の時間が来ると彼は人から離れた部屋や小屋に、彼らに必要な物を十分に用意した食卓を提供し、右手で彼らの食物や飲み物を祝福した。その後普通の人向けの食卓に行き、40人の貧者を自身でもてなした。彼が同様に行ったのは、彼の住居のあるプラハで毎日40人の貧しい人々に食事を与え、また1年に2度衣服を、靴紐から帽子のリボンまで得られるようにした事であった。また何人かのやって来た客や貧しい聖職者たちを沢山の贈り物で取り込み、彼らが四旬節の間中彼の元に留まり、生者と死者のために詩編を読むようにさせた。またそれぞれのミサでそれが何時、どの位の人数で行われたかに関係なく、

常に3デナリウスずつ支払うようにした。

毎日曜日には銭貨12枚を、しかし聖使徒の日や他のより大きな祝日には、聖遺物を納めた箱の上に銀貨200枚を捧げていた[(235)]。賢明な読者よ､彼がどれだけ気前がよいかに関心があれば、それは次のようである。彼は司教のマントを一年を通して着ることはないが、彼の助任司祭たちには冬用で一着を復活祭の時に、もう一つは夏用を聖ヴァーツラフの祝日（9月28日）に与えていた。彼はまた他の贈り物も決して惜しまなかったことも知って欲しい。

1091年3月4日の彼の死後コスマス[(236)]が､ヴラチスラフ王（B2）とすべての聖職者とチェコの民によって司教に選ばれた。これが生じたのは皇帝ハインリヒ4世(T11)の治世の時だが､その時期皇帝はロンバルディアで帝国の案件を処理していた。

---

(233) 西欧ではパンは大きな塊で焼き、それが大きすぎる場合は半分に、まだ大きい場合はさらにその半分に切って（全体の4分の1)、これがパンを扱う最小単位となる。

(234)【チ】は以下の3か所でpeníz（銭貨）と訳しているが､【ラ】では最初の2つはdenariusなので、このように訳した。

(235)【ラ】の表記は「銭貨12枚」はXII (12) nummos､「銀貨200枚」はCC (200) argenteos（銀貨）となっている。

(236) このコスマス（Kosmas）は本書の著者のコスマスとは別人で、その出身などはよく知られていない。彼はプラハ司教区を1091～1098年の間管理し、彼の叙任は1092年の初めにイタリア北部のマントヴァでなされ、これについてはII部49章を参照。なおマインツ大司教による正式の叙任は1095年まで延びた。

【訳者補注4】

ヴラチスラフ（B2）は弟たちとの抗争を続けながらも、チェコをほぼ30年あまり（在位1061～1092年）治め、また神聖ローマ皇帝のハインリヒ4世に忠誠を尽くしたため、1085年に1代限りではあるがチェコに王位をもたらしたが、その晩年にもプシェミスル家に内紛が生じた。東モラヴィアにあるオロモウツの公であったオタ（B5）が1086年に亡くなると、その息子のスヴァトプルク（B51）、オタ2世（B52）がまだ幼かったので、ヴラチスラフはその領地を自分の息子ボレスラフ（B25）に与えた。しかしオタの未亡人と息子たちは、西モラヴィアのブルノを拠点とするコンラート（B3）の所に身を寄せ、コンラートはかれらの権利を守りモラヴィア全土を治めた。

息子のボレスラフが1091年に早逝すると、ヴラチスラフはモラヴィアに侵攻しブルノを包囲した。しかし包囲の間に王軍の中に、ヴラチスラフの息子のブジェチスラフ（B21）による反乱が生じた。この複雑化した状況のため、ヴラチスラフは年長制（年長者が公座を得る、II部13章1055年参照）に従って自分の後継者にコンラートを定め、二人の兄弟は和解し、一方ブジェチスラフはハンガリーに逃亡した。

ヴラチスラフが1092年1月に狩の際の落馬事故で亡くなると、コンラートが公位を引き継ぐが、彼もその同年の9月に亡くなり、その後ハンガリーから戻ったブジェチスラフが1100年まで公位を継いだ。

XLIII（43）

この同じ年の4月17日水曜日の[237]復活祭後の次の週に、プラハ城にある聖殉教者ヴィート、ヴァーツラフ、ヴォイチェフの教会[238]が焼けた。

【冬には雪も雨さえ降らなかった】[239]。

この同じ年ヴラチスラフ王（B2）は自分の兄弟のコンラート（B3）に対して極めて強く怒った。それは彼が互いの愛を忘れずに、自分の兄弟のオタ（B5）の息子たち、スヴァトプルク（B51）とオチーク[240]（B52）の側に付いたからであった。王は彼らを父の相続地から追い出すと、オロモウツ城や他の城を自分の息子ボレスラフ（B25）に与えたが、その後間もなく9月11日にその城で彼を

---

(237) 本書のテキスト校訂版を編集したブレトホルツは、火事は一週間遅く、4月23日に起きたと指摘している。

(238)【チ】は kapitulní chrám（司教座聖堂参事会の教会）であるが、【ラ】は簡単に monasterium（僧院:同一の信仰を持つ出家修行者僧が、共同生活を行うための施設）と言っている。

(239) 写本群A3に加筆されたもの。

(240) オチーク（Ottík）はオタ（Ota）に指小辞の付いた形で、オタ2世（B52）のこと。

早すぎる死が捕えた。あの 3 人の兄弟、ヤロミール（B4）、オタ、コンラートは彼らが生きていた時には同じ一つの考えを持ち、王は彼らを如何なる策略によっても互いに引き離すことは出来なかった。ちょうど 3 頭の雄牛が角を結び合わして立ち向かった時には、ライオンも恐れると言われるが、王も敢えて己の兄弟を攻撃しようとは思わなかった。しかし王は、コンラートが自分の兄弟たちが死んだ後[(241)]一人になり、兄弟たちの支えを失ったのを見て、運命によりまた彼の父から授けられた、遺産の絆（申命記 32,9）によって正当に彼に割り当てられた領地から、彼を追い払うために軍を率いてモラヴィアに攻め入った。そして王はブルノ城に向かい、この地の有力な者たちの真中に立つと、その場所を包囲するように命じた。王がそれぞれの有力者が野営をする場所を定めた時、厄介な人物であった領地管理人[(242)]ズデラトは王に脇から目配せすると、主だった人士に混じって父の前に立っていた、若いブジェチスラフ（B21）を誹謗するように当て付けて言った。「王様、あなたのご子息は夏には川で遊び泳ぐのが好きなようですので、もしよろしければ、彼に従者たちと共に城のこちら側の川沿いに天幕を張るように命じて下さい[(243)]」。彼がこう言ったのは既に述べたことだが[(244)]、しばらく前にザクセンでこの若者が真昼に川で泳いでいた時に、突然敵が出現して攻撃を受けた事であった。

その言葉はこの若者の心に深く残り（Sall.-1, 11,7）、毒矢が彼の心臓に刺さったように、彼を激しく痛めつけた。彼は悲しみの中で天幕に戻ったが、星が出るまで食事を取ることも出来なかった。その後暗夜に彼は友人たちを集めて彼らに自分の心の傷を伝え、どのようにすれば卑劣な管理人に復讐できるか助言を求めた。その夜同様に密かに叔父のコンラートにも使いを送り、自分の辱めと誰がそれをしたのかを知らせ、彼にどうすべきか助言を求めた。コンラートは答えて言った、「もし自分が誰であるのか自身知っているなら、その火を消すことを恐れてはならない、その火は君よりも私をより多く焼いているからだ。この件を気にしないで済ますのは称賛に値しないであろう」。というのも王がズデラトの助言に従ってこれらすべての事をしていたのを、コンラートは知らない訳がなかったか

(241) コンラート（B3）にとって、オロモウツ公のオタ（B5）は 1086 年に、プラハ司教のゲブハルト（B4）は 1090 年に亡くなっている。

(242) ズデラト（Zderad）の肩書は【ラ】では villicus（管理人、家令）だが、実際には彼はプラハ城代でヴラチスラフの第一の助言者であった。

(243)【チ】によればコスマスは、特に意図せずにブルノの公の城が、今日のブルノ旧市街のスヴラトカ川の岸辺にあったことを示している。

(244) II 部 39 章参照。

らである。使者がブジェチスラフに叔父の言葉を伝えた時みなは喜び同意し、それが神から与えられたように公の意見を褒めた、なぜなら彼ら自身もまた以前にそのように助言していたからであった。そしてその後どうなったのであろう。彼らは一晩中その件について話し合い、翌朝それを実行した。

XLIV（44）

夜明けにブジェチスラフ（B21）は前述の管理人に､彼が望むところで彼と会って密かに話をしたいと伝えた｡彼は何ら不吉なことを予感せず､有力者ドルジミールを連れて二人だけで出掛けた。若者が遠くから彼らを見かけ、石が届く距離に彼らが来た時、彼らに向かって駆け出した。彼は自分の兵士たちに、彼がズデラトの胸に手袋を投げつけた時、前もって決めていたことをするように命じていた。それから彼は、ズデラトが彼をしばしば侮辱していたことを手短になじり付け加えて言った､「さあ、私がお前に約束した保証を取り消そう」。彼は馬の向きを変えるとズデラトの顔に手袋を投げつけた。すると激怒したライオンがたてがみを逆立て尾を下ろし、その端にある毛の房で額を払い、尾の下にある突き棒で尻を突き刺し､道に立っているすべてのものに向かって突進するように (Lucan.-1, 1I,208)、直ちに隊列の中から武器を携え熱く燃えた若者たち、ルボミールの息子のノジスラフとその兄弟ドルジクライと、3 人目のオレンの息子ボルシャが飛び出してきた。彼らは、逃げようと空しくもがくズデラトを 3 本の槍で高く持ち上げると、藁束（わらたば）のように彼を地面に叩きつけた。馬の蹄で彼を踏みつぶし、何度も何度も彼を打つと彼の体を槍で地面に串刺しにした。こうして 7 月 11 日にズデラト、

人を惑わす幸運の女神の友人は、その車輪の一番高い所から
このような死によって放り出された。

ドルジミールは青ざめて陣営に駆け着くと、何が起きたかを王に知らせた。王一人がズデラトのことを悲しみ涙を流したが､みなは公然とは称賛しなかったが、その若者を褒めたたえた。一方ブジェチスラフは自分の陣営を、他の陣営から離れた近くの丘の後ろに移したが、大部分のそして軍のより勇敢な部隊が彼に続いた。

XLV（45）

一方名をヴィルピルクという [245] コンラート（B3）の妻は、

---

(245) ヴィルピルク（Wirpirk, Virpirka, Wilburga, Hildburga）はバイエルンのテングリンク

聡明な女性の中の一人であったが、夫が知らない間に王の陣営に行った。王が彼女の来着を告げられた時、彼は貴族たちを会議に集めていた。名が呼ばれ彼女は王の前に立ったが、その顔は涙に沈み、すすり泣きが彼女の心の中の言葉を押し潰した。やっと力を奮い立たせると次のように言った。

「親愛なる国王様、私はあなたの義理の姉妹に値しない者ですが、
あなたの膝にすがるためやって来ました、単なる気まぐれではありません」。

そしてひれ伏し王に跪いた(黙示録 7,11)。彼女は王の合図で立ち上がると言った。「私の主人である王様、あなたはこの地方では、戦争への如何なる動きも見出せず、この地の戦いから如何なる勝利も得られないでしょう。今あなたは内乱以上の戦争を行っています（Lucan.-1, I,1)。あなたが私たちや私たちの財産を、自分の兵士たちの戦利品と見なす限り、また同様にあなたが守る義務のある自分の兄弟から、血まみれの略奪で奪い取る時には、自分の矢を自身にも向けることになります。身内を攻撃するものは神を攻撃するものです。自分の国境から遠く離れたこの地で、獲得しようと探している戦利品がどんなものであったとしても、それよりはるかに素晴らしいものがあなたの王国の真中にあることを、私はあなたに示しましょう。あなたにはプラハの城下町やヴィシェフラトの通りより、より豊かでさらに高まった場所は決してありません。そこには金や銀をたっぷり持ったユダヤ人や、あらゆる国の中で一番の金持ちの商人や最も裕福な両替商がいて、あなたの兵士たちが有り余るほど豊かな戦利品を獲られる市場があります。それともあなたは、どのようにトロイアの城が燃えたのか見たいのですか、上に述べた二つの城（Vergil-1, II,581、V,662）[(246)] が燃える様(さま)は、ウルカヌス [(247)] が荒れ狂うよりはるかに激しくなるのをあなたは見ることでしょう。あなたは『これは私のものだ』と反論するかもしれません。でもここであなたが敵意を持って滅ぼそうとしているものは、一体誰のものでしょう。私たちはあなたのもので、私たちが持っているものは、あなたのものではありませんか。またもしあなたが自分の兄弟の喉に当てるためだけに、稲妻のような剣を研いでいるならば、あなたは第二のカインと見なされてしまうでしょう。でもあなたの兄弟にはギリシャやダ

(Tengling) 伯の娘で、コンラートとは 1054 年に結婚し 2 児を儲けた。ただここで述べられた逸話は、ドイツで起きた実話をまるでチェコ史での事件のように、コスマスが利用したと思われるので、【ラ】の proceres はそのまま「貴族」と訳した。

(246) 二つの城はプラハ城とヴィシェフラト城を指していよう。

(247) ローマ神話の火の神ウルカヌスは、特に破滅的な火と結び付いている。

ルマチア(248)への国境が開いていますので、あなた様が何ら損なわれず、兄弟殺しの罪を犯さないように、彼は喜んで異国を放浪するでしょう。そうです、兄弟ではなくあなたの召使として、彼があなたに送るものをお受け取り下さい」。そして彼女は服の中からやっとこと小枝で編んだ鞭(むち)(249)を取り出した。「もし弟である彼が、兄に対する罪を犯したら」彼女は続けた、「これで罰して下さい、そして領地はあなたのものですので、あなたの望む者にお渡しください」。

こう言い終わると彼女は王の心を捉え、貴族たち(250)の心を動かしたので（ヨブ記 12,24)、誰も涙を禁じえなかった。王は彼女を彼の横に座るように招いたが、彼女は座る前に言った。「私はあなたから慈悲を得ましたので、もう一つお願いがあります、どうか私の言うことを拒まないで下さい。息子の大きな罪には、父はちょっと罰を下せばそれで充分です」。そこで王は言った、「お前が何を言いたいのか私には分かる。でも私の兄弟と息子がいる所でそれを願った方が良いだろう。聖なる口づけと平和の絆（エフェソ書 4,3、ローマ書 16,16）の中で、彼らをすぐに私の所に連れて来なさい」。そして彼は彼女に口づけした。というのも王は、彼の兄弟と息子が同盟しないかを非常に恐れていたからであった。彼らがヴィルピルク夫人の隊列と共に王の所に到着した時、彼は彼らに和平の口づけを与え、息子に言った、「我が息子よ、もしお前が良いことを為したならば、お前は誰よりも良い者になるだろう。しかし悪を為したのなら、お前の罪が戸口で待ち伏せているだろう（創世記 4,7）(251)」。

XLVI（46）

その後ブジェチスラフ（B21）が、彼の父が和を結んだのは心からではなく、彼には他の方策がなかったからだと気づいた時、彼は彼の軍に移ったすべての者たちとフラデツ城の近くの地(252)に去った。彼はそこに留まり不確かな事態の好転を待っていたが無駄であった。というのも彼に従って来た者たちの誰もが、家に戻るのをためらったからであった。彼らは、怒った王が彼らを捕えて投獄するか、首を切り落とすのではないかと非常に恐れた。しかしその後王は、自分の怒

---

(248) ダルマチアは、バルカン半島にあるクロアチアのアドリア海沿岸地方を指す。

(249)「やっとこ」は、板金や熱した鉄などを挟んで持つための鉄製の工具。これらは主人が召使に行う仕置きの道具。

(250)【ラ】は principum（民の頭）となっているが、ここでは本章の初めにある proceres（貴族）の言い換えと見なして訳した。

(251) カインがアベルを殺害する前に、主がカインに発した言葉。

(252) 場所は不明だが、東チェコと思われる。

りを息子や彼の支持者に注ぎたかったが、それが出来ないことを知ると、兄弟のコンラート（B3）を呼び、その地の長老たちを集めすべての有力者の宣誓の下、彼の死後はチェコの公座は彼の兄弟のコンラートが得るべきことを確認した。そして王は自分の兄弟の助言と支えに勇気づけられ、公然と息子への報復を企て始めた。そのことは彼の息子ブジェチスラフの注意を引かない訳はなく、間もなく彼の下に 3 千人以上の勇敢な兵が集まった。彼らは急いでロキトカ川の傍に野営を張り、翌日王と戦う用意をした。彼は父に対して次の伝言を持った使者を送った。「あなたは私を遠くで探しておられたが、ほら、私はここにいます。あなたは後でするつもりでしょうが、やるのは今日です」。

しかしその夜の闇の中で起きた神の啓示について、触れないで済ますことは出来ない。なぜなら我々は、人間の行為については自分の知識の物差しに従って語るとしても、我々自身が見た神の偉大な御業（みわざ）については（出エジプト記 14,13)、沈黙するのは相応しいとは思わないからである。

XLVII（47）

公たちの間で上述の事が起きたその夜に、我らの守護聖人、つまり聖ヴァーツラフと聖ヴォイチェフは、大きな苦しみで憔悴（しょうすい）していた牢獄の囚人たちの所を訪れ、この上なく聖なる慈しみで彼らを自由にした。これは次のようにして起きた。まず初めに表の扉が枠と共に引き抜かれ、その背後にある鉄を打ち付けた牢獄の小さな扉がこじ開けられ、さらに罪人たちの足が残酷にはめ込まれた丸太が、へし折られて外に放り出された。その時すぐに罪人たちの耳に快い声が聞こえた。それは「これまでお前たちとこの国には、神への我らの取り成しが欠けていた。なぜならお前らの公たちが内戦よりずっとひどい、ボヘミアとモラヴィア間のこの戦争を始めた時から、お前たちは神の慈悲に相応しい者ではなくなっていたからである。しかし神の慈悲と慈愛と配慮は、神の聖者と彼に選ばれた者たちに結び付いていて、我々はその慈悲が見定める所に向かう。確かなことは、前もって神の慈悲が憐れみ現れるその場所にのみ、我々の姿が取り成しとして現れることである。さあお前たちは神の慈悲に守られた者となったので、立ち上がり教会に急ぎなさい。そこでみなに語りなさい、我々聖ヴァーツラフと聖ヴォイチェフはお前たちを許し、平和をもたらした」と。すでに枷が外れていた彼らは、重苦しい夢から覚めたように自由へ飛び出した。一方牢番たちはまだ眠っていたので、彼らは言われたことを行った。

まさにこの日さらに別の奇跡が起きた。それは聖なる殉教者たちがその出現の中で示したように、王の兄弟のコンラート（B3）がその王と彼の息子との間で和を結んだからであった。というのもそれ以前にはこの者たちは不和で、互いに他の者を疑い、王はその座を失うことを極端に恐れ、一方息子は父に捕えられるのを恐れていて、彼の世代の若者や高位の者の大部分、つまりより精力的で戦場ではより勇敢な者たちが、息子の側に付いていた。他方司教コスマスや教会の代表者、また年齢的にはより高く会議ではより雄弁なこの地の有力者たちは、戦いの用意が出来たすべての人々と共に、王を大きな愛を持って敬っていた。実際その時に王の意向に従って、すべての主要な人士と人々の反乱を、もし最も祝福された聖ヴァーツラフの聖なる優しさと、全能の神の偉大な慈悲が鎮めていなければ、プラハ城が建てられて以来の最悪の罪が犯されていたかもしれない（Sall.-1,18,8,）[(253)]。

XLVIII（48）

野営地に残っていた有力者たちがそのことを知った時、彼らはブジェチスラフ（B21）に伝えた。「あなたは自分の父を信じ彼と和解したいと望んでいるようですが、私たちは彼をまったく信じていません。なぜなら私たちは彼の狡猾さとずる賢さをよく知っていて、彼の敵意より友好の方がはるかに怖いからです。ちょうど熊がごくわずかな傷を負っても、復讐しないでは済まないように、彼は決して罰をあきらめず、私たちが彼を傷つけたすべての事に対して最後の最後まで復讐するでしょう。ですからあなたの同意のもと、私たちがこの世界のどこへでも立ち去れるように私たちを解放するか、それとも私たちと共にこの世界のどこかで壮麗な宮殿を探すかです。私たちは主人であるあなた以外の誰にも喜んで仕えることはないでしょう」。ブジェチスラフが、武器を持たない兵士が自分の使命を果たすことが出来ないのと同様に、兵士を持たない君主はその名に値しないことに気付いた時、自身が一人の兵も持たずに父と家で平穏に暮らすより、彼らと共に異国の地でパンを探すことを決意した。

彼らはためらわずにすべての家畜と隷属民を集め、二千人以上の兵士がブジェチスラフ公と共に、ハンガリー王の所に行った。ラースロー王は彼を自分の親戚と見なし[(254)]、快く彼を受け入れた。彼の戦士たちには住居としてトレンチーン城の近くのバーノフ[(255)]を割り当てた。この場所は森の真中で山の中にあり、狩に

(253) サルスティウスの文の「ローマ」を「プラハ城」に置き換えて言っている。

(254) ブジェチスラフの父ヴラチスラフ（B2）は、彼の兄スピチフニェフ（B1）から逃れてハンガリーに行き、そこでラディスラフの伯父に当たるハンガリー王アンドラーシュの娘アドレータと結婚して（II部15、16章）、ブジェチスラフ本人が生まれている。

(255) バーノフ（Bánov）は、ブルノの東65kmにあるウヘルスケー・フラヂシチェ（Uherské

有利で獲物も豊富だった。食料や他の生活用品は王の命令で近隣の地域から供給され、ブジェチスラフは何人かの友人と共に、王宮の楽しみを享受して王のそばに留まった。

XLIX（49）

この年ヴラチスラフ王（B2）の命令で、プラハ教会の司教に選ばれたコスマスと[(256)]、オロモウツの司教に選ばれたオンドジェイはライン宮中伯ラポトの隊列と共にマントヴァ[(257)]に到着した。ここで彼らは1092年の年の初めの1月1日に、帝国の拡大者皇帝ハインリヒ4世（T11）の前に立った。この同じ月の4日に、上記のラポトは次のように取り決め、それに従って華麗なる皇帝がマントヴァの宮殿で、両側に司教や伯爵たちの長い列を従えて座り、一方彼の前には上記の二人の司教が立つと、彼は長い沈黙の後に麗しい口を開いて言った。「この二人の兄弟を送って来たのは、我らの信頼厚い友人でチェコの王ヴラチスラフである。私は教会と教皇の慣例[(258)]に従い、我らの力によって彼らの選出を確認したい。我々はあなたたちの同意なしにはこの決定を望まない」。

その時ちょうどイェルサレムから到着したミュンスターの司教[(259)]が立ち上がり、杖と司教の指輪と聖人の聖遺物が載った机に身を寄せながら言った、「多くの者が承認しすでに確認されたことを、少数の者が取り消すことは非常に危険です（Sall.-1,8,2）。この件に際しては、私たちのこの席に多くの司教やローマ帝国の多くの公や教皇の特使もいますが、プラハとモラヴィアの二つの司教区は、その始めからそうであったように唯一で不可分のものであることは、あなたの特権状によって確認されています」。これに対して皇帝は言った、「それは放っておこう、私は、友が私に依頼したことをするまでで、その件についてはその時が来たら、後で考えよう」。そして直ちに指輪によってそれぞれをその教会に結び付け、彼らに司牧の杖を手渡した。それが終わった時二人の司教は、ヴェローナに戻りライン宮中伯ラポトが帝国の案件を片づけて、彼らを祖国に連れて行くまで、そこで待つようにという命令を受けた。

Hradiště）近くの国境の要塞（今日は村）を指していよう。

(256) 以下でも彼は「司教に選ばれたコスマス」と但し書きを付けて呼ばれているが、それはまだマインツの大司教によって正式に叙任されていないことを示していよう。

(257) マントヴァ（Mantova）は北イタリアの内陸の都市で司教座が置かれていた。

(258)【チ】は řád（規則）だが、【ラ】は institutio（慣例、原則）。

(259) ミュンスターはドイツ西部の都市、その時の司教はエルポ（Erpo、在任 1085 〜 1097 年）。

L（50）

その間に悪い知らせが我々の耳に飛び込んだ（Vergil.-1, V,503）。1月14日にヴラチスラフ王（B2）はキリストの所に去り、彼の兄弟のコンラート（B3）が公座に就いた[260]。

彼は直ちに急使を皇帝に送り、彼に金銭を約束して、前述の司教たちの選出を撤回するように求めた。しかし皇帝は不正な金との結び付きを行うより、公正さをより重んじて言った、「確かに私はそれを行った[261]。だが私は自分の行ったことを変えることは出来ない」。使者のヴィクリン[262]は、公の名で要求したことが得られなかったので悲しげに立ち去った。一方司教たちは皇帝の命令に従って、四旬節の始まりまでヴェローナに留まって、彼らに同伴してくれるラポトの帰りを待った。その後彼らはプラハに到着したが、それはちょうど枝の主日で[263]、彼らを聖職者や人々が迎え、その同じ週の火曜日に彼らはボレスラフ城[264]でコンラート公を訪ねた。その間に公は自分の考えを変えて彼らを快く迎え、彼らと復活祭をヴィシェフラト城で祝った[265]。

そしてまさに復活祭の週の4月1日前後に大雪が降り、真冬でも滅多にないような凍寒が起きた。だがコンラート公の行為について述べようとしてもわずかしか書けない。というのも公座を得たその同じ年の7か月と17日後の9月6日に、彼は命と共にそれを失ったからである。

彼の後にブジェチスラフ2世（B21）が公座に就いた。彼がプラハ城に到着すると、教会の鐘が鳴り響く中、あちこちの十字路では笛と太鼓に合わせて若者や娘たちが楽しい円舞を踊り、人々は彼を大喜びで迎えた。司教コスマス自身が聖職者たちと、また城門内の聖母マリア教会[266]の前に立つ大きな祭礼行列と共に、

(260) ヴラチスラフは1092年1月14日に亡くなり、コンラートが後継者となった。II部43章前の【訳者補注4】を参照。

(261)【ラ】はquod（関係代名詞、～のこと）feci（私は行った）, inquit（挿入語、～と彼は言った）, feci（私は行った）:「私が行ったことを私は行った」と彼は言った。

(262) ヴィクリン（Viklin）の名は、他の史料では確認できない。

(263) 枝の主日は復活祭直前の週の日曜日で、キリストがイェルサレムに入城した際、人々がシュロの葉を敷いてその凱旋を祝ったとされる日で、ここでは3月21日に当たる。

(264) スタラー・ボレスラフのこと。

(265) この年の復活祭は3月28日。

(266) この教会はプラハで最古のもので、9世紀末にボジヴォイ1世（10）が建てたものだが後に壊された。ただ11世紀に改築されていたその教会の一部が廃墟として見つかり、現在も保存されている。

彼を迎え公座へ導いた。そしてこの地の慣習に基づきブジェチスラフ公は、すべての有力者と城代[267]によって、9 月 14 日に公座に就いた。

LI（51）

その年太陽の蝕が起きた、9 月 20 日金曜日の正午の事であった[268]。

10 月 1 日にロトペルトという名のどこかの偽司教がこの地にやって来て、長年ヴァスコニアの地のカヴァイヨン教会[269]を管理していたと主張した。我らの兄弟アシヌスと呼ばれるオセルが[270]彼の事を知っていて、彼と一緒にハンガリーからイェルサレムに巡礼に行った時、彼はかつて司教の職をこなしていたと証言した。ブジェチスラフ公（B21）と選出された司教コスマスは彼を快く迎え、彼に神への務めや詩編の詠唱を司教として行うことを許した。そしてその先に何が起きたのであろう。彼は多くの教会を聖別し、3 月には多くの聖職者を叙任し、緑の木曜日には極めて神聖な香油を聖別した[271]。復活祭の時に彼のもとにどこかの聖職者がやって来たが、その者は彼の偽りを確かに知っていて、密かに彼に何かを告げた。すると驚いたことに、彼にもう少しここに留まるようにと、公も司教も頼んだが無駄で、逆に復活祭の最中の週に急いでザクセンへ旅立った。

後にあれは偽司教だと言う噂が広まった時、人々はコンスタンティウスという名のラティウム出身の者を[272]、ヴァスコニアに送った。カヴァイヨンの司教デシ

(267)「城代」と訳した【ラ】の語は satrapa（ペルシャの地方長官、総督）だが、藤井によるとこの語を地方に関連させるなら「地方軍事行政官、城代」となろう。そしてこの文脈全体は「宮廷重臣と地方の城代たち」の対比を意味しよう。

(268) ブレトホルツによると、この日は 1092 年には月曜日であった。実際に蝕が起きたのは 1093 年であった。

(269) ヴァスコニア（Vaskonie ／ Gascogne）はフランス南西部の地方で、一方カヴァイヨン（Cavaillon）はフランス南東部のプロヴァンス地方の都市。

(270) ラテン語のアシヌス（asinus）もチェコ語のオセル（osel）も共に「ロバ」の意義。ロバには「馬鹿者、まぬけ」の意義もあるが、ここではチェコ人で最初にイェルサレムに巡礼した、実在の聖ヴィート教会の聖堂参事会員のことと思われる。

(271) 緑の木曜日は復活祭直前の木曜日で、最後の晩餐の前にイエスが弟子たちの足を洗ったことに由来して「洗足の木曜日」とも呼ばれる。また香油（crisma）には 3 種類あり、病人用と洗礼用にはオリーブオイルを、「極めて神聖な香油（sacrum crisma）」はそれに芳香油を加えたもので、洗礼用聖水の祝別や堅信、また皇帝や王の戴冠用にも使われた。

(272) 詳細は不明だが、プロヴァンス地方に遣わされるので、ドイツ語ではなくロマンス語方言を話す僧を指していよう。

デリウス[273]は、彼を通じて手紙で、この教会には決してロトペルトという司教はいなかったと伝えて来た。人々はまた教皇クレメンスに[274]使者を送り彼に裁断を求め、

事態がこのように不確かになってしまったら、何をすべきかを尋ねた(Vergil. -1, I,204)。

彼はその返事の中で教会については再度聖別しなければならないが、偽司教の香油による洗礼を受けた者は再度洗礼をせず、ただ堅信式[275]を施す必要があることを指示した。それはちょうど、叙任されたものは二度叙任すべきでないが、叙任式の際に彼らは叙任候補者の間に立ち、手による按手で祝福が得られるようにすることと同じである。そして人間の敵によって母なる教会が受けた傷は、正義という薬によって癒されよう、キリスト教の信仰の姿を教皇クレメンス3世が管理し、我らの主であるイエス・キリストが父と聖霊と共に、未来永劫に渡って統治される限りは。アーメン。

ムーサよ[276]、己の歩みを止めよ、汝はすでに十分に年代記をまとめた。
この詩が終わる時、「さらば、親愛なる読者よ」と言い給え[277]。

チェコ年代記、第二部の終り。

(273) 司教デシデリウスはカヴァイヨン教区を1084～1100年の間管理した。

(274) 対立教皇クレメンス3世。

(275) カトリック教会では洗礼は生まれてすぐの場合が多いが、さらに信仰を強め霊の恵みを得るための堅信式は、秘跡の意味が十分に理解できる歳になってから行われる。

(276) ムーサ（ミューズ）はギリシャ神話で詩歌や学芸全般を司った女神たち。

(277) コスマスの当初の計画では、年代記はII部までで終わる予定であり、ここで本書全体の終りを告げたと考える意見も排除できない。

第三部の序

本書第三部に寄せる前述の聖堂参事会長の弁明

親愛なる読者よ、私は神のご慈悲のおかげで、
あなたに約束したことのすべてを、
すでに叶えたと考えています（Flaccus-1,7,518）。

私がはるか昔の出来事や過ぎ去った時代について数多くの事物の内の、いくつかのことに言及した時、その歴史記述は公ブジェチスラフ 2 世（B21）の時代まで達した(1)。しかし私がそれ以降の巻に進まない方をなぜ良しと思ったのかは(2)、それなりの理由がある。それは現在の人々や時代については、我々が事実を語ると事実は常に憎しみを産み（Teren.-2,68）、何かしらの損害を与えてしまうので、沈黙する方がより有益だからである。それでも、もし我々が真実を避けて、物事の本質とは別の事を書くならば、我々はご機嫌取りで嘘つきと非難されるであろう、なぜなら問題となっているのは、ほとんど誰にも知られた事柄だからである。美徳から外れた我々の時代の人々は周囲の称賛の声に喜び、何ら称賛に値することを為さなくても、称賛に包まれることを願望し極めて愚かに振る舞うのである。

しかし我々の祖先の所ではこのようなことは無かった。優れて称賛に値した者たちは、今の時代の人々が願望する称賛を避け、それを誇るより恥じたがそれは何故であろうか。もし我々がこのような人々の振る舞いをしかるべく描くなら、彼らの中には神の意思に従わない者もいるので、まだ存命中の成り上がり者や盲従者たちを侮辱してしまうことを避けられないからである。彼らは口では公の言葉に対して「そうです、ご主人様」とか「その通りです、ご主人様」とか「そうさせます、ご主人様」以外のことは言わない。しかし昔はそのようなことは決してなかった。というのも公が最も尊敬していたのは、正義のために不正に対して盾を突きつける者や、悪しき助言者や法の道から逸れる者たちを、真実の一言で一喝して黙らせる者たち（ヤコブ書 1,18 と 2 テモテ書 2,15）だったからである。そのような者たちは今日では現れないか、いても極めてわずかであり、もし存在

(1) II 部は正確には 1092 年までの記述。

(2) II 部最後の注でも示したが、コスマスの当初の計画では、この年代記は第二部までで終わる予定であったとする見解もある。

したとしても沈黙するならば、それらはいないに等しい。真実に口を塞ぐ者も不正に同意する者も、共に罪ありと見なされ非難に値する。それ故我々は、誰もそれについて証拠を示さない夢を語る方が、現存する人々の行為について述べるよりはるかに安全であると考える。このような理由から我々は子孫に対して、彼らの行為を詳細に記すことは止めよう。しかし我々が彼らを見逃し彼らに言及しなかったと言って、我々を非難しないようにするために、わずかであってもそれらを手短に書き留めようと思う。

第三部（1092–1125 年）

I（1）

新しい公ブジェチスラフ 2 世（B21）[3] は成年に達したが､知性ではさらに成熟していた。彼はこの地の慣習に従って重々しく、然るべき神の儀式によって己の守護聖人、聖ヴァーツラフの生誕を [4] プラハ城で祝い、すべての城代と有力者たち [5] に豪華な祝宴を用意しそれは 3 日間続いた。そしてその時、新たに選出された公として出来る範囲で、教会のためにいくつかの事を定め、またこの地の利益のためいくつかの事を決めた。また以前年少の頃から、神の加護にのみあらゆる期待を置いたように、公座に就いた初めから直ちにキリスト教信仰のための大きな情熱を燃やした。そのため彼はこの地からあらゆる魔術師や占い師や予言者を追放し、同時に民衆が多くの地方で敬っている草原や木々を燃やし切り倒すように命じた。この良き公は、神の民が将来もそれらに耽らないように、さらに醜悪さと無神の作りごとを取り除いた。まだ半分異教徒の村人たちは、迷信的な習慣を保っていて、五旬節の時の火曜日か水曜日に、捧げ物を運び泉の脇で生贄を殺して悪霊に捧げ（レビ記 17,7）、森や草原で葬儀を行い、異教徒の儀式に従い魂の冥福のために、分かれ道や交差点で行われる行為に耽った。そして最後には己の死者たちのため、神を蔑ろにする座興もなし、その際には顔に仮面を被り空ろな影を呼ぶのであった。

ブジェチスラフはいつも清らかな心で唯一の正しい神を敬い、神に熱い愛を抱いていたので（ヨハネ伝 17,3、2 テモテ書 2,22）、神を愛するすべての者に気に入られていた。実際彼は尊敬される公であり、戦場では信頼する指揮官で、武器を取っては無敵の戦士であった。

---

(3)【ラ】は Bracizlaus iunior（＝ junior）だが、同名のブジェチスラフ（1 世）は祖父に当たるので、「2 世」として訳した。彼はキリスト教の強化のため、以下に示す異教を強く排斥したが、それと共に同じキリスト教でもカトリックでないスラヴ派を弾圧し、サーザヴァ修道院からスラヴ派修道士も追放した。

(4)【ラ】の nataricium を「生誕」と訳したが､コスマスは聖ヴァーツラフの殉教を祝う 9 月 28 日を考えていよう。

(5) ここの「城代」も【ラ】では satrapa。

彼はポーランドに攻め込んだ時は何時でも、勝者として凱旋した。特に公座に就いた最初の年の1093年では、彼は繰り返し攻撃してそれを荒廃し、オドラ川のこちら側でリチン城からニェムツァの小城を除いてグウォグフ城まで(6)、一人の住民も残らないほどだった。そして彼は、ポーランドの公ヴワディスワフ(Q2)(7)が首を垂れて懇願し、昨年と今年の年貢の最後の一銭を支払うまで、それを破壊するのを止めなかった。この支払は全部で銀1000フジヴナと金60フジヴナになった。ヴワディスワフ公はまた、クウォツコ地方にあったいくつかの城を自分の息子ボレスワフ(Q21)(8)に引き渡した。彼は手を差し出し忠誠を約束して、叔父のブジェチスラフに(9)息子を託し、息子が彼に従順で、父が彼に託した地を平和に維持するように願った。ヴワディスワフ公自身も、かつてブジェチスラフ公によって定められた、平和の見返りに対する年貢を支払うと誓い約束した。それは毎年定められた時期に、銀500フジヴナと金30フジヴナを支払うというものであった。

II (2)

1094年

ハインリヒ4世(T11)が(アルプスの)山々の背後のロンバルディアでまだ帝国の案件を処理していた時に、マインツで帝国のすべての司教と公が集まる宗教会議が(10)、四旬節の最中に告知された。ブジェチスラフ公(B21)は選出された司教コスマスとオンドジェイをそこに送り、彼らを推薦し仲介者としてこれまで何度か言及したライン宮中伯ラポトに委ねた。同時に公は彼に、彼らを叙任のためにマインツ大司教に紹介してもらうように求めた。そこでラポトは彼らのために口添えし、皇帝が最近マントヴァで彼らの選出を確認したことを(11)、大司教と宗教会議のみなの前で証明した。その後3月12日にコスマスとオンドジェイ

---

(6) リチン(Ryczyn)、グウォグフ(Głogów)、ニェムツァ(Niemcza)はプラハの東北約200kmのポーランド領の町や城。

(7) 付録3の「チェコとポーランド公の系図」を参照。ここのヴワディスワフは1世(Q2、Władysław Herman、在位1079～1102年)。

(8) 後のポーランド公ボレスワフ3世(Q21、Bolesłav、在位1102～1138年)。

(9) ブジェチスラフ(B21)の父ヴラチスラフ(B2)は、ハンガリー王女アドレータと2度目の結婚をしてブジェチスラフを儲けていたが、彼女の死後ポーランドのカジミュシュ1世(Q)の娘スヴァタヴァ(Q3)を3度目の妻として迎えていたので、ヴワディスワフ(Q2)とブジェチスラフ(B21)は、直接ではないが親戚関係になる。

(10) この会議は他の史料では確認できない。

(11) II部49章参照。

はすべての司教補佐[(12)]の承認と共に、マインツ大司教ルトハルト[(13)]によって、司教に叙任された。

III（3）

この同じ年に多くの人々が死んでいったが、特に多かったのはドイツの地であった。前述の司教たちがマインツから戻り、アンベルクという名のある村[(14)]を通った時、村の背後にあるそこの教区の教会に入ることが出来なかった。そこはとても広かったが、その床一面は一番奥まで死体で覆われていた。またカゲル城でも[(15)]、家に 3 人か 4 人の死体がない所は見当たらなかった。そこで我々はそこを通り過ぎ、城の近くの広い草原で夜を過ごした[(16)]。

その年の 9 月にブジェチスラフ公（B21）は、伯アルブレヒトの姉妹のルカルダという名のバイエルンの女性を妻として迎えた[(17)]。

同じ年に司教コスマスは公の命令で 9 月 27 日に、聖なる殉教者ヴィートの祭壇を聖別した。というのも教会はまだ完全には建てられていなかったからであった。

IV（4）

1095 年

北の空に何十日にも渡って赤い輝きが見られた。

【その年の 10 月 14 日に聖なるプラハ教会の第 8 代司教コスマスは、サーザヴァで礼拝室を聖別した。これは当所の修道院長ボジェチェフがそれを管理していた

---

(12)「司教補佐」は【ラ】suffraganeus（大監督の下にある者）。

(13) マインツ大司教ルトハルト（Ruthard、在任 1089 ～ 1109 年）。なお彼については III 部注 57 を参照。

(14) アンベルク（Amberg）はチェコ西部のプルゼニから、さらに西に 185km のバイエルン領にある町。

(15) カゲル（Kager）は前記アムベルクから南に 50km にあるレーゲンスブルグ近郊の村。

(16)【チ】の注によると 1 人称複数形が主語のこの文から、期せずして本書の著者コスマスが、多分この災いの直接の目撃者であったことが分かる。

(17) ルカルダ（Lukarda、Lukarta、Luitgarda）はアルベルト 1 世（Albert I von Bogen）の娘で、彼女の兄弟にアルベルト 2 世がいた。ただ彼女との結婚は、ブジェチスラフ（B21）にとって大きな政治的意義はなかった。また二人の間に生まれた同名のブジェチスラフ(B211)は、陰謀の罪で 1130 年に叔父のソビェスラフ 1 世（B29）の命令で眼を潰され間もなく死んでいる。

時に建てられたものであり、彼についても我々は上記で言及している[18]。この礼拝室は、右は聖マルティヌスの祭壇から、左は聖なる最初の殉教者ステファノの祭壇から地下聖堂の端まで達していた。礼拝室の中央には祭壇があり、聖ペトロ、聖パウロ、聖アンデレ、聖バルトロマイ、聖トマス、聖ヤコブ、聖フィリポ[19]、福音史家の聖ルカ、聖バルナバそしてすべての使徒たちの聖遺物[20]が納められていた。翌日の 10 月 15 日には 3 つの祭壇が聖別された。一つは地下聖堂の上部にあり、そこには聖母マリアと聖洗礼者ヨハネと聖使徒で福音史家ヨハネの聖遺物と、主の聖顔布[21]や茨の冠や主の墓や聖十字架の一部が納められていた。二番目の祭壇は地下聖堂の下方にあり、そこには聖コスマスと彼の兄弟たちの聖遺物があった。また教会の左側にある礼拝室にも祭壇があり、そこには聖十字架の一部と聖殉教者のラウレンティウス、マウリティウス、パンクラティウス[22]の聖遺物があった。その後三日目の 10 月 16 日に二つの祭壇が聖別された。そのうちの右側にある一つには、聖マルティヌス、聖ヨハネとパウロ、聖殉教者ティブルティウス、聖グレプと彼の友、聖ベネディクト、ヨハネ、イサク、マタイ、クリスティアーン、聖ニコラウス、聖ヒエロニムス、聖ウルリヒ、聖フォルトゥナトゥス、聖アドルフ、聖ラザル[23]の聖遺物が納められていた。左側にあるもう一つの祭壇には、聖なる最初の殉教者ステファノ、聖なる使徒アンデレとトマス、聖なる教皇で殉教者のクレメンス[24]、聖殉教者イジーと聖殉教者パンテレイモンの聖遺物が納め

---

(18) 彼については、付帯文書 1「サーザヴァ修道院の定礎」で言及されている。

(19) ペテロからフィリポまではいわゆる 12 使徒。

(20) 聖遺物とは、イエス・キリストや聖母マリアの遺品、キリストの受難にかかわるもの、また諸聖人の遺骸や遺品を言い、主祭壇にはこれらを納める必要があった。

(21)「聖顔布」は【ラ】の sudarium Domini でイエスが処刑場のゴルゴタの丘に、茨の冠を被せられ十字架を担いで登って行った時に、そこに居合わせたヴェロニカが自身のベールでイエスの顔の汗と血を拭いたが、後にその布にイエスの顔が現れたとされるもの。

(22) ラウレンティウス（Laurentius）はローマ帝国で 258 年に熱した鉄格子の上で火あぶりにされ、マウリティウス（Mauritius）はテーバイ軍団長であったが戦いの前に生贄を捧げることを拒否して 287 年に処刑され、パンクラティウス（Pancratius）はその若さを惜しまれたが信仰を捨てなかったため、303 年に首をはねられた。

(23) これらについては、同名で詳細が不明な者も多くまた煩雑になるため省略する。

(24) ローマのクレメンス（Clemens Romanus）は第 4 代のローマ教皇で、101 年頃クリミア半島で首に錨を巻かれて海に放り込まれて殉教した。コンスタンティノスとメトディオスは彼の遺骸を発見し、スラヴ宣教の際にそれを携えて行ったことで知られている。

られていた】[25]。

1096 年

4 月 14 日にこの上なく栄光に満ちたチェコの公ブジェチスラフ（B21）の命により、司教コスマスは聖殉教者ヴィート、ヴァーツラフ、ヴォイチェフの聖堂[26]を聖別した。

この同じ年、人々の間でイェルサレム巡礼の宗教的熱狂の動きが生じた[27]。そのためドイツの地、主に東フランクでは城や村に残る住民の数は極めて少なかった。兵の数が多かったため、全員が一度に同じ道を行くことが出来なかったので、彼らの一部が我が国を通った際、ユダヤ人に大災害をもたらした。それはユダヤ人たちの意思に反して彼らを洗礼し、それに従わないものを殺していったことであった[28]。司教コスマスは、教会法の定めに反してそれが行われているのを見て正しく憤慨し、力ずくで彼らを洗礼する[29]のを妨げようと試みた。しかしそれは出来なかった、それを支持するものが見出せなかったからである。

というのもブジェチスラフ公はその時すべての自分の兵と共に、ポーランドのニサ川の岸辺でブルド城を[30]取り壊していたからであった。その後彼は、この川のずっと下流の方に同じく非常に堅牢な城を建てるように命じたが、それは高い

(25) 写本群 A3 に書き加えられたもの。

(26)【チ】は chrám なので「(大) 聖堂」と訳したが、【ラ】の原文は monasterium（僧院）で、多分今日の聖ヴィート教会の前身の、修道院付きのバジリカ形式の教会と思われるが、これは 1091 年に火事で焼けて後に再建されており、この聖別はこの時のものではないかと思われる。

(27) ローマ教皇ウルバヌス 2 世は 1095 年にフランスのクレルモンで、イスラム教徒の手からイェルサレムの奪還を訴え十字軍の結成を呼び掛けた。本書の記述は西欧諸侯の正規の兵による第一回十字軍ではなく、その前に宗教的熱狂から自発的に生じた、貧しい農民や下級騎士たちによる統制のない民衆十字軍の事と思われる。

(28) イスラム教徒と共にユダヤ教を信じるユダヤ人もキリストの敵と考え、彼らに改宗を迫り拒否するものを殺した。

(29) 洗礼には、本人の意思確認を必要としない幼児洗礼と共に、信仰告白や堅信を伴う成人洗礼があり、力ずくの改宗はこれに反している。

(30) ブルド（Brdo）は、プラハの東北東 170km の国境近くのポーランドのクウォツコ付近のバルド（Bardo）と思われ、近くを流れるニサ川はオーデル川の左の支流ニサ・クウォツカ（Nisa Kłodska）川になる。

岩の丘の上にあり、そこからカメネツ[31]という名を得た。

しかしユダヤ人たちは数日後にキリストの軛を投げ捨て、洗礼の恩恵やキリスト信仰の救済を見下して、再び自分の首をモーセの法の軛に従わせた（マタイ伝11,29）。これが生じたのは、司教と教会の長たちの無頓着によるものであった。

そして前述のカメネツ城が建てられた時ブジェチスラフは出発する前に、自分の側近で城代でもある、ボジェイの息子ムチナを捕えた。彼はムチナがしばしば彼を侮辱した多くの事を咎めて言った。「よいか、もし私が神を怒らせることを恐れないならば、お前に相応しいように、その眼をくり抜くように命じたであろう。でも私はそうはしない、なぜなら神の指が造ったものを損なうのは大きな罪であるからだ（イザヤ書17,8）」。そしてブジェチスラフは彼にただ二人の兵士を付けて釈放したが、自分の面前や傍から遠ざけた。公は彼をチェコ（ボヘミア）に送り、彼のすべての財産を取り上げるように命じた。公が戻った時、チャーチの息子でムチナの親戚のボジェイを捕えるように直ちに小隊を派遣した。というのも公は常にあのヴルショフ家を嫌い、その巨大な思い上がりと狡猾さを知っていたからである。ボジェイが捕えられると直ちに、命令に従って彼は妻と二人の息子と共に船に乗せられ、ソルビアに追放された[32]。彼はそこからポーランドに行き、そこで兄弟[33]のムチナを見つけ、ポーランドの公は彼らをとても愛想よく迎えた。

V（5）

1097年[34]

ブジェチスラフ公（B21）は、自分のもとにコンラート（B3）の息子オルドジフ（B31）を呼び出すと、彼を捕えるように命じクウォツコ城の牢に送った[35]。

---

(31) kámen（石、岩）からの派生でkamenecになる。今日のKamieniec Ząbkowickiで、前述のバルドから東に（ニサ川の下流に）11kmの所にある。

(32) プラハの北120kmのバウツェン（Bautzen）のことで、これはチェコ、ポーランド、ドイツの国境が接したラウジッツ地方の町で、ソルブ人の居住地として知られている。

(33)【ラ】もfrater（兄弟）を使っているが、実際は上記4章の記述から親戚になる。

(34) 写本群A3ではこの前に、付帯文書3「サーザヴァ修道院長ヂェトハルト（Dĕthart）について」の記事が入る。

(35) オルドジフ(B31)は、ヴラチスラフ公(B2)の死後短期間公座に就いたコンラート公(B3、II部50章）の息子だが、年長順による公位の継承ではブジェチスラフ公（B21）の次に来る。しかしブジェチスラフは自身の後継者に、弟のボジヴォイ（B26）を望んで皇帝に働きかけもして（III部8章)、この逮捕もその一環と考えられる。

1098 年

ブジェチスラフ公（B21）に、かなりの数のユダヤ人が逃亡し、ある者たちは密かにその富をポーランドやハンガリーに移しているという知らせが届いた。公は非常に怒り、その者たちの財産を頭の先から踵まで剥ぎ取るように、自分の納戸役を何人かの兵と共に遣わした。彼は到着すると自分のもとにユダヤ人の長老を呼び寄せ、次のように言い始めた。

「娼婦の息子たちから生まれた（申命記 23,2）、お前たちイシュマエルの民よ (36)、
公の命によりお前たちに言う、なぜお前たちは彼の国から逃げるのか、
なぜお前たちは只で手に入れた財宝を、今減らそうとしているのか。
束の間であってもそれが私の物であるなら、それは完全に私の物である。
お前たちはイェルサレムから何の財産も持ってこなかった。
お前たち 30 人を 1 銭貨として数えて (37)、皇帝ウェスパシアヌス (38) は
国からお前たちを追放し、お前たちは世界中に四散した（Vergil.-1,I,602）。
お前たちは銅銭一枚も持たずに我らの所に来たのだから、それを持つことなく好きな所に行け。
どうか神よ、お前たちが洗礼を受けたのは、決して私の指示ではなく、
神の命令であったことの証人になり給え。

しかしお前たちは、司教コスマスがこの件で起こるに違いないと注意を払ったにも拘らず、再びユダヤ教信仰に陥った」。

このように納戸役が公の名を上げて言うと、彼の伴の者たちは家々に押し入って略奪し始め、財宝や用具の最良のものを奪い取った。ユダヤ人たちに残された

---

(36) イシュマエルは、アブラハムの妻のサラが不妊だったため、彼と妻の所有する女奴隷ハガルとの間にできた子。

(37) 難解な部分で【ラ】の Uno pro nummo ter deni（1 銭貨に対して 10 ずつ 3 倍）を、【チ】は意味を補足して Třicet za jeden peníz vás čítaje（お前たち 30 人を 1 銭貨として数えて）と訳している。つまり「三十把一絡げ」でその価値は 1 nummus（銭貨、II 部 4 章前の【訳者補注 2】となり、取るに足らないことを示す。なお 30 の数はユダがキリストを売って得た銀貨 30 枚の連想があるのかもしれない。

(38) ウェスパシアヌス（Vespasianus、在位 69 ～ 79 年）はローマの軍司令官で後の皇帝。彼は 66 年にパレスチナでユダヤ人の反乱（第一次ユダヤ戦争）が起こるとそこに派遣され、鎮圧の最高司令官としてユダヤ王国の大部分を占領し、彼の息子がイェルサレムを陥落させた。その結果ユダヤ人は国を失い離散の民となった。

のは、辛うじて生きていける穀物だけであった[39]。ああその日は、哀れなユダヤ人たちから、何と多くの金銭が奪われたのだろう、焼け落ちたトロイアの城からエウボイア島[40]の岸辺に運ばれた財宝も、それほど多くはなかった。

VI（6）

同じ年の12月10日に司教コスマスはキリストのもとに去った。彼は謙虚で飾らず辛抱強く、そして慈悲深い司牧者であった。穏やかな考えを持った彼は誰からの不当な事にも、じっと耐えた。己の罪を自覚した者たちには優しくそれを許し、彼は寡婦の言葉に耳を傾け、孤児たちには援助の手をためらわずに差し伸べた。病人の所には最後の審判を心に留めて熱心に通い、葬儀も喜んで行っていた。

VII（7）

彼の死後、魂への配慮が胸にあったブジェチスラフ公（B21）は、教会の花婿を選出する恩恵が、神から彼に託されていると考えていた。彼は注意深く覚めた意識で、自分の聖職者たちの品行を調べることに没頭し、彼らの内で誰が僧位の最高位に昇るであろうか、各人の生活と振る舞いを熟慮した。彼自身は、彼の聖職者たちの各人がどのような者であるか知っていたが、それでもかのソロモンの言葉、つまり「息子よ、すべての事を助言と共に行え（シラ書32,24）」を心に留めていた。そこで彼は妹方の義理の兄弟ヴィプレヒト[41]を呼んだが、彼は聡明な男でこのような件にとても精通していた。ブジェチスラフは言った。「あなたは私の父ヴラチスラフ王（B2）の時代に、宮廷では常に彼の最も親しい友の一人であり、チェコ人たちの気質や暮しを見て来ている。あなたは俗人だけでなく聖職者すべてを、内からも外からも知っておられる。それゆえ私は今、あなたの助言に従って司教を選出したいと思う」。

この的確な言葉に対して、その傑物は的確に答えた。

「あなたの父が存命中には、私の助言は確かな価値を持っていました。しかし今この世で生きている人々は、他人の考えを顧みず、自身が考えていることだけが気に入って、実際にはそうでないのに、自分自身がそれなりの価値を持つと考えています。しかしあなたは良くご存じですが、このような聖なる案件には同情

(39) この逸話はコスマス年代記だけにある。

(40) エウボイア（エヴィア）島は、ギリシャの東方のエーゲ海にある島で、対岸の小アジア（アナトリア）にトロイアがある。

(41) グロイチェ伯ヴィプレヒト2世は、この後も第三部の各所（10, 18, 28, 30, 32, 51 ～ 53章）で言及されている。

や友誼だけでなく、怒りや嫌悪からも離れて、ただ聖なる教会のためだけに助言する者が必要です。というのもこれら魂の案件が蔑ろにされる所では、人々は考えを見誤るからです（Sall.-1,51,1,2）。しかし私には友誼が私を誰かと繋ぐこともなく、同情が惑わすこともありません。また嫌悪が私を駆り立てたり、怒りが爆発して、あなたの前で公平な規範が要求するものを表明できないこともありません。ここにはヘシュマンという名の、あなたの父のそして今はあなたの助任司祭がいますが、あなたは私よりずっと彼のことを知っているでしょう。国王に仕える中で彼は常に変わらぬ態度を取り、忠実に秘密を守っています。彼は使者としても信頼できる代理人であり、いつも慎ましく冷静に、また控えめで謙虚に振る舞っています。彼は決して乱暴者でも野心家でも傲慢な者として振る舞うことはなく、聖職者に一番重要な美徳になるのは、彼がとりわけ学が高いことです。人々の意見を聞けるなら、彼は善良で欠点の無い男として（Horat.-1,294）見られるでしょう――ただ唯一の欠点となるかもしれないのは、彼がチェコ人ではないことです」。

公は二人のそれぞれの考えが一致したことに驚きを示して言った。

「あなたの心は私の心と同じ様に考えている。彼が外国人であるのは、教会にとってはより有利な事であろう。知人たちは彼から甘い汁を吸い取ることもなく、子供たちの心配が彼を悩ますこともなく、親戚の群れが彼から利益を剥ぎ取ることもないであろう[(42)]。どこからでも彼の所に来るものはみな、彼の花嫁で母でもある教会のものになるだろう。

そこで私は、彼がプラハの司教に選ばれるようにしよう」。

直ちに国内の主だった者たちと教会の代表者たちが、公の提案を諮るためボレスラフ城に呼び集められた。そして聖職者たちの称賛とすべての人々の同意のもとで、助祭に叙任されていたヘシュマンをボレスラフの首席司祭の地位に昇進させ、本人は望まなかったが、さらに高い司教の位に選出した。この選出が行われたのは、1099 年 2 月 28 日であった。

VIII（8）

その年皇帝ハインリヒ 4 世（T11）はレーゲンスブルクで復活祭を祝っていたので、彼は選出された者と共にそこに来るように、ブジェチスラフ公（B21）に指示した。

(42)【チ】の注によれば子供と親戚についての所見は、12 世紀初めのチェコの宗教界の様子を図らずも示しているという。カトリックで司祭の妻帯が正式に禁じられたのは 1139 年のラテラーノ公会議からで、本書の著者コスマスも妻帯し子供もいた。

公はヴィシェフラトで復活祭を祝っていたが、復活祭8日間の後の3日目に[43]レーゲンスブルクに到着した。彼はすでに前もって祝日前に、皇帝や宮廷にいる親しい廷臣たちに十二分の贈り物を送っていたので、彼らは彼を出迎えるために3マイルの道程をやって来て、大きな尊敬と共に町まで彼に同行した。皇帝は、公の最初の願いであるチェコ人たちの選出を確認し、ヘシュマンに指輪と司教の杖を授けた。公はもう一つの事も皇帝に願って承認されたが、それは皇帝が彼の弟のボジヴォイ（B26）に軍旗[44]を授け、彼の死後公座に就くのは弟のボジヴォイであることを、彼と共に来たすべてのチェコ人に、皇帝が明言することであった[45]。

【訳者補注1】

（以下では、ヴラチスラフ（Vratislav、B2）とヴラヂスラフ（Vladislav、B27）の日本語表記が紛らわしいので、注意してほしい。両者はカタカナでは「チ」と「ヂ」でしか区別できないが、原綴りでは「vrati-」と「vladi-」でかなり違う。またここでは人物の同定が重要なので、多少煩雑ではあるがすべての人物名の後ろに同定番号を入れた）。

ヴラチスラフ公（Vratislav、B2）は3度結婚し、2番目の妻アドレータ（Adléta、ハンガリー出身、1040頃～1062年）からブジェチスラフ2世（Břetislav、B21）が、3番目の妻スヴァタヴァ（Svatava、ポーランド出身、1046/1048～1126年）からはボジヴォイ2世（Bořivoj、B26）、ヴラヂスラフ1世（Vladislav、B27）、ソビェスラフ1世（Soběslav、B29）が生まれた。これらの兄弟たちとオロモウツのオタ1世（Ota、B5）の子のスヴァトプルク（Svatopluk、B51）とオタ2世（Ota、B52）の間でチェコの公座を巡る複雑な内紛が起きた。

公座にあったブジェチスラフ2世（B21、チェコ公：1092～1100年）は1099年の復活祭にレーゲンスブルグで行われた宮廷会議で、事前にチェコの合議に諮ることなく、自分の弟ボジヴォイ（B26）を自身の後継者として示し、皇帝ハインリヒ4世はその要求を認めたが、このことはそれまでの長子相続に逆らい、プシェミスル家における長期間の紛争の始めになった。

既に1097年にブジェチスラフ（B21）は、彼の後にプシェミスル家の最年長になるブル

---

(43) この年は4月19日に当たる。

(44)【ラ】はvexillum（軍旗）で、これは世俗の権力執行権を委託されたことを意味し、軍旗か剣がそのシンボルとなる。

(45) ブジェチスラフ1世（B）が定めた長子相続制（II部13章1055年）を、孫のブジェチスラフ2世（B21）は破り、彼の死後公座を自分の弟のボジヴォイ（B26）が継承するように、皇帝に働きかけた。この結果再びプシェミスル家の内紛が後に生じた（以下の【訳者補注1】を参照）。

ノのオルドジフ(B31)を捕えて牢に入れていた。1099年にブジェチスラフ(B21)はモラヴィアに遠征し、その地をボジヴォイ（B26）に委託した。1099～1100年にはボジヴォイ（B26）はブルノとズノイモの公になった。

ブジェチスラフ（B21）は1100年にズベチノの森で襲われて死んだ。後継者についての彼の賢明でない決定によって、ボジヴォイ（B26）が始めは勝利したけれど（在位、1100～1107年）チェコの公座を巡る長い内紛が始まった。

1101年にチェコ公座を巡って、最初の闘いが起こった。最年長のブルノのオルドジフ（B31）はチェコに遠征したが、その前に彼はハインリヒ4世に支持を求めていた。ハインリヒ4世は受け入れたが、プラハはオルドジフ（B31）を支持せず、彼の遠征はマリーンの敗退で終わった。最終的にボジヴォイ（B26）も譲歩して、オルドジフ（B31）にブルノの封土を、弟のリトルト（B32）にズノイモを返した。

1103年にボジヴォイ（B26）はポーランドの王位をめぐる戦いに加わり、その中で従兄弟のスヴァトプルク（B51）は彼を助けた。ボジヴォイ（B26）はポーランドのボレスワフ3世（Q21）からこれ以上の攻撃を止める見返りとして1000フジヴナを得たが、ボジヴォイ（B26）はそれをスヴァトプルク（B51）と分配しなかったため、二人の間の関係が冷えることになった。

1105年にボジヴォイ(B26)はバイエルンでハインリヒ4世を支持して出兵した。スヴァトプルク（B51）はこの機会を利用してプラハを獲得しようとしたが失敗した。しかし権力の獲得の試みは1107年に2度目の試みを彼にさせた。その時スヴァトプルク（B51）はボジヴォイ（B26）に使者を送ったが、その使者は自分がスヴァトプルク（B51）からボジヴォイ(B26)の側に寝返ったと主張した。彼は公の一番の助言者や同盟者たちを中傷して、彼らはスヴァトプルク（B51）と結託していると公に言った。ボジヴォイ（B26）は突然自分の力の支えを失い、ポーランドへ逃げ（1107年）その後ローマに逃げ、スヴァトプルク（B51）が公座に就いた（在位1107～1109年）。

ポーランドに逃げたボジヴォイ（B26）は、皇帝を買収して彼の支持を得ようとしたが、スヴァトプルク（B51）はより多くの金銭を申し出た。1109年にスヴァトプルク（B51）が殺害されると次のチェコ公には、ボジヴォイ（B26)、オタ2世（B52)、ヴラヂスラフ（B27）の3人の可能性があった。その中でボジヴォイ（B26）は一時プラハを占拠したが、ハインリヒ5世はヴラヂスラフ（B27）を支持し、1110年ロキツァニで彼の公座を確認した。1117年にヴラヂスラフ（B27）は兄のボジヴォイ（B26）に公座を渡すが、3年後の1120年に理由は不明だが再び取り戻した(ドイツ人を重用し過ぎたとも言われる、【藤井】p.337)。ボジヴォイ（B26）はハンガリーに去りそこで数年後に亡くなった。

ヴラヂスラフ（B27）の晩年には再び内紛の状態になり、ソビェスラフ（B29）はモラヴィアの封土を失い外国に逃亡した。ブルノの地はオタ2世（B52）が、ズノイモの地はリトルト（B32）の息子コンラート2世（B321）が得た。ヴラヂスラフ（B27）は死の前に後継者としてオタ2世（B52）を定めたが、王妃で母のスヴァタヴァとバンベルクの司教オタの説得で、ソビェスラフ1世（B29）が公となった（58章）。

その後これに不満を持つオタ2世（B52）は、皇帝ロタール3世と結託してチェコに攻め込むが、ソビェスラフ（B29）に撃破され戦死した（III部62章の後の訳者補注2を参照）。

結局、チェコの公座は次のように続く。

ヴラチスラフ2世（B2）：1061～1092（安定）

コンラート（B3）1092（在位数か月）

息子たちの内紛

ブジェチスラフ2世（B21）：1092（長子相続）～1100（暗殺される）

ボジヴォイ2世（B26）：1100（B21が決める）～1107（B51から逃亡）

スヴァトプルク（B51）：1107～1109（殺害される）

ヴラヂスラフ1世（B27）：1109（皇帝の支持で）～1117（B26に公座を譲る）

ボジヴォイ2世（B26）：1117～1120（B27によって追放される）

ヴラヂスラフ1世（B27）：1120～1125（死の前にB52を後継者にしたがB29に変更）

ソビェスラフ1世（B29）：1125～1140

IX（9）

同じ年に上述の公ブジェチスラフ（B21）は、軍と共にモラヴィアに行ってポヂヴィーン城を改築し、以前そうであったようにそれを司教ヘシュマンの手に渡し、聖霊週間をそこのスリヴ二ツェ村で祝った。その後彼は、ハンガリー王カールマン(46)とルチスコと呼ばれる平原で(47)会い、長時間話し合った後、最後に双方が満足できる合意に達した。そして彼らは互いにたくさんの贈り物をして、友好と平和の取り決めを復活させ、それを誓いで確認した。その地でブジェチスラフ公は、選出された自分の助祭のヘシュマンを、大司教セラフィム(48)に叙任のため推薦した。大司教はエステルゴム城の自分の住居に到着すると、聖職者の叙任が行われた6月11日に、ヘシュマンを司祭に就けそれと同時に、相応しい者ではないこの私を同じ地位に高めた(49)。

---

(46) カールマン（Kálmán ／ Coloman、在位1095～1116年）については、III部注123を参照。

(47) ルチスコ（Lučsko）は、チェコとハンガリーの国境近くを北から南に流れる、モラヴィア側のモラヴァ（Morava）川とハンガリー側のヴァーフ（Váh）川に挟まれた平原で、両国間の紛争地であった。III部42章も参照。

(48) ハンガリーの大司教セラフィム（Seraphim、在任1095頃～1104年）による叙任は、教皇ウルバヌス2世と皇帝の叙任権闘争の中で、マインツ大司教座に教皇派のルトハルトが就いていたためと思われる。

(49) この文で著者コスマスが、ヘシュマンのハンガリー行きに同行した事が分かり、【チ】

公は会議が終わって戻る時、ブルノ城の前に陣を敷いた。というのも彼は、叔父コンラート（B3）の息子たちのオルドジフ（B31）とリトルト（B32）に非常に立腹したからであった。この者たちは彼の面前から逃げ出し（詩編 68,2)、堅固な城に籠って彼に使者を送り、彼がこの地を [(50)] 無慈悲に滅ぼさないように、残りの城を彼に順次移譲しようと伝えた。ブジェチスラフ公はさしあたり、彼に渡された城ごとに守備隊を配置し、それらを弟のボジヴォイ（B26）に託しチェコに戻った。一方オタ（B5）の息子たちのスヴァトプルク（B51）とオチーク（オタ 2 世、B52）は彼らの母エウフェミエと共に、公に対して完全な服従と忠誠を保っていた [(51)]。

また同じ年にブジェチスラフ公は、自分の姉妹の息子ボレスワフ（Q21）[(52)] をジャテツ城でのクリスマスの祝宴に呼んだ。そこでクリスマスの最中に、彼はチェコのすべての有力者の同意を得て、彼を自分の伯父の太刀持ちにした [(53)]。祭日が終わると、公は彼に豊かな贈り物を持たせて家に送り出し、太刀持ちの地位を得た見返りを公に支払うように定めた。それは彼の父ヴワディスワフ（Q2）が支払っていた [(54)]、毎年銀 100 フジヴナと金 10 フジヴナであった。

X（10）

1100 年

ブジェチスラフ公（B21）がいくつかの知らせから、皇帝が復活祭を [(55)] マイン

の注によると彼はそこで、大モラヴィア国スヴァトプルク王の伝説（I 部 14 章）を聞き知ったかもしれない。

またこの時のヘシュマンの叙任に際して、コスマス本人も聖ヴィート司教座聖堂参事会の会長に昇進した可能性もある。なおヘシュマンの司教の在任は 1099 ～ 1122 年でコスマスの直接の上司であった。

(50) オルドジフ（Oldřich）とリトルト（Litolt）は当時、自分たちの父のコンラートの領地であったモラヴィアのブルノとズノイモ地方を治めていた。

(51) スヴァトプルク（Svatopluk）とオチーク（Otík）と、オタの未亡人で彼らの母のエウフェミエ（Eufemie）は、オロモウツ地方を治めていた。

(52) ボレスワフの母は、チェコのヴラチスラフ王（B2）の娘のユディタ（Judita、B23）であった。

(53)「太刀持ち」は【ラ】の ensifer（刀を持てる者、君主の刀を持つ宮廷人）の訳で、「自分の伯父」はブジェチスラフを指している。【チ】の注によると、これはチェコからの追放者たち（主にヴルショフ家）がポーランドの宮廷にいたことに関係していよう。

(54) III 部 1 章参照。

(55) 1100 年には復活祭は 4 月 2 日に当たる。

ツで祝おうとしていることを明確に知った時、彼は選出されたヘシュマンをそこに送ることが一番良いと考えた。それはヘシュマンが彼の贈り物を皇帝に運び届け、また彼が待っていた叙任を自分の師[56]から受けるためであった。そしてブジェチスラフは、その時皇帝の宮殿に行く必要のあったヴィプレヒトに彼を託し、万事にまた必要な時に彼を助けてほしいと頼んだ。しかし大司教ルトハルトは聖職売買の異端を告発し[57]マインツを見捨てて、当時はザクセンに住んでいた。そこで皇帝はマインツの教会のすべての司教補佐の同意のもと、その時そこに居合わせた教皇クレメンスの特使、枢機卿ロベルト[58]がヘシュマンを司教に叙任するように命じた。そして復活祭8日間の内の4月8日にそれが行われた。

XI（11）

皆様にお知らせするのは[59]、私たちがこの目で代々忘れることのない驚くべき奇跡を見たことです。それはこの同じ年、神の慈悲がこの上なく神聖な殉教者ルドミラ[60]の功績を讃えて現れて下さいました。さてそれは以下の事です。この上なく敬虔な神の奉仕者である女子修道院長ヴィンデルムトは、聖使徒ペトロの教会の建て替えを決心しそれを命じた。その教会は、彼女が修道院長である修道院の敷地に建っていたが、年月を経てすでに土台から壊れていた。建て替え後彼女は司教にその聖別を求め、慣習に従って聖人たちの聖遺物を箱[61]に納めた。彼女は他の物と共に司教に1指尺の幅の[62]布地を渡したが、それは彼女が聖ルドミラのベールから得たものであった。彼女はそれを聖遺物と共に箱に納めるように頼んだ。その時司教はいささか憤慨して言った。「ご婦人よ、彼女の神聖さについ

---

(56)【ラ】は magister（長官、かしら、指導者）で、プラハ司教区はマインツ大司教区の下にあり、マインツ大司教が上司であった。

(57) ルトハルトは皇帝ハインリヒ4世の聖職売買を非難してマインツを去ったが、その行為を皇帝は裏切りと断罪した。

(58) ファエンツァ（Faenza、イタリア北部の都市）の司教ロベルト（Robert）。

(59)【ラ】vestre caritati pandimus、【チ】Zvěstujeme Lásce Vaší は説教師が聴衆に呼び掛ける際の決まり文句。

(60) 聖ルドミラ（Ludmila、860頃〜921年）は聖ヴァーツラフ（13）の祖母で、彼をキリスト教で養育したため、ヴァーツラフの母ドラホミーラと対立し、ドラホミーラが送った刺客によって自分のベールで絞殺されたと伝えられる。

(61) pyxis と呼ばれる聖遺物を入れる特別な箱。

(62)【ラ】は unius palme latum（1掌の幅の）、【チ】は na píď široké（1指尺の幅の）で、親指と小指の間の距離で約20㎝。

ては口を慎み給え。そんな老婆はそっとしておいて、安らかに休ませなさい（ルカ伝 2,29）」。これに対して女子修道院長は言った。「決してそんな風には言わないで下さい、彼女の貢献に対して神は、毎日多くの偉大なことを為されておられます」。

しかし司教の命令で直ちに、赤熱した炭を詰め込んだ大釜（おおがま）が運び込まれた。司教は聖三位一体の名を唱えて、炎を上げている炭の上に布を投げ入れた。しかし見よ、何という奇跡だろうか。小さな煙と炎が布の周りで立ち上がったが、布を損なうことはなかった。そして強い火勢のため、しばらく布を炎から取り出すことが出来なかったが、さらに大きな奇跡が起きた。やっと布を取り出した時、それは何ら損なわれることなく丈夫で、まるで今日織られたようであった。この疑いのない奇跡は司教と私たちすべてを驚かし、私たちは喜びの涙を流しキリストに感謝を捧げた(63)。その後この聖使徒ペトロの教会は 10 月 3 日に聖別された。

XII（12）

またこの同じ年の 10 月 18 日に、ブジェチスラフ公（B21）の弟ボジヴォイ（B26）はズノイモ(64)の城で極めて盛大な祝宴を催し、妻にヘルビルカを娶った。彼女は東の辺境伯レオポルトの姉妹であった(65)。

同じ年コンラート（B3）の息子のリトルト（B32）は、ゴトフリト(66)の同意を得てラコウス城(67)に入り、その城を避難場所にして毎夜ボジヴォイの村々を略奪し、彼に多くの損害を与えた。そのためブジェチスラフ公はひどく怒り再び軍を集めると、自分の弟に為された不正に報復するためにモラヴィアに遠征した。しかしその前にゴトフリトに使者を送り、かつての友好関係の協定をもとに、彼が直ちにリトルトに枷をかけて差し出すか、またはすぐにリトルトを自分の城から追い出すかを彼に誓わせた。リトルトがそのことを知った時、彼は策略で城の守

---

(63)【チ】の注によるとこの記述から、1100 年前後には聖ルドミラの崇拝はプラハの聖イジー修道院の範囲を超えていなかったことが分かる。

(64) ズノイモ（Znojmo）は、プラハの東南 175km、ブルノからは西南 55km のオーストリアとの国境近くのモラヴィアの地の町だが、当時は聖ヒポリトの要塞があった。

(65) ヘルビルカ（Helbirka/Gerberga、～ 1142 年）は、オーストリア辺境伯レオポルト 2 世の娘で、彼の息子レオポルト 3 世（1096 ～ 1136 年）の姉妹に当たる。

(66) ゴトフリト（ゴットフリート、Gotfrid）はラープス城伯だが、詳細は不明。

(67) 今日のラープス（Raabs an der Thaya）で、前記ズノイモから西に 40km のオーストリア領にある。なおこの城の名前ラコウス（Rakous）から、チェコ語とスロヴァキア語でオーストリアをラコウスコ（Rakousko/Rakúsko）と呼ぶようになった。

備隊を外に誘い出し、自身が兵と共に城を奪い取った。その時ゴトフリトは送られて来ていた使者たちと共にヴラノフ城[68]で公に会った。みなの面前でゴトフリトは、リトルトは裏切り者でこの地の敵であると言い、どうか彼が友好的に名誉ある宣誓の下でリトルトに貸した城を、容赦なく奪還出来るように、公に援助を求めた。

公は彼の懇願を聞き入れ城を兵で包囲した。6週間そこでは昼も夜も最大限の力で戦われたが、堅固な城を征服していったのは飢えであり、城中で頂点に達した（Lucan.-1,IV,410）。飢えに打ち負かされ、戦いで疲れ切ったリトルトは夜間密かに城外に逃れた。彼一人が辛うじて逃れ、その際自分の兵士たちはそこに置き去りにした。その後朝になって彼らは、城と共に公に降伏した。この城の攻略ではマルクヴァルト[69]の息子でヴラヂスラフ（B27）の養育者であるパヴリークに、槍が当り亡くなった。またルスチミールの息子ドベシュは、順番に行っていた夜の見張りの最中に殺された。公はこのようにこれら二人[70]を失い､城をゴトフリトに返した後、自軍の兵と共に再びチェコに凱旋した。

XIII（13）

そしてクリスマスが近づき、ブジェチスラフ公（B21）がズベチノ村で狩のために滞在していた時のことだが、ある日彼は昼食中に、近くの4番目の食卓についていた一人の狩人に目を留めて言ったと伝えられている。「聞けクカタ、お前たちの中に私を殺そうと望んでいる者がいることを（ヨハネ伝7,20）、私が知らないとでも思うか」。彼は言葉に激しやすい者の常として叫んだ。「どうか神がそれを遠ざけ､あなたの目はその者を容赦しないように。そのような事を企む者は、出来る限り早く滅び去れ」。これに対して公は言った。「ああ忠義な者よ、だが誰も､避けがたい運命を自身から逸らすことは許されていない（Curtius-1,IV,6,17）」。

翌日は聖使徒トマスの祝日の前日であったが、彼は朝にミサを聞き終えてから狩りに出かけた。そして夜に彼が戻ってきた時、召使たちがランプや松明（たいまつ）を手にして彼を迎えた（ヨハネ伝18,3）。その時悪魔が送った神を恐れぬならず者のロルクは、脇に刺客の剣を持って隠れ場所から飛び出すと、力の限り公の体を狩猟

(68) ヴラノフ（Vranov）城は、チェコとオーストリアの国境近くを流れるディィェ川沿いの国境の要塞を示していよう。

(69)【チ】の注によるとコスマスの記事によって､多分ドイツ人のマルクヴァルト（Markvart）はヴラチスラフ2世（B2）の廷臣で、ヤロミール（B4）の司教叙任の旅に同伴していたと推定される（II部25章）。

(70) コスマスは高位の者のことだけを考えていよう。

刀で真っ直ぐ内臓まで突き刺した。公はぬかるみに倒れたが、それは

空の高みから輝く明けの明星が落ちるのと（イザヤ書 14,12）、何ら変わらなかった。

直ちに彼の従士団が、悲しみに満ちて飛んで来た。

彼らは刺さった短刀を抜き、すでに半死の公を担ぎ上げた。一方あの悪魔の召使は闇夜の中を素早く逃走したが、馬と共に穴に落ちた、

それは流れ下った急流がそこを穿（うが）ったもので、豪雨で水かさが増していた。

彼の鞘から抜けた剣か、または彼自身が自分の手でしたことか、はっきりは分からないが、剣が彼の腹を貫いて内臓が丸ごと飛び出した。村では大混乱が起き、ある者は馬に飛び乗り、また別の武装した者はこの恐ろしい罪を犯したものを追い駆けようと、あちこち駆け回っていた。間もなく 1 人の兵が半死状態の彼を見付け、すでに致命傷を負っていたにも拘らず、次のように言って彼の首を剣ではねた。

「暗黒の地獄の闇に今、大罪を犯したお前は立ち去ろうとしている、
お前のせいで、ケレスの娘婿が私の行為を呼んだのだ（Vergil.-1,II,549）、
この事を覚えておけ」。

公はこのような痛みと悲しみに陥ったが、その晩と次の日も心と口で神を讃えることを止めず、時に涙で悔い改め、時に司教ヘシュマンと他の神の僧たちに懺悔した。その時ポーランドから届いた年貢と公の部屋にあったすべてのものは、司教を通じて修道院に分配するように命じた。死後の魂の救いに関するすべての事を取り計らうと彼は言った、「私の息子 (71) に狩のラッパと投げ槍を与えなさい。神が自身の力として持っている残りの物を彼に与えるのは、私の及ぶことではない（使徒行伝 1,7）」。そして次の日の夜明けの 12 月 22 日に僧たちに囲まれて、神の良き戦士であった彼は、人間の二つの本質をその要素に分けた (72)。そして我々は彼がすでに天上の共同社会に着いているか、行く途中であることを疑わない。彼の棺の後を一人の僧が墓まで付き添い、その際次の葬送歌を繰り返し唱えていた。「ブジェチスラフの魂、おおサバオス・アドナイ（万軍の主）、タナトス（死）から解き放たれて生きよ、ブジェチスラフ・イスキロス（力強きブジェチスラフ）」(73)。そして驚いたことに、その嘆きの声は聖職者や人々の涙を誘い、すでに泣いていたものはさらに激しく泣くのであった。彼は人々の大きな嘆きの

(71) 彼と同名のブジェチスラフ（B211）。

(72) 魂と肉体のこと。

(73) 葬送歌には、ヘブライ語のサバオス（Sabaoth、万軍）とアドナイ（Adonai、わが主）が、またギリシャ語のタナトス（thanatos、死）とイスキロス（ischyros、強い）が含まれている。

中で、彼自身が定めたように聖ヴァーツラフ教会の野外の墓地の、扉の前の左側に葬られた。この上なく敬虔な神の端女（はしため）である彼の姉妹のルドミラ（B24）[74]はその場所に、柱の上にアーチを頂く聖使徒トマスの教会を建てるように命じ、そこで日々死者のためのミサを行うように定めた。

人々の間に公は、以前自分の国から追放されたボジェイとムチナの唆しによって、殺されたという噂が直ぐに広まったので、その行為をすることに同意した者より、それを唆した者の方がより罪が重いのではないかと疑う者もいた。実際には両者とも罪があるが、殺人を唆した方が罪が重い、なぜならその者は自身と共に他人も罪に陥（おとしい）れるからである。ブジェチスラフは殺されるべきだと唆したお前たちよ、お前たちが彼を殺したのだ。

司教と有力者たちは、かつて皇帝がボジヴォイ（B26）に与えたチェコ全土の公位を、至急受け継ぐようにと直ちに急使をモラヴィアに送った。ボジヴォイはまさにクリスマスの当日に駆け付け、すべての人々の合意のもとに公座に就いた[75]。その時キルレニアは、チェコで彼女の歩む後に辛うじて残っていた自分の足跡をすっかり消したが、それは彼女がこの世に怒り天上の住まいに立ち去った時であった[76]。なぜならチェコ人の間には、彼らの公の内で最年長の者が常に公位を得るという公正な法があったからである[77]。

XIV（14）

1101年

コンラート（B3）の息子たちのオルドジフ（B31）とリトルト（B32）は、ボジヴォイ（B26）が立ち去る際そこに見張りとして残しておいた守備隊をモラヴィアから追い出し[78]、再び自分たちの城を手に入れた。同時にポーランドからはボジェイとムチナが戻ったが、ボジヴォイ公は彼らを寛大に受け入れた。ただそれは愛からではなく、時代がそれを強く求めたからであった。そして彼らは以前所有していた自分たちの城を再び獲得したが、それはボジェイはジャテツ城、ムチナは

---

(74) ルドミラはヴラチスラフ公（B2）と二人目の妻アドレータとの間の娘で、1101年当時は40歳位であった。

(75) 選出は1100年12月25日。

(76) キルレニア（Cillenia）、別名アストライア（Astraia）はギリシャ神話で正義を司る女神で、「黄金時代」には地上で暮らしていたが、人間の邪悪さが増大し「鉄時代」が来ると再び天上に戻って、乙女座になったと言われている。

(77) II部13章1055年のブジェチスラフ（B）の遺言を参照。

(78) 正確にはブルノ地方とズノイモ地方。

リトムニェジツェ城であった[79]。

XV（15）

同じ年オルドジフ（B31）はレーゲンスブルクにいた皇帝の所に行き、自分の友人たちの助けを借りて皇帝にしつこく請願しまた莫大な約束をして、彼の年若のいとこが法に反して奪ったチェコの公座を彼に返すように執拗に迫った。皇帝は彼から金銭を受け取ると、彼に公の権標と旗を与えたが、彼が公として選ばれるべきであるとの決定はチェコ人たちの意思に任せた。そこでオルドジフは、ドブジェミルの息子でとても雄弁な人士のネウシャを使者に送り、いとこのボジヴォイ(B26)を彼の口で告発し、有力者たちを非難し彼らを脅した。ネウシャは、オルドジフの方が年長で国の現行の慣習からしても、年少のいとこが法に反して奪い取った公の地位をオルドジフが要求できると強調した。彼の申し立ては正当なものであったが――牛の角を一旦手放したら、尾を掴まえても無駄である。このようにオルドジフは、すでにその公座を承認されたボジヴォイをそこから追い払おうと試みたが、それはあまりに遅かった。

しかしオルドジフは使者から、彼のいとこは彼に公座を譲るつもりがなく、有力者も彼の意見に同意しないことを知った時、彼に属する地を彼があえて力で攻撃することに、皇帝の同意があるということだけを皇帝に懇願しその同意を得た。すると直ちに勇敢な戦士たちが彼に加わった。それらはサーラ城の伯ジガルトとフライジングの司教で彼の兄弟のオルドジフ、また彼の義理の兄弟フリードリヒであった[80]。彼は彼らに黄金の山を約束し（Teren.-3,68)、彼らの考えを好戦的な方向に向け、チェコの国のすべての長老が彼の側に立っていると請け合った。それ以外にも彼は可能なすべての所で、多くのドイツ人を味方に付けた。彼らは愚かにも、チェコでは街路に沢山の金塊や銀塊が放り出されて転がっている（黙示録 21,21）と考えていた。

オルドジフは彼らを集めると、自分の兄弟リトルト（B32）と共に 8 月にチェコ（ボヘミア）に攻め入ったが悪い兆しがあった。ボジヴォイ（B26）は直ちに軍を集めると彼らに向かって出陣した。彼はマリーン城の傍の二つの丘に陣を敷き彼らと翌日戦う準備をした。一方ドイツ人たちは近くのヴィスプリツェの小川

(79) これらは 1100 年頃には、プラハ城に次いで最も重要なチェコの城であった。

(80)【チ】の注によると、オルドジフは援軍を主に親戚であるアリボ（Aribo）伯たちの所に求めた。サーラ城伯ジガルト（Sikard, hrabě ze Schale）の兄弟は、オルドジフではなくインドジフ（Jindřich）で、彼は 1098 ～ 1137 年の間フライジングの司教であった。またフリードリヒ（Friedrich）はシガルトの義理の兄弟ではなく彼の弟であった。

の対岸に陣を敷いたので、互いに相手の軍を見ることが出来た[(81)]。彼らはチェコ人たちが心を一つにしてボジヴォイ公の傍にいるのを見て、オルドジフに言った。「一体どこに、あなたに味方していると言っていたチェコの長老たちはいるのか、あなたは自分の頭に嘘をつき、我々をだまして大きな危険に引き込んでしまった」。彼らは戻ろうとしたが出来なかった、それは同じ道を通って彼らの後ろからスヴァトプルク（B51）が弟のオタ（B52）と共にやって来て、ボジヴォイ公の援軍として2つの部隊を引き連れていたからであった。何が出来たであろう。彼らは互いに四方から押し合って恐怖に駆られ、夜に狭い道を通って屈辱的な逃走を始めた。その道は森を通ってハブリに向かうとても狭い小道であった[(82)]。そこでフライジングの司教はミサに使う典礼用具を失くし、また通り抜けが難しい道のため、兵士たちは必需品と共にすべての荷物を放棄した。朝になってチェコ人たちがやって来ると、彼らは敵が捨てた戦利品を拾い集めていった。

当時はボジヴォイとスヴァトプルクは団結を保ち、同じ考えであった。何が原因で彼らの間に不和が生じたのかを簡潔に述べるために、私は何時それが生じたのかを過去に遡って見てみよう。

XVI（16）

1102年

ポーランドの公ヴワディスワフ（Q2）は自分の領地を半分に分けて二人の息子に与えた。一人は側室から生まれたズビグニェフ（Q22）で、もう一人はチェコのヴラチスラフ王（B2）の娘ユディタ（B23）から生まれたボレスワフ（Q21）であった。しかし主の言葉によれば、内部で別れた王国はすべて荒廃し、家は重なり合って倒れてしまう（ルカ伝11,17）。また広く言われるように、捕えた2匹の雄猫をまとめて一つの袋に入れることは出来ない。そのため1103年にズビグニェフは父の死後すぐに自分の兄弟に対して武器を取り、チェコのボジヴォイ公（B26）に金銭を約束して彼の援助を求めた[(83)]。ボジヴォイは直ちにモラヴィアのスヴァトプルク（B51）に使いを送り、彼と合流してリチン城の近くに陣を敷いた。

---

(81) 両軍はプラハ東方65kmの今日のクトナーホラ近郊のマリーン（Malín）で対峙した。

(82) クトナーホラから南東に25kmにあるハブリ（Habry）に向かうこの小道はとても狭い二次的な道であり、それはさらに南に65kmのトシェビーチ（Třebíč）の地境の門に通じていた。

(83) ヴワディスワフは1102年6月2日に亡くなったが、息子二人の争いは彼の生前から生じていて、ポーランド最古の年代記である「匿名のガル年代記（Gesta ducum sive principum Polonorum,【Gallus】)」の第2、3巻の一連の章のテーマとなっている。

このことをボレスワフが聞いた時､彼は自分の養育者スカルビミール[84]を送って、ボジヴォイ公に、自分が彼の姉妹のユディタの近親であることを思い出すように求めた。その他に彼はボジヴォイに、現金で 1000 フジヴナが入った 10 個の財布を差し出した。ああ、財宝よ、お前はすべての悪の王であり、偽りの友で誠実さに敵対するものである。お前は正義を押し潰し公正な裁きを覆す。ボジヴォイ公の助言者であるフラビシャとプロチヴェンがお前によって買収され、ズビグニェフに与えた約束を公が破棄するように仕向けた。そして公は金を取ると直ぐ帰路についた。一方スヴァトプルクは彼から一銭も受け取れなかったので、ひどく気持ちが傷つけられた。彼は怒りで燃え上がり、次の言葉を吐いて立ち去ったと言われている､「私はこの自分の火事を（何もかも）破壊することで消してやる（Sall.-1,31)」と。

XVII（17）

1104 年

ヤンがモラヴィアの司教に選出された[85]。

同じ年スヴァトプルク（B51）は、不正を探し出す者や公正を告発する者、また分裂を助長する者、これらはすべて悪意ある策略を考え出す者だが、それらの者をチェコに送った。彼らは、

心を一つにした兄弟たちを戦いにかき立てるであろう（Vergil.-1,VII,335)。

この者たちはチェコのほとんどすべての城を巡って、ある者は金銭で買収し、別の者は贈り物でまた他の者は約束でその行動を拘束した。また新しさを渇望している者や地位を失った者、また考えが不安定で定まらない者であると知ると、あらゆる策略でスヴァトプルク公の側に付けた。

これらの準備をした後でスヴァトプルクは、1105 年太陽が天秤座の 10 番目の部分に留まった時に（9 月 26 日)､従士団と共にチェコ（ボヘミア）[86]に攻め入った。すると彼に向かって二心ある部隊が出陣した。彼らの中のある者は、開いた門から彼をプラハ城の中に受け入れるであろうと期待していた。

一方ボジヴォイ公（B26）はその日のごく早朝に前もって自分で城を確保し、

(84) スカルビミール（Skarbimír）はポーランド公の宮廷の高官（palatine）で、ピアスト家の世襲領地で最も有力な貴族の一員であった。彼は【Gallus】II 部以下にしばしば登場している。

(85) 6 代目のモラヴィア司教のヤン 2 世で、1104 ～ 1126 年の間この教区を管理した。

(86) スヴァトプルクの封土はモラヴィアなので、侵攻したこの「チェコ」は明らかにボヘミアになる。

そこに強力な守備隊を配置した。彼はそれを司教ヘシュマンに託すと、自軍を連れてヴィシェフラトに向かった。そして見よ、スヴァトプルクがきっちり隊列を組んだ6部隊を率いて平原に現れた。だが彼に向かって城から誰も出てこなかったので、スヴァトプルクは何が始まるのか分からず、迷ってしばし留まった。その後彼らはブブニと呼ばれる村[(87)]の近くで、ヴルタヴァ川の浅瀬を渡り城に近付いた。だが彼らは門が閉じられ、城壁の上には反撃に備えた堅固な兵士たちがいるのを見た。そこに一人の下女が現れ、堡塁の上に立つと破廉恥な仕草で侮辱したので、彼らは同じ道を戻って行った。その後彼らは二つの城の間にある、土曜日に市場が立つ[(88)]場所に天幕を張ったが、それは彼らの陰謀者たちがその晩に、二つの城から彼らのもとに集まるのではないかと考えたからであった。しかしそれが起きなかったので、朝になるとスヴァトプルクは兵士たちを集め、彼らに次のように言った。「今、私はみなに広く語るべき時ではないが、私が死を恐れていると思われないために手短に言おう（Vergil.-1,IV,337)。というのも哀れな生き方が心地よいと思っている臆病者や怠け者には、死は辛いものである。しかし勇敢な人士は戦いでの死を（Vergil.-1,II,317)、あふれ出るネクタル[(89)]の杯よりも甘いものと考えている。なぜなら私はずっと以前から心の中で、より良いパンと名誉を得るか、または戦いで名誉の死に屈するかを決めていた。だが今お前たちはそのような死から身を守らねばならない、お前たちの誰も捕虜にならないように、また両手を後ろで縛られて（Vergil.-1,II,57)、敵に誇示するために立たせられることのないように、さらに屠殺場に引かれて行く雄牛のように斧の下に倒れないようにしよう（Sall.-1,58,21)。敗者にとって唯一の勝利と称賛に値する記憶は、敵が血を流さずには勝利を得られなかったことである」。

このように言うと彼は直ちに従士団と共に、モラヴィアへの道に向かい、有力者のヴァツェク[(90)]に言った。「不運な運命だ、それは私にフクロウのように地面に座るようにさせた。しかし私は、素早い鷲（わし）のように（エレミア書49,22)、雲の

---

(87) ブブニ（Bubny）はプラハの北でヴルタヴァ川が右に湾曲した先の左岸にあった漁村。

(88) 二つの城はプラハ城とヴィシェフラト城で、市場はプラハ市場と思われる。

(89) ネクタル（nectar）はギリシャ神話で、神々が飲む不老長寿の酒。

(90) ヴァツェク（Vacek）も comes だが、彼は本書の各所で言及されている。I部35章では「我々の時代にも村の水車小屋の下で生まれたヴァツェクが皇帝を動かし」の記述があって彼は単に「成り上がり者」であったが、彼はその後国政に影響を与える人物として、スヴァトプルク（B51）だけでなく後継者のヴラヂスラフ（B27）も彼を高く評価した。彼は1113年に殺されるが、その前に宮宰（comes palatinus）になっている。III部22, 27, 30, 32, 37, 39章参照。

間近まで舞い上がったと思っていたのに」。しかしヴァツェクは彼に答えて言った。「ご主人様、この失敗に打ちのめされないで下さい。その後には、なおさらより幸せな成功がやって来るでしょう。太陽も雨雲の後ではより明るく輝きます (Ovid.-1,V,570)。このようにこの世では万物が交代します」。退却する彼らをボジヴォイ公は自軍と共に追いかけた。彼は 7 倍の兵士を持っていたが、敢えて彼らと戦おうとはしなかった。自軍は陣営を去らず敵軍に寝返ることはなかったが、彼は彼らの裏切りを恐れていたからであった。しかし彼はずっと遠くの森の入り口まで彼らの後を追って行った[(91)]。

XVIII（18）

1106 年

悪魔が不和を見つけ出して領邦の地に不和の種をまいた時、彼に与する者たちの中に何人かのドイツの貴族がいた。彼らは皇帝の息子、つまりハインリヒ 5 世王（T111）[(92)]を誤らせた。彼らは彼に、自分の父に武器を取るように説き伏せた。父の皇帝（ハインリヒ 4 世、T11）は息子の前から逃亡し、少数の兵と共にレーゲンスブルクの町に籠城し、チェコの公ボジヴォイ（B26）に援軍と共に来るように使いを送った。チェコ人たちは即座に出兵し、レーゲン川の傍のレーゲンスブルクの近くに陣を敷いた。この川の対岸には皇帝の息子が布陣していた。その時皇帝の味方と思われていた者たちの中から、最初に東の辺境伯レオポルト[(93)]が夜間に逃亡して自分の兵と共に帰国し、次に辺境伯ディエポルトとベレンガル[(94)]が息子のハインリヒ王の陣営に寝返った。チェコ人たちは周りがみな見放すのを見て、出来る限り速やかに夜に大慌てで退却した[(95)]。

---

(91) フルヂム（Chrudim）か、さらに東のヴラツラフに向かう国境の森林への入り口と考えられる。

(92) ローマ皇帝ハインリヒ 4 世には、2 人の息子がいたが、彼は次男のハインリヒ（5 世）をローマ王位継承者とした。しかし息子のハインリヒには実権がなく、またドイツ国内での諸侯の離反を恐れて、彼は父の皇帝に敵対し最後には彼を追放した。

(93) オーストリア辺境伯のレオポルト 3 世（在任 1095 〜 1136 年）。

(94) ディエポルト（Diepold）とベレンガル（Berengar）、後者はズルツバッハ（Sulzbach）伯で改革派のリーダーとなり、叙任権闘争の間は教皇側に付きハインリヒ 4 世に対立した。III 部 32 章参照。

(95) ハインリヒ 5 世の反乱とレーゲン川での出来事は、当時の多くの報告者によって書き留められている。

皇帝がこれに気付くと直ぐにレーゲンスブルクから去り、ネトリツェ(96)に通じる道に沿って南部の地を通り抜けチェコに入った。ボジヴォイ公は彼を謹んで迎え、自国を通ってザクセンまでの行軍を、皇帝自身が定めたように彼に相応しい形で行い、彼を自分の義理の兄弟であるヴィプレヒトのもとに送った。皇帝はそこからザクセンを通ってライン川を渡りリエージュ(97)に着くと、そこで間もなく8月7日に命と皇位を失った(98)。

XIX（19）

その同じ年スヴァトプルク（B51）は、チェコから彼に従って来た者たちを呼び集めて、彼はすでに反旗を翻したので、何をするべきか助言を求めた。フジェンの息子ブヂヴォイ(99)は他の者より年長かつ雄弁で、しかも不運な時も幸運な時も常に冷静な人士で、このような事柄に若い時から良く精通して、正に策略家であった。彼はスヴァトプルクに次のように言った。「戦いの結果は不確かなもので、

ある者がまたすぐに他の者が、戦いの頂点を極めよう。

しかし兄弟、我々はまだ流血に至るまで戦っておらず、公座に届く橋を我々の頭で作ってはいない(100)。しかしもし運命が我々をそのように仕向けるならば、我々はそれを為すであろう。だが常に武器によるわけではなく、しばしば策略によって栄光の頂点に到達することもある。というのもこのような策略によってアルゴス人(101)は10年目にトロイアを征服したが、プルデンティウスはその『霊魂をめぐる戦い』の中で、

もし君が策略で、あるいは武器で勝利を得ても、それはどちらも同じこと」(102)。

---

(96) ネトリツェ（Netolice）はレーゲンスブルクの東155kmで、チェコのチェスケー・ブヂェヨヴィツェの近くにある。

(97) リエージュ（Liège）はベルギー東部にある町。III部注285参照。

(98) ハインリヒ4世は実際1106年8月7日にリエージュで亡くなった。

(99) フジェンの息子ブヂヴォイ（Budivoj）の名前は他の史料に無いが、多分有力者の一人と思われる。

(100)「まだ橋を我々の頭で作ってはいない」は【ラ】でnondum（まだ～でない）fecimus（我々は作った）capitibus nostris（我々の頭で）pontem（橋を）。この文意ははっきりしないが「まだ我々はさほど命を危険にさらしていないので、公座への道はまだ出来ていない」ほどの意義であろう。

(101) アルゴス人は、ペロポネソス半島のアルゴスの住民で、ギリシャ人のこと。

(102) プルデンティウス（Prudentius）はキリスト教を擁護する詩を書いたローマ詩人（348

そして即座にチェコに、祖父がハパタの様々な策略に長けた男、言わば厄介な第二のシノーン(103)が送られた。この者は二様の運命を覚悟して死を恐れず、雄々しく振る舞ったので、「男らしい」という添え名が相応しかった。それはかつてのシノーンが、木馬の中に隠れた武装したアルゴス人を自身の計略でトロイアの要塞に引き入れたように、この男の作り出した嘘によって打ち負かされたチェコ（ボヘミア）はスヴァトプルク公に門を開いた。

この男はボジヴォイ公（B26）の所に来ると、公の足元にひれ伏し偽りの涙で彼の足を濡らした。ようやくこの男は、立つように促されると次のように言った。「ああ何ということだろう、哀れなこの私、私は、

　辛うじて逃げ出して身を隠し、無慈悲なスヴァトプルクの罪を犯す手から
　やっと、

逃れました（Vergil.-1,II,134、Silius-1,IX,567)。もし彼が私を捕えていたら、きっと私の眼を潰すように命じていたでしょう。私はどうやっても彼に復讐することはかないませんので、おお全能の神よ、せめて彼の秘密を暴き、この地で彼の味方となっているすべての者の名を明らかにしようと思います」。彼はこのように事実と嘘を混ぜ合わせ、スヴァトプルクを多くの卑劣さで非難し、彼の言うことを更に信じさせるために、自分の言葉を宣誓によって補強した。

ボジヴォイ公は善良で素朴な男だったので、このような策略と術策に惑わされてしまった。彼は盲目的に偽りを信じ後先（あとさき）を考えずに、彼自身がそれに身を寄せて座し、また彼の栄光が掛かっていた太い枝（ダニエル書 4,11）を切り捨て、頂点から落下した（Vergil.-1,II,290)。ボジェイとムチナは彼に親しく仕えていたけれど、彼は彼らを捕えて国を滅ぼす者として罰したいと何度も思っていた。彼には自身の助言者として策略家のフラビシャとプロチヴェン(104)がいたので、彼の目論見は上記の有力者たちに気付かれずにすむことはなかった。ボジェイとムチナは直ちに、当時すでにいきり立っていた彼の兄弟のヴラヂスラフ（B27）のもとに去り、彼をけしかけた。その結果、以前には忠誠と兄弟愛を述べていた自分の兄弟のボジヴォイに対して、ヴラヂスラフはさらに激しく激怒した。彼は公然

～ 410 年頃)。彼のこの作品（Psychomachia、550）は人間の魂の内部で行われる徳目と罪源の葛藤をテーマにし、中世初期に最も愛好されたアレゴリーの一つとなった。

(103) シノーン（Sinōn）はギリシャ神話の人物で、トロイア戦争でギリシャ軍を裏切ったように装い、その弁舌で中に兵が隠れたいわゆる「トロイの木馬」をトロイア軍の城内に運び込ませて落城に導いた。

(104) フラビシャとプロチヴェンについてはIII 部 16 章参照。

とヴィレーム[105]の兄弟のプロを、モラヴィアのスヴァトプルクを呼ぶために送った。彼はやって来たが、ヴラヂスラフと他の有力者たちは、ああ彼らは愚か者で自ら命を縮める者で祖国の敵であるが、自身の破滅のために狂暴な狼を、羊だけでなく牧人そのものも引き裂くために羊小屋に引き入れてしまった。このようにして子羊のように大人しいボジヴォイは支配権を失い、トラよりも凄まじくライオンより荒々しいスヴァトプルクが、1107年5月14日に公座に就いた[106]。

XX（20）

この新しいそれまでチェコにはなかった出来事は近隣の諸国を驚かせ、軽率なチェコ人たちにこの先さらに悪い事が起きることを予言した。このことでハンガリーのフクロウたちは面白がり[107]、ポーランドのがさつ者たちは割礼を受けていない口で喜んだ[108]。なぜならこれらの公たちが互いに喧嘩していた時に、彼らは平穏を満喫していたからであった。しかしボジヴォイ（B26）自身が兵士から有力者[109]に取り立てた者たちの内の多くは、彼に与（くみ）して同伴しポーランドまで行った。ボジヴォイに続いて3番目に生まれたソビェスラフ（B29）[110]はすでに立派な若者になっていたが、事態を見て自分の兄に従ってポーランドに行った。

ちょうどこの時期にローマ王ハインリヒ5世（T111）はザクセンにいた[111]。ボ

(105)【チ】の注によると、多分彼は12世紀末にズノイモの公コンラート・オタに仕えて有名なヴィレーム（Vilém z Pulína）の、最初に名を知られた祖先と思われる。

(106) スヴァトプルクは1107年にチェコの公座に就いたが、教会の財産を略奪したりヴルショフ家の虐殺を命じたりしている。彼は1109年に虐殺を免れたヴルショフ家の者に暗殺された（III部27章）。

(107) フクロウ（sýček）はその鳴き声で、常に何か悪いことを予告していると考えられた。

(108) ここは主に【チ】の訳に従ったが、【ラ】の原文はかなり違う。Hinc filii Pannonie Cassandri letantur, inde Polonie nequam trapi incircumcisis labiis gratulantur：「ここでハンガリーのカッサンドラの息子たちは喜び、一方価値のないぼろ布のポーランド人は、割礼を受けていない口で祝った」。カッサンドラはギリシャ神話でアポロンから予言の術を授かったが彼の愛を拒否したため、彼女が真実を予言しても誰もそれを信じないようにされた。また「割礼を受けていない口」の表現は、出エジプト記6,12にあり「話下手」の意義。

(109)【チ】によると、コスマスはこのcomesの語を「povýšenec（成り上がり者、傲慢な人）の意義で考えているとする。

(110) ボジヴォイ（B26）の後、ヴラヂスラフ（B27）、ユディタ（B28）、ソビェスラフ（B29）がヴラチスラフの3番目の妻スヴァタヴァから生まれている。

(111) 当時神聖ローマ皇帝ハインリヒ5世はドイツ・ザクセン州のゴスラル（Goslar）とメルゼブルク（Merseburg）の間を動いていた。

ジヴォイは自身が受けた不法を訴えるために彼のもとに急ぎ、もし不当に奪い取られたチェコの公座を自分に戻してくれるなら、彼に膨大な金と銀を貢献すると約束した。王はすぐに宮廷の一人を送り、スヴァトプルク(B51)に簡潔に命じた。「お前の戴冠式に際して、遅延なく私のもとに来るように言い渡し命令する。もし到着が遅れれば、必ず私は正義と法のもとでお前とお前のプラハを訪れよう」。スヴァトプルクは間髪を入れずに兵を集めると、フルメツ城近くの森の正に入り口で高位の者と城代を呼び集めた。彼は自分の兄弟オタ（B52）を彼らの指導者として定めて言った。「私は王の曖昧な考えを調べるために、自分自身が行って自分の首を危険にさらそう。お前たちはこの危険な企てがどんな結果になるのかをここで待っていなさい。ああ全能の神よ、あなたが先に行きお前たちの行動に付き添い給え（詩編 59,11)」。そして彼は少数の供（とも）を連れて、仕掛けられた罠に向かって盲目的に突き進んだ。ああこの男はその知恵において何と愚かだったであろう（1 コリント書 1,20)、この公はその勇気において何と大胆であったであろう。金で買収され地獄のように強欲な王が、彼に対してどのように振る舞うか予感していたが、それでも行った。

スヴァトプルクが到着すると、王は何ら聴取することもなく彼を牢に入れるように命じた。それから彼と共に来た者たちを呼び集め(112)、ボジヴォイ公を再びプラハに連れて行き、再度公座に就けるように彼らに託した。彼らは一緒に戻り 3 日目にドニーン城(113)の近くで野営した。このことをオタが聞いた時、自軍に言った。「我々は何を待っているのか。我々が怖れていたことが起きてしまい、危惧したことが生じた。さあ行って王の右手が、新しい公を我々の槍から守っているか見てみよう」。そして武装した兵の 6 部隊を揃え、夜に山を越え早朝にボジヴォイの野営地に突撃した。しかしボジヴォイはそのことを事前に知って跡形もなく消えていた、なぜならオタの陣営の造反者が密かにその事を知らせていたからであった。

XXI（21）

思慮深く公正な人士である司教ヘシュマンが仲違いした公たちの間に、スキュラとカリュブディスに挟まれたように（Vergil.-1,III,684）置かれた時(114)、彼が不

(112)「彼と共に来た者たち」の「彼」が、スヴァトプルクとボジヴォイのどちらを指すか文脈からは不明。【チ】の注ではコスマスは、「共に来た者」としてチェコからの追放者やボジヴォイの味方や調停者を考えているようだが、はっきりしないとしている。

(113) ドニーン城は今日のドイツのドーナ（Dohna）でドレスデンの南東 13km。

(114) オデュッセウスが航海中に海の怪物スキュラと、シチリア島とイタリア本土間のメッ

確実などちらか一方に与していると思われるのを嫌って[115]、友人であったバンベルク教会の司教オットーのもとに去った。

ボジヴォイ（B26）は要求したことが得られなかったにも拘らず、約束した金銭を王に支払った。しかし我々すべては問題への係わり方次第でより大きくも、より小さくもなるが、見よ、大きな名の公[116]は牢に入れられ、最も小さい者の命令に聞き従うしかなく、より低い地位の者による苦痛を味わっていた。

ああ、自身の辛い心痛について、心の中で何と思い巡らせることか(Vergil.-1,V,702)。

宮廷の主だった人たちの度重なる助力によって、王の怒りも弱まっていった。しかし空っぽの手では王の部屋の扉をノックしても無駄だが（Proper.-1,IV,5,47)、袖の下の手はダイヤモンド[117]でも砕くので、スヴァトプルク（B51）は王に1万フジヴナの銀[118]を約束した。ああ、もしその首に刀が振り上げられた時には、人は与えるのを惜しむような物があろうか。もし人が困窮に陥った時、そこから救われるためには、持っている物をすべて喜んで差し出すであろう。もし王が彼から1万フジヴナを奪い取っても、それは彼が自分の命のために、例えば黄金の山を約束するよりも、何ら愚かではないであろう。そこで王は彼から、必ず約束を守るという誓いを得ると彼を解放し、その支払いを受け取るために彼と共に一人の召使を送った。

スヴァトプルクはプラハに着くと直ちに聖なる教会から略奪し、女たちの宝石を集めさらにチェコの地で金や銀で輝いていれば、それらすべてを剥ぎ取った。しかしそれでもやっと7千フジヴナしか調達できなかったので、彼は残りの代わりに自分の弟オタ（B52）を王に人質として差し出した。同様に司教ヘシュマンも帰国後、自分の教会の収入から公に純金70フジヴナを貸した。またこの教会

シーナ海峡にできる大渦巻きを擬人化した海の魔物カリュブディスに、前後を挟まれ絶体絶命になった状態のことで、「進退きわまった」の意義で使われる。

(115)【チ】の注によると、ヘシュマンのこのバンベルク行は逃避に近いが、コスマスは自分の上司の行動を好意的に理解している。ただ国内関係の不安定さは司教を微妙な状況に置き、不安定な時期にはしばしば政治的立ち位置と見解を変える必要があり、1110年には投獄もされている（III部29章）。コスマスが称賛する司教の不変性、誠実さ、信頼性（III部7章）は、彼の実際の行為とはまったく一致していない。

(116) スヴァトプルク（B51）のこと。

(117)【ラ】はadamas（鋼鉄）。

(118) ここでのフジヴナは重さの単位で約1/4kgなので、銀1万フジヴナは銀250kgになる。

から 5 着のふち飾りのついた外套[(119)]を、銀 5 千フジヴナを借りるためレーゲンスブルクのユダヤ人の所に質入れした。実際に修道院長、首席司祭[(120)]、聖職者、俗人、ユダヤ人、商人、両替商の誰も、自分の倉庫から某(なにがし)かの物を公に差し出すのを嫌がる道化者はいなかったであろう。だが数日後オタは逃走して王宮から兄の所に戻ったが、王はそれに我慢できなかった。

XXII（22）

1108 年

とてもよく起きることだが、男と女の二人が一つの寝床で寝ると、すぐに
彼らから 3 人目が生まれよう、それもまた人間になるために。
このようにスヴァトプルク公（B51）の高貴な奥方は、
柔和な息子を産み、母の胸にその子を抱き上げた（Sedulius-1,I,113）。

5 か月後にハインリヒ王（T111）はその子のために使者を送り、彼を聖なる洗礼盤から取り上げ、自分にならってハインリヒと名付けた[(121)]。彼はその子を父のもとに送り返した時、自分が行ったその名付け子の父親のスヴァトプルクに[(122)]負債のすべて、つまり 3000 フジヴナを免除するが、自分と共に残忍なハンガリーに対して出陣する準備をするように彼に命じた。王は何人かのドイツ人の要請に応じて遠征することを決めたが、それはハンガリー人がその残虐さからイェルサレムへの巡礼たちをある時は刀で殺し、別の時は奴隷にしたことに対する復讐のためであった[(123)]。

---

(119)【チ】は説明的に訳しているが、【ラ】は「パリウム（pallium）」となっている。

(120)【チ】は probošt（司教座聖堂首席司祭）だが、【ラ】ではこの語は prepositus（前に立つ者）なので、「首席司祭」とした。

(121) ハインリヒという名のスヴァトプルク（B51）の息子は、他のいかなる史料にも現れない。しかしスヴァトプルクの息子ヴァーツラフ（B511）は 1125 ～ 1130 年の間オロモウツ公であったので、彼は洗礼名を使わなかったと思われる。次の注も参照。

(122)【チ】は svém kmotřenci Svatoplukovi（己の名付け子スヴァトプルクに）となっているが、スヴァトプルクはハインリヒから洗礼名を受けていない。【ラ】ではこの「名付け子（kmotřenec）」が compater（com=cum：共に＋父、洗礼に立ち会う代父）で、【英】はこれを fellow father と訳している。

この語はある男性の子の名付け親となることで、実父と名付け親が疑似的な血縁関係で結ばれることを示すという。これは娘を嫁がせて縁戚関係を作ることが出来ない場合の方策の一つとされた。本書の訳もこれを参考にした。

(123) ハインリヒ 5 世のこの遠征は、実際は惨殺された巡礼に対するものではなく、ハンガ

しかしすでに9月になり、彼が王と共にハンガリーのプレシュプルク[124]に留まっていた時、ボジヴォイ (B26) がポーランド軍と共にチェコに攻め入って、ポーランドとの国境に面して建てられた非常に堅固な要塞[125]から、ヴァツェクとムチナとその守備隊を追い出した。スヴァトプルクは出立の際この2名に、チェコの地についての自身のすべての心配事を託し、それを守るために彼らをすべての者の上に立つように定めていた。だがヴァツェクは、彼の友のムチナが雄々しく戦わず、要塞の防御のために敵に勇敢に立ち向かわないのを見て、ボジヴォイはムチナの助言でチェコに攻め入ったのではないかという疑念を抱いた。彼は直ちにすべての事をスヴァトプルク公に知らせるために、自分の兵の一人を送った。また同時に別の兵に偽りの知らせを与え、ボジヴォイ公の陣営に送った。この男はどちらの局面にも覚悟が出来ていた、それは、

奸計を仕掛けることが出来るか、またはその場で死に屈するか

(Vergil.-1,V,702)、

であった。彼はボジヴォイ公の所に着くと、スヴァトプルク公の陣営からの逃亡者のように装った。彼は公にスヴァトプルクはすでにハンガリーから戻っていて、明日には彼らと戦うだろうと信仰にかけて誓った。この偽りの知らせは彼らを大いに驚かせ、彼らはその晩すぐにポーランドに戻って行った。

ハインリヒ王がその事を聞いた時、彼は名付け子の父親のスヴァトプルクにこう言ったと伝えられている。「もし君がポーランド人たちの不正に復讐せず彼らを許すなら、君は岸に打ち上げられた海藻より下劣な者 (Vergil.-2,II,42) と永遠に見なされよう」。スヴァトプルクは怒りで燃え上がり、彼から離れていたけれど遠方のムチナに対して歯ぎしりし、目を血走らせて大きな溜息をついた。彼はムチナに怒りをぶちまける日を待ち切れず、単に彼に報復するだけでは収まらなかった。彼はあの家系のすべての者をランプの灯を消すように (ヨブ記21,17)、剣で消し去ろうという恐ろしい約束と誓いをすでに立てていた。しかしその家系の何人かは彼に仕え面前にいたので、心では苦しみながらも外見はすべての者に愛想の良い顔をしていた。彼の帰国に際してヴァツェクはムチナと共に、リトミ

リーのゲーザ (Géza) 1世の息子たちの間で、兄カールマン (在位1095～1116年) の王位に対する弟アールモシュの争いで、後者がハインリヒに援助を求めたことによるものであった。しかし遠征は失敗し、その後カールマンは1115年にアールモシュと彼の息子の眼を潰すように命じた (III部43章参照)。

(124) プレシュプルク (Prešpurk) は、今日のスロヴァキアの首都ブラチスラヴァ。

(125) プラハの東北東180kmのポーランド領にあるKamieniec Ząbkowickiと思われる。

シュル城の近くの森の出口[126]まで行って彼を出迎えた。その日に 3 度ムチナの友人は彼に、もし逃げなければ必ず命か眼を失うだろうと伝えた。しかし彼の運命は彼をせき立てていたので、友人たちの言葉は彼には戯言のようにしか聞こえなかった。彼は言った、「死を恐れるものは英雄ではない」。

XXIII（23）

彼らがヴラツラフ城[127]に入った後、翌日の早朝にスヴァトプルク（B51）はすべての有力者を集会に呼び集めた。みなが集まった時スヴァトプルクは、檻から闘技場に出されて吠え、たてがみを逆立てて餌を待つライオンのように（詩編 22,14）広間に入って来た。それから暖炉の脇にある長椅子の真中に座ると、燃えていた暖炉より 7 倍激しく怒りで燃え上がり、周囲を見まわすと荒々しい眼を真っ直ぐムチナに向け、怒りに満ちた口を開き次のように言った。

「我々すべての者にとって忌まわしい家系で、神々に歯向かう種族よ、

卑劣なヴルショフ家の息子たちよ、我々の民の獅子身中の虫よ。お前たちがヴェリースの丘で私の先祖のヤロミール（A12）に仕出かした事を[128]、一体いつ私が忘れたとでも思うのか。お前たちにはそれは気晴らしだったであろうが、我々には永遠の侮辱である。また私が忘れたとでも思っているのか、お前とお前の兄弟のボジェイが狡猾な策略で、すべての公の中でも抜きん出た星である、私の従兄弟のブジェチスラフ（B21）を殺した事を[129]。またお前たちの力のもとで統治し、お前たちの奴隷のようにすべての事を聞き従っていた私の従兄弟ボジヴォイ（B26）はどんな罪を犯したのだろうか。生まれながらの傲慢は、慎ましい公に我慢できなかった。お前たちはいつも通りの策略で、お前たちの卑劣な助言に私が聞き従うまで、私に何をけしかけたのだろう。私は従兄弟のボジヴォイに対して罪を犯した、私は彼から公座を奪うという大きな罪を犯した。それは、

私を苦しめ、永遠に苦しめるただ一つの事である。

お前たちよ、よく聞け、この虚偽の息子とあらゆる不信仰の頭がどんな罪を犯したのかを。最近私はお前たちと戦いに出たがその時、私はこのムチナを私に次ぐこの地の最高の代官に定めた。この良き男は狩に行くふりをして、いかに私か

(126) リトミシュル近くのトルスチェニツェ（Trstěnice）に通じる街道にある、モラヴィアと地境の森。

(127) ヴラツラフ（Vraclav）城はプラハの東方 125km の、ボヘミアとモラヴィアの地境のヴィソケー・ミート（Vysoké Mýto）付近にあった。

(128) I 部 34 章を参照。

(129) III 部 13 章を参照。

ら公座を奪うかを叔父のネモイと話し合うために、何ら臆せず夜にポーランドのスヴィニー城[130]に行っていた」。

突然、当惑や同意したつぶやき声が上がったが、それはすでに怒りで燃えていた公の心を更に激しく燃え立たせた。その時公は、脇に仕えていて彼の意図に従順な護衛兵[131]にうなずくと、広間から出ていった。兵は直ちに、何も予感していなかったムチナに襲いかかった。何と驚くべきこらえ性を彼は示した事だろう。2度切り付けられたが、彼はじっと動かずに座っていた。彼が立ち上がろうとした時、3度目の剣を受けて絶命した。同じ時同じ広間で、ヴニスラフ、ドマシャそしてムチナの2人の息子が捕えられた。別の家系だがムチナと親しい友人であったネウシャただ一人は、何が生じているかを見て逃げ出した。彼はすでに城外に出て城の前にある藪を抜けていたので、もし赤い胴着[132]が彼であることを暴露しなかったなら、彼はうまく逃げ失せたかもしれなかった。彼はすぐに捕えられ、眼と男性を奪われた。そしてよくあることだが、血に飢えた狼が羊小屋に侵入して荒れ狂い、殺しまわるが己の怒りを鎮められず、すべての羊の息の根を止めるまで殺戮をやめないように、一人の男の殺戮で血に汚れたスヴァトプルクもまた、怒りに燃えてこの家系の者たちを歳の区別無しにまたどんな猶予も無しに皆殺しにするように命じ、そこにいた人々の前で言った。「私の命令の実行をためらわない者は重たい金塊を手に入れよう。だがボジェイとその息子を殺す者はその百倍も手に入れ（マタイ伝 19,29)、さらに彼らの領地を治めるであろう」。

風たちの王アイオロスが鉾（ほこ）の先で彼らが閉じ込められていた山の側面を突き破り、彼らを解放した時に吹き出たどんな風[133]よりも早く人々は飛び出して行った。馬に飛び乗ったのは有力者のヴァツラ、ヘシュマン、クラーサとその他のきわめて多くの者たちで、彼らはボジェイとその息子の運命を仕上げるため、先を争って飛んで行った。残りの者たちは国中に散らばって、この家系の者を一人残らず地上から抹殺するために探し回った。

---

(130) プラハの東北東 175km でポーランド領のシュフィドニツァ（Świdnica)。

(131)【チ】は kat（死刑執行人、刑吏）だが、刑吏は君主の側仕えではなく、【ラ】は lictor（先駆警吏、身辺警護の兵）なので「警護兵」と訳した。

(132)【チ】は červená suknice（赤いスカート）だが【ラ】は rubra tunica（赤い胴着）なので、こう訳した。

(133) ローマ神話でユノーはトロイア人を憎み、アイネイアースのローマ建国を阻むため、風神たちの主であるアイオロスに頼み、風によって彼の船隊を沈没させようとした（Vergil.-1,I,81)。

XXIV（24）

リビツェ村[134]にいたボジェイは、ああ、自分の運命を何も予感していなかった。彼は息子と妻と共にちょうど昼食の食卓に付いていた時だったが、彼の所に少年がやって来て言った。「ご主人様見て下さい、あの人々の集団を。彼らは先を争って野を横切りこちらに急いでいます」。しかし彼は答えて言った。「彼らは戦から戻って来るところなので、神の祝福と共に来させよう」。彼がまだ言い終わらないうちに、見よそこに荒くれたクラーサが扉を開けて現れ、抜き身の剣をきらめかせながら叫んだ。「悪人め、お前は失せろ、この世から消え失せろ、このろくでなし、お前は四旬節の時に私の親戚のトマーシュを理由もなく殺した」。その時彼の息子のボルトは立ち上がって言った、「兄弟、何をしようとするのか、もし私たちを捕えるように命じられたなら、私たちは武器も持たずに騒ぐこともなく捕えられるだろう」。だがまったく予期することもなく、突然彼の腹に剣が柄まで突き刺さった。そしてその瞬間
息子の血が滴った剣が、父の喉に突き刺さった（Vergil.-1,X,907）。

これら襲撃者は、城を陥落させた者の常として莫大な財宝をかき集めたが、それはカトーが言うように、

獲得に長時間かかるものは、短時間に失われよう（Cato-1,II,17）。

と言うのもこれだけの財産の中で、彼らの亡骸（なきがら）を覆うための布切れは一枚も残らなかったからである。ボジェイとその息子ボルトは10月27日に、棺も葬儀も無いまま裸の家畜同然に、掘った穴に放り込まれた。

私はこの家系の内でどの位の数の人が殺されたかを知ることが出来ない。なぜなら彼らは1日でまた1か所で殺されたのではないからである。ある者は市場に引き出されて家畜のように殺され、別の者はペトシーンの丘[135]で斬首され、また彼らの多くは家の中や通りで殺された。しかし私はムチナの子供たちについて言わなければならない、彼らの死は多分他の如何なる死よりも残酷ではなかったか。彼らは育ちの良い男の子で、顔立ちは端正で見た目も可愛らしく、どんな鋭敏な職人も真っ白な象牙にどんな画家も壁に、その姿を描き出すことは出来なかったであろう。我々は、彼らが哀れに市場に引き出されていくのを見、何度も何度も「お母さん、お母さん」と叫ぶのを聞いた。そして最後に残虐な刑吏が彼ら二人を子豚のように脇の下に挟み、ナイフで喉を掻き切った。

---

(134) リビツェはかつてスラヴニーク一族の領地であったが、この一族が虐殺された（I部29章）後、ヴルショフ家に組み込まれた。

(135) ペトシーンはプラハ市内のヴルタヴァ川左岸、今日の小市街区（Malá Strana）にある川の水面から130mの高さの丘。

あっという間にみなは四散し、自分の胸を叩いた（Vergil.-1,XII,155)、
刑吏のこのおぞましい行為を見ないようにするために。

この家系で生き残った者たちは身を隠してある者はポーランドへ、他の者はハンガリーへと逃亡した。彼らの崩壊と離散について我々は、もっと詳細に長く記述することが出来るが、この悲劇を哀歌で終えるようには思われたくないので、そこから若干逸脱してしまったもとの年代記に戻ろう。

XXV（25）

ハインリヒ王（T111）が包囲を諦めて、プレシュプルク城から戻って来て間もなく、ハンガリー王カールマンは[136]スヴァトプルク公（B51）から受けた不当な行為に復讐する願望に駆られて、モラヴィアに侵攻し無慈悲に略奪を始めた。と言うのも軍事的な企てにのめり込んだハインリヒ王が、四方からプレシュプルク城を包囲した時に、この公はチェコ軍と共にヴァーフ川の右岸に行き、トレンチーンからヴァーフ川がドナウ川に注ぐ河口までの全地域で、火を放つことのなかった所は一つもなかったからである[137]。またハンガリー王の見張りや間者を捕まえると、鼻を削ぎ眼を潰すように命じることがよくあった。ある日にはこの公は千人以上の兵を送って、秣を探しに出かけていた従騎士たちを計略で捕えたり、不注意なドイツ人たちを夜間に襲ったりした。スヴァトプルク公は、彼らが沼沢地の中のどこに隠れているかを前もって知って突然襲い掛かり、投網で魚を取る様に（マタイ伝 13,47）一人残らず全員を捕え、ある者は殺し別の者は拷問具に掛けて吊るし、ごく少数の者については多額の身代金と引き換えに命を助けた。

これらのハンガリーで為された彼や他の者たちの行為に対して、カールマン王はモラヴィアに攻め込んだ。スヴァトプルク公がそのことを聞いた時、彼は直ちにボヘミアとモラヴィアからの二つの軍を集め、闇夜に森の中を通って急いだが、それは密かに敵を迂回して翌日彼らと戦おうと燃えるような願望に満たされていたからであった。その時驚くことが起きた。彼と共に急いで進む何千という兵士の中で、ただ一人公だけが運悪く鋭く突き出た枝を片目の瞳に突き刺した。深く刺さったその小枝を引き抜くのは大変で、しかも眼球と共にしか出来なかった。人々は半死の公を担ぎ上げ、軍は悲しみの中 11 月 12 日に帰路についた。

---

(136) この章は 22 章から続くもので、【チ】は「ハインリヒ王がプレシュプルク城から戻った時、ハンガリー王カールマンは包囲を諦めて、間もなく・・・」と訳しているが、これは文脈的に繋がらないので、【ラ】によって上記のように訳した。

(137) チェコの侵攻は通例 1108 年の 9 月までとされ、侵略され荒廃した地域は本来ルチスコと呼ばれる係争地を含んでいた。

XXVI（26）

1109 年

大寒波が襲いすべての水が凍りついた時、失った眼の傷が癒えたスヴァトプルク公（B51）はためらわずに再び軍を集めた。彼は三日三晩休むことなく急ぎ、2 月 14 日にハンガリーに攻め入った。そこでは誰もそれを予測しておらず、彼は軍を率いてニトラ城[(138)]を急襲した。そこに常駐して警戒していた守備隊がもし門を閉じなかったなら、彼は城内に攻め込んでいたであろう。彼の軍は城下町を略奪し火を放った。そして戻る時に彼らは、荷車や馬に乗りこの城に逃げ込もうとしていた多数の避難民の群れに出くわした。彼らはその群れすべてを畑にあるわら束のようにかき集め、彼らの村に火をつけその地域すべてを荒廃させた。そして家畜やその他の財産の膨大な戦利品と共に、彼らは大喜びで自国に戻った。

XXVII（27）

この同じ年にこの上なく卓越したハインリヒ王（T111）は、ポーランドのボレスワフ公（Q21）に対する怒りと憤慨を忘れず、また自分の名付け子の父親スヴァトプルク（B51）へのプレシュプルクでの前述の約束[(139)]を覚えていたので、彼はザクセンを通って遠征した。彼はバイエルン人、シュヴァーベン人、東フランク人と、コリーン・アグリッピニン[(140)]付近のライン川沿いから彼の帝国の西方の国境までに住む者たちを引き連れて行った。また長い槍を持ち岩よりも固いザクセン人が欠けることもなかった。チェコ軍が彼らに合流した後、王は 9 月にポーランドに侵攻してそこの第一の城グウォグフの包囲を命じ、この城からリチン城までのオドラ川の両岸にある村々を略奪して、沢山の戦利品と共に陣営に戻った。そして明日スヴァトプルク公と彼の軍を帰そうと決めた。王は彼とそこで終日を過ごし、夜になるまで共に王国の諸案件を諮っていた。

一方その間に陣営に一人の抜きん出て勇敢な戦士が入り込んでいた。後で人々の話で聞き知った事だが、彼はヴルショフ家のチェストの息子ヤンが送り込んだ者であった。この者はどちらの運命も覚悟していた、

大胆な行為を企てて大きな栄光を得るか、

---

(138) ニトラはブラチスラヴァの東北東 75km にあり、スロヴァキアで最古の都市の一つ。9 世紀のニトラ公国の後、大モラヴィア国に併合され、11 世紀からハンガリー王国の支配下になったが、13 世紀まで政治的・宗教的（司教所在地）に重要な都市であった。

(139) III 部 22 章参照。

(140) コリーン・アグリッピニン（Colonia Agrippina）は、現在のケルンに当たる。

公の死と共に自分の命も失うかを。

彼は道の脇の枝を広げた樫の木の下に立っていたが（Vergil.-2,1,1）、その道は王の天幕に通じていた。そこで彼は、公が王の住居から戻るまで待ち伏せていた。彼は夜の最初の薄暮れ時に、公が多くの従士団に囲まれているのが見えた。その時彼は馬に飛び乗ると一瞬の内に集団の中に紛れ、公の肩甲骨の間を狙って槍を投げた、すると

彼の胸の一番奥まで、死をもたらす槍の穂先が達し（Ovid.-1,VI,251）、
彼は地面に落ちるより前に、魂を解き放った。
彼が亡くなったのは、9月の21日であった(141)。
その後、魂のない彼の亡骸を人々は大きな嘆きと共に
担ぎ上げ、悲嘆の涙を流しながら己の陣営まで運んだ。
野営地ではその夜、大きな混乱が起きた。

人々は右往左往し、四散したかと思うとまた戻って来て、ハインリヒ王が遣わしたプルカルトが、怒りまた途方に暮れていた人々をやっとの思いで落ち着かせたのであった。

朝になり王は、名付け子で結ばれた公を悼むためにやって来て、すべてのチェコ人のいる前で、公の息子たちの中から人々が望む誰でも、公として選出することに同意した。その時、そこに悲しみに満ちて立っていたヴァツェクは眼に涙をためて、殺された公の弟のオタ（B52）を彼らの公と定めて欲しいと懇願した。王は直ちに彼を承認し、野営地にいた思慮の足りない者たちは3度キリエ・エレイソンと叫んだ(142)。この事を知っていたのは少数であったが､直ちにブザの息子チェトシーシェクは馬車に乗り4日目の夜明けにオタをプラハに連れて来た。ヴァツェクとモラヴィアから来ていた者はみな(143)､彼を公座の高みに上げることに骨を折った。

なぜなら彼らはそれをチェコ人と司教の同意なしで行おうと試みたからであるが、彼らの厚かましさはうまく行かなかった。集会の最中に昔の誓いが言及された。つまりスヴァトプルクが公座に就く際にすべてのチェコ人は、スヴァトプルクの死後、もしヴラヂスラフ（B27）がまだ存命していれば、彼が公座に就くことになるとの約束を結んでいたからであった。

---

(141) この日時は【Gallus】III,16と一致する。

(142)「思慮の足りない者」とは、チェコの公座についての慣習をわきまえていない者と思われる。

(143)【チ】によれば、コスマスはオロモウツの公オタがプラハの東方260kmのポオドジー（Poodří）に運び込んだ、モラヴィアの現金のことを考えているという。

XXVII（28）

人々の間のこの強い怒りの中で司教ヘシュマンと、ヴィシェフラト城代の有力者ファビアーン[144]の助言が優位に立った。彼らは他の者より地位と知恵で抜きん出ていて、誓いが破られずに残ることと、すべての者が同意して初めて得られる公の諸権利をヴラヂスラフ（B27）が獲得できることに尽力した。その後ヴラヂスラフは、太陽が天秤座の 9 番目の部分に留まった時（9 月 25 または 26 日）に、公座に挙げられた。彼の美徳と栄光については、差し当たり彼が存命中は沈黙するのが適切であると我々は考える。それは我々がご機嫌取りとの非難を被らないようにするためであり、また我々が彼を慎ましく褒めるなら、彼の称賛を削っているとの告発を受けるであろうから[145]。どこかの誰かが次のように言って警告している。

公の美徳の称賛を歌うのは、彼が立派にその命を果たしてからにせよ[146]。

しかしボジヴォイ（B26）は、自分の弟がスヴァトプルク（B51）の死後公座を掌握したことを聞くと直ちにポーランドを去り、ソルビア[147]の自分の義理の兄弟ヴィプレヒトのもとに向かった。彼はヴィプレヒトの助言と援助を期待し、また我らの内の何人かの裏切り者が約束した支持を信じていたからであった。彼はクリスマスの日の朝に何の抵抗も受けずにプラハに入ったが、ああそれは多くの者たちが破滅し、彼らの財産が空になる前触れであった。

XXIX（29）

事態のこの思いがけない展開によって城の住民たちは大混乱し、幸運の女神の突然の転換の中でどちら側に付くべきかの不確実さに震えた。幸運な地位についていた多くの者たちは、

自分の財産と愛する子孫を城に残して、
逃げ出した、でもどちらの陣営に加わるべきか分からなかった。

変革を望む多くの者は（Sall.-1,28,4）喜びの歓声を上げ、逃亡する者たちをあ

(144)【チ】によると、ファビアーン（Fabián）の名前はここにしか現れないが、彼は 1109 年には非常に強い影響力を持った有力者で城代であった。

(145) いわゆる現代史の抱える問題であり、コスマスも同時代に生じている事をどう評価するかに当惑していることを認めている。

(146) この警句の出典は不明で、【ラ】のテキスト校正版を編集したブレトホルツも、【チ】や【英】の訳者も分からないとしている。

(147) より正確にはラウジッツになる。

ざ笑い、ボジヴォイ公（B26）が許したので彼らの財産を分け合って運び出した。司教ヘシュマンは彼の館で捕えられ、館の召使たちはまるで敵が彼を閉じ込めたように彼をそこに軟禁した。彼らは、ヘシュマンがもし出来るなら逃げ出したいと思っていることを知っていた。人々がこのようにお互いに恐れている中で、ヴィシェフラト城代のファビアーンはどちらに与したらよいか分からず、

彼はそれらの悪行を身近で見るより、ただ話で聞く方を望み、
城代を任されていた城を捨てて退却した、
しかし彼の心には、みなと同じ関心があったので、
彼はきわめて多くの嘆きを表明し、その後悲しみに満ちた彼は立ったまま言った。
「チェコの地よ、お前は不幸だ、お前は特に広大な国ではないが、
すべての民にとって共通のお前は、多くの主人たちに仕えている。
彼らは男系の家系で、支配者一族の出身で、
私の数え方が正しければ、これらの小主人たちはざっと 20 人はいる[148]。
鋭敏な詩人のルカヌスは、機転の利いた次の言葉を述べたと言われる、
『増大した力が重荷なのは民に対してだけであって、それ自身ではない。』(Lucan.-1,III,152)
と言うのもいずれかの公が理性を失った時、それを償うのは民だからである」(Horat.-4,I,2,14)。

このように言うと、前述のように彼はヴィシェフラト城を見捨て、幸運の女神の不確かな二面性に当惑しながら、その付近の村々に留まった。

しかしながらその間に、風よりも稲妻よりも早い噂が、
すべての城に広がって、様々な声がそこに満ち、
やがて国中の人々の間に、大混乱がやって来た（Vergil.-1,V,319 と VII,543)。

なぜなら良い素質に欠ける多くの者たちは新しい事態を喜んで、あちこちの村々を駆けまわって略奪し、この混乱から最後に何が生じるかを待っていた。しかし考えがより高潔で信仰もより純粋な他の者たちは、プラハの公の住居を目指した。何をなすべきだったのか。彼らは気付かずに開いた穴に飛び込んだわけではないが、望むと望まざるにかかわらず、ボジヴォイ公の不確かな運命に追従した。公は彼らを愛想よく受け入れ、誓いと多くの約束で縛った。そして彼らを有力者のフラビシャに委ね、その日に彼らと共により安全な要塞のヴィシェフラト

(148)「小主人」と訳したのは【ラ】の dominellus で、【チ】も指小辞形の panáček を当てている。これはプラハとモラヴィアを統治していたプシェミスル家の者たちのことであろう。

に去った。そこから再びキリスト降誕際の朝の一時課に[149]プラハに向かい、聖職者たちの大きな行列に迎えられた。彼はそこでミサを聞き、再び上記の城に戻った[150]

XXX（30）

その日の夜スヴァトプルク（B51）の弟のオタ（B52）と、フラデツ[151]の城から 3 部隊の兵士と共に来た有力者ヴァツェクはロキトカ川のほとりに陣を敷いた。朝になって彼らはヴィシェフラトの前に立つと、城の周囲に見張りを立ててすべての道を占拠したので、誰もボジヴォイ（B26）を助けるために出ることも入ることも出来なかった。一方ヴラヂスラフ公（B27）はそれ以前に、上記のフラデツ城で主の生誕の祝日を祝うことを決めていた。しかし彼はハインリヒ王（T111）の招請で、差し当たりクリスマスの 8 日後（1 月 1 日）に開かれるレーゲンスブルクでの王国会議に参加しなければならなかった。彼はヴァツェクに、祝日に呼んでいたオタに十二分に気を配った宴席を用意するように命じ、彼自身は王の命令を果たすために急いで出立した。プルゼニ[152]の城で他の有力者たちと 2 日間の祝日を過ごしたが、3 日目にプラハで生じていることを知って、王の命令の実行を延期し無視した。そして聖使徒福音史家ヨハネの祝日（12 月 27 日）に、彼は宮廷にいた者たちと共に、前述の城の城壁の前へ急いだ。しかし門が閉じられているのを見て、

　　また彼と戦う用意のできた武装した兵たちを見た。

　　彼は城壁高く立っている者たちに（Vergil.-1,IX,664）語りかけ始めた。

「私はお前たちの所に平和的にやって来た。見てくれ、ここにいるのは私で、自分たちの主人に門を開いてくれ」。公のこの言葉に誰も答えなかったので、彼はとても立腹しひどく彼らを威嚇してから、ブルスニツェの小川を越える道に向かった。丘の頂上に登った直後、彼は遠くの平原に武装した兵士の長い列を認めた。それはヴィプレヒトの息子のヴァーツラフ[153]がボジヴォイに加勢するため

---

(149) 聖務日課の 2 番目で日の出時または午前 6 時に行われる。

(150)【チ】の注によると 1109 年末から 1110 年にかけての、ボジヴォイ（B26）の予期せぬ突然の襲撃が成功し、ヴラヂスラフ（B27）とオタ（B52）は意表を突かれたが、それは誰もボジヴォイと彼の要求を重要視していなかったためであった。

(151) プラハの東方 100km にあるフラデツ・クラーロヴェー（Hradec Králové）。

(152) プルゼニ（Plzeň）はプラハの西南西 80km にある町。

(153)【英】によれば、ヴィプレヒト 2 世には、チェコ人の妻ユディタ（B28）から 2 人の息子（ヴィプレヒト 3 世とハインリヒ）がいたが、どちらも母の出身地からチェコ人の名前

に率いて来たものであった。彼は、彼らが敵としてか平和的に来つつあるのかを確かめるために一人の廷臣を遣わした。しかし使者を通じて双方が互いを知った時、すぐにこの若者は、あたかも藪に隠れていた太い蛇を踏みつけたかのように驚き（Vergil.-1,II,378）退いた。彼は自分の友人たちを一か所に呼び集めて言った。「我々には逃げ道がない、また我々が不確かな戦いを始めるのを望まないことは、何ら秘密にすることでもない。彼らがこの戦いを行わず、報復もしないように全力を尽くして欲しい」。彼がこう言うと、人々は旗を広げ聖母マリアに助力を祈願した。しかし公は生来の誠実さから常に内戦を嫌い、敵の呼び出しや敵そのものに重きを置いていなかったので、公もそれを回避することを望んでいた。

XXXI（31）

その時ブザの息子で、悪意を焚きつけ罪を唆すチェトシーシェクは言った。「もし劣った者たちがあなたに行った不正が、あなたを動かさず心を傷つけなかったなら、せめて我々のために、我々が生きた体かそれとも死んだ体なのかをあなたは知ってほしい」。この言葉に対してヴラチスラフ公（B27）は答えた。「もしこれが恩情ではなく臆病と思われるなら、この瞬間お前は知るだろう、

私のこの剣があそこで何度も何度も突き刺さるのを（Statius-2,I,109）」。

そう言い終わる前に彼は盾を取ると、隊列の先頭に立ってはるか先に突き進み、最初に敵の隊列の中でその剣を閃かせた。そして猟犬の群れに囲まれて毛を逆立てた猪（Vergil.-1,VII,17）のように、公は敵に囲まれながらもある者を踏みつけ、他の者を切り倒して、

とうとう全身、人の血に塗（まみ）れながら

勝者としてヴィシェフラトの麓にある自軍の陣営に戻ったが、彼は有力者ヴァツェナを失っただけだった。陣営では彼らの公が戦いから無傷で戻った(154)ので大きな歓呼の声が上がった。

一方ヴィプレヒトの息子は、牧人の杖で真っ二つにへし折られた蛇が尾を失い、やっと這いながら頭をもたげているように（Vergil.-1,V,273）、ある者たちを失いまた別の者は重い傷を負ったまま、

そそり立つプラハの壁の中に（Vergil.-1,XII,745）、大混乱の内に入った。

それは予兆であったかもしれないが、傷ついたものはほとんど全員死んでいった。

のヴァーツラフで呼ばれた可能性がある。ただ後続の2章から見てここは弟のヴィプレヒト3世を示していよう。

(154) この衝突は他の史料には無い。

何で驚くことがあろう、ペロプスの息子たちのただ一つの犯罪のために、太陽は隠れその光をアルゴスの町の上空で遮らせたというが[(155)]、我らの隣り合う城の間でこれだけ多くのひどい悪行がなされた時には。なぜなら内戦ではより悲惨な残酷さが生じて、息子は父と戦い、父は息子を決闘に呼び出し、また別の者は自分の実の兄弟をいさかいに誘い出し、また別の者は捕まえた敵のように兄弟に枷をかけ略奪し、また別の者は親族を殺め、また別の者は自分の友を敵のように殺害し、いたる所で醜悪さが生れ呪われた悪事がなされている。ああイエス、良き主よ、あなたは人間世界でかくも苦しみ、またあなたが然るべく罰しなければならない者が無くなることを、あなたは辛抱強く待っておられます。

XXXII（32）

一方ヴラヂスラフ公（B27）は、ちょうどその時バンベルクの城でクリスマスの祝日を祝っていたハインリヒ王（T111）のもとに、すでに前もって有力者ヘシュマンとセゼマを送っていた。彼は王に銀 500 フジヴナを約束し、王自身または代理の者を通じて、兄のボジヴォイ（B26）がヴィプレヒトの唆しで彼から奪った公座を、彼に返してくれますようにと慎ましく願った。王はその頃ヴィプレヒトに非常に立腹していたが、それとは別に申し出た金銭への願望でさらに煽られて、直ちに兵を集め 1110 年の年初めの 1 月 1 日にチェコに向かった。彼は前もって 2 人の辺境伯ディエポルトとベレンガル[(156)]を遣わして、ボジヴォイと彼の弟ヴラヂスラフ（B27）が和平を結んだ後に彼らと、また司教ヘシュマンとヴィプレヒトの息子とチェコの国の他の長老たちが[(157)]、彼を迎えにロキツァニ[(158)]村の司教の館まで来るようにと、2 人を通じて命じた。

王の命令に従って彼らがそこに到着した時、ボジヴォイとヴィプレヒトの息子は何ら聴取されることもなく捕えられた[(159)]。ヘシュマンの件は正当なものと見な

(155) ギリシャ神話でミュケーナイの王ペロプスの息子アトレウスとテュエステースの間で王位を巡る争いが起き、前者は後者の 3 人の子を八つ裂きにして煮て食卓に出し、後者はそれを知らずに食べたが、このおぞましい光景に驚いた太陽が運行をそらしたとされる。

(156) ディエポルトとベレンガルについては III 部注 94 を参照。

(157)【ラ】は ceteri Boemie maiores natu（その他のチェコの長老たち）。

(158) ロキツァニ（Rokycany）はプラハの南西 75km でプルゼニ近くの町。1110 年当時ここはプラハ司教の所有地で、ここでチェコとドイツの貴族がハインリヒ王と共に外交的な問題を討議したことが記録されている。

(159) 他の年代記によればボジヴォイは、ドイツのライン川沿いのハンメルシュタイン（Hammerstein）に投獄された。

されたが、それは彼が王の手を金で買収していたからであった。その後すべてのボジヴォイの支持者はヴラヂスラフ公[160]の命令で、ある者は眼と財産を失いまた別の者は少なくとも自分の財産を奪われた。この大惨事を上手く逃れた残りの者たちは王の息子ソビェスラフ（B29）[161]のもとにポーランドへ逃亡した。上述した者たちの中で、ヴルショフ家のチェスタの息子ヤン[162]は捕えられヴァツェクの命令で眼と鼻を失った。またこの反乱に加担したものとして、プラハ城で主導者と見なされていたプシヴィタンも捕えられた。彼は背中に、すえたスープを飲んで酔った大きな疥癬（かいせん）病みの犬を縛り付けられた。それから彼は背負っている犬に糞で汚されるまま、その犬が吠える中で髭を掴まれて3度市場の周りを引き回された。その際刑吏は叫んだ、「ヴラヂスラフ公に誓った忠誠を守らなかった者は、このような名誉を得るのだ」。そして市場にいたすべての者の面前で彼の髭を首切り台で切り落とし、ポーランドへの追放が宣言された。

XXXIII（33）

しかしそれにも拘らず、不誠実な者や不和を拡散する者たちは決して無くなることはなく、同じ考えで結ばれた従兄弟同士のヴラヂスラフ（B27）とオタ（B52）の間に、一方が他方の陰謀を恐れるといった不和の茨の種をまいた（箴言6,19）。そのためオタは、従兄弟が彼を復活祭の祝日に招いた時、行くことを恐れ3度目の呼びかけでやっと復活祭後の5月1日に、自分の兵士たちに守られながらティーネツ・ナド・ヴルシュキ[163]と呼ばれる指定された村に、従兄弟のヴラヂスラフに会うためにやって来た。そこで彼らは丸1日様々な問題を話し合い、互いに誓い合って見た目には和解した。

このオタは我々からセキシュコステル村での市場の権利を奪った。だがそれは彼の父と母が自分の魂の救済のために、神と聖ヴァーツラフに仕える我々が永遠に保持できるようにと、我々に与えられたものであった。そのため私は自分の兄弟僧たちの名のもとに、オタが点灯し続けなければならない自分の両親たちの命

---

(160) ヴラヂスラフ公は1110年1月の最初の週から権力を獲得していた。ただ彼は1117年に理由は不明だが、ボジヴォイにチェコの公座を渡したが（III部43章）、3年後に同じく理由は不明だが、彼の公座を廃し追放した（III部46章）。

(161) ここでの「王」は、チェコ王のヴラチスラフ2世（B2）で、ソビェスラフ（B29）は末の息子に当たる。III部20章で、彼はボジヴォイに従ってポーランドに去っている。

(162) 彼はIII部27章に言及があるが、スヴァトプルクに刺客を送ったとされた。

(163) ティーネツ・ナド・ヴルシュキ（Týnec nad Vršky）はティーネツ・ナド・ラベム（Týnec nad Labem）のことで、プラハの東方65km。

のろうそくを彼が消しつつあると、公と彼の廷臣たちの前で訴えるために遣わされた。そこで公は答えた、「私は自分の両親のろうそくは消さない。しかし直接お前たちに与えたと考えられるものが、司教の権限になることは望まない。そこで今、司教でも他の何人でもなく、神と聖ヴァーツラフに仕えているお前たちに、その市場の権利を戻そう」。そしてオタは、公と廷臣たちの前で我々に市場の権利を戻すと、次の日再びモラヴィアに出立した。

XXXIV（34）

またこの同じ年の 7 月 13 日に草原の中央にあるサツカー(164)の館で会議が行われることが、チェコの地のすべての主要な人士に告げられた。オタ（B52）もまた呼ばれていたが、彼は最近互いに交わした誓約を固く信じていたので、不用意にもわずかの者たちと共にやって来た。すべての議題が話し合われた後、3 日目の朝彼は起きてから野営地の信頼できる者に(165)、自分たちの必要な物を用意し帰還の準備をするように命じた。その後彼は従兄弟に別れの挨拶をするために、一人で館に行った。なぜ私はためらっているのか、なぜ私は、その時すぐに生じたことをもっと急いで書き記さないのだろう。オタはヴラヂスラフ公 (B27) によって即座に捕えられた、それは最もおとなしい子羊が最も猛々しいライオンを捕えたかのようであった。

公の助言者たちは公にオタの眼を奪う命令を出すように迫ったが、彼は言った。「否、私はポーランドのボレスワフ公（Q21）と同じようにはしないだろう。彼は自分の兄弟ズビグニェフ（Q22）を誓いの約束のもとで狡猾に呼び寄せ、三日目に彼を盲目にした。しかし私は従兄弟と永続的な不和を始めることは望まず、ただ彼を懲らしめたいだけだ。罰せられることで彼が賢くなり、彼自身と彼の子孫がモラヴィアの地とその統治は、常にチェコの公の下にあることを自覚すればよい。このことはこの地を最初に自分の支配下においた、我々の祖父の故ブジェチスラフ (B) が定めたことである」(166)。しかし勇敢な人士をしのぐさらに勇敢な者とは誰であろう。見よ、勇敢な人士オタは武装した隊列の中で枷に掛けられて

---

(164) サツカー（Sadská）はプラハの東 40km の町で集会に適した場所。ここの丘の上には公の館があって、その後も 2 度重要な会議が開かれた。

(165)【チ】は věrný（信頼する者）だが、【ラ】では questionarius で「物資補給係、兵站」が使われている。

(166) I 部 40 章およびそこでの【訳者補注 6】により、モラヴィアがプシェミスル家の領地と確定したのは、ブジェチスラフ（B ＝ A131）の父のオルドジフ（A13）からだが、モラヴィアの統治を息子や弟に委ねる慣習を定めたのはブジェチスラフであった。

なお、あたかも祝宴に招かれたかのように、陽気な表情で頬に微笑みを浮かべて歩み、最後にヴィシェフラトの牢に投げ込まれた。彼はそこで彼を交代で見張っていた兵士たちに次のように言ったと伝えられている。

「偽りの口を持った友人はミツバチに例えられる。
その口からは蜜が滴るが、尻の針で刺す。
策略もそうしたもので、私は実際、それに惑わされた。
だが気まぐれな運命がもたらすものは、耐えなければならない、
私の従兄弟は、卑劣者のヴァツェクが望み、
プロスチェイが率先して進めたことを、私にしなかった。
私は彼らを、もし私が生き延びていたら(167)。だが今は自分自身を抑えておこう」。

その後まもなく、ムジェ川のほとりの森にあるクシヴォクラート城(168)が改築された時、オタはそこで3年近く武装兵の見張りのもとにおかれた。

XXXV（35）

同じ年ヴラヂスラフ公（B27）がすべてのチェコの人々と共に、喜び楽しみながら聖なる守護聖人ヴァーツラフの生誕を祝っていた時、公のもとに使者が来て次の知らせを伝えた。「あなたはここで穏やかに安閑と祝宴を開いておられますが、あなたの弟ソビェスラフ（B29）とポーランドのボレスワフ公（Q21）が我らの地を滅ぼし、まるで収穫した穀物の山が無残に奪われるように人々を奪っています。この事を知らせるために、私一人が辛うじて逃れて来ました（ヨブ記1,19)。至急兵を出して下さい、宴会を止めて直ちに食糧庫を閉じて下さい。戦いの神マルスがあなたを呼んでいます。明日になれば何千もの武装した敵がここに来るでしょう」。

彼らは即座に宴会を止めて立ち上がり、急ぎ軍を集めてルチツェ村(169)近くのツィドリナ川(170)の右岸で集合した。しかしこの川の対岸をポーランド人の軍勢は略奪も放火もせずに進み、ラベ川の流れの近くのオルドジーシェ城(171)の近くまで来ていた。彼らはここからヴラヂスラフ公に偽りの伝言を送った。「我々は

(167)「私は彼らを～」の言葉はII部注136を参照。

(168) クシヴォクラート（Křivoklát）はプラハの西40km。

(169) ルチツェ（Lučice）村はプラハの東75km。

(170) ツィドリナ（Cidlina）川は、プラハの東方を北から南に流れ、上記ルチツェ付近で西に流れを変え、ポヂェブラディでラベ川に注ぐ川。

(171) オルドジーシェ（Oldříše）はプラハ東南東55kmのコリーン（Kolín）近くの砦。

人殺しの槍を投げるのを望まず、戦うために来たのではない。そうではなくて我々はあなたとあなたの弟が和解することを望んでいる。

もし我々の警告にあなたが聞く耳を持たぬなら、
明日我々は川を渡り、その先はなるようになるだろう。アーメン(172)」

これに対してヴラヂスラフ公は短く答えた。

「私が思うには今年は多くの血を流さなければ、平和は来ないだろう、
なぜなら和平を結ぼうとする者は鎧を着て歩かないからだ。
お前が川を渡れば、その先にアーメンはないだろう、
お前が川を渡れば、罰なくして元には戻れない。
私はお前が言うその先を行おう、お前は自分の目論みをさらに行え」。

公は残念ながら敵の偽りの言葉を信じて、まだ太陽が昇る前のその晩に自軍と共に直ちに川を渡り、川岸に沿って敵に近付いた(173)。ポーランド軍は彼らの策略が成功したのを見ると、（川を渡って）その地に侵攻し放火と略奪でそれを荒廃させ、膨大な戦利品をかき集めるとクシフツィ(174)と呼ばれる橋のもとに陣を敷いた。しかし我が軍はその夜非常に疲れていて、すぐに再び川を渡って戻ることが出来ず、途方に暮れて立ちすくんでいた。

XXXVI（36）

しかしヴラヂスラフ公（B27）は裏をかかれたことを知り、戦士たちの中に戦いへの嫌気があることに気付いて激しい怒りで燃え上がり、彼の中に本来の雄々しさの意識（Vergil.-1,V,455）が目覚めた。兵士を戦いに駆り立てる力強い軍隊ラッパのように（イザヤ書 58,1）、彼の言葉は兵たちの弱った心に火を付け目覚めさせた。「チェコ人よ、かつてはその名声で地上と海で称えられ、雄々しき行為で際立ち、数々の勝利で名高い者たちよ、いつもお前たちを恐れ貢納していた者たちは、まだ生きながらにしてお前たちをあざ笑い、お前たちの地を略奪している。お前たちの脇に差してある剣は木で出来ているのか。ただポーランド人だけが鉄の剣を差しているのか。なぜ我々はまだ生きているのか。これは我々とその子孫に対する永遠の屈辱だ。見よお前らの穀物は灰になり、お前らの燃える住居の煙は雲まで達し、火は地表を覆い尽くしているのに、氷よりも冷たいお前らの心は

(172)【ラ】の文は et cetera（以下かくの如し）post hec（その後は）. Amen（アーメン）。

(173)【チ】の訳は「（公は川を渡り）両軍はその川の両岸に対峙した」となっているが、それでは以下の文と整合性がないので、【ラ】の ex adverso（逆に）applicuerunt（近づいた）ripis（土手に）に従って、上記のように訳した。

(174) クシフツィ（Křivci）橋の場所は不明。

まだ燃え上がっていないのか。それとも仮にお前らの心が萎えていても、すでに飢えで弱っているお前らの胃は、正義への願望で燃え上がることはないのか。その鋭い響きが星の高みまで達する女たちの泣き声と嘆き声が、一体どうしてお前たちの心を動かさない訳があろうか。一体誰が、乳飲み子の呻(うめ)き声や子を宿した女や異教徒にさらわれた妻の嘆きを、何ら心に痛みを感じずに聞き流すことが出来ようか。一体誰が、メーメーと鳴く子ヤギのように殺された自分の赤子や、母の胸から引き離された赤子を見て涙を抑えることを示せようか（Vergil.-1,II,6）。より強い敵がこの痛みを与えるなら、その痛みはより少なくなるであろうか。実際、もし私が3つの盾しか持っていなくても、私は今日戦いの不確かな幸運を試すことを忘れないだろう」。

そして直ちに公自身と川岸に立っていた全軍は、浅瀬を探すこともなく次々と川に飛び込み、泳いで川を渡り祖国のために死ぬことを望んだ。悲しみと被った不正は彼らに力を与えた。彼らは、出来ることなら例え命を失っても、敵の勝利の喜びを台無しにするように急いだ。前述のポーランド公は次の日トルチナ[(175)]の小川を渡ったが、それはどこでも渡河するわけにはいかず、戦利品を運んでいる者たちとすべての怪我人が先行するように命じていたからであった。しかし自身は軽騎兵と共に、戦いに適した場所を占めて自軍の防衛のために再度戦う準備をしていた。

ブザの息子のヂェトシーシェク、彼についてはすでに短く言及したが[(176)]、彼は脇に従っていた兵士たちと共に少し離れた場所にいた。彼は彼らに言った、「共に戦う我が兄弟たちよ、お前たちの誰もが自分の体の中に、死を恐れる臆病な一片の肉を持っているが、前もってそれを削ぎ落すか、それともこの場で我々の部隊から去らねばならない。武器を身に付けて死ぬことがどれだけ美しいか（Vergil.-1,II,317）知らない者は、海藻にも値しない（Vergil.-2,VII,42）」。そしておよそ100人の兵士の考えが、隠れ場所からひそかに家畜の群れに襲い掛かろうとしている狼のように（Vergil.-1,II,355）戦いに向かったのを認めた時、彼は突然防御の無い側面から敵を急襲した。そこで1000人近い敵が倒れ、さらにこの戦士は荒々しい虎のように、敵の最も密集した隊列に突き進むと、彼の左右に立って反撃していた者たちの首を細い麦の穂のように鋭い剣で切り落とし、最後にはおびただしい数の投げ槍や矢を受けて、うず高く積み重なった死体の山の

(175) トルチナ（Trutina）の位置も今日では特定できないが、多分ツィドリナ川の支流の一つと考えられる。

(176) III部31章参照。

上に倒れた。しかし戦いの神マルスに逆らって戦っていたチェコ軍は[177](背後を囲まれ)、残念ながらいつもはしない逃亡に転じ、ポーランド軍とソビェスラフ(B29) は不幸な勝利を得た[178]、なぜならそれは内乱よりも悪い戦いであったからである。敗北したのは 10 月 8 日でそこで倒れたのは、ルボミールの息子たちノジスラフとドルジクライ[179]および他のきわめて多くの者たちであった。

XXXVII（37）

1111 年

王妃スヴァタヴァの息子たちの間の和解について[180]、彼女の尽力と司教ヘシュマンの仲介と公の宮宰ヴァツェクの口添えで、もっとも彼自身は何ら役には立たなかったが、次のことが決まった。それは、ヴラヂスラフ公（B27）は自分の弟ソビェスラフ（B29）をポーランドから呼び戻し、彼にジャテツ城[181]とそれに付属するすべての地を与えるというものであった。

XXXVIII（38）

1112 年

かつての諸王の取り決めに従い、またハインリヒ 5 世王（T111）の命令でヴラヂスラフ公(B27)は、自分の甥にあたりブジェチスラフ(B21)の息子で父と同名(ブジェチスラフ、B211）の者を、300 人の盾持ちの隊と共にローマに送った[182]。しか

(177)【チ】は「真っすぐ正面で戦っていた」だが、【ラ】の in (中で) adversa (反対の) fronte (正面) Martis（マルスの）／ pugnaverunt（戦っていた）の方を取った。

(178)【チ】の注によると、コスマスは 1110 年 10 月 8 日のトゥルチナの戦いを、チェコ軍の敗北ではなく、ポーランド軍が加勢したソビェスラフの勝利として描いているが、ポーランドの年代記【Gallus】ではこの戦いは全く違った形で示されていると指摘している。

(179) 彼らについては II 部 44 章参照。

(180) ヴラチスラフ（B2）の 3 番目の妻スヴァタヴァ（Q3）については III 部注 9 を参照。彼女はボジヴォイ（B26）、ヴラヂスラフ公（B27）、ソビェスラフ（B29）の母であった。また彼女は同様の形で 1125 年の初めまでの諸事件に関与した。III 部 58 章参照。

(181) プラハの北西 70km にあるジャテツ城は当時もっとも重要な地方の城の一つで、その価値からもリトムニェジツェに匹敵した。

(182)【チ】が štítonoš なので直接戦闘には加わらない「盾持ち」と訳したが、【ラ】はここが cum armata CCC clypeos legione（300 の盾を持った武装軍団と共に）となっていて若干意義が違っている。

し王はずっと前に出立していたので、この若者は[183]自身の軍と共に、バイエルン・アルプスを越えてヴェローナで[184]王に追いつき、そこで彼と共に聖霊降臨を祝った[185]。8月に王は様々の国や言葉の人々と共に、諸王の慣習に従って皇帝の権標を受けるためにローマに入った。この王は以前自分の父に対して蜂起したため[186]、教皇パスカリスは[187]彼を卑劣漢とみなし、彼の願いをかなえることを望まなかった。王は直ちに教皇を捕えるように命じ彼の首に剣を当てて、死の恐怖で彼を脅し始めた。すると彼は死を前にした恐怖から自分の意思を曲げ、彼らが和解してから3日後に王はすべてのローマの人々と聖職者の好意的な同意のもとで、皇帝かつ帝国の拡大者と宣言され香油を受けた[188]。次の日新しい皇帝は教皇に、人間の欲望がその大きさで満たされたであろう莫大な贈り物をした。これが済んだ後皇帝はバイエルンに戻り、我が軍も無事に祖国に戻った。

XXXIX（39）

1113年

偽りで不確かな知らせを密告するのを好む何人かの者たちからソビェスラフ（B29）の所に、彼の兄のヴラヂスラフ公（B27）が彼を捕えようとしていて、それはヴァツェクの指示と助言によるものであるとの密告が届いた。彼は彼らに答えて言った、「私が死ぬか、それともこのことを企んでいる者が死ぬかのどちらかであり、その者は私が捕えられるより前に死ぬであろう」。ちょうどこの密告には真実を予感させるものがあった、それは正にその時彼の所に、彼を兄の宮廷に呼び出す使者が来たからであった。そこでソビェスラフは300人ほどの兵士を連れて行ったが、兄の宮廷には少数の者と共にやって来た。彼は残りの者たちには、武器を携えて1ホンより遠くない所に留まるように指示した。公は弟を迎え入れ昼食を取った後、彼は先に出かけるので弟には後からヴィシェフラトに来る

(183) まだ20歳に達していなかったブジェチスラフの息子は、ヴラヂスラフ公の信頼が厚かった。彼のその後はIII部注17を参照。

(184) バイエルン・アルプスはドイツ南部のバイエルン州にある東アルプスの一部。

(185)【チ】によるとコスマスの日付は明らかに正しくない。ハインリッヒ5世がヴェローナで聖霊降臨（6月5日）を祝ったのは1年前の1111年であった。

(186) 彼の蜂起についてはIII部18章を参照。

(187) パスカリス2世（Paschalis、在任1099～1118年）。なお叙任権闘争のヴォルムス協約による最終的な決着は1122年まで持ち越された。

(188) ローマ王ハインリヒ5世の、神聖ローマ帝国皇帝としての戴冠式は1111年4月13日に行われた。

ように指示した。なぜなら彼らは城から 10 ホンほど離れた所にいたからであった。そこでソビェスラフはヴァツェクに使いを送り、道々話をするために彼と一緒に行くことを求めた。彼らは道すがら少し話したが、そこで慎重さに欠け無思慮なヴァツェクは左右と後ろから襲われ、

兵士たちは彼の胸に、3 つの致命的な傷を負わせた。

それが起きたのは 6 月で、月末から数えて 14 日目のことであった[189]。

ソビェスラフは自軍に戻ると直ちにそこを去った。彼はソルビアを通ってポーランドに向かおうとしたが、それは兄の存在をとても恐れていたからであった。彼が森を通り抜けた時、ドニーン城の城代で狡猾なソルブ人のエルケンベルトが彼の所にやって来た。この男はずる賢く見せかけの友好的な態度で、もし自分が個人的に皇帝のもとに出頭すれば、皇帝の慈悲によってすべての事で自分の権利を得られるであろうと彼に約束した。そして彼を上辺は熱心に招き、何か少し口に入れるために、何人かの従者と共に彼の城に来るように言った。当時その城は皇帝の所有であった[190]。しかし昼食後この男は､武装兵の力を借りて客の背後で門を閉め、数日後には軛に掛けられた彼を、ザクセンにある＊＊という名の[191]非常に堅固な城に送り、自分の僧オルドジフに彼を引き渡して見張るように命じた。彼の従士たちは、彼らの主人が策略で捕えられたのを見て、ある者はポーランドに逃げ、他の者はチェコに戻った。

しかしながら 1 か月が過ぎると、イエス・キリストの慈悲により

ソビェスラフはその僧によって解放されたが、その経緯（いきさつ）は次の様である。縄が上階の格子の間の柱に結び付けられていて、彼はかごに入れられて壁伝いにつり降ろされたが（使徒行伝 9,25)、彼はこの縄を伝わって逃げ、その僧とジヴィンの息子で名をコンラートという兵士[192]もまた逃げ出した。この件に関わったその兵士はその晩、壁の下に馬を繋いでおくように準備していた。鳥かごから放たれた小鳥が逃げ出して森の中に飛び去るように（Boethius-1,III,2,18)、彼らもまた素早い逃げ足で去りポーランドに向かった。

この同じ年の 12 月、ヴラヂスラフ公は従兄弟のオタ（B52）を牢獄から解放

(189)6 月 18 日のこと､ただしチェコの死者祈念帳（Necrologium Bohemicum）によると､ヴァツェクは 6 月 20 日に死んだことになっている。

(190)【チ】の注によると､捕えられたヴィプレヒトの息子 (III 部 32 章) が解放されるために､彼の父はドニーンとブディシーンスコを譲渡した可能性もある。これが生じたのは 1111 年末以前と思われる。

(191) 城の名前は欠如している。

(192) 他の史料では確認できない。

し[193]、彼の兄弟スヴァトプルク（B51）の死後に彼が保持した全モラヴィアの半分と、そこにあるいくつかの城を[194]彼に返した。

XL（40）

1114年

5月にオタ（B52）の命令で前述のプロスチェイ[195]と、「静かなヴァツェク」と呼ばれていた彼の娘婿は眼を潰された。

その年ソビェスラフ(B29)は若干のポーランド人を連れてクウォツコ城にやって来ると、多くの懇願と約束をして、城の住民が彼に城門を開けてくれるように頼んだ。しかし彼らは同意することなくむしろ勇敢に反抗したので、この若者は怒りを爆発させ、城壁の近くに建っていた屋敷に火を放つように命じた。その後風向きが変わって炎が上に昇り、城壁から少し突き出した櫓（やぐら）の塔に火が燃え移った。これは住人たちを非常に怖がらせ、彼らは救援の希望を失った。彼らは各自の命が保たれるという条件のみで、和平の右手が与えられることを求めた。彼らに和平が許され辛うじて死の危険から逃れた時、城全体が燃やされ土台から破壊された。

XLI（41）

1115年

1月にポーランドのボレスワフ公（Q21）はおじの[196]ヴラヂスラフ（B27）に懇願の手紙を送り[197]、その中で書いた。「もしあなたが私の願いを重んじ、弟のソビェスラフ（B29）を許すなら、私が考えるに、我々の間の平和と友好は強く安定したものになるだろう。もし私が敵のためにあなたに取りなすなら、あなた

---

(193) オタはクシヴォクラート城に幽閉されていた。III部34章参照。

(194) オロモウツ地方を指す。

(195) III部34章で、プロスチェイはオタの眼を潰すことをヴラヂスラフ公に進言したが、公はしなかった。これはその復讐と思われる。

(196) ヴラヂスラフ（B27）の母はポーランド人のスヴァタヴァ（Q3）で、ポーランドのボレスワフ公（Q21）の父はヴワヂスワフ（Q2）で、スヴァタヴァとヴワヂスワフは共にカジミェシュ1世（Q）の子のため、ボレスワフにとってヴラヂスラフは正確には「母方のおじ」に当たる。【チ】ではここは単に strýc（おじ）だが、【ラ】は patruus（父の兄弟）ではなく avunculus（母の兄弟）で区別している。

(197)【チ】によるとこの手紙は他の史料では確認できないが、ボレスワフは使者の口上で伝えた可能性も否定できないとしている。

はきっとそれをするにちがいない。だが同じ母が身ごもり生んだあなたたちが団結するために私が仲裁するのは、むしろ相応しいものではない。と言うのも聖ペトロが、もし兄弟が1日に7回罪を犯しても私は彼を許すべきですかと主にお聞きになった時、主は彼に『7回どころか7の70倍まで許しなさい』と言っておられます（マタイ伝18,22）。従ってこの諫めから我々が学ぶのは、もし他の者たちが我々に対して犯したそのような数の罪を許すことが出来なくても、我々は自分の兄弟にはそれだけの数の罪を許すべきであろう」。ヴラヂスラフ公はこの諫めと要請に基づいて、またむしろ兄弟に対する生まれながらの愛によって、それは3月の事だったが、自分の以前の好意を彼に再び向け、彼にフラデツの城と4つの要塞を含む周辺の地域全体を与えた。

同じ年の7月にヴラヂスラフ公、彼の弟ソビェスラフ、従兄弟のオタ（B52）は、ポーランドのボレスワフ公と共にニサ川の流れの傍の取り決めた場所に集まり、互いに誓いを交わして和平の取り決めを確認した。次の日彼らは互いにきわめて多くの贈り物を交換し、大喜びでそれぞれの国に帰って行った[(198)]。

一方コンラート（B3）の息子オルドジフ（B31）は逆らえない運命に打ち負かされた。彼の弟のリトルト（B32）はすでにそれ以前にこの世を去り[(199)]、彼らの息子たちはまだ若年だったので、ヴラヂスラフ公は前述の二人の兄弟の父コンラートがかつて持っていた領土全部とそこにある城を、自分の弟ソビェスラフに与えた。

【トシェビーチの修道院が定礎された】[(200)]。

XLII（42）

1116 年

力において強大で豊かな財産を持ち、戦いの武器ではこの上なく圧倒的で、この世のいかなる王との戦いにも不足はないハンガリー人たちの中の主だった者が、自分たちの王カールマンの死後ヴラヂスラフ公（B27）に使者を送り、新たに即位した彼らの王イシュトヴァーン[(201)]と古くからの平和と友好を新たにし確認しようと伝えた。公は彼らの要請を聞き入れ、平和の維持に努めることを約

(198) ニサ・クウォツカの会議とその結果の和平は、長年のチェコとポーランドの敵対関係を解消した。

(199) リトルトは1112年に、オルドジフは1113年に亡くなった。

(200) 写本A1aに挿入された部分で、文全体は付帯文書4になる。

(201) イシュトヴァーン2世（生年1101、在位1105～1131年）。彼は父カールマンの王位に異議を唱えていたアールモシュに対抗するため、父によって4歳の時王位を継承した。

束した。彼らはハンガリーとモラヴィアを分けるオルシャヴァ川[(202)]に到着した。だがハンガリー人たちは海の砂か雨の粒のように、ルチスコの平原でイナゴのように地表を覆い尽くしていた(士師記6,5)。そこで公はこの川の対岸に布陣した。だが聖書が「子供が彼らの王である国は災いである（伝道の書10,16)」と述べている様に、彼の長官[(203)]たちは生まれついての傲慢さから、誤って公の寛大な言葉に対して、和平への口づけをもたらすよりむしろ争いを呼びかける返事を送った。そのためその日公は話し合いに行くことを止めた。彼らはそれに我慢がならず何か別の事を予感し、傭兵と呼ばれる3隊の武装部隊に、陣営を離れて防衛のため川の対岸に立つように命じた。このことから公は彼らが戦いに向かったと判断し、自軍に武器を取るように命じた。彼がそれを言い終わる前に、彼らは敵に向かって国境の川を越えた。

直ちに突然の不幸な、偶発的で残酷で血にまみれた戦いが起きた。そして5月13日に雄々しい戦いの中で、以前に言及したスタン[(204)]の息子が倒れた。彼の名はイジークでジャテツの城代を務め、とても勇敢な戦士であった。彼と共にさらにこの城の主だった者たちも倒れた。他の者たちが退却を始めた時、公自身も逃亡せざるを得なかった。強力な4部隊を持っていたオタ（B52）とソビェスラフ(B29）は、チェコ人の勇敢な部隊[(205)]を加えて、ちょうど彼らを分けていた丘を回り込み、予期せぬ急襲でハンガリーの陣営を攻撃した。陣営では戦いが始まったことを全く知らなかった王と長官と司教たちが、飲みかつ豪華に宴席を開いていた（ルカ伝16,19)。何をそれ以上言うことがあろう。もし大司教ヴァヴジネツ[(206)]が王を連れて素早く逃げなかったならば、王は死の危険から逃れられなかったかもしれない。実際そこで貴族も人々も含めて、多くのハンガリー人が亡くなったが、聖ウルリヒの時代に生じたレヒ川での戦い[(207)]の死者数もそれほどではな

(202) オルシャヴァ（Olšava）川はハンガリーとモラヴィアの国境の山岳地帯に源を発して西に流れ、ブルノから東に55kmのウヘルスキー・フラヂシチェ付近でモラヴァ川に左から注ぐ支流。

(203)【チ】はpředákだが、対応する【ラ】はprinceps（指導者、頭、長）なのでこう訳した。

(204) スタン（Stan）の名はII部35章のマイルベルク（Mailberg）の戦い（1082年）で倒れた者たちの中にある。

(205) オタとソビェスラフはモラヴィアの公なので、ここでの「チェコ人」はボヘミア人の部隊となる。なお共に「部隊」と訳したが、【ラ】では前者はphalanx（密集隊形の部隊）、後者はcohors（歩兵隊）と使い分けている。

(206) ハンガリーのエステルゴム大司教、ヴァヴジネツ（Vavřinec、在任1105～1116年）。

(207) これは955年に東フランクのオットー1世とハンガリー軍とが戦ったレヒフェルトの

かったと聞いている。

戦いでは我らの公を圧倒した前述の傭兵部隊が戦闘から戻る時、自軍の一部が追われて逃亡し、別の部隊はまとめて打ち倒され、また敵が彼らの陣営で暴れ回っているのを見て、屈辱的な逃走を始めた。そしてその時ビェリン橋(208)の背後の野に置かれていた王の陣営の者たちは遠くから彼らを見つけた時、敵の部隊がまだ彼らを追い駆けて来ると思った。彼らは驚き逃走したが、その混乱の中で彼らの多くがヴァーフ川で溺れた。我が軍は勝利しその夜は彼らの陣営に天幕を張った。戦士たちはハンガリーの財宝を没収したが、それらは金と銀の食器の信じられないほどの山であった。

人々は自分の必要に応じて残りの品物を分配した。

【同じ年、ヘシュマンが司教としてプラハの教会を治めていた時、シルヴェストルが神聖な聖別によって聖職者の任務に高められた】(209)。

XLIII（43）

1117 年

1 月 3 日木曜日の晩禱の時間に大きな地震が起きたが(210)、それはロンバルディア地方でずっと大きかった。なぜなら我々は噂で聞いたのだが、そこでは多くの建物がずり落ち、多くの城が壊れ、多くの教会や礼拝堂が崩壊して多くの人が生き埋めになったからである。

この同じ年

ボジェチェハが亡くなった、彼女は私の様々な運命の中で
分かちがたい友人であった、1 月 23 日のことだった(211)。

戦いを示している。なお聖ウルリヒ（Ulrich）はアウグスブルクの司教で（在任 923 ～ 973 年）、ハンガリー軍がアウグスブルクを包囲した時、町の防衛を指揮して守り、死後 993 年に列聖された。

(208) 多分ヴァーフ川沿いでブルノから東南東 110km のトレンチーン（Trenčín）付近の橋か浅瀬と思われる。

(209) 写本群 A3 に加筆。シルヴェストルはサーザヴァ修道院の院長を務め（1134 ～ 1161 年）、III 部 53、58 章でも触れられる。

(210) 実際にはこの地震は 1118 年に起きた。

(211) カトリック教会では 1139 年に聖職者の妻帯が禁じられる前は結婚が許されていたので、ボジェチェハ（Božetěcha）はコスマスの妻で、二人の間には息子のインドジフも生まれていた（III 部 51 章）。【チ】の注では妻を失った老年のコスマスの孤独が、この年代記の仕事を進めたことも考えられるとしている。

主である我らのイエス・キリストが統治する永遠の王国では、諸王の心は彼の手の内にあるが（箴言 21,1）、この同じ年彼の慈悲深い霊感によって、ヴラヂスラフ公（B27）は自分の兄弟のボジヴォイ（B26）の事を思い出した。天上の城の玉座から彼の謙虚さを見下ろしていた主は、彼の苦しみと困窮をずっと以前から憐れんでいた。神が憐れむものを、人間は慈しまないでいることは出来ない[(212)]。それゆえこの公は、神の教示と司教ヘシュマンの助言によって、12 月に兄弟のボジヴォイに使者を送り彼を追放から呼び戻した[(213)]。そしてボジヴォイが彼に謝罪し、自身が彼の支配下にあって彼に服従した時、彼はボジヴォイを再度公座に就けた[(214)]。公のこの寛大さは何という驚きを惹き起こしただろう。しかしさらなる驚きに値するのは彼の平静さであり、世俗的な地位は彼を何ら喜ばすことなく、また地位の高い者たちの尊敬が失われても何ら嘆くことはなかった。

公は権力が与えられても失っても、等しく喜んだ（Lucan.-1,IX,198）。
いったい誰がいつ、このようなことを聞いたことがあるだろうか、
もしあれば教えて欲しい。

ハンガリー王のカールマンよ、もし彼が存命だったならば、この事を知って欲しかった。彼は、自分の死後弟のアールモシュが統治を得ることを恐れて、彼とその息子の男性と眼を奪ったのであった[(215)]。ボジヴォイは受けた恩義を記憶に留め、ラベ川から北に広がる国の半分を弟に与えた。またヴラヂスラフは自分より若かったが、ボジヴォイはすべての事に聞き従い、常に彼に敬意を示し彼の助言無しには何もなさなかった。

XLIV（44）

1118 年

9 月に大洪水が起きたが、これは思うに、ノアの洪水以来のものだったであろ

---

(212) 聖書の引用が続く箇所。（申命記 26,7）、（ヨブ記 10,15）、（マタイ伝 18,33）。

(213) ボジヴォイは III 部 32 章でハインリヒ 5 世によって逮捕され、III 部注 159 で示すハンメルシュタイン城に長期間幽閉されていたが、1116 年に解放されていた。

(214) コスマスではボジヴォイの復帰は、司教ヘシュマンが支援したとされているが、【チ】の注では実際の動機や意図は議論の対象として残っているという。またヴラヂスラフが公位を渡したのも 1117 年の 12 月だったかそれより前だったかもはっきりしていない。

(215) III 部注 123 参照。父子は 1126 年まで修道院で暮らしていたが、父は更なる陰謀が発覚して東ローマ帝国に亡命しそこで亡くなったが（1128 年）、子はその後イシュトヴァーン 2 世の後をついで、ハンガリー王ベーラ 2 世・盲目王（在位 1131 ～ 1141 年）となった。なお本文とは違って、彼は 5 人の子女を儲けている。

う。というのも我が国のヴルタヴァ川が突然その河床から増水し、ああ、幾多の村が、この城下の幾多の家や小屋や礼拝堂がその激流で流されたことだろう。滅多には起こらなかったが、これまでも川の水面が橋の床に達することはあった。しかしこの洪水では川の水は、橋の上 10 ロケトを越えるほどであった。

XLV（45）

1119 年

7 月 30 日水曜日の 1 日がすでに晩に傾いた頃、突然の烈風が、いや、風の姿をした悪魔そのものが、南からヴィシェフラトの公の露台[(216)]を襲い、古いがとても堅牢な壁を土台から押し倒した。そしてさらに驚くべきことに、前後の両方の壁はそのままで何ら損なわれることなく残ったが、屋敷の中央は地面に引き倒された。風の急襲は人が麦の穂をへし折るよりも早く、家そのものと上下の梁（はり）を粉々にへし折り、それをまき散らした。この旋風は非常に強かったのでそれが荒れ狂った所はすべて、その激しさで森も果樹も通り道に立っていたものすべてをなぎ倒した。

【この年、有力者のヴィレームとヘシュマン[(217)]の要望とヴラヂスラフ公（B27）の命令で、ヴィレーモフ[(218)]の修道院が定礎された】[(219)]。

XLVI（46）

1120 年

さあ親愛なるムーサよ、己の口を指で塞ぎ給え（Juven.-1,I,160）。
お前はそれをよく知っていても、分別を働かし真実を語るなかれ、
もし君が私のように分別を持ちたければ、極々短く言い給え。
「再びボジヴォイ公は、公座の高みから投げ落とされた。
これが起きたのは 8 月 16 日であった」と[(220)]。

---

(216)【チ】は palác（宮殿）だが、【ラ】は solarium（日光浴室）なので「露台」と訳した。

(217)【チ】の注は、ヴィレームとヘシュマンはヴラヂスラフの妻リヘンザの側近である可能性を指摘している。

(218) ヴィレーモフ（Vilémov）はプラハの東南東 85km の町で、修道院はその南西にある。

(219) 写本 C1b への加筆。

(220) コスマスはボジヴォイの失脚の本当の理由について、詳細を述べることを意図していない。またその詳細は現在も不明だが、【藤井】p.337 によると彼はドイツ人を重用し過ぎたために追放されたとしている。なおボジヴォイはハンガリーに逃れ、そこで 1124 年に死んだ。

XLVII（47）

1121 年

ひどい旱魃（かんばつ）のため穀草がうまく育たなかった。これは 3、4、5 月の 3 か月間続いた。

同じ年ヴラヂスラフ公（B27）はドニーン城を再建し、同様にモラヴィアのスヴラトカ川に立っていたポヂヴィーン城も再建した (221)。

XLVIII（48）

この同じ年、あるドイツ人たちがベラー村から通じる国境の森のチェコ側にある険しい岩壁の上に城を建てた (222)。この事を聞いたヴラヂスラフ公（B27）は武装した兵士の 3 小隊を率いて、その城を急襲し占拠した。最初の攻撃の際、その城の壁から射られた矢によって、死傷することはなかったが公の戦士の 2 人が傷ついた。彼らはヴァツェミルの息子オルドジフとボルシャの息子オレンであった。もしボーゲン伯アルブレヒト (223) が直ちにやって来なければ、公はその城で捕えたすべてのドイツ人を直ちに縛り首にするように命じたに間違いない。伯は執拗な懇願と生まれついての機転によって彼らを救った。

この年の冬は風が強く暖かだったので、大きな洪水が起きた。

XLIX（49）

1122 年

3 月 24 日の夜半に月の蝕が起きたが、それは正にユダヤ教の過越（すぎこし）の祭 (224) の時であった。

同じ年に

---

(221) コスマスはドニーン城が何時どのように、ヴラヂスラフの手に戻ったのか何も触れていない。【チ】の注によれば、皇帝が支配していたこの城がチェコに戻ったのは、1115 年に皇帝が大敗北をしたヴェルフェスホルツの戦いの後に、チェコの公の忠誠を維持するためと推測している。

(222) この無名の城は後代の写本でプシムダ（Přimda）と補われている。この地点はプラハの西南西 130km のドイツとの国境近くにある。

(223) 多分これは Albert（Albrecht）I von Bogen（没 1146 年）で、III 部 3 章に言及あり。

(224) 過越の祭はユダヤ教の 3 大祭の一つで、イスラエル人のエジプト脱出のため、神がエジプト中の初子を殺した時、子羊の血を門口に塗ったイスラエル人の家には何もせずに通過した故事にちなんだ祭り。

ヘシュマン、聖なるこの人士は智慧の灯りで輝いていたが、

9 月の末から遡って 13 日目（9 月 17 日）に、自身の運命に捉えられた、

それは司教で殉教者のランベルト[(225)]の祝日の日曜日のすでに明け方であった。ヘシュマンは生前に彼の祝日をこの上なく敬虔に祝ったが、それは彼がマーストリヒト[(226)]の町の家系の出身で、ロタリンギアの出でもあり、正にランベルトと同じであったからである。彼はプラハ司教区の第 9 代司教であり、この教会を 22 年 6 月 17 日間に渡って管理していた。彼は端正な顔立ちの人士で、彼を知らない人たちには畏怖を感じさせたが、身近な者たちには愛想よく、振舞いの洗練さでは彼に並ぶものはいなかった。彼は枡（ます）の下ではなく燭台に立てられて、世を照らし燃える灯（ともしび）であり（マタイ伝 5,15）、不信心の者たちの心を教えの言葉と手本で照らしていた。彼の善行の中でも言及に値し卓越している他の多くの事があるが、今の時代の人々のことを考えると、我々はそれには触れずに黙っておこう。なぜなら彼らは、自分自身では何ら善行をしないのに、他の人の良き行いを聞いた時、それを信じようとしない者たちであるからだ。

しかし我々が彼について語るべきであったことをここで話すのは、前言と矛盾し場違いのように思われるかもしれないが、それは気にしないでおこう。というのもこの司教は自分の病が悪化して行くのを感じ、また何人かの召使が彼の床の脇に立っているのを見てため息をついて、「我が秘密が我を苦しめる、我が秘密が我を苦しめる（イザヤ書 24,16）」と言って沈黙した。彼らは驚いて立ち尽くし互いに顔を見合わせた。少しして司教は再び口を開いて言った、「以前私がまだ元気だった頃には、私はこの言葉を説教台でみなに言わねばならなかったが、今は自分の命の最後の息の中でそれを認めなければならない。告白するが罪人の私は、それらの罪を共に犯した者たちを咎めだてもせず、また不正を行い誤りを犯した権力者たちを単に敬っただけでなく愛することもした。だが私は彼らをたしなめるべきであったし、もし聞き入れなければ破門で訴えるべきであった。ブジェチスラフ 2 世（B21）[(227)]を越える公はいなかったし、これからもいないであろう

(225) ランベルト（Lambert、636 ～ 705 年）はオランダのマーストリヒト（Maastricht）の司教であったが、彼は敵対する者に襲われた時一度は剣を手にしたが、聖なる手を無頼の血で汚すより、苦しみに耐え死によって勝つ方が良いと考えて敵の手に落ちたとされる。

(226)【チ】の訳から「マーストリヒト」としたが、【ラ】は、vicus（村）Traiectensis（渡河の）で、【チ】の注はこれがオランダのウトレヒト（Utrecht）またはマーストリヒトと推定している。またロタリンギア（Lotharingia）は西ヨーロッパに短期間存在した王国で、この名は現在のロレーヌ、ロートリンゲンの由来になった。

(227) ブジェチスラフ 2 世の在位は 1092 ～ 1100 年で、III 部の 1 章から 13 章で述べられ、

が、彼が亡くなるとこの地には、不正が咲き出し傲慢が芽吹き、偽りと欺瞞と誤謬が四方にはびこった。あの善良な公と共に死ぬことを私が願わなかったのを、その時悔やんだしその後いつも悔やんでいる。私は沈黙して信仰から逸れた人々を呼び戻さなかったこと、私が破門の刃でキリストのために戦わず、むしろ私自身やキリストを信じる人々に、穢れた民の手が触れて汚されるのを我慢したことを後悔している。聖書にも『不潔なものに触れる者は、不潔になろう』また『やにに触れる者はそれで汚れる』また『キリストとベリアルとにどんな調和があろうか』[228] と書いてある。私はユダヤ人を堕落した民と呼ぶが、実際には我々の無頓着さから、彼らは洗礼を受けた後に再びユダヤ教に落ちたのであった。そのため私は、キリストが私を咎め地獄の深淵に投げ込まないかとても恐れている。わたしは今日の夜静けさの中で私に語る声を聞いた、『お前はそれに立ち向かわなかったし、主の日 [229] の戦いに耐えるために、イスラエルの家の前に石垣を築くこともなかった。そしてお前は、金でも銀でもなく尊いキリストの血で贖われた神の羊の群れが [230]、一匹の疥癬病みの羊によって汚され天上の王国から追われるままにしておいた』と。ああ哀れだ、そうでありたいと願い、かつてそうであった私とはまったく違う今のこの私は。善行をわずかしか為さなかったことを知っているこの私は、自分自身が気に入らない」。こう言い終わると、その場で、上述したように、

彼の魂は体から飛び去り、広い大気の中に消えて行った（Vergil.-1,IV,278)。

彼の後第 10 代司教に選ばれたのはメンハルトであった [231]。

L（50)

この同じ年の 3 月に有力者ヴズナタ [232] はイェルサレムとガラチエから戻って

1100 年に暗殺されている。

(228) それぞれ（レビ記 22,5)、(シラ書 13,1)、(2 コリント書 6,15)。なおベリアル（Belial）は悪魔、堕天使の一人。

(229)「主の日」は一般的にはイエス・キリストが再来する「世の終わりの日」とされ、不信者には神の怒りと裁きが下る恐ろしい日だが、信者にとっては「復活と救いの完成の日」となる。

(230)（エゼキエル書 13,5）と（1 ペテロの手紙 5,2 及び 1,18–19)。

(231) メンハルト（Menhart）は 1122 ～ 1134 年の間プラハ司教区を管理した。彼は多分ヴラヂスラフ 1 世（B27）の妃リヘンザの側近の一人と思われる。

(232) ヴズナタ（Vznata）の名は II 部 39 章にあるが、彼はそこで殺されているので、別人と思われる。

来たが、その年の 10 月 16 日に亡くなった[233]。

またこの年は蜜とブドウが豊作で穀草の新芽もよく育ったが、その穂は多くの実を結ばなかった。この年の後、暖かい冬が来たので翌年の夏は貯蔵庫に氷が無かった。

【この同じ年の 1 月 3 日に卓越した教父でキリストの高潔な崇拝者のコヤタ[234]が人の運命の法則に従った】[235]。

LI（51）

1123 年

3 月に有力者ドルーホミル、フンプレヒト、ギルベルト、およびインドジフ別名ズヂーク[236]は他の者たちと共にイェルサレムへの巡礼に出た。彼らの中のある者は 11 月に戻り、ある者はそこで死んだ。ドルーホミルはすでに戻る途中の 7 月 8 日に亡くなった。同様に私の息子インドジフの召使ベルトルトも 8 月 6 日に死んだ。

私は文字を使って述べることが出来ない[237]、涙が私に書くことを許さないので。
これら兄弟たちの一つに結ばれた心を、どのような激情あるいは反目が
恐ろしい怒りに追い立てたのであろう、怒り狂った 2 頭の雄牛のように。

と言うのも、ヴラヂスラフ公（B27）は弟のソビェスラフ（B29）に対する恐ろしい怒りで突き動かされて 3 月に武器を取り、彼を彼に従うすべての人々[238]と共にモラヴィアから追放し、リトルト（B32）の息子コンラート（B321）に彼らの父の遺産を戻した[239]。そしてリトルトの兄のオルドジフ（B31）が治めてい

---

(233)【チ】の注によると、ガラチエ（Galacie）は小アジアの内陸部にあり、聖地への巡礼がしばしば通り抜ける地点であった。

(234) フシェボルの息子コヤタ（Kojata）は II 部 19 章以下で度々出て来るが、ここのコヤタは別人でサーザヴァ修道院の善行者。

(235) 写本群 A3 に加筆されたもの。

(236) ズヂーク（Zdík）はオロモウツの司教（在任 1126 ～ 1150 年）。

(237) コスマスは読者に、以下で生じる兄弟間の争いの原因を述べないことを、やんわりと断っている。

(238)【ラ】は cum suis omnibus（自身のすべての者と共に）だが、少し敷衍して「彼に従うすべての人々と共に」と訳した。

(239) III 部 41 章でヴラヂスラフは、リトルトの息子たちはまだ若年だったので、彼らの父コンラートが持っていた領土を、自分の弟ソビェスラフ（B29）に与えていた。

たその地の4分の1を[240]、スヴァトプルク公(B51)の弟のオタ(B52)に加増した。ソビェスラフは兄から逃亡している時に、マインツにいた皇帝のもとを訪れた。しかし自分自身の件についてはほとんどうまく行かなかった。なぜなら誰の懇願であっても金銭なしではどんな王の所でも無駄で、法の正義は沈黙するからである。大きく口を開き家畜の群れを襲ったが捕まえることが出来ず、何も得ずに尾を垂らして森に戻る狼のように（Vergil.-1,II,355）、ソビェスラフは皇帝の所で何も得られなかったので、ヴィプレヒトのもとに行った。彼はそこに7か月留まった後、11月にポーランドに向かった[241]。ポーランドのボレスワフ公（Q21）は彼を自分の宮廷に丁重に迎えた。その後ハンガリーのイシュトヴァーン王は、アールモシュ公の娘である彼の妻（アドレータ）[242]を喜んで迎え、彼女を自分の親戚に接するように振る舞った。

四旬節の期間に全世界で、きわめて多くの星の形をした大気の力が、実際には落ちないのに、地上に落ちたように見えた（Ovid.-1,II,321）。主も福音書で同様のことを言っておられる、「私はサタンが稲妻のように天から落ちるのを見ていた（ルカ伝10,18）」。

LII（52）

この年、穀物は秋まきも春まきも豊作であったが、ただ多くの地で雹（ひょう）がそれらを損ねた。蜜は農作地帯では多かったが、森林では極めて少なかった。冬はとても厳しく雪が多かった。

この年の末に辺境伯デドの家系が断絶し、皇帝ハインリヒ5世（T111）はこの辺境伯地に相続人がいないと見なして、それをヴィプレヒトの手に渡した[243]。しかしザクセンにはこのデド家に由来するコンラート某がいて[244]、実際はその辺境伯の領地は彼の手に属するものだった。そのためザクセン大公ロタールと他のザ

---

(240)【チ】の注によると、コスマスは何かモラヴィアの「4分の1」を想定している訳ではなく、一時的にオロモウツと合併されたブルノ地方を考えている。

(241) ヴィプレヒトは、ザクセンのヴェッティン（Wettin）家の遺産争いにチェコの助力を得るために、ソビェスラフをポーランドに追放したと考えられる。次の52章を参照。

(242) ソビェスラフの妻アドレータ（Adléta）は、ハンガリーのゲーザ1世の息子でクロアチア公のアールモシュ（Álmos）の娘であった。

(243) デド（Dedo）4世は1124年に亡くなったが、ヴェッティン家の複雑に分岐した家系に属する後継者たちがいて、1123年までラウジッツと共にマイセンを所有していた。

(244) 世襲領土を求めたのは、コンラートだけでなく、バーレンシュテットのアルブレヒトもいた。

クセン人たちは、皇帝にひどく怒りヴィプレヒトに対して戦いを始めた[(245)]。

LIII（53）

この頃ヴラヂスラフ公（B27）とオタ（B52）は皇帝の命令に従って、ボヘミアとモラヴィアから兵を集めて森を抜け、上述の大公に対してグヴォズデツ城の背後に陣を敷いた。マインツ大司教とヴィプレヒトは、重装備軍と共にムルデ川[(246)]の付近に布陣した。両軍の真ん中に陣営が入り込む形になったザクセン人たちは、彼らの敵が一つにまとまらないようにそこに留まっていた。その時チェコ公とオタはザクセン人に使者を送り言った。「我々は傲慢からあなたたちに武器を取ったのではなく、皇帝の命令でマインツ大司教と伯ヴィプレヒトに加勢するためにやって来た。しかしここに陣を構えて最初の戦を交えようとする者はいないのだから、我々が帰還する理由を得るために、あなた方は我々に場所を譲って欲しい。つまりあなた方は退いて我々がここに留まり、我々が定められた場所で彼らを待つためである」。

これに対して大公ロタールは答えた。「私は訝（いぶか）しく思う、慎重な人士であるあなた方が、罪のない我々に対して武器を取らせるようにした、明らかな虚偽を見抜いていないのを。一体、マインツ大司教アダルベルトの考えには偽りがないとでも思っておられるのか。あなた方はまだ、彼のアッティカ的抜け目なさ[(247)]を見たことがないのだろうか。それともあなた方は、この司教と同じ型から作られた第二のオデュッセウスであるヴィプレヒトをあまり知っていないのであろうか。なぜ彼ら自身が我々に挨拶しに来ないのだろうか、我々は彼らに挨拶を返したいと思っているのに。近くにいて戦い始めるより離れた所で待ち、他人の出費で賄（まかな）う方が安全なことは確かだ。病んだ目でも（Horat.-2,I,3,25）、この二人がどんな策略を立てているか見破ることが出来よう。あなた方は大きな損失と引き換えにしか、ザクセン人に勝利することが出来ないのは明確だ。しかしもし我々の軍が勝利すれば、彼らは自分を防衛する者を失ったチェコに容易に攻め込むだろ

(245)【英】によれば、この戦いの目的は辺境伯の称号とマイセンの掌握であった。コスマスはコンラートを遠い親戚のように述べているが、実際には上記デドの兄弟であった。またロタール（Lothar von Supplinburg）はザクセン公であったが、後にローマ王になりハインリヒ 5 世の死後、神聖ローマ皇帝ロタール 3 世になった（在位 1125 ～ 1137 年）。一方コンラートはヴィプレヒトの死後マイセンの辺境伯になっている（1124 年）。

(246) ムルデ（Mulde）川はライプツィヒ近くを南北に流れエルベ川に注ぐ川。

(247)【ラ】は Attica prudentia（アッティカの知恵）で、トロイア戦争でのアテネ人の「ずる賢さ」を言っていよう。

う。このように皇帝は望み、マインツ大司教はそれに助言しているのだ。またあなた方の義理の兄弟ヴィプレヒトは、いつもチェコ人を味方にしている。最近でもあなたの兄弟ソビェスラフ（B29）をあなたのためにポーランドに追放したが、それは見た目だけで、もし彼が間もなくあのヴィプレヒトのもとに戻らなければ、私をさらに信用しなくても結構だ。だが知っておいて欲しいのは、我々はこの場所を退くよりむしろあなた方と戦う方を用意していることだ」。チェコ人たちはこれを聞いた時、簡単に騙されてこの偽りの言葉を信じた。彼らはマイセン城の周囲の地を荒らしただけで帰還したが、それが起きたのは、太陽が射手座の 15 番目の部分にあった時（11 月 24 日）であった。

【この同じ年の 3 月 21 日に、シルヴェストルは神の慈悲の心から修道院の生活を願望し、身を破滅させる俗世の狡猾さを拒絶して、故ヂェトハルト修道院長が管理していたサーザヴァ修道院で世俗の着物を脱ぎ捨てて脇に置いた。彼はレアの抱擁の後、涙で溢れた目でラケルの美しさを愛でるために(248)、またマルタの仕事よりマリアの慰めを得ることを願望して(249)、ひたすら神の教えに身を捧げた。彼がどれだけ熱心であったか、また神と教会の事柄を高めたかについては、然るべき場所で述べられよう】(250)。

LIV（54）

1124 年

2 月 12 日ヴィレームの兄弟ヘシュマンと(251)、マルチンの息子のルトボルがイェルサレムへの巡礼に出かけた。

---

(248) 創世記 29,16 以下。レアとラケルはラバンの娘で二人ともヤコブの正妻。姉のレアは優しい眼をして、妹のラケルは姿形が美しかった。ヤコブはラケルを見初め、ラバンの下で 7 年働き結婚したが相手は姉のレアであったので、ラケルとも結婚するためにさらに 7 年働いた。レアは多産で彼女からはイスラエル 12 支族の祖（ルベン、シメオン、レビ、ユダ、イッサカルなど）が生まれたが（＝レアの抱擁）、ラケルには子がなかなか出来なかった（＝ラケルの美しさを愛でる）。

(249) ルカ伝 10,38 以下、イエスを家に迎え入れた姉のマルタは、彼をもてなすために忙しく立ち働いていたが、妹のマリアはイエスの語る言葉に聞き入って何ら働こうとしなかった。マルタはイエスにマリアも手伝うように言って欲しいと頼んだ時、イエスは「必要なことは一つだけで、マリアは良いほうを選んだ」と言ったとされ、二人の態度は世俗の「活動的生活（vita aktiva）」と、修道院の「観想的生活（vita contemplativa）」を示すとされる。

(250) 写本群 A3 に加筆された。

(251)【チ】によると、このヴィレームは III 部 1119 年で示した人物と同一と思われる。

この同じ年

2月2日の始まりと共に、ボジヴォイ公（B26）、
ハンガリーへの追放者は、肉体から解放され、
常に純粋な心で崇拝したイエス・キリストのもとに去って行った、
今彼は天上の広大な宮殿でイエスと共にいて喜んでいる。
地上の暮らしと世俗で味わったすべての苦しみの後で、
その中には追放者として15年間異国で耐えた苦しみや、
その後苦悩に満ちた牢獄で、まる6年間監禁されたが、
彼は2度公座に就き、なぜか2度そこから突き落とされた。
だが私にはそのような事を調べ述べるのは相応しくない。
すべてを創造し、創造したものを司る神のみがそれを知っている。
読者はただ言えばよい、「今ボジヴォイ公は眠っている、
運命によって、敬虔な魂に永遠の平穏が与えられているその場所で」。

彼は閏（うるう）年の3月14日に、主要都市プラハの聖受難者ヴィート、ヴァーツラフそしてヴォイチェフを祀った主要教会[252]にある、司教証聖者の聖マルティヌス[253]の地下聖堂に葬られた。

LV（55）

またこの同じ年の四旬節の間の3月24日に、司教メンハルトは聖具室で偶然ポヂヴェン[254]の遺骨を見つけ、それを司教証聖者ニコラウスの祭壇と司教ゲブハルト（B4）の墓の間にある塔の下の礼拝堂に納めた。この者は殉教者聖ヴァーツラフの従者で、労働と苦悩で彼の分かちがたい友であった。彼の行いについてはこの聖人の「生涯」が[255]、それを知りたい者たちに対して詳しく述べられてい

(252) いわゆる聖ヴィート教会。

(253) 聖マルティヌス（Martinus Turonensis、没397／400年）はローマの軍人であったが、半裸で震えていた物乞いに自分のマントを2つに引き裂いて与えたが、後にこの物乞いはイエス・キリストであったとする「マントの伝説」で有名。なお証聖者（confessor）とはカトリックで、殉教はしなかったが迫害に屈せず信仰を守った男性の聖人と福者を言う。またこの称号は他の称号と並べられる場合もある（司教証聖者、教皇証聖者など）。

(254) ポヂヴェン（Podiven）は、聖ヴァーツラフがチェコにキリスト教を広めるため、ミサに必要であった聖体（ホスチア）を焼き、葡萄酒を作る作業を彼と共に行った。ヴァーツラフが殺害された時彼は逃げたが、追い付かれて捕えられ絞首された。

(255) 聖ヴァーツラフの聖者伝はスラヴ語やラテン語のものがいくつもあるが、【Kristián】はポヂヴェンについて一番詳しく述べている。

る。この教区の第6代司教シェビーシュはその在任中に、この守護聖人の聖なる墓の脇にある礼拝堂を拡張したが[(256)]、その際他の方法では壁を通すことが出来なかったのでそこを掘ってこの従者の遺骨を掘り当てた。彼はそれを棺に納め、教会の財宝が保管されているこの部屋に置いていた。

4月6日復活祭の時に皇帝ハインリヒ5世（T111）は、帝国のすべての公と司教に文書を送り、5月4日に如何なる口実も設けずに、バンベルク城の彼の宮廷に集まるように命じた。

LVI（56）

一方我々の公の弟であるソビェスラフ（B29）は、彼に従う人々と共にポーランドを離れザクセン大公ロタールのもとに向かったが、それはこの人士の所で助言と援助が得られるのではないかと期待したからであった。彼は公から敬意をもって温かく迎えられ、望んでいた慰めを得た。ロタールはチェコの公が王宮にいることを知ると直ちに、客と共に皇帝に使者を送り次のことを伝えた。「不正を被っている者を慈悲深く援助し（詩編146,7）、王として揺るぎない正義を持って、その不正を犯している者に臨むことは、王の力と皇帝の権威に相応しいでしょう。もし不正がなされた無実の者であるソビェスラフに正義が与えられ、彼とその兄を和解させるなら（マタイ伝5,24）、あなたはこの慈悲の手本を示し、我々とすべての民に対して然るべき厳格さの証を示すことになるでしょう」。これに対して皇帝はひどく怒り会議にいたすべての人を見渡して言った。「この辺境伯はまったく君主のような語り口だ。彼自身が我々に対して不正を行いながら、しかも私が不正を正すように要求している。と言うのも、彼自身が認めるように、私が他人の不正を懲らしめる権利を持っているならば、私は先ず自分に対する不正を正すべきではないのだろうか。彼は招集されたのに我々の会議にやって来なかったが、このことより何かより大きな不正があるだろうか。正義への熱意と不正で苦しめられている者はみな、自分の武器を手に取り聖使徒ヤコブの祭日（7月25日）後に、私に続いてザクセンに遠征するという忠誠を、聖遺物にかけてこの場で誓うようにせよ」。すべての公はこれに賛同して承諾し、皇帝の命令によるザクセンに対する戦いを誓いで取り決めた[(257)]。

これらの日々に、我々がしばしば述べて来たヴラチスラフ王（B2）の娘婿の

(256) 礼拝堂の拡張を命じたのはスピチフニェフ公、II部17章1060年を参照。

(257)【チ】の注によると、プシェミスル家の内紛は皇帝の宮廷では副次的なものであったので、ザクセンへの遠征もなかった。

ヴィプレヒトが亡くなった[(258)]。ソビェスラフは、幸運と王の金銭が彼の兄により有利に向かうのに気付き、自分の甥を父の死から慰めるために、ヴィプレヒトの息子に近付いた[(259)]。そして彼はそこからポーランド公に有力者シュチェパーンを送り、彼を通じて自分のすべての目論見を行おうとした。彼はザクセンとポーランドの間に広がる森を通る途中で、武装したならず者の群れに遭遇した（Lucan.-1,X,18）。この者たちはすでに遠くから彼らに呼び掛けて言った。「我々はお前たちを惜しみ同情しようと思う。そして命も贈ろう。安心して旅を続けよ、ただ馬と身に付けている物すべてをここに置いていけ。お前たちは少数だから、我々の数に抵抗することも逃げることもできない」。シチェパーンは恐れずに彼らに答えた。「我々に少し考える暇を与えて欲しい」。そして彼らが同意した時、彼は言った。「兄弟や友よ、すでに我々の命運は尽きようとしている。不慮の死を恐れるな。もし我々が恥ずべき逃亡を図ったなら、一体誰が我々に自分のパンを切って与えよう。また我々が恥ずかしい命を延ばしたら、一体誰が我々に生きるために必要な物を提供しよう。そしてあの野蛮人たちが我々に本当にそれを許すかどうか分からない。ああ我々は、雄々しく戦って打ち負かされるのではなく、ある者は鼻を削ぎ落とされ、別の者は眼を潰されてこの上なく苦しめられ、それがすべての人々の所でことわざや伝説になるのは（エレミア書 24,9 と Vulgata の 3 列王記 9,7）、後で悔やんでも悔やみきれないことだ」。その時彼らは心を一つにして言った、「我々は死のう死のう、しかし見ておけ、やつらが罰せられずに我々が死ぬことがないのを」。

ならず者たちは、彼らが逃げるよりむしろ武器を取ろうとしているのを見て、待たずに彼らに襲いかかった。5 つの小さな盾と屈強な男たちの 50 の盾の間で[(260)]、前代未聞の戦いが始まった。彼らの中に一人の僧がいたが、彼らは彼に自分たちの魂を託していた。この僧は弓と矢筒を持つと逃げ出した。その時ならず者たちの中の一人が、彼が鎧を着ていないのを見て、彼の後を追い駆け始めた。僧は逃げ切ることが出来なかったので、後ろに向かって矢を射った。矢は馬の額の真中に当たり、馬と共にそれに乗っていた騎手はもんどり打って倒れた。このようにしてその僧一人が逃げ延びて、何が起きたのかグウォグフ[(261)]の城に知ら

(258) 彼は巡礼の旅に出て火事に遭って重いやけどを負い 1124 年 5 月 22 日に亡くなった。

(259) ヴィプレヒトには息子が 2 人いたが（III 部注 153）、ここはハインリヒ（没 1135 年）になる。

(260)【チ】からこう訳したが、【ラ】では「小さい盾」は ancile（聖盾、盾一般）、後者の「盾」は scutum（盾、長盾）と使い分けている。

(261) グウォグフ（Głogów）はプラハ北東 210km のポーランド南西部シレジア地方にある。

せた。この城の城代のヴォイスラフは多数の武装した兵士と共にそこに急ぎ、ボーブル川[262]の真中で灌木にしがみ付いていた半死のシュチェパーンを見つけた。それは、ならず者たちが彼らの仲間の多くが殺されたり傷つけられたりしたのを見て、激怒して彼をその川に投げ込んだからであった。ヴォイスラフは彼とまだ半死の彼の友たちを引き上げ、自分の城に運ぶように命じた。シュチェパーンはそこで6月1日の日曜日に亡くなった[263]。

この同じ年の7月にヴラヂスラフ公(B27)は自分の最年長の娘スヴァタヴァを、豪華な嫁入り道具とかなりの持参金を持たせて、バイエルンの主だった人士の中でも極めて名の知れたフリードリヒに嫁がせた[264]。

LVII (57)

この同じ年、主キリストの力と、この世のすべてのものを己の意思で司る神の知恵は、その慈悲でサタンとその息子ヤクプ・アペルラ[265]の罠からこの小さな地を救い出し給うた。そのタールで汚れた右手が触れたものはすべて汚され（シラ書 13,1)、バジリスクのような悪臭を発する息は、それに吹かれた者を殺してしまう[266]。真実を語る非常に多くの人々は、そのような者の脇に人の姿をして彼に仕えるサタンが立っているのを、しばしば見たと証言している。サタンは彼をその策略でこのような大胆さやさらに狂気に駆り立て、この卑劣な悪漢はその地位を昇り、公の背後で代官の業務を果たしていた[267]。それはキリスト教徒にとっ

---

(262) ボーブル川（Bóbr）はチェコ北部のクルコノシェ山脈からポーランドの南部へ流れ、オーデル川に注ぐ左側の支流。

(263) この事件はソルビアとシレジアの国境付近のどこかで起きた。

(264) レーゲンスブルク城伯フリードリヒ IV 世（Friedrich von Bogen、没 1148 年）はその称号以上に大きな影響力を持っていた。またボーゲン家とプシェミスル家は相互に利益をもたらす共通の政策を進めた。

(265) ヤクプ・アペルラ（Jakub Apella）は実際の名前ではないと思われる。アペルラは I 部注 55 で示したホラチウスの詩での「迷信深いユダヤ人」を思い出させ、そのユダヤ性を強調していよう。またヤクプもヘブライ語のヤコブに由来し、イスラエル民族を「ヤコブの家」と称することもある。

(266) バジリスク（bazilisk）はヨーロッパの想像上の生物で、すべての蛇の上に君臨する蛇の王で、その姿を見ただけで又はその悪臭で殺されると言われた。またその姿は頭に鶏冠を持った蛇としても描かれている。

(267)【ラ】post ducem vicedomini fungeretur officio（公の背後で代官の職能を果たしていた）に依った。多分ヴラヂスラフ公の金庫の管理人と思われ、逮捕された日時も明記されてい

て恐ろしい地獄であった。

この人間は洗礼を受けた後再び背教者となり、夜間に彼らの会堂（シナゴーグ）に設置され聖別されていた祭壇を壊すように命じた。そして聖遺物を奪い、それを便所に投げ込むことを何ら恥じなかった(268)。神への信仰とキリストのための熱意に満ちたヴラヂスラフ公（B27）は、この冒瀆（ぼうとく）者の犯罪者を 7 月 22 日に捕え堅固な牢に閉じ込めるように命じた。ああ、どれほどの不正の富（ルカ伝 16,9）がこの偽り者の家から没収され、公の金庫に納められたことだろう。これ以外にも罪において彼と並ぶユダヤ人たちは、この売春婦の息子が斬首されないように、公に銀 3 千フジヴナと金 100 フジヴナを差し出した。その後公は神の慈悲を吹き込まれて、キリスト教徒の隷属民をすべてのユダヤ人から身請けし、いかなるキリスト教徒も彼らに仕えることを禁止した。「アーメン、アーメン」と私は言おう、彼がかつてどのような罪を犯しても、この賞賛すべき行為によってすべては償われ、永遠の名を得たのであった。

マグダラのマリアよ(269)、敬虔なキリストの端女（はしため）よ、
信仰心の篤い人々は、常に自身の祈りをあなたに捧げている、
どうかあなたの祝日（7 月 22 日）に、敵の悪魔から救われますようにと。

またこの年の 8 月 11 日の昼の 11 時に太陽の蝕が起きた。その後、牛や羊や豚などの家畜に大きな疫病が起こり、また大量のミツバチが死んだため大きな蜜の不足が生じた。秋まきと春まきの穀物が枯れ、実ったのはキビとエンドウ豆だけであった。

同じ年に栄光に満ち敬虔な人士であるヴラヂスラフ公は、ズベチノの村でクリスマスと公現祭を祝った(270)。彼は病気だったので、その後自分をヴィシェフラトに運ぶように命じ、そこに死ぬまで留まった(271)。

その冬が過ぎて春になると非常に強い風が起こり、3 月の朔望月（さくぼうげつ）(272)の間中吹き

るが、その具体的な人物の名前は不明。

(268) ユダヤ教の会堂にキリスト教の祭壇が置かれたのは、III 部 4 章 1096 年で記述されたユダヤ人の強制的洗礼と関係しよう。またミサを行う主祭壇には、聖遺物を納めることが定められていた。

(269) マグダラのマリアは、イエスによって 7 つの悪霊を追い出されて救われ、彼の磔と埋葬を見守り、イエスの復活に最初に立ち会い、使徒たちにその事を知らせた。

(270) 公現祭（Epiphania）は色々な側面があるがカトリックでは、幼子イエスへの東方の 3 博士の訪問を祝う行事で 1 月 6 日の固定祭日。

(271) ヴラヂスラフの死は 1125 年 4 月 12 日、詳しい記述は次章（III 部 58 章）を参照。

(272) 朔望月（lunatio）とは月の周期による 1 か月で、太陽暦の約 29.5 日に当たる。

続けた。

【1070 年に
イングランドの空に彗星の尾が見えた。
1099 年に
フランク人が大いなる武勇でイェルサレムを征服した】[273]。

LVIII（58）

1125 年

【3 月 21 日シルヴェストルは、聖修道院長バルトロマイの祝日（8 月 24 日）に修道誓願を行い[274]修道士になった。神のご加護により彼はその務めで聖なる信仰に貢献したので、みなから正に尊敬と愛に値する者と見なされた。それにより彼は会議で第二の教父として、聖堂参事会長の地位に高められることになった。この同じ年に・・・】[275]

ソビェスラフ（B29）は彼の兄が重い病に罹っていることを聞くと、友人たちと相談しさらに神からの霊感と導きもあって、自分の全従士団と共にザクセンから戻った。その後 2 月 2 日の夜に、プラハから遠くないブジェヴノフ修道院の近くの森に留まった。それによって彼が何を企てようとしたかは不明だが、このような気質の勇士なら無思慮にこの地に入ることはないであろう。もしある有力者たちの助言がなければ、彼はそれを行わなかったと私は思う。しかしその夜彼は引き返し、姿を隠してこの地のあちこちを、ある時は森を巡りまたすぐに村々を歩き回った。その際彼は誰に対しても何も乱暴を働かず、常に己の兄の好意を求めていた。そして 1 番目と 2 番目の階層の[276]すべてのチェコ人は、彼を愛し彼の側に付くことを願った。ただ公妃[277]と少数の彼女の支持者たちはオタ（B52）

---

(273) 第一回十字軍のイェルサレム攻略の事。ライプツィヒ写本（A2a）で後の補足的括弧の中に、同じ筆跡で書き込まれた。

(274) 修道誓願とは、修道生活で必須の「貞潔、清貧、従順」を誓うこと。

(275) ドレスデン写本（A3a）に挿入されている。

(276)【ラ】は omnes Boemii primi et secundi ordinis（1 番目と 2 番目の階層のすべてのチェコの人々は)、「階層」と訳したのは ordo で、この語は「列、段階、社会的地位」の意義がある。中世の教会人は三身分観念（祈る人、戦う人、耕す人）を提唱し、それに従えば 1 番目が聖職者、2 番目が貴族となって、上記の文は教会聖職者と世俗有力者の支持を得たことを意味しよう。

(277) ヴラヂスラフ 1 世（B27）の公妃リヘンザ（Richenza z Bergu、Richeza von Berg）は、ドイツ南西部にあったシュヴァーベン大公領のベルク伯ハインリヒ 1 世の娘。

を支持した。公妃は彼女の夫の死後、オタが公座を得られるように出来る限り力を尽くしていたが、それはオタが彼女の姉妹を妻にしていたからであった[(278)]。

ヴラヂスラフ公（B27）の病気は益々悪化して、彼の体を弱らせていった。一方この地の主だった者たちは、濁った水の中の魚のように混乱し当惑して、疑心と心配の中で動揺していた。その時公の母である王妃スヴァタヴァは、ソビェスラフの友人たちに教えられまた彼らに促されて、息子に会うためにやって来て彼に次のように言った。「私はあなたの母で王妃ですが、恭しくまた不安を胸にやって来ました。私は小さかったあなたをこの膝であやしましたが、もう震えるようになったこの膝で、私はあなたの弟のためにあなたの前に跪きます。と言うのも私は、あなたが法で拒否できるものは何も要求しません、そうではなくて神を喜ばせ人々に気に入られることを望むだけです。つまり神に好まれる事とは、神ご自身が言われるように「己の父と母を敬え（出エジプト記 20,12）」ですが、あなたが快くこの老婆の懇願を聞き入れて、私の皺だらけで涙で濡れた頬を辱めないで下さい。年老いた母の私は、跪いて懇願しすべてのチェコの民が望んでいることを、敢えて私の息子から得たいのです。歳を取って老いた私に、どうかあなた方が和解するところを見せて下さい。あなたがた二人は、私の腹から同じ身分で生まれて来て、神のご慈悲により立派に育ちました。私はすでに老婆で、墓に近い所にいます。どうか私にお許しください、私がこの比べようもない悲しみの中で、神が慰めを与えて下さる前に私が死ぬことのないように。実際この地を猛々（たけだけ）しいエリニュス[(279)]が支配し、かつては団結していたあなた方兄弟を戦いに駆り立てているのを、私は嘆いているのです。シャツは外套より体に近い[(280)]と言うことわざを知らない人はいないでしょう。と言うのも、自然がその誕生によってより身近にした者は、しばしば互いにまたそのすべての行動においてより似るように、作用するからです。しかし自分の母である私を信じなさい、あなたがその者（オタ）を自分の兄弟にして、彼に自分の子供や大切な妻の世話を課し彼らの保護を託すと、その者はまず初めに彼らの罠と落とし穴とつまずきの石になるでしょう（詩編 69,23、ローマ書 11,9）。しかしあなたが疎んじてよそ者と見なしているあの者（ソビェスラフ）は、それにもかかわらずあなたの本来の弟であり、

---

(278) リヘンザの姉妹のジョフィエ（Žofie）はオタ（B52）に、サロメア（Salomea）はポーランド公のボレスワフ（Q21）に嫁いでいた。

(279) エリニュスはギリシャ神話に登場する復讐の女神たち。

(280)【英】によればこの文にはプラウトゥス（Plautus、古代ローマの劇作家）の「3 枚の銀貨（Trinummus）」が反映している。なお「シャツは外套より体に近い」の【ラ】原文で使われているのは、camisia（シャツ）とその上に着る tunica（胴着、筒形衣）。

あなたの死後父からの公座を遺贈しようと望んでいる伯父の息子より、彼はあなたの家族にずっと優しく接するでしょう」。

母が涙の中で話し終えると、その悲嘆によって息子の胸も詰まった。それから彼もまた涙しているのを見て、彼女は言い添えた。「愛しい息子よ、私は人間にとって避けられない運命を嘆いているのではありません。そうではなくてあなたの弟と、彼の死よりもつらい人生を嘆いているのです。彼は逃亡者で宿無しの追放者となり、今は不幸な生よりむしろ幸せな死を望んでいるでしょう」。すると息子は涙で濡れた顔で彼女に言った。「そうします、お母さん、あなたが私に言い聞かせたことをします。私は実の弟を思い出さない、ダイヤモンドやカリュブディスから生まれたのではありません（Ovid.-1,VIII,121）」。

一方バンベルク教会の司教でキリストの勇敢な戦士であるオットーは、ポメラニア人の偶像に勝利した[(281)]。彼は偶像を切り倒すと帰国の旅の途中に、病ですっかり弱った公を訪れた。公は聖なる懺悔に際して彼に己の身と魂を委ねた時、司教は厳かに言明した、公が自分の弟に真の平和と確実な慈悲を約束しない限り、免罪は与えられずそれを受けることも出来ないと。彼が公の魂と和解の件を司教のメンハルトに託すとすぐに、オットーは公の気前の良さからとても多くの物を贈られて立ち去った。彼は緑の木曜日の前に自分の司教区に戻ろうと急いでいた。直ちにソビェスラフに使者が送られ、それまで密かに準備されていたことがすでに公然と人々の間で行われた。

モラヴィアの公オタはつねに公の傍にいたが起きたことを知ると、捕えられるのではないかと恐れて、悲しみの中モラヴィアに帰った。そしてヴラヂスラフは弟と復活祭の週の水曜日に和解した。そして復活祭の8日（オクターブ）後の4月12日の日曜日に、まさに神の憐れみが下り[(282)]、善良で慈悲深いヴラヂスラフ公は身近な者たちの大きな嘆きの中でキリストのもとに去り、憐れみ深い主から自身が憐れみを受けたが（1テモテ書1,16）、それはいつもキリストの名において彼が貧しい人々に示していたものであった。彼は聖母マリア教会に葬られたが、その教会は彼自身がキリストとその母のために建てたものであった。彼はその教会に必要なすべての物を授け、またそこに著名な修道院を定礎した。その場所は

---

(281) バンベルク教会の司教オットー（Otto von Bamberg、在任1102～1139年）は、ポメラニアと呼ばれるバルト海沿岸のポーランドおよびドイツ東部地方に住む多くの異教徒の間で、宣教活動を行いキリスト教に改宗させ「ポメラニアの使徒」として知られている。

(282)【チ】の注によるとこの日に教会では、Misericordias Domini Cantabo（主の御憐れみを、我歌い讃えん）と読み上げられる。

クラドルビという[283]。

生命が彼の四肢を動かした時の公は（Vergil.-1,VIII,560）、このようなものであった。

これまで書き記された彼の振舞いから分かるであろう、
彼がどのような称賛に値し、どのような尊敬を受けたか。
我らの公が終わる所で、本書も終わりにしよう[284]。

LIX（59）

私は第一部の序文で、この年代記はヴラヂスラフ公（B27）と司教ヘシュマンの時代に出されたと書いたことを覚えている。彼らはすでにこの涙の谷から（詩編 84,7）、運命によってきっと至福の地に運ばれていよう。だが歴史の題材はまだ十分に残っている。そこで

我が麗しき助言者のムーサよ、さあ私に助言して欲しい、

私はここの岸辺で錨を下ろすべきか、それともまだ東風が吹き荒れていても、広い海への航海に帆を広げた方が良いだろうか。というのも決して歳を取らないあなたは、すべての老人と同様に私の中にも、幼稚な考えと弱い心があることをよく知っているはずなのに、この老人の私に若者の勉学に向かわせることを止めないからだ。どうか神よ、すでに 80 歳になった私をあの昔の時代に、リエージュの芝生や草原で文法と弁証法の師フランコ[285]の下で、あなたが私と十分に遊んでいたあの頃に戻して欲しい。若者たちに極めて魅力的で愛らしくいつも慎み深いが、決して老いることがないあなたが、なぜ老人のこの私を再び責め立てるのだろう。なぜあなたは私の鈍った頭を呼び起こそうとするのだろうか。すでに齢

(283) クラドルビ（Kladruby）はプラハの西南西 110km、プルゼニの西 30km のところにあり、聖母マリアと聖ベネディクトを祀るその修道院は、ヴラヂスラフ公によって 1115 年に定礎された。

(284)【チ】の注によるとこの最後の行はコスマスがここを、本書の第 3 部の終わりと考えていた可能性を暗示している。これに続く章（III 部 59 章以下）は新しい「第 4 部の」導入部になり得たであろう。この考えは以下のコスマスの若い時代と、ベルギーのリエージュでの彼の勉学の思い出とも矛盾しない。

(285) コスマスは東ベルギーのワロン地区の文化的中心であったリエージュと多分フランスで、自由学芸の教育を受けたと考えられる。フランコ（Franco）はリエージュの聖堂学校で 1047 ～ 1083 年の間講義し、この学校を 1066 年から率いた。彼は数学者としても高名で、「円積問題（円と同じ面積の正方形を定規とコンパスを有限回使って作図できるか）」についてのよく知られた著作もある。

が私の背中を丸め（ローマ書 11,10）、皺のよった皮膚は私の顔貌を歪め、すでに胸は疲れ果てた馬のように喘ぎ、しわがれた声はガチョウの鳴き声のようで、病気がちの老齢は思慮を弱めている。私たちはかつてあなたの軽やかな羽根布団を掛けて横になり、あなたの柔らかな胸から詭弁の術を吸っていたが、今は実際のところ柔らかいパンや焼いたパンの方が､あなたの詭弁よりも私を喜ばせている。ああ､突っかかる詭弁法よ､お前は自身三段論法を要求するが､我々は経験によってすでに十分それを知っている。この老人を諦めて、自分に似た若者たちを追いかけなさい。彼らは利発で才能があり、すべての学芸の内の学芸において[286]明敏で、最近では大きな食卓を囲んで女主人の哲学[287]に贅沢な食事を振舞い、全フランスの財宝を食べ尽すと、新しい哲学者たちとして戻って行った[288]。

ソビェスラフ公（B29）の高名な美徳は、彼の驚嘆すべき行為を金ののみで彫刻し、驚くほど黄金色に輝かすことの出来る学者を待っている。老人の私もまた、不器用に語る私の戯言のすべてを、非の打ちどころなく仕上げるように願って（Horat.-1,294）、このような者の手に渡そうと思う。彼らとすべての読者の同意を得れば私には許されよう、この公の

多くの行為の内のいくつかを文字で示すことを。

しかし老人の私を非難する者は、もし自身が賢ければ、自分の学識の宝（コロサイ人への書 2,3）を世に運び出し、私のこの下手な記述は単なる素材と見なし給え。

LX（60）

我々の主イエス･キリスト、3 つの位格で唯一の全能の神[289]が統治される時代にあって、上述のようにヴラヂスラフ公（B27）がこの世から去られた時、彼の弟のソビェスラフ（B29）は歳においては若かったが、知恵においては成熟した者たちよりずっと成熟していて、気前の良い贈与者で、住民に優しく男にも女にも年寄りにも気に入られ、すべてのチェコ人の合意のもと 4 月 16 日に先祖から

(286)「すべての学芸の内の学芸」を【英】は括弧で「論理学」と補っている。

(287) 哲学（philosophia）はラテン語で女性名詞なので､女主人（domina､paní）で対応している。

(288)【チ】は何も触れていないが、【英】の注ではこの文は中世フランスの論理学者・キリスト教学者のピエール・アベラール（Pierre Abélard、1079 ～ 1142 年）ではないかと推定している。彼はパリを拠点とした教師・哲学者で、論理学（弁証法）の復活に貢献し、またスコラ哲学の基礎を築いた。

(289) いわゆる三位一体のこと。

の法に従い、古来から続く公座に就いた[290]。

あらゆる世界を永遠の叡智で司る神よ、(Boethius-1, III,9,1)
一体誰が期待し、それを信じることが出来たであろう、
その年に、流血なしに和が結ばれたことを、

特にオタ（B52）が何人かの唆しによって、次の誓いをした時には。「私がヴィシェフラトから立ち去るのは、戦いの敗者として首を失う罰を受けた時か、あるいは勝者として公座の高みを得る時である」。しかし公たちの思惑を損ない妨害する（詩編 33,10）我らの主イエス・キリストは、このうえなく神聖な殉教者ヴァーツラフの貢献を顧みて、ご自身の慈悲でこの件を、私の以前の話であなた方がよく知っているように取り運んだ。

まず神は、良き公が自分のいとこに対して怒り立腹するのを止めさせ、また神の叡智によってすべてが律せられ、何事もそれ無しには生じないことを彼が信じるようにさせた。しかしソロモンの証言によれば怒りは愚か者の胸に宿るので（伝道の書 7,9）、どうか高貴な公は、怒りと憤慨によって自分の優れた美徳を汚したり、短気を起こしてその立派な振舞いを貶めたりすることを避けて欲しい。もし誰かが彼の振る舞いを称賛として、一つずつ挙げようとするならば、この始められた仕事が終わる前に日の光と紙[291]はきっと尽きるであろう。とは言え我々はあなたがたに、記憶に値する彼の特別な性格を一つ明らかにしたいと思う、それによって確かに彼は、すべての者より上に置かれることに相応しくなろう。つまりこのような力を持った公は、

理性が盗み取られる蜜酒に、決して唇を濡らさなかったのである。

力ある人士はみな、多くの美徳が備わっているのは確かである、もし彼が自分の口にくつわをはめ（ヤコブ書、1,26）、自然の飲み物を滓（おり）として拒むのではなく、その魅力を受け入れるのであれば。

LXI（61）

同じ年の 5 月 20 日、五旬節[292]の聖週間の水曜日に、いくつかの森林地帯に大雪が降った。翌日には強い厳冬に襲われ、あらゆる種類の穀物、特に秋まき麦が大きく損なわれ、また葡萄畑や樹木も損なわれた。その結果多くの場所で果樹園

(290) ソビェスラフが公座に就いたのは、1125 年 4 月 16 日。

(291)【チ】は pergamen（羊皮紙）であるが、【ラ】は pagina（紙、パピルスの一枚）。

(292) 五旬節（ペンテコステ、聖霊降臨）は、磔で死んだイエスが復活し昇天した後、集まって祈っていた信徒たちの上に、天から聖霊が降ったとされる出来事に由来し、復活祭から数えて 50 日後に祝われる移動祭日。

の樹が枯れ、比較的小さな川が氷結した。

同じ週の土曜日の5月23日に皇帝ハインリヒ5世（T111）が亡くなり、皇帝としての彼の家系も彼を最後に途絶えた[293]。そのようになったのは一部は女性の不妊が原因で、また一部はすべての王家の男系の子孫が、若年で破滅的な死によって逝去したことによる。

LXII（62）

神の慈悲により栄光あるソビェスラフ公（B29）の全領地に平和が訪れた。私はこの英雄的な年代記を記すのを止めようとは思わないが、ここである僧が刈りたての薬草の炎症によって、どのように胸の中の扇情的な炎を消したのかを述べてみたい。それは彼自身が私に親しく語った事であるが、彼は、私が誰にも彼の名を明かさないことを、キリストにかけて誓うように私に求めた。私は自分自身のように彼を信じているが、それは彼の称賛すべき生活が彼の言葉に信頼を与えているからである。彼が語ったのは以下のようである。主が彼から女僧を召し上げた時、彼はこれからは決して如何なる女性をも知ることはありませんと、神に敬虔な思いで約束した[294]。しかしそれを完全に頭から追い出すことは、通常非常に難しいことなので、何年間このような肉体的誘惑が彼の上にのしかかっていたか私は知らないが、彼は神にした約束をほとんど忘れるところだった。欲望は彼を打ち負かし、ほとんど悪魔の罠（1テモテ書、3,7）に落ちかけていた。

彼は何をすべきだったのか。ある時彼は『対話』[295]の中で、聖ベネディクトが敵対する肉欲の炎をどのようにイラクサ[296]で抑えたかを読んだ。その時神の慈悲が天上から彼を見下ろしたので彼は我に返り、同様の行為が出来る荒れ野を探した。しかしそれが見つからなかったので気付かれないように、刈り取ったばか

(293) ハインリヒ5世の死（1125年5月23日）によって、1024～1125年に神聖ローマ帝国を統治していたザリアー（フランケン）家が断絶し、後継者はロタール3世が選ばれた。ただこの皇位は彼一代で、後はシュヴァーベン大公を世襲してきたシュタウフェン家に移る。

(294) カトリック教会での妻帯についてはIII部注42を参照。

(295) 聖グレゴリウス1世（在任590～604年）の著書『対話（Dialogues)』のことで、奇跡、啓示、聖者伝などをまとめたもの。彼は4大教父の一人でローマに7つの修道院を建て、自らベネディクト派修道士となり、伝道を強化し諸民族を改宗させた。またグレゴリウス聖歌の集大成でも知られている。

(296) イラクサは大型の多年草で茎と葉にギ酸を含む刺毛があり、触れると皮膚にそれが残って炎症を起こし痛みが続き、時に水泡を生じる。西欧では薬草として用いられる。

りのイラクサの束を持って、こっそり部屋に入ると扉を背後で締め、着ていた着物を脱ぎ棄てたので彼の体には糸一本残っていなかった。ああ、誰かがその時、健全な感覚では考えられない愚かなこの僧を見ていたら、もしその人がその日にかけがえのない父親を葬ったとしても、否応（いやおう）なしに笑い出さずにはいられなかったであろう。怒り狂った教師でもこれほどまで生徒に当たることは無く、激怒した主人が奴隷を懲らしめることはないだろう。この僧は自身に逆上し自分が自分に憤慨して、怒りで感覚を失って自分の一物と尻をイラクサの束で叩（はた）き回った。その後自分の胸に眼をやり、さらに激しく胸の周りを叩いて言った、「この邪な心よ、お前は私を絶えず苦しめているが、今私はお前をこのように苦しめてやろう。お前から邪な考えと不倫と姦淫と恋情が出て行くように」。

この熱狂的な僧は自分の激情を冷やすと、恐ろしい痛みで苦しみながら瀕死の状態で 3 日間横たわっていた。その後彼はまだ十分に魂の救済が出来ていないと考えて、イラクサを束にしたものを、常に見えるように自分の部屋の目の前に吊るした。そして彼は、イラクサが吊るしてあっても刈ってあっても道端に生えていても、それを見るとどんな時でも彼の心は震えだし、悪を思い出させる悪しき考えは直ちに消えた (297)。

しかし我々は、その僧の見習う価値のある熱烈さを美徳の見張りとして、彼が自分の体で為したことを我々は頭の中で行おう。なぜなら主が言う時、その言葉は常に真実を語るからである。「私の父は今もなおお働いておられる。だから私も働くのだ」（ヨハネ伝 5,17）。というのも、見よ、その僧が罰で体の外が燃えていた時、神の慈悲によって彼は、心の中で燃えていた許されないものを消したからである。彼は燃える火を取り換えることで罪に打ち勝った。

キリストを信じるすべての人よ、この年代記の作者である尊師コスマス、プラハ教会の聖堂参事会長は、ソビェスラフ公が公座に就いた同じ年の 10 月 21 日に亡くなった (298)。

【訳者補注】2

コスマス年代記ではソビェスラフ（B29）が 1125 年に公座に就いて、一見政治が安定し

---

(297)【チ】によれば、コスマスはかなり過激な「下ネタ」のユーモアも書き、英雄的なものと下品なものを交代させ、非凡な喜びでエロチックなシーンを描いている（マティルダの結婚を述べた II 部 32 章も参照）。

(298) 匿名の、多分聖ヴィート教会参事会員の一人が書いたものと推察される。この記事はチェコとオロモウツの死者祈念帳でも確認される。

たように書いてあるが、ソビェスラフの公座はチェコの長子相続の伝統を破るもので、当時プシェミスル家の最年長はモラヴィアのオタ2世（B52）であった。

ソビェスラフは政権の安定を確保するため、1125年の秋にモラヴィアに遠征しオタからモラヴィアの統治を奪った。彼はそれに抵抗する戦力を持たなかったため、神聖ローマ皇帝ロタール3世に援助を求め、皇帝は彼の報酬の約束を期待して出兵した。1126年2月18日にプラハの北東75km、ドイツとの国境のクルシュネー・ホリの麓のフルメツ（Chlumec）近くで、皇帝軍とソビェスラフの率いるチェコ軍との戦闘が行われ、チェコ軍が勝利しオタは戦死し、皇帝は包囲されて和睦するしかなかった。この事件はコスマス年代記の後を継ぐ続コスマス年代記（Pokračovatelé Kosmovi ）の1126年に記述があり、A. イラーセクの『チェコの伝説と歴史』の「聖ヴァーツラフの旗」の章でも詳しく述べられている。なおチェコで皇帝の干渉を排除して、世襲的王位が確立したのはまだ先で、オタカル1世（Otakar、在位1198～1230年）の時代であった。

訳者あとがき

小生の歳を考えると、このコスマス年代記を訳し終えるまでエネルギーが続くか自信がありませんでした。また短期記憶（short-term memory）が衰えて、同じ作業を何度も繰り返すなどして、作業がなかなか進みませんでしたが、何とかこの年代記本文の全訳を終えることが出来ました。

コスマス年代記は、以前にイラーセクの「チェコの伝説と歴史」（拙訳）を訳していた頃から気になっていた作品で、イラーセクの訳出に際してもこの年代記のチェコ語訳を参考にしていましたが、もう一つ分からない所が随所にあり、またこの年代記のラテン語原文が、20 世紀以降一度もチェコで出版されていないのも不思議でした。しかし「訳者まえがき」で述べたように、ドイツで編纂された Monumenta Germaniae Historica（ゲルマン歴史文書集成、MGH）の中で、ブレトホルツによってこの年代記の諸写本を比較したテキスト校訂版が 1923 年に出版され、これが定本になっていることを知りました。

本書の翻訳は概ね、長い伝統を持つチェコ語訳からの重訳ですが、訳す際にもう一つ腑に落ちなかった箇所や訳語が決めきれない所などは、直接ラテン語を参照しました。また翻訳中にそれまでのチェコ語訳(フルヂナとブラーホヴァー【チB】）では、ラテン語定本にある詳細なギリシャ・ラテン文学や、聖書からの引用の出典がほぼ切り捨てられているのに気付きました。幸いこれらのデータは、2011 年のモラヴォヴァーの改訂版【チ M】と英語訳に記載されていましたので、これらを補って訳を進めました。また以前イラーセクの翻訳時に意味がはっきり取れない箇所は、主に古典からの引用だったことも分かりました。

歴史の専門家の方(ほう)がその作業の膨大さが予測できて、おいそれとは手を出さない本書ですが、素人の小生はもちろん専門家のお知恵を随分お借りしましたが、基本的な態度としてはこの年代記を、昔人の知恵の結晶として訳したつもりです。

この作品を翻訳していると、小生が高校通学時の電車で読んだ聖書や矢内原忠雄の聖書講読、ホメロスなどのギリシャ古典、大学で習ったギリシャ語とラテン語、大学院生の時に松平家のお殿様の血を引く、松平千秋先生の研究室で読んだホラチウス、関西のロシア語学の諸先生が集まって結成された古代ロシア研究会で、20 年以上読んだロシア原初年代記などの経験が一度に思い出されて、小生の人生の総まとめのような気がしています。

2023 年 4 月　　浦井康男

p.s.　この翻訳はコロナ禍で、人との付き合いが極端に制限された中で進めざるを得ませんでした。私事で恐縮ですが、その孤独な翻訳作業の時間にじっと寄り添い、慰めを与えてくれた愛犬のコロが、翻訳がほぼ終わりかけた時に、一晩苦しんで急死しました。理解力が高く気持ちの通じ合う犬でしたので、老境でのペット・ロスには相当辛いものがありました。

付録と索引

付録1

翻訳に際して注意した語

翻訳する際に扱いの難しかった語は、該当する箇所で注を付けているが、作品全体に関わるものについては、改めてここでまとめておこう。

・comes：時代と共に概念が変わる厄介な語で、英訳ではこの語は一貫して斜体のcomesで、そのまま示している。

この語はラテン語のcum（共に）とeo（行く）から出来た複合語で、「同行者、お伴、仲間、随員、幕僚」などの多義的な意義を持ち、フランク王国では地方自治を委託された「都市伯」も意味した。この語を【チ】は大部分předák（指導者，リーダー）と訳しているが、初期のチェコではプシェミスル家の力は全土に及ばず、各地でそれぞれの部族が「地方豪族」として一定の力を持ち、彼らの意向を無視できなかったと思われる。プシェミスル家と対抗するスラヴニーク一族が滅亡する995年までは、comesを各部族の長の意味で「部族長」と訳している（I部注92）。ただプシェミスル家のチェコ統一後は「部族」という単位が消滅しているので、comesを「有力者」と訳している（I部注208）。

これに関連して、スラヴニーク一族の滅亡後しばしば言及されるヴルショフ家（Vršovci）は、反抗的ではあったが、プシェミスル家に対抗したスラヴニーク一族とは違い、プシェミスル家に臣従して城代などの要職も務め、従士的な立場に再編されて、独立した「部族」ではなかった。この家の者たちはその後度々迫害されたが存続し続けた（I部注235）。

またcomesはチェコ語訳で、správce hradu（城の管理者、城代）とされることがあり、プシェミスル家が支配した地域の城に派遣された代官（地方行政官）を示すと思われる（II部注22）。この場合はチェコ訳に従って「城代」と訳した。

一方チェコ語訳のpředákはラテン語のcomesに対応するだけでなく、ラテン語のproceres（指導的地位にある者、首長、貴族）やprecedentes（勝れる者）の語にも対応することがあり、本書ではこれらの語は、ラテン語原文に従って日本語訳をしているが（II部注56）、コスマスが記述している12世紀前半までは、チェコでは貴族身分は成立していないとされるので、チェコに関してはこの語を「高位の者」の意義で訳した。なお東フランク王国や神聖ローマ帝国に関しては、そのまま「貴族」と訳している（I 部注 124）。

・ハインリヒ（Heinrich）～世：

神聖ローマ皇帝ハインリヒ～世の表記は、コスマス年代記と通常の歴史書では異なっているが、これはハインリヒ～世の数え方がずれていることに由来する。今日では東フランク国王のハインリヒ捕鳥王（付録 4 の系図の S、在位 919 ～ 936 年）を 1 世として、その後の神聖ローマ皇帝ハインリヒを順に「2 ～ 5 世」と数えるが、コスマスは捕鳥王を数えずに彼の曽孫のハインリヒ 2 世（S211、帝位 1014 ～ 1024 年、聖者）を 1 世として数え始めている。英訳では「3（4）世」などと表記されるが、この表記は煩雑なため、本書では通常の歴史書の表記で統一した（I 部注 14）。

なおオットー 1 世以降、神聖ローマ皇帝は教皇に戴冠を受けるまではローマ（ドイツ）王と呼ばれたが、コスマス年代記では戴冠を受ける前でも「皇帝」と示されることがある。

・地名を示すČechy：

今日のチェコは、プラハを中心とする西北部のボヘミア地方と、かつてオロモウツを中心とする東南部のモラヴィア地方に分れていて、この Čechy（チェヒ）という語は、プラハを中心とした「ボヘミア地方」と共に、ボヘミアとモラヴィアを合わせた「チェコ地方」も示す。モラヴィアは 1019（又は 1029）年にチェコのオルドジフ（A13）によってポーランドから奪い返されて、息子ブジェチスラフ（A131 ＝ B）に託されプシェミスル家の領地となった。

彼の死後、長子がボヘミアを、年少者がモラヴィアを継ぐ分割統治となったが、この長子制を破る公も現れて、後代になると後継者を巡って複雑な様相を呈している。本書ではこの Čechy の語を、その都度「ボヘミア」か「チェコ」かを考慮して訳し分けることはせず、下記の場合を除き「チェコ」で統一した（I 部注 27）。

Čechy と Morava を対比させた表現で：mezi Čechami a Moravou「ボヘミアとモラヴィアの間で（II 部 47 章）」、vojsko z Čech i z Moravy「ボヘミアとモラヴィアの軍（III 部 25 章、53 章）」など。

また明らかにボヘミアと分かる場合：vpadl Svatopluk se svou družinou do Čech、「（モラヴィア公の）スヴァトプルクは、従士団と共にボヘミアに攻め入った」（III 部 17 章）など。

・城、要塞、砦など：

ラテン語ではこれらの語に urbs（城壁に囲まれた町、城市）、civitas（市民共同体の町）、oppidum（町、要塞）、castrum と castellum（城塞、砦、堡塁）を当てている。しかしラテン語から直接英語に訳しているウォルヴァートンも指摘している様に（英訳 p.22）、これらの語は体系的に一貫して使われている訳ではない。例えば以下に示す文では、ラテン語原文で urbs, oppidum, castrum、castellum の語が使われ、しかも同一対象に異なる 3 語が使われる場合もある。これは当時の修辞法に従って、同じ語を繰り返すのを避けるためではないかと思われ、チェコ語訳ではこれらすべてを「城（hrad）」で訳しているので、本翻訳もこれに従った。

III 部 12 章でカッコ内は、（ラテン語原文と英訳）を示す：

・・・　またこの同じ年の 10 月 18 日に、ボジヴォイ（B26）はズノイモ城（urbs、burg）で極めて盛大な祝宴を催し、妻にヘルビルカを娶った。・・・・・

同じ年コンラート（B3）の息子のリトルト（B32）は、ゴトフリトの同意を得てラコウス城（castrum、castle）に入り、その城を避難場所にして毎夜ボジヴォイの村々を略奪し、彼に多くの損害を与えた。・・・・・　ブジェチスラフ公はゴトフリトに、すぐにリトルトを自分の（ラコウス）城（castellum、castle）から追い出すことを誓わせた。リトルトがそのことを知った時、彼は兵と共に（ラコウス）城（castrum、castle）を奪い取った。その時ゴトフリトは送られて来ていた使者たちと共にヴラノフ城（oppidum、burg）で公に会った。・・・・・　公は彼の懇願を聞き入れ（ラコウス）城（urbs、burg）を兵で包囲した。

これらをまとめると：

ズノイモ城（urbs、burg）

ラコウス城（castrum、castle）、（castellum、castle）、（urbs、burg）

ヴラノフ城（oppidum、burg）

なおチェコ語訳では、hrad に関連する語として、hrádek（指小形、小城）、hradisko（城市）、hradba（城壁）、podhradí（城下、城下町）、hradiště（砦、要塞）、tvrz（要塞）など使われているが、これらは本翻訳では訳し分けている。

・聖職者の階位は上記の「城」と比べて、厳密に使い分けている

（司教座聖堂）参事会 capitulum (kapitula)、（司教座聖堂）参事会員 canonicus (kanovník)、（司教座聖堂）首席司祭 prepositus (probošt)、（司教座聖堂）首席司祭の座 proboštství、首席司祭 archipresbiter (arcikněz)、首席司祭 archigeron (arcikněz)、助任司祭 caperanus (kaplan)、助祭長 archidiaconus (arcijáhen)、助祭 diaconus (jáhen)、

副助祭 subdiaconus (podjáhen)。

「司教座聖堂首席司祭（probošt)」の語は、司教座聖堂でないムニェルニークやボレスラフの教会に関しても使われ、また文脈で「司教座聖堂」が繰り返しになる場合は、煩雑を避けて省略しているため、事項索引の見出しを（司教座聖堂）と括弧に入れた。なお同じく「首席司祭」と訳した archipresbiter (arcikněz) と「助祭長」の archidiaconus (arcijáhen) は、II 部 4 章の「ブジェチスラフの法典」の中でしか使われていない。

・最後にこの年代記のタイトルに関して、K.HrdinaとM.Bláhová【チB】は、Kosmova kronika Česká（コスマスのチェコ年代記）としているが、本書のラテン語の名称はChronica（年代記）Boemorumである。BoemorumはBo(h)emus（ボヘミア人）の複数属格形なので、これに従ってこの年代記の近年の翻訳では、M.Moravováの改訂訳【チM】：Kronika Čechů、英語訳：The chronicle of the Czechs、独語訳：Die Chronik Böhmensと訳されていて、これらは共に「チェコ人たちの年代記」となり、チェコの国の概念を含んだČeská Kronika「チェコ年代記」ではない。これはスラヴ語（チェコ語）を話す「チェコ人」は認識されていたが、「チェコ地方」は独立した国ではなく、神聖ローマ帝国の領邦の一つと考えていたためと思われる。ただこの問題を避け、本書を簡略に示すため、この翻訳では「コスマス年代記」の表記を取っている（I部注6）。

付録2

諸写本の系統（B.Bretholz による）

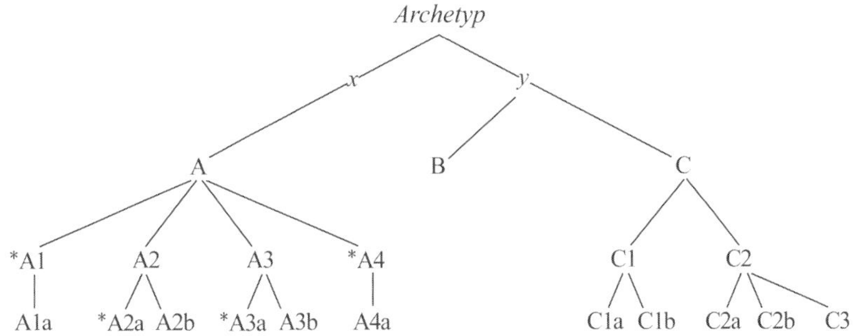

Archetyp：現存しないコスマスの自筆書。

x, *y*, A, A2, A3, C, C1, C2 は系統図で仮定されたもの。

A 群で＊の付いたものは、12 世紀末から 13 世紀始めの写本
　A1　：バウツェン写本
　A2a：ライプツィヒ写本（第二次大戦後に一時所在不明になる）
　A3a：ドレスデン写本（第二次大戦のドレスデン爆撃で水没、読めなくなる）
　A4　：ストラスブルグ写本（1870 年に焼失）
ブレトホルツのテキスト校訂版は、底本に A1 と A3a を使っている。
A1a、A2b、A3b、A4a は 13 ～ 15 世紀に成立。

B：中世最大の大きさを誇る、いわゆるギガス写本（Codex Gigas、悪魔の聖書、縦 88× 横 48× 厚 22㎝）に組み込まれたもので、その中にヴルガータ聖書などと共にこの年代記もある。これは 13 世紀にチェコのポドラジツェ修道院(Podlažice)で作られ、その後チェコ国内を転々とした後、ルドルフ 2 世のコレクションに加えられた。だが三十年戦争末の 1648 年にスウェーデン軍がプラハに侵攻した際に戦利品として持ち去られて、ストックホルムの王立図書館で保存されていた。

C 群：概ね後代の 15 ～ 16 世紀に成立したもの。

(各写本の詳細は、【チ M】p.21 以下を参照)

付録 3

チェコとポーランドの公（王）の系図 †没年

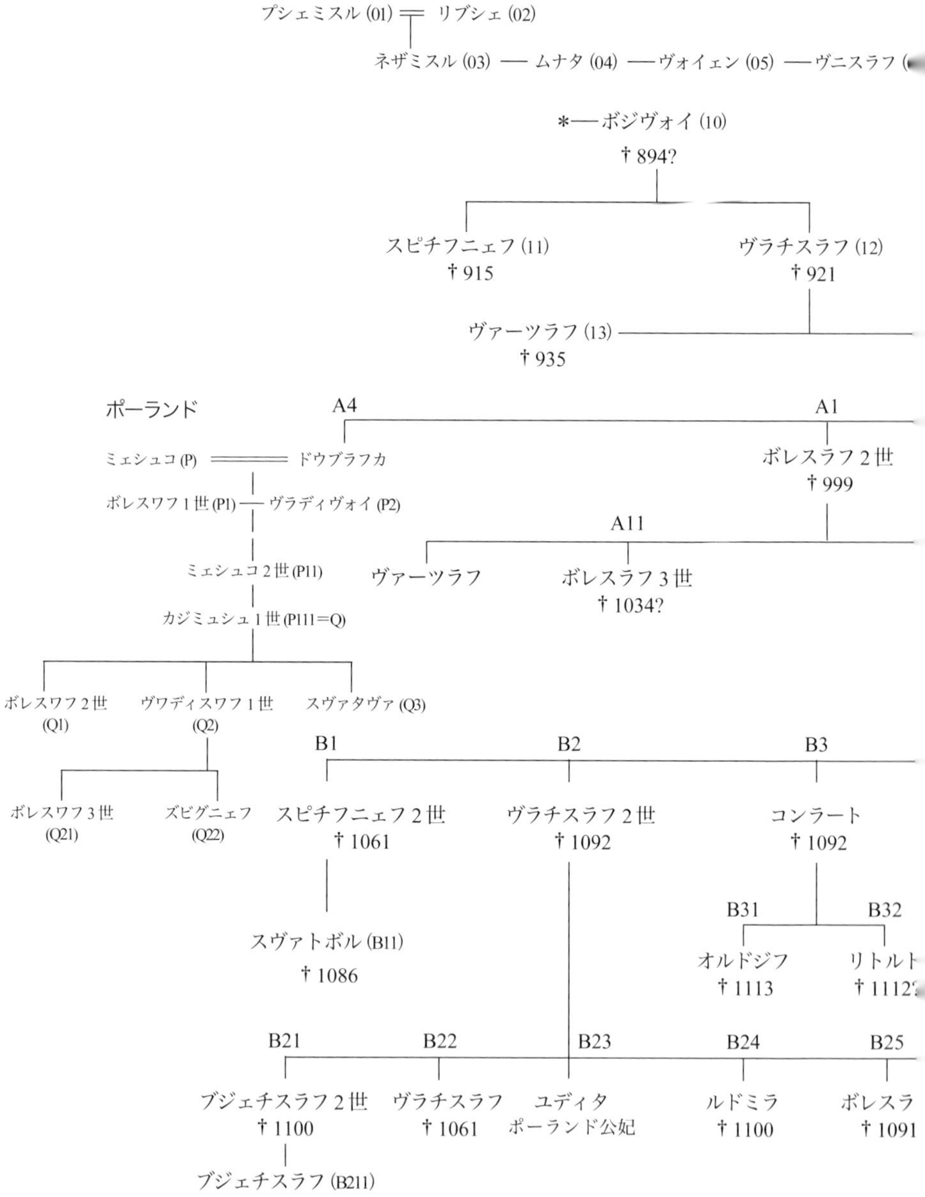

プシェミスル (01) ＝ リブシェ (02)

ネザミスル (03) ― ムナタ (04) ― ヴォイェン (05) ― ヴニスラフ (

＊― ボジヴォイ (10)
† 894?

スピチフニェフ (11)
† 915

ヴラチスラフ (12)
† 921

ヴァーツラフ (13)
† 935

ポーランド

ミェシュコ (P) ＝ ドウブラフカ

ボレスワフ 1 世 (P1) ― ヴラディヴォイ (P2)

ミェシュコ 2 世 (P11)

カジミュシュ 1 世 (P111＝Q)

ボレスワフ 2 世 (Q1)

ヴワディスワフ 1 世 (Q2)

スヴァタヴァ (Q3)

ボレスワフ 3 世 (Q21)

ズビグニェフ (Q22)

A4

A1

ボレスラフ 2 世
† 999

A11

ヴァーツラフ

ボレスラフ 3 世
† 1034?

B1

B2

B3

スピチフニェフ 2 世
† 1061

ヴラチスラフ 2 世
† 1092

コンラート
† 1092

スヴァトボル (B11)
† 1086

B31

B32

オルドジフ
† 1113

リトルト
† 1112?

B21

B22

B23

B24

B25

ブジェチスラフ 2 世
† 1100

ヴラチスラフ
† 1061

ユディタ
ポーランド公妃

ルドミラ
† 1100

ボレスラ
† 1091

ブジェチスラフ (B211)

クシェソミスル (07) ── ネクラン (08) ── ホスチヴィート (09) ── *

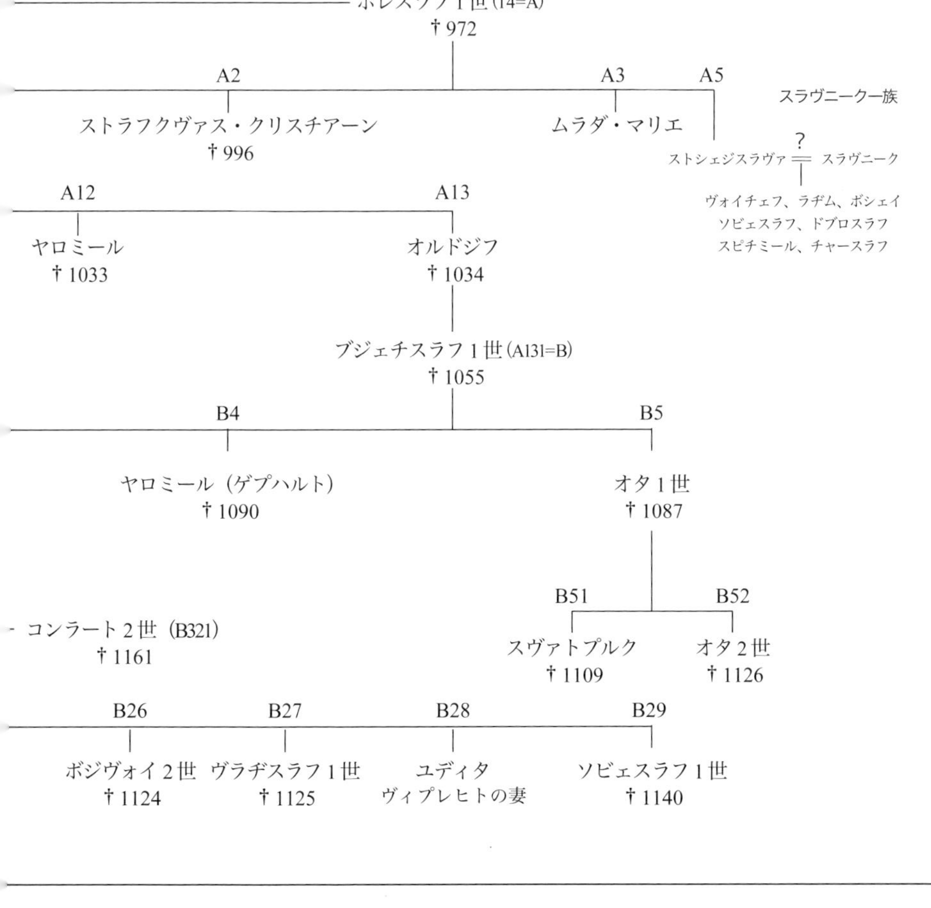

付録 4

東フランク国王と神聖ローマ帝国皇帝の簡易的系図（コスマス年代記に関係する範囲で）

＊：人名省略　　↓と ⇒：王位・皇位の継承

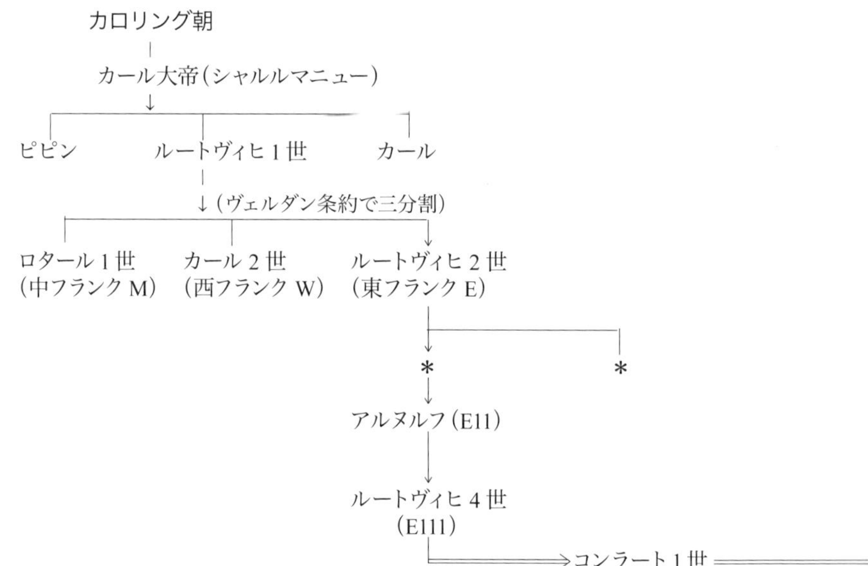

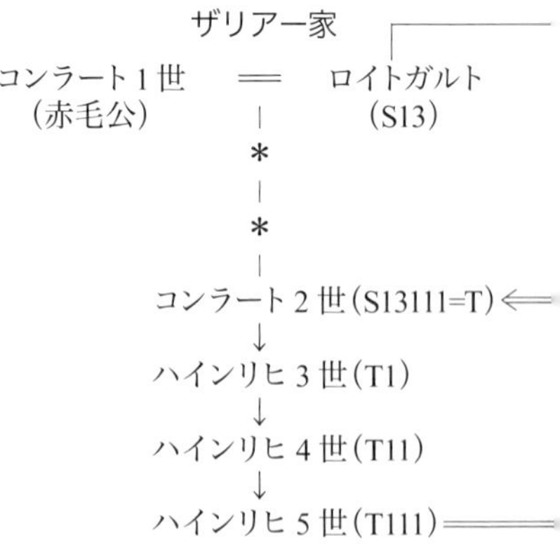

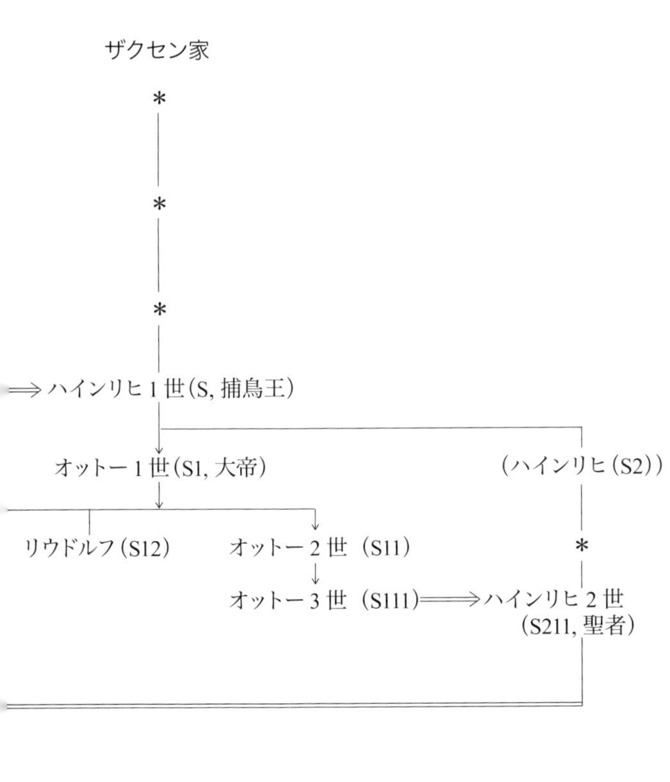
ザクセン家
*
*
*
⟹ハインリヒ1世(S, 捕鳥王)
オットー1世(S1, 大帝)
(ハインリヒ(S2))
リウドルフ(S12)
オットー2世 (S11)
*
オットー3世 (S111)⟹ハインリヒ2世
(S211, 聖者)
⟹ロタール3世

付録 5

チェコ国内の都市と河川を示す歴史地図（国境は 1125 年頃）【チ M】p.254-255

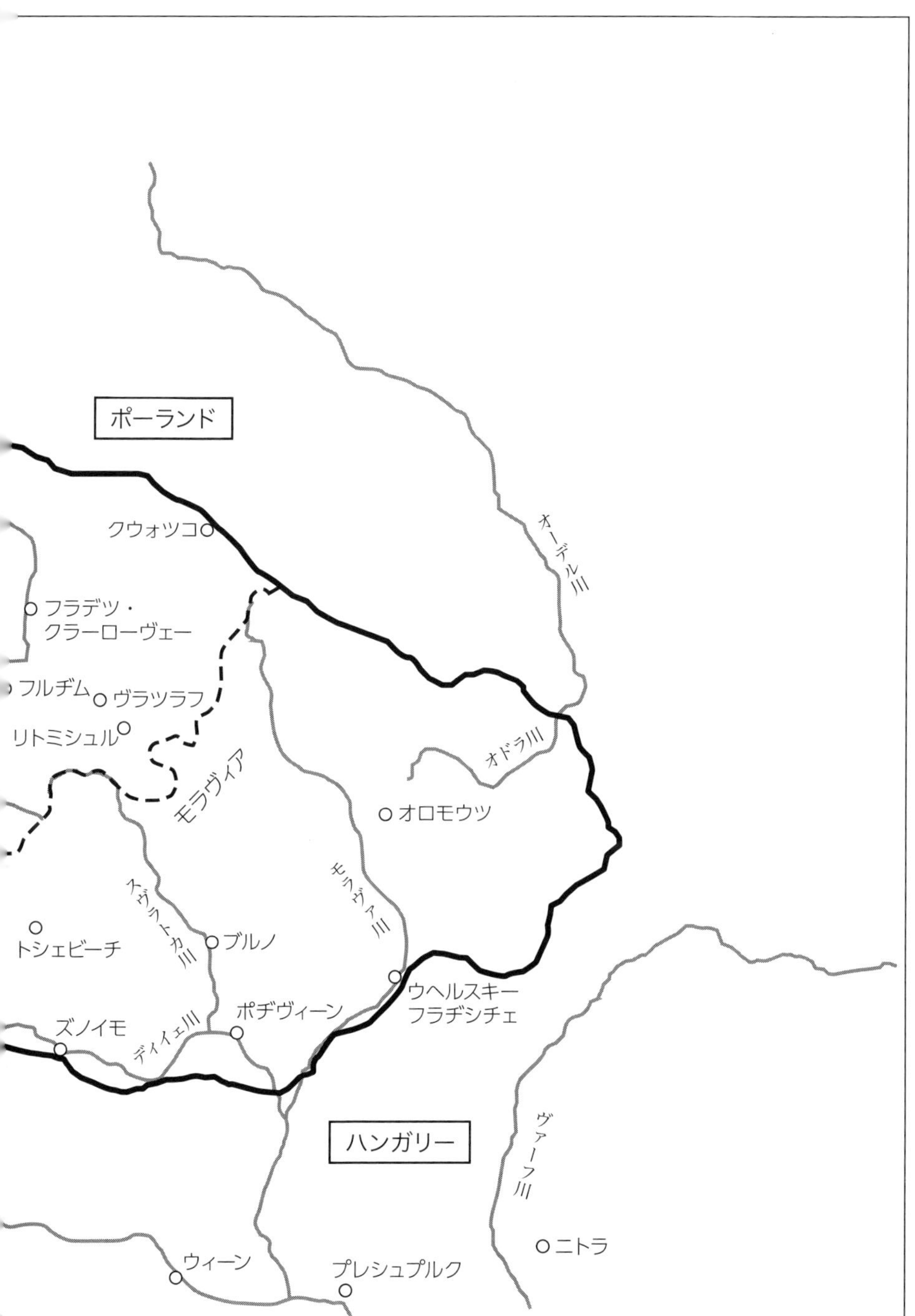
ポーランド
クウォツコ
フラデツ・
クラーローヴェー
フルヂム
ヴラツラフ
リトミシュル
モラヴィア
オーデル川
オドラ川
オロモウツ
モラヴィア川
スヴラトカ川
トシェビーチ
ブルノ
ウヘルスキー
フラヂシチェ
ポヂヴィーン
ズノイモ
ディイェ川
ハンガリー
ヴァーフ川
ニトラ
ウィーン
プレシュプルク

付録 6

ヨーロッパ東部の当時の主要都市
(国境は現在のもの)

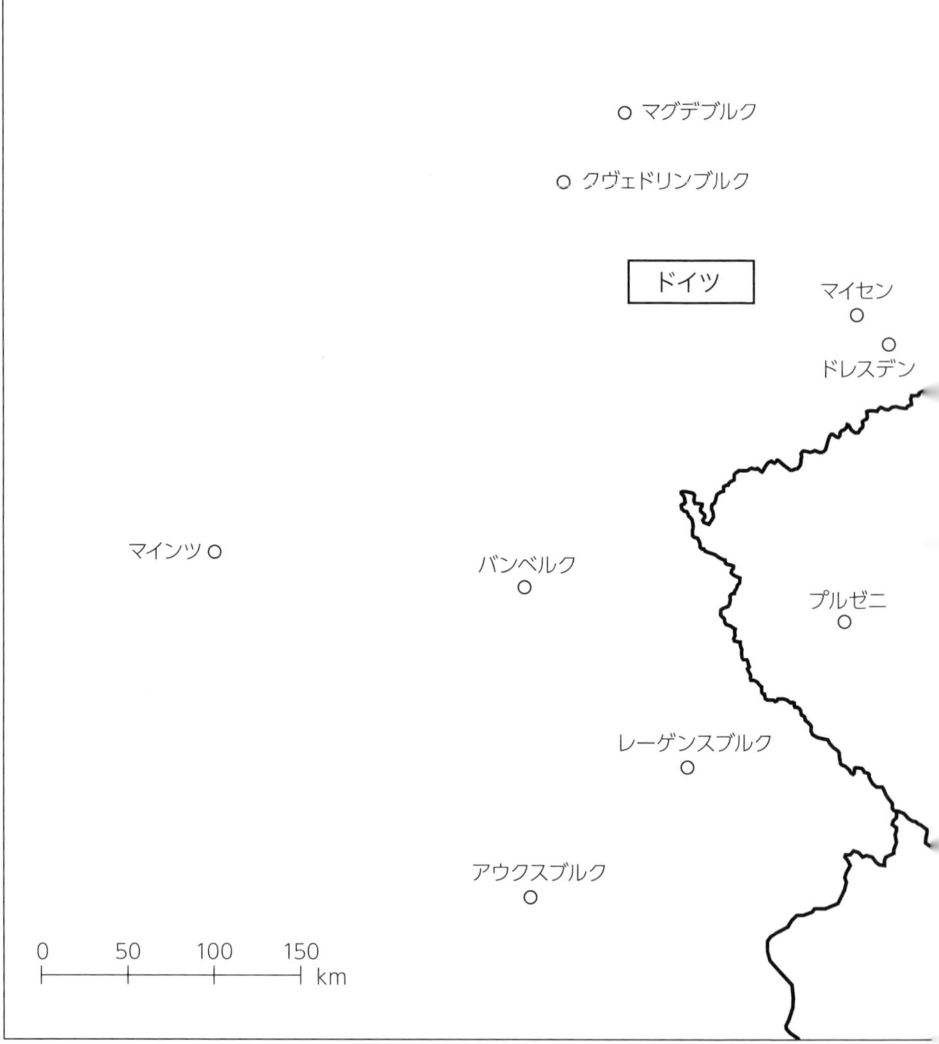

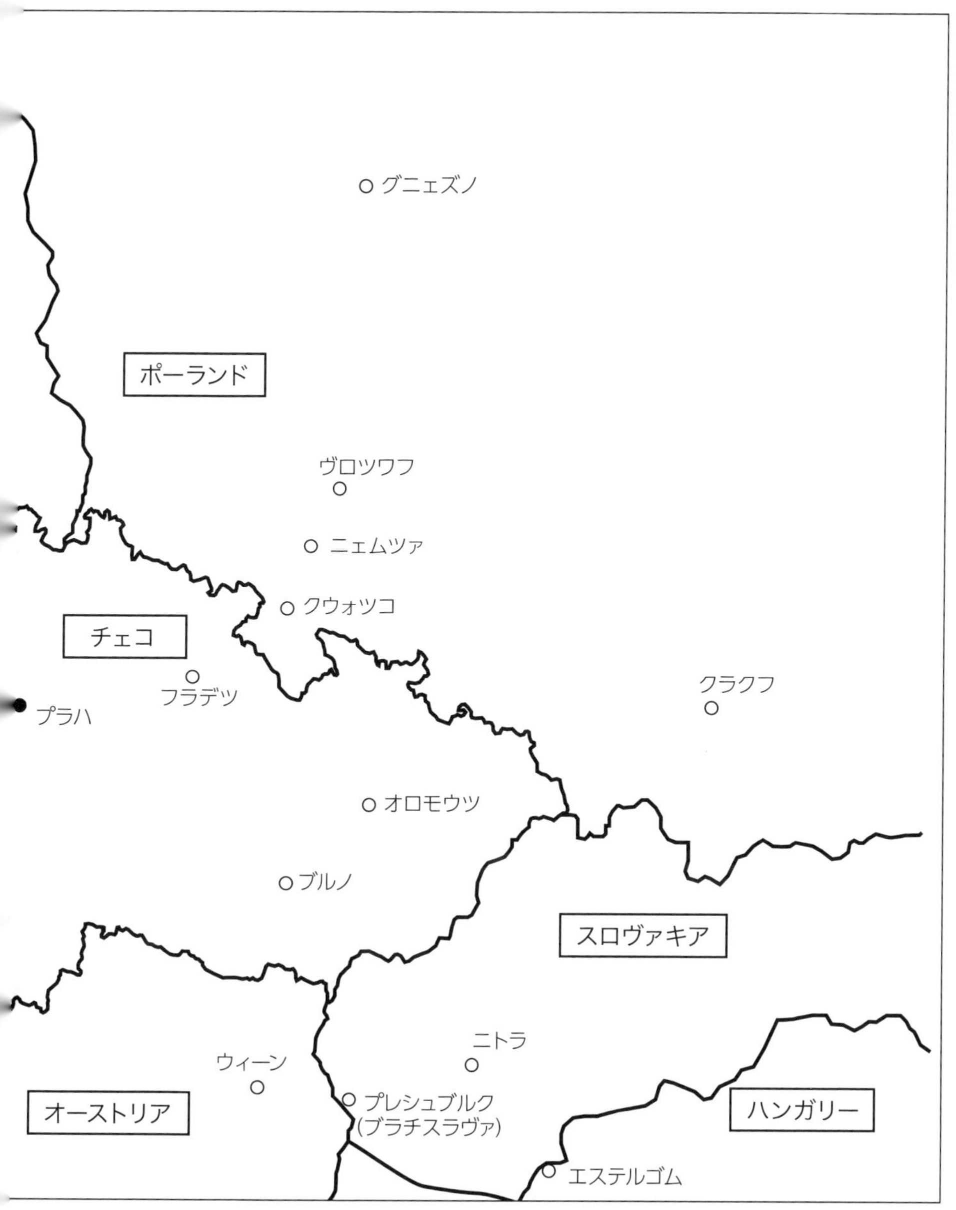
グニェズノ
ポーランド
ヴロツワフ
ニェムツァ
クウォツコ
チェコ
フラデツ
プラハ
クラクフ
オロモウツ
ブルノ
スロヴァキア
ニトラ
ウィーン
オーストリア
プレシュブルク
(ブラチスラヴァ)
ハンガリー
エステルゴム

人名索引

人名索引と地名索引は【チ M】の索引（pp.273 − 285）に準拠した。【チ M】では本文が「A の息子 B」の場合、A と B の 2 項目を立て、A は「B の父」、B は「A の息子」としている。

あ

た

な

は

ま

や

ら

【聖人】

地名索引

日本語訳では区別できないことが多いが、【チ M】の地名索引の項目は、Čechy や Praha や Polsko などの固有名詞のみに限定し、地名から派生した形容詞（例 Čechy → český）による国や地方や城の表記（Čechy → česká země：チェコの地、Praha → pražský hrad：プラハ城、Polsko → polská hranice：ポーランド国境など）は、登録されていないので、本索引もこれに準じている。

あ

か

事項索引

事項索引は訳者が作成し脚注部も対象にした。関連するページが複数示され、その中に括弧付きのものがある場合、括弧内の数字がその項目を解説する脚注番号となる。

あ

か

さ

訳者紹介

浦井　康男（うらい・やすお）

1947年に静岡県熱海市に生まれる。京都大学理学部に入学後、文学部言語学科に転部。1976年に同博士課程を単位取得退学。1977年に福井大学教育学部、1997年に北海道大学文学研究科に移籍。2011年3月に北海道大学を停年退職。訳書に、アロイス・イラーセク『チェコの伝説と歴史』（北海道大学出版会、2011年、第48回日本翻訳文化賞受賞）、アロイス・イラーセク『暗黒――18世紀、イエズス会とチェコ・バロックの世界』上下巻（成文社、2016年）、語学書として『露語からチェコ語へ、ロシア語学習者のためのチェコ語入門――文法編、読本編』（電子出版、2018年）などがある。

コスマス年代記――プラハ教会・聖堂参事会長によるチェコ人たちの年代記

2023年8月28日　初版第1刷発行

訳　者　浦井康男
装幀者　山田英春
発行者　南里　功
発行所　成文社

〒258-0026 神奈川県開成町延沢580-1-101
電話 0465 (87) 5571
振替 00110-5-363630
http://www.seibunsha.net/

落丁・乱丁はお取替えします
組版　編集工房 dos.
印刷・製本　シナノ

Printed in Japan
ISBN978-4-86520-063-8 C0022

価格は全て本体価格です。

歴史・思想

T・G・マサリク著　石川達夫・長與進訳

ロシアとヨーロッパIII

ロシアにおける精神潮流の研究

A5判上製　480頁　6400円　978-4-915730-36-8

第3部第2編「神をめぐる闘い。ドストエフスキー」は、本書全体の核となるドストエフスキー論であり、ドストエフスキーの思想を批判的に分析する。第3編「巨人主義かヒューマニズムか。プーシキンからゴーリキーへ」では、ドストエフスキー以外の作家たちを論じる。　2005

歴史・思想

T・G・マサリク著　石川達夫・長與進訳

ロシアとヨーロッパII

ロシアにおける精神潮流の研究

A5判上製　512頁　6900円　978-4-915730-35-1

第2部「ロシアの歴史哲学と宗教哲学の概略」（続き）では、バクーニンからミハイローフスキーまでの思想家、反動家、新しい思想潮流を検討。第3部第1編「神権政治対民主主義」では、西欧哲学と比較したロシア哲学の特徴を析出し、ロシアの歴史哲学的分析を行う。　2004

歴史・思想

T・G・マサリク著　石川達夫訳

ロシアとヨーロッパI

ロシアにおける精神潮流の研究

A5判上製　376頁　4800円　978-4-915730-34-4

第1部「ロシアの歴史哲学と宗教哲学の諸問題」では、ロシア精神を理解するために、ロシア国家の起源から第一次革命に至るまでのロシア史を概観する。第2部「ロシアの歴史哲学と宗教哲学の概略」では、チャアダーエフからゲルツェンまでの思想家たちを検討する。　2002

歴史

栗生沢猛夫著

『ロシア原初年代記』を読む

キエフ・ルーシとヨーロッパ、あるいは「ロシアとヨーロッパ」についての覚書

A5判上製貼函入　1056頁　16000円　978-4-86520-011-9

キエフ・ルーシの歴史は、スカンディナヴィアからギリシアに至る南北の道を中心として描かれてきた。本書は従来見過ごされがちであった西方ヨーロッパとの関係（東西の道）に重点をおいて見直し、ロシアがヨーロッパの一員として歴史的歩みを始めたことを示していく。　2015

歴史・文学

アロイス・イラーセク著　浦井康男訳

暗黒　下巻

18世紀、イエズス会とチェコ・バロックの世界

A5判上製　368頁　4600円　978-4-86520-020-1

物語は推理小説並みの面白さや恋愛小説の要素も盛り込みつつ、いよいよ佳境を迎える。隠れフス派への弾圧が最高潮に達した18世紀前半の宗教・文化・社会の渾然一体となった状況が、立場を描き分けられた登場人物たちの交錯により、詳細に描写されていく。　2016

歴史・文学

アロイス・イラーセク著　浦井康男訳

暗黒　上巻

18世紀、イエズス会とチェコ・バロックの世界

A5判上製　408頁　5400円　978-4-86520-019-5

フスによる宗教改革の後いったんは民族文化の大輪の花を咲かせたものの独立を失い、ハプスブルク家の専制とイエズス会による再カトリック化の中で言語と民族文化が衰退していったチェコ史の暗黒時代。史実を基に周到に創作された、本格的な長編歴史小説。　2016